인문한국불교총서 4

테마Thema 한국불교 4

• 이 저서는 2011년 정부(교육과학기술부)의 재원으로 한국연구재단의 지원을 받아 수행된 연구임(NRF-2011-361–A00008)

인문한국불교총서 ④

테마 Thema
한국불교 4

동국대학교 불교문화연구원
HK연구단 엮음

동국대학교출판부

머리말

　인도에서 탄생한 불교는 중앙아시아와 중국을 거쳐 1,700년 전에 한반도에 들어왔다. 인도불교는 지난한 수행의 과정을 거쳐 세상의 이치(Dharma)에 대한 깨달음을 얻으면서 생사윤회의 길을 벗어남을 추구했다. 이런 인도불교의 지향점은 이질적 문명을 누려 온 중국인들에 의해 변용, 수용되었다. 붓다와 그 시대에서 시간·공간적으로 멀리 떨어져 있던 중국인들이 스스로 붓다가 되기 위해서는, 누구나 붓다가 될 수 있는 성품을 본래부터 가지고 태어난다고 믿는 것이 중요했다. 그 결과 중국불교에서는 깨달음(覺)이 '본래 깨달아 있음(本覺)'으로, 붓다(佛)가 '붓다의 성품(佛性)'으로 변형되어 이해되었고, 세상의 이치인 다르마도 '조건들의 일어남(緣起)'에서 '본성의 일어남(性起)'으로 다르게 인식되었다. 이는 중국 특유의 본성론적 사고에 기인한 것으로, 중국불교에서는 이론 분야의 천태종과 화엄종, 실천 영역의 정토종과 선종이 독자적으로 발생하였다.
　이처럼 본성론에 바탕을 두고 성립된 중국불교의 교리와 사상은 같은 한자문화권인 한국과 일본 등에 영향을 미쳤다. 그런데 한국의 경우에는 그 수용 방식에서 조금 다른 양상을 보였다. 그것은 여러 학파 및 종파의 이론과 각각의 대립적 주장들을 종합하여 조화를 이루려는 통섭적 경향의 출현이었다. 한국불교의 독창적 이론을 제시한 원효는 여러 학설의 화쟁을 주장하였고, 한국 선불교의 대표자인 지눌은 간화선과 화엄으로 상징되는 선교일치를 추구하였다. 조선 후기 불교 강학 전통에서 나타난 화엄과 선의 결합 시도 또한 한국불교 특유의 통섭적 경향을 보여주는 사례이다. 본성론에 기초하여 여러 학파와 종파가 성립된 것은 중국에서였지만, 통섭을 통한 창조적 종합의 시도는 한국에서 보다 분명히 나타난 한국불교의 고유성이라고 말할 수 있다.

동국대학교 인문한국(HK) 연구단은 한국불교의 로컬의 특성을 글로벌의 관점에서 조명하여 글로컬리티의 확장성을 구현하려는 방향에서 연구를 하고 있다. 본 연구단의 아젠다는 '글로컬리티의 한국성: 불교학의 문화확장 담론'으로서, 2011년 9월부터 2021년 8월까지 총 10년간 HK사업을 수행 중이며, 현재 2단계 2년차 사업이 진행되고 있다. 1단계에서는 한국불교의 '원형의 고유성'을 탐색하여 매년 9개씩 3년간 총 27개의 테마를 다룬 바 있다. 그 성과물인 『테마한국불교』 1-3은 이미 간행되어 나왔고, 본서 『테마한국불교』 4는 2단계 1년차 아젠다 연구결과를 수록하였다.

2단계에서는 한국불교의 '소통의 횡단성'을 추구하며, 〈문헌과 사상〉 영역에서 텍스트와 콘텍스트, 〈종교와 문화〉의 영역에서 권력과 종교, 문화와 의례로 유형을 나누어 특성화 연구를 추진한다. 텍스트로는 원효의 기신론소와 금강삼매경론, 의상의 법계도기, 경흥의 삼미륵경소와 도륜의 유가론기, 일연의 삼국유사를 선정하여 한국적 사유의 보편적 독창성을 도출한다. 콘텍스트에서는 사본, 금석문, 과문, 교판, 교관, 선교의 겸수 등을 통해 횡단문화의 교차적 관점에서 한국불교의 통섭적 측면에 접근한다. 권력과 종교는 승역 승군, 호국 호법, 정치 종교, 정토, 지옥, 윤회 문제를 다루고 문화와 의례에서는 불교설화, 어록, 언해불서, 불탑, 갈마, 청규를 주제로 불교의 한국적 변용과 정체성 형성을 다루어 본다.

본서는 이 가운데 2단계 1년차에 해당하는 기신론소와 삼미륵경소 텍스트, 사본과 교판이라는 콘텍스트, 권력과 종교에서는 승역 승군, 정토, 그리고 문화와 의례에서는 불교설화, 불탑에 대한 연구 성과를 개설용으로 재구성하여 실었다. 각 테마별로 한국불교를 글로벌 관점에서 접근하였고, 고대부터 조선시대에 이르기까지의 지속과 변동의 양상을 통시적으로 조명하였다. 무엇보다 횡단성에 무게를 두어 인도와 중국, 일본 불교와 비교하여 동아시아 세계에서 한국불교가 갖는 보편성과 특수성을 동시에 고려해 보려 하였다. 2단계 연구 성과가 축적된 후 3단계에서는 로컬과 글로벌이 융합된 한국불교의 '변용의 확장성'이라는 〈글로컬〉의 특성을 탐색해 보려 한다.

본 테마 시리즈는 상이한 주제와 내용을 담고 있어 통일된 담론과 집약적 결과를 선보이기에 일정한 한계를 갖는 것이 사실이다. 하지만 한국불교를 바라보는 다양한 문제의식과 접근 방식을 두루 접하고 개설적 이해를 가질 수 있다는 장점도 있다. 10년간의 HK사업 아젠다 연구 성과가 테마한국불교 총서 시리즈로 모두 발간되면, 보다 다채로운 스펙트럼을 통해 한국불교의 전체상을 폭넓게 조망하고 글로벌한 수준의 보편 담론을 제시할 수 있을 것으로 기대한다.

2016년 6월
동국대 불교문화연구원장·HK연구단장
김종욱

차 례

머리말_ 김종욱 · 5
총 설_ 김용태 · 15

제1부 문헌과 사상

텍스트

기신론소起信論疏　　　　　　　　　　　　_ 이수미 ● 35

Ⅰ. 『대승기신론』의 성립과 초기 주석들 … 36
『기신론』의 등장과 초기 수용 36/ 『기신론』의 저자와 성립 문제 37/ 『기신론』의 사상적 중요성 40/ 남북조와 수대 논사들의 『기신론』 해석 42

Ⅱ. 한국 논사들의 『기신론』 수용과 이해 … 46
삼국 및 통일신라 시대의 『기신론』 수용 46/ 원효의 『기신론』 이해 48/ 원효 이후의 『기신론』 해석의 전개 52

Ⅲ. 『기신론』 해석의 교류와 확대 … 56
법장과 종밀의 『기신론』 주석과 원효 56/ 고대 일본 화엄학의 『기신론』 수용 60/ 근현대 동아시아에 있어서의 『기신론』 연구 63

■ 동아시아 『기신론』 해석의 전개와 원효 • 68

삼미륵경소三彌勒經疏　　　　　　　　　　_박광연 ● 75

  Ⅰ. 마이뜨레야와 미륵경 … 76
    불전佛典 속의 마이뜨레야 76/ 미륵경의 번역과 주석 78/ 유가
    조瑜伽祖 미륵과 현장 83

  Ⅱ. 한국 미륵경 연구의 흐름 … 85
    혜균의 『미륵경유의』 85/ 원효의 『미륵상생경종요』 88/ 경흥의
    『미륵경술찬』과 『삼미륵경소』 90

  Ⅲ. 『삼미륵경소』의 내용적 특징 … 92
    상생경, 하생경, 성불경의 합본 92/ 도솔천 왕생의 용이성 95/
    규기 『관미륵상생경찬』과의 동이同異 98

  Ⅳ. 『삼미륵경소』의 동아시아적 영향력 … 101
    고려시대 유식학과 미륵신앙 101/ 일본 법상종과 나라 사경
    102/ 온죠지(園城寺) 미륵신앙 105

  ■ 동아시아 미륵 교학의 보고寶庫 ● 107

콘텍스트

불교사본佛敎寫本　　　　　　　　　　_김천학 ● 111

  Ⅰ. 불교사본의 발생 … 112
    불교사본의 정의 112/ 사본 연구의 서막 113/ 인도의 패엽경과
    한역경전 115

Ⅱ. 동아시아의 주요 불교사본 … 118

중국의 돈황 사본 118/ 일본의 동대사와 성어장 121/ 신라의 사본 125

Ⅲ. 통일신라와 고려시대 불서 유통 … 128

신라 사본의 일본 전래 128/ 의천과 송·요의 불서 유통 135/ 원간섭기의 사경 143

Ⅳ. 조선시대의 사본 … 144

사본의 쇠퇴 144/ 복장물 속의 사본 145/ 사기의 찬술 147

■ 한국 불교사본의 동아시아적 확산과 융성 • 151

교판敎判　　　　　　　　　　　　　　　_ 장규언 ● 155

Ⅰ. 교판의 인도불교적 배경 … 156

교판이란 무엇인가 156/ 교판의 경전적 근거 158/ 인도불교사 인식 관련 중요 전승 160

Ⅱ. 중국불교 교판의 전개 양상과 그 특징 … 162

교판 발생의 역경사적 배경 162/ 특정 경전 지상주의 1:『열반경』과『해심밀경』중심주의 163/ 특정 경전 지상주의 2:『법화경』과『화엄경』지상주의 165/ 불경의 주제와 학파의 종지에 대한 인식 심화 168

Ⅲ. 한국불교 교판의 주요 양상 … 172

원측의『해심밀경』중심주의 172/ 원효의『화엄경』·『기신론』중

시 173/ 의상과 균여의 상이한 『화엄경』인식 175/ 의천의 포괄주의적 경향 177

Ⅵ. 한국불교 교판의 두 측면 … 178
  수당 불교의 종파적 구심력 178/ 개별 사상가의 역사성 181

■ 종파적 구심력과 사상가의 역사성 사이에서 • 184

제2부 종교와 문화

권력과 종교

승역僧役·승군僧軍   _박서연 • 193

  Ⅰ. 출가 승려와 노동 … 194
    승역·승군·승병 194/ 붓다의 노동관 197/ 불교교단과 아라미까 199

  Ⅱ. 동아시아 불교의 승역 사례와 노동관 … 202
    북조北朝·당唐의 폐불과 승역 202/ 삼계교와 선종의 노동관 205/ 일본불교와 승병 208

  Ⅲ. 삼국·고려시대 국가불교적 전개와 승역 … 210
    불교의 국가적 수용 210/ 나말여초의 사원 수호 승군 212/ 수원승도隨院僧徒와 승군 214/ 거란·몽고의 침입과 승병 216

Ⅳ. 조선시대 불교정책과 승역 양상 … 218
　　유교국가 조선과 도승度僧 218/ 성종대의 억불정책과 승역 220/
　　임진왜란과 의승군 222/ 조선 후기 승군과 승역 225

■ 승려의 사원 수호와 국가 외호 • 228

정토淨土　　　　　　　　　　　　　　　　_ 김호귀 • 233

　Ⅰ. 정토불교의 세계 … 234
　　정토란 무엇인가 234/ 정토경전의 출현 235/ 극락과 도솔천
　　239

　Ⅱ. 정토신앙과 사상의 성립과 전개 … 243
　　용수와 세친의 정토관념 243/ 칭명염불稱名念佛과 선정융합禪淨
　　融合 246/ 호넨의 전수염불專修念佛과 신란의 정토진종 252

　Ⅲ. 신라 정토신앙의 확산과 왕생관념 … 254
　　원효와 나무아미타불 254/ 정토교학의 전개 256/『삼국유사』
　　속의 정토관념 259

　Ⅳ. 고려 · 조선의 정토신앙의 확장 … 262
　　염불결사의 전개 262/ 염불의 노래 〈서왕가〉와 〈승원가〉 264/
　　정토왕생과『염불보권문』 266

■ 정토의 길 : 현세와 내세의 통로 • 269

문화와 의례

불교설화佛敎說話 _ 김기종 ● 275

Ⅰ. 불교설화의 개념과 유형 … 276
  신화·전설·민담 276/ 불전佛典설화와 불교설화 277/ 한국 불교설화의 유형 분류 279

Ⅱ. 불전설화와 중국·일본의 불교설화 … 282
  인도 불전설화의 동아시아적 전개 282/ 중국의 불교설화 284/ 일본의 불교설화 286

Ⅲ. 신라·고려시대의 불교설화 … 287
  고려시대 문헌의 불교설화 287/ 승려의 신이한 행적 290/ 불·보살상과 경전의 영험 294/ 불연국토佛緣國土와 불·보살의 상주常住 297/ 정토왕생과 현신성불現身成佛 300

Ⅳ. 조선시대의 불교설화 … 304
  『석가여래십지수행기』·『월인석보』의 본생담 304/ 사지寺志와 사찰연기설화 308/『진묵조사유적고』의 진묵설화 312

■ '불국佛國'과 '성불成佛'의 염원 ● 317

불탑佛塔 _ 이자랑 ● 321

Ⅰ. 불탑의 탄생과 신앙의 확산 … 322
  사리팔분 전설과 불탑의 탄생 322/ 스뚜빠와 짜이뜨야 324/ 발

조탑과 과거불탑 326/ 아쇼까왕과 불탑 신앙의 확산 328

Ⅱ. 확대되어 간 불사리 신앙 … 330

붓다의 현존과 불탑 순례 330/ 중국의 불사리 신앙 333/ 진신사리와 아육왕탑 335/ 일본의 불사리 신앙 337

Ⅲ. 삼국·통일신라시대의 불탑 … 339

고구려·백제의 불탑 339/ 사리의 전래 342/ 불탑과 국가 진호 344/ 석탑, 영원성의 상징 347/ 이형탑異形塔과 불국의 세계 349

Ⅳ. 고려·조선시대의 불탑 … 351

복고적 양식의 등장 351/ 변신사리와 불아佛牙사리 353/ 부도와 탑비 356/ 탑과 팔상도의 결합 358

■ 불탑, 영원한 불국토의 상징 • 360

찾아보기 _ 365
저자 소개 _ 383

총 설

한국불교 횡단성의 탐색: 글로벌리티의 서막

김용태

1. 한국불교의 '횡단성'을 찾아서

동국대학교 인문한국(HK) 연구단의 아젠다는 '글로컬리티의 한국성: 불교학의 문화 확장 담론'이다. 이는 글로벌과 로컬을 합성한 글로컬리티glocality 개념에 주목하여 지역적 특수성과 세계주의적 보편성을 아우르는 한국불교의 융합적 특성을 도출해 보려는 것이다. 이를 위해 1단계 '원형의 고유성' [로컬], 2단계 '소통의 횡단성' [글로벌], 3단계 '변용의 확장성' [글로컬]을 단계별 목표로 삼아, 주변과 중심의 이중성을 극복하는 '탈영역적 지역성'의 관점에서 불교를 매개로 한 '한국성'을 모색해 보려 한다.

아젠다 연구의 목표는 첫째, 한국역사의 시공간을 종단하고 아시아 차원에서 횡단하여 내적 확장의 정체성을 구현하는 것이며, 둘째, 특수와 주변(로컬), 보편과 중심(글로벌)의 길항 관계를 통해 양자의 초극을 지향하는 탈영역적 지역성(글로컬)을 탐색하는 것이다. 이는 글로컬리티의 한국성이 갖는 중층의 복합 구조를 규명하여 과연 한국성이란 무엇인지를 밝히려는 작업이다. 나아가 이를 통해 한국형 문명 패러다임의 창출 가능성을 타진해 보고자 한다.

2단계(횡단성)에서는 기존 1단계(고유성)의 〈사유와 가치〉, 〈종교와 국가〉, 〈문화와 교류〉의 세 영역을 〈문헌과 사상〉, 〈종교와 문화〉의 두 영역으로 집약하였다. 또한 영역별로 유형을 구분하여 주제연구의 특성화를 추구하였는데, 〈문헌과 사상〉은 텍스트와 콘텍스트, 〈종교와 문화〉는 권력과 종교, 문화와 의례로 나누었다. 2단계의 영역과 유형, 세부주제는 다음과 같다.

2단계 〈소통의 횡단성〉

연차	문헌과 사상				종교와 문화			
	텍스트		콘텍스트		권력과 종교		문화와 의례	
1	기신론소	삼미륵경소	사본	교판	승역승군	정토	불교설화	불탑
2	법계도기	금강삼매경론	금석문	교판	호국호법	지옥	어록	갈마
3	유가론기	삼국유사	과문	선교	정교	윤회	언해불서	청규

'횡단성'의 탐색은 우선 문헌과 사상의 수용, 변용과정을 텍스트와 콘텍스트의 구조적 관점에서 설명하고, 인도 및 동아시아 세계와의 횡단문화적 접변을 통한 글로벌리티의 파장과 확장성에 대해 살펴본다. 또한 권력과 종교, 문화와 의례 유형은 그 변화 양태와 역사적 전개과정을 구체적 사례 제시와 함께 거시적으로 조명한다. 내세관과 가치의 전환 문제, 의례와 문학의 발현 양상을 아시아 차원의 문화 교류 및 상호 영향의 틀 속에서 검토하고 그 결과로 나타난 지역성을 집중적으로 조명한다.

〈문헌과 사상〉의 텍스트에서는 원효의 『기신론소』와 『금강삼매경론』, 의상의 『법계도기』, 경흥의 『삼미륵경소』와 도륜의 『유가론기』, 일연의 『삼국유사』와 같은 대표적 불교사상 및 역사 관련 문헌을 선정하여 한국적 사유의 원형을 탐색하고, 중국·일본 텍스트와의 비교연구를 수행한다. 콘텍스트에서는 한국불교사 전체를 관통하는 기록유산인 사본, 금석문, 과문을 택하여 그 자료적 가치를 동아시아적 관점에서 조명한다. 또한 교학 및 경전의 단계를 분류하는 교판, 교학과 관행의 일치, 선과 교의 겸수 등을 대립이나 갈등이 아닌 동아시아 횡단문화의 교차적 관점에서 융합과 공존의 구조로 설명할 것이다.

〈종교와 문화〉의 권력과 종교에서는 승역 승군, 호국 호법, 정치 종교 문제를 구체적으로 검토하고, 불교와 국가의 관계나 전쟁과 폭력에 대한 대응 및 인식 등을 중점적으로 다룬다. 또한 불교가 동아시아에 큰 영향을 미친 내세관과 관련하여 정토, 지옥, 윤회 문제를 한국인의 가치관 및 정체성 형성이라는 시각에서 검토한다. 문화와 의례에서는 불교설화, 어록, 언해불서를 주제로 하여 문자 및 언어생활, 문학으로 발현된 불교적 세계를 발굴한다. 이어 불탑, 갈마, 청규를 테마로 인도에서 중국을 거쳐 한국에 이르기까지 불교신앙과 계율이 어떻게 변용되고 토착화되었는지를 살펴본다.

2. 한국불교 '고유성'의 발현: 로컬리티의 형성

2단계 1년차 연구 성과를 소개하기에 앞서 지금까지 수행한 1단계 〈원형의 고유성〉의 연구결과를 소개한다. 1단계는 글로컬리티의 한국성을 구현하기 위한 첫 단계로서 한국적 고유성의 도출을 연구 목표로 하였다. 즉 글로벌리티의 횡단성에 대비되는 로컬리티의 특수성을 규명하여 글로컬리티로의 확장 가능성을 모색하려 했다. 불교 도입 초기와 그 이전의 고대적·토착적 원형에 주목하여 고유의 특수성이 불교와 만나 어떤 방식으로 형성되고 어떻게 역사적으로 변용·발현되었는지를 포착하려 한 것이다.

1단계에서는 테마 연구를 일관된 목표와 구조 속에서 수행하기 위해 〈사유와 가치〉, 〈종교와 국가〉, 〈문화와 교류〉의 세 영역을 설정하였다. 영역별로는 3개의 특화된 주제어를 상정하였는데, 〈사유와 가치〉는 사상, 윤리, 내세, 〈종교와 국가〉는 권력, 전쟁, 재화, 〈문화와 교류〉는 사람, 문자, 의례의 주제어로 구성하였다. 1단계 3년간 수행한 27개의 테마 연구는 다음과 같다.

1단계 〈원형의 고유성〉

연차	사유와 가치			종교와 국가			문화와 교류		
	사상	윤리	내세	권력	전쟁	재화	사람	문자	의례
	전수	공동체	계세	왕권	기원	생산	수용	표기	재회
1	유식	충의	하늘	제정일치	원력	사전寺田	자장	변체한문	팔관회 연등회
2	화엄	신의	조상	왕즉불	위령	사노寺奴	의상	향찰	수륙재
3	선	세간	무격	불국토	계율	사장寺匠	태고나옹	구결 현토	향도 결사

1단계 아젠다 연구 수행결과 단계목표인 한국불교의 〈원형의 고유성〉에 대해 다음과 같은 결론을 도출할 수 있었다. 한국불교는 인도는 물론

중국과도 다른 독특한 원형을 형성하고 또 그 특징이 장기 지속·내재적으로 전개, 발전되었다는 점에서 고유성을 찾을 수 있었다. 이는 불교 수용 이전에 있던 토착적 사유 및 신앙과의 접합과 융섭, 국가권력과의 강한 연대와 상호 공생, 외래문화의 수용과 자국적 변용으로 요약된다. 또 독선과 배제, 갈등과 대립, 타율적 이식과 정체성 등과는 대비되는 개념으로 포용과 융화, 절충과 조화, 주체적 수용과 발전이라는 키워드를 가지고 설명이 가능하다.

한국불교의 고유성은 중국으로부터의 수용과 접변, 토착적 기반에 뿌리를 둔 연속적 측면과 양자의 확장성을 매개로 형성, 전개되었다. 그 과정에서 타자성과 주체성, 특수성과 보편성의 마찰 및 대립이 나타났지만 몇 차례의 계기적 전환을 거치면서 또 다른 차원의 한국적 고유성을 형성하였다. 분명한 사실은 사유와 관념의 확대와 심화, 종교의 기능과 포섭 대상, 문화의 다양성과 수준 등에서 불교가 수용되기 이전과 이후 사이에는 매우 큰 간극이 존재한다는 점이다. 이는 불교 수용을 계기로 한국적 고유성이 새롭게 발양되었고 토착적 연속성에 기반하면서 시대적 확장성을 거쳐 다층의 고유한 스펙트럼을 생성해 냈음을 의미한다. 다시 말하면 특수와 보편이 혼재, 융합된 제3의 한국적 로컬리티가 구축된 것이다.

3. '문헌과 사상'에서의 글로벌리티

본 『테마한국불교』 4에 수록된 〈문헌과 사상〉 영역의 4개 테마를 텍스트와 콘텍스트로 나누어, '횡단성의 탐색'이라는 관점에서 주제별 요점을 제시한다.

1) 텍스트

기신론소

이 테마는 동아시아 『기신론』 해석의 전개와 원효의 주석서를 대상으로 하여 연구가 진행되었다. 6세기에 등장한 『대승기신론』은 저자 및 성립 지역에 대한 논란이 있지만, 일심과 여래장이라는 개념에 기반하여 마음의 본질과 수행 절차를 간명하게 해설한 논서이다. 동아시아 불교에서 크게 중시된 책으로, 신라의 원효는 『대승기신론소』 등을 저술하여 여러 대승경전과 주석서를 망라한 폭넓은 학식을 드러내며 독자적인 해석을 가하였다. 그의 주장은 중국 당의 법장이나 종밀의 사상체계 형성에 많은 영향을 미친 것으로 알려져 있다. 따라서 『기신론소』를 통해 원효 사상의 전체 윤곽을 그려내고 그가 동아시아 불교사상의 전개에 어떠한 영향을 미쳤는지를 살펴볼 수 있다.

『기신론』은 이론적 체계성과 포괄성으로 인해 동아시아 불교의 핵심 논서로서 주목받아 왔다. 또한 『기신론』의 여래장 개념은 동아시아에서 불성을 이해하는 데 중요한 이론적 기제가 되었다. 특히 원효가 『기신론』을 전 불교체계를 통합할 수 있는 융합적·포용적 교리체계로 인식하면서 그 사상적 지평이 확대되었다. 학파 간의 논쟁을 해소하려 한 원효의 『기신론』 이해에서 영향을 받은 법장은 『대승기신론의기』에서 화엄의 입장에서 해석을 하면서 중관과 유식 등의 사상적 대립을 해결하려 하였다.

그런데 원효의 『기신론』 주석과 법장의 『의기』 사이에는 다르거나 상충하는 지점이 있다. 이는 양자의 기신론관 비교는 물론 선행하는 『기신론』 주석가들의 사상과 서로 어떤 관계에 있는지를 고찰함으로써 더욱 분명해진다. 이 점에서 원효의 기신론관의 사상적 의미는 "원효의 기신론관은 무엇인가"라는 질문보다는, 동아시아적 맥락에서 "원효의 기신론관은 어떻게 형성되었는가"라는 물음에서 시작되어야 한다.

삼미륵경소

이 테마는 동아시아 미륵 교학의 보고인 『삼미륵경소』를 다룬 것이다. 이 책은 백제 출신 승려 경흥의 저술로, 혜균의 『미륵경유의』, 원효의 『미륵상생경종요』와 함께 현존하는 몇 안 되는 동아시아의 미륵 경전 주석서이다. 불교가 전래된 중앙아시아와 동아시아에서 미륵신앙은 매우 성행하였다. 『미륵경』의 번역 및 교학 연구도 활발하였지만, 현존하는 『미륵경』 관련 주석서는 그리 많지 않다.

『삼미륵경소』는 6~7세기 동아시아 미륵사상의 전개 속에서 신라 불교가 지니는 독특한 특징을 파악할 수 있는 중요한 텍스트이다. 경흥은 혜균, 길장, 원효, 규기 등의 주석서를 망라하여 『미륵상생경』, 『미륵하생경』, 『미륵성불경』을 하나의 체계 안에 묶어 해설하였다. 경흥은 신분에 상관없이 모든 인간의 도솔천 왕생을 인정하였고, 그 방법으로 오인五因·오념문五念門 등을 제시하였다. 그는 스스로의 노력이 왕생의 전제임을 강조하고 지관행止觀行을 중시하였다.

『삼미륵경소』는 같은 유식학승인 규기의 『관미륵상생경찬』과 많이 비교되는데, 일반 범부가 쉽고 빨리 도솔천에 왕생할 수 있음을 강조하였다는 점에서 경흥과 규기의 미륵사상은 일치하는 측면이 많다. 하지만 미륵 관련 주요 논점에서 경흥은 규기를 비판하고 규기보다 원효의 견해를 따르는 경우가 적지 않다. 규기가 극락과 도솔천의 차이를 비교하면서 도솔천 왕생을 주로 권한 반면, 경흥은 도솔천 왕생을 강조하면서도 극락왕생과 도솔천 왕생의 우열이나 쉽고 어려움을 논할 수 없다고 보았다. 규기보다 경흥이 미타신앙에 대해 보다 열린 태도를 취한 것이다.

경흥의 미륵사상은 고려시대 유식 승려들이나 일본의 법상종에도 많은 영향을 미쳤다.『삼미륵경소』의 사본이 일본 온죠지(미이데라)에 소장되어 있는데, 이곳은 미륵신앙과 밀접한 관련이 있는 곳이다. 동아시아에서 미륵신앙이 차지하는 위상을 고려할 때 경흥의『삼미륵경소』가 갖는 사상사적·종교적 의미는 결코 적지 않다.

2) 콘텍스트

불교사본

이 테마는 한국 불교사본의 동아시아적 확산과 융성에 대해 살펴본 것이다. 돈황사본과 일본의 고사경, 그리고 한국에서 발견되는 사본들은 판본으로 유통되는 경·론·소 등이 역사적으로 진화해 온 과정을 잘 보여준다. 사본은 해당 문헌에 대한 사상적 해석의 수정과 재고를 가능케 한다. 돈황사본에 남아 있는 원효 등의 저술, 일본 고사경에 기록된 신라 승려들의 저술에서 한국불교의 원형을 찾고, 이후 문헌의 변형 사례를 분석하는 작업은 한국불교의 횡단성을 추구하기 위한 중요한 문헌학적 토대가 될 것이다.

불교사본은 인도에서 처음 만들어졌고 중국으로 전해져 한역되었다. 경전 번역을 통해 형성된 한문불전 사본은 이후 중국 찬술 저술이 나오면서 그 수가 크게 늘었다. 신라에서 만들어진 찬술문헌과 필사된 경전 및 논서는 나라 시대와 헤이안 시대에 일본에 전해졌다. 이는 일본의 학파 형성과 불교 연구에 큰 영향을 미쳤는데, 원효는 물론 원측, 의적, 경흥 등 신라 유식승의 문헌이 자주 인용되었다. 이 가운데는 현재 한국에 전해지지 않은 책이나, 이름조차 몰랐던 학승들도 다수 들어 있다. 원효의 『화엄경소』나 『기신론소』 등 신라의 찬술문헌은 중국에 역수입되기도 했는데 법장, 종밀, 연수 등이 이를 활용하였고 중요한 해석상의 지침이 되었다.

송대에 대장경이 조성된 이래 사본의 시대가 끝나고 판본의 시대로 이행되었다. 고려에서도 판본의 시대가 시작되었지만, 의천의 사본 수집을 통해 동아시아 불교사상이 다시 융성하는 계기가 마련되었다. 의천이 수집한 불교 문헌은 송에 전해지면서 화엄종 재건에 큰 역할을 하였고 일본 가마쿠라 시대 화엄종 부흥에도 기여하였다. 고려 말 이후 판경이 주가 되면서 사경은 줄어들었지만, 공덕을 위해 금은 등으로 필사한 경전 사경은 지속되었다. 원의 요청으로 100여 명의 사경사가 직접 가서 사경에 종사한 일은 고려불교의 수준을 잘 보여준다. 조선시대에는 간경도감이나 사찰판 간행이 주가 되었지만 복장물 등에서 적지 않은 사본이 나오고 있다. 이들 사본은 기존에 유통되던 문헌의 오류를 고치고 새로운 사실을 밝히는 데 중요한 근거가 된다. 조선 후기에 찬술된 다수의 사기私記 또한 향후 동아시아 불교의 문헌유통과 사상적 경향성을 살펴보는 데 중요한 단서를 줄 수 있다.

교판

교판은 교상판석의 준말로서 시간, 공간상의 다양한 층위를 보이는 경론의 가르침 중 어떤 것이 붓다의 궁극적 가르침인가를 가려내려는 목적에서 시작되었다. 하지만 대개는 학파나 종파의 우월성을 강조하려는 의도가 들어가 있다. 교판을 다룰 때는 문헌학적·사상적 심화 연구가 필요하며, 동아시아 각국의 교판 체계에 나타난 보편성과 특수성을 비교하는 작업이 수반되어야 한다. 교판을 통해 동아시아 불교교학 발달사에서 나타난 사상적 영향 관계와 종파 간의 우열인식을 추적해 볼 수 있다.

이 테마는 '종파적 구심력과 사상가의 역사성 사이에서'라는 관점에서 접근하였다. 불경이 모두 붓다의 직설이며 대승경전은 보다 완전한 가르침이라고 믿어 왔던 동아시아 불교사상가들은 얼핏 모순적이기도 한 이 다양성을 일관되게 이해하고 또 자신이 중시하는 대승경전이 최상의 가르침임을 설명할 필요가 있었다. 불교 전통에 대한 체계적 이해를 위해 생겨난 교판은 초기불교·부파불교·대승불교의 사상이 갖는 근본적 차이, 대승경전들 사이의 우열에 대한 인식으로 심화되었고, 수·당대에는 각 종파의 대승경전을 정점에 놓고 붓다 일생의 가르침을 위계적으로 정리한 교판 체계가 완성되었다.

한국의 대표적 불교사상가들도 자신의 교판 체계를 만들었는데, 유식학의 원측은 법상종 경전『해심밀경』이『법화경』의 일승 설법을 포함한다는 점에 주목하였고, 중관과 유식의 연속성을 강조하였다. 원효는 4종 교판이라는 새로운 해석을 시도하였고『화엄경』과『기신론』을 중시하였다. 하지만 "4종과 5교의 교판으로 붓다의 가르침을 나누는 것은 관견에 불과하다"고 하여, 특정 경전을 최상의 가르침으로 설정하려는 종파적 구심력에서 자유로웠다. 화엄학의 의상은『화엄경』의 별교일승의 초월성과 방편일승(동교일승)의 포괄성을 균형 있게 강조하였다. 이에 비해 고려의 균여는 화엄의 우월성을 강조하기 위해 '별교일승절대론'을 내세웠다. 의천은 화엄 5교와 천태 4교를 동일시하는 절충적 교판 이해를 보였다. 한국의 불교 교판은 동아시아 불교의 사상적 전통 속에서 관점과 시대적 조건에 따라 독특한 방식으로 역동적으로 전개되었다. 즉 종파적 구심력과 각자의 역사성에 근거한 불교사 및 사상 이해를 해 온 것이며, 보편성과 특수성의 조화와 독자적 주장의 개진은 한국불교사상의 발전을 위한 토대가 되었다.

4. '종교와 문화'에서의 글로벌리티

본 『테마한국불교』 4에 수록된 〈종교와 문화〉 영역의 4개 테마를 권력과 종교, 문화와 의례로 나누어, '횡단성의 탐색'이라는 시각에서 주제별로 개요를 정리한다.

1) 권력과 종교

승역·승군
승역과 승군은 국가와 불교의 관계를 상징적으로 보여주는 주제이다. 이 테마는 승려의 사원 수호와 국가 외호라는 관점에서 연구를 수행하였다. 출세간을 지향하는 붓다 당시의 불교교단은 일종의 치외법권에 속했고 국가의 법이 아닌 승단의 계율을 따랐다. 걸식 외에는 생산 활동이 금지되었기 때문에 계율을 지키는 승려들이 하면 안 되는 일을 대신 해주는 '아라미까'라는 존재가 있었다. 이는 승가공동체가 머무는 승원의 일을 담당하는 존재로서 남성뿐만 아니라 여성이나 연소자 재가자는 물론 사미·사미니도 포함되었고, 신분적 차별을 의미하는 것은 아니었다.

불교가 중국에 들어온 후에는 승려가 부역과 조세를 면제받았지만, 농사를 짓거나 상행위를 통해 이익을 거두는 등 생산 활동에도 종사하였다. 사원이 전토를 소유하고 장원이 설치되었으며 영리사업도 행해져 많은 재산을 소유하였다. 중국에서 폐불이 일어난 것은 국가재정에 위협을 줄 정도로 사찰의 경제적 비대화와 교단의 세속화가 심하였기 때문이다. 한국에서도 통일신라 말 해인사의 경우 소속 토지와 재산을 보호하기 위해 승군을 두었고, 고려시대에도 사원에 소속된 수원승도가 있어서 사찰을 수호하고 잡일을 담당하거나 사전을 경작하였다. 수원승도는 사원의 사병 역할을 하였고 윤관이 별무반을 조직할 때 항마군으로 편성되는 등 국가 차원의 승군 기능도 했다. 일본에서도 큰 사찰에는 승병이 있었는데, 사찰과 사원전을 보호하고 수확을 징발하는 일 외에도 사찰 간의 분쟁에도 개입하였다.

조선시대에는 숭유억불 정책이 강화되었고 도승법이 시행되어 무도첩 승려들을 국가의 각종 토목공사에 동원하고 도첩을 발급하였다. 임진왜란이라는 국난을 당하여 국가와 백성을 위해 활약했던 의승군은 충의의 공적을 내세워 유교사회에서 불교의 존립기반을 마련하였다. 하지만 이는 역으로 계율과 수행을 저버린 것이었고, 전란 후에는 승려 노동력의 효용성이 주목됨에 따라 국가에서 승역을 활용하였다. 산성 축조와 방비뿐 아니라 종이 납부 등 각종 잡역과 공역이 사찰과 승려에게 부과되었다. 그 대가로 승려의 자격과 활동이 용인되기는 했지만 큰 부담이 된 것이 사실이다. 조선시대 승군과 승역은 동아시아 불교사에서도 매우 특이한 현상이었고, 이는 불교가 국가와 밀착되어 전개된 한국적인 특성이라고 할 수 있다.

정토

불교신앙은 현세의 기복과 내세의 추복을 아우르는데, 정토는 생사윤회의 굴레를 벗어난 별도의 공간이다. 아미타불의 서방극락정토, 미륵불의 도솔천정토가 대표적인 정토이다. 한국에서는 고대부터 아미타정토와 미륵정토가 각축을 벌이다가 아미타정토가 점차 우세를 보였고, 고려를 거쳐 조선시대에는 염불정토가 신앙뿐 아니라 수행의 방식으로 자리 잡았다. 인도, 동아시아와의 비교를 통해 한국불교사에서 나타난 정토의 발현 양상과 특징을 통시적으로 검토해 보았다.

정토의 길은 현세와 내세를 연결시키는 통로이다. 대승불교가 나온 후 중생에 대한 불보살의 자비와 구원이 중시되었고, 불보살과 중생이 함께 어우러진 세상 및 국토가 불국정토라는 관념이 출현하였다. 특히 극락세계와 도솔세계는 시대와 지역을 초월한 보편적 개념으로 다가왔다. 정토는 중생의 마음과 삶을 위로하고 조상의 천도와 왕생극락의 믿음을 주어 현생과 내세를 포함하는 영원한 안락을 보장하였다. 특히 가장 빠르고 쉬운 정토왕생의 길로서 타력의 칭명염불이 유행하였고 참회를 통한 정토왕생의 길은 누구에게나 열려 있었다. 또한 마음이 정토라는 유심정토의 수행 방안이 인기를 끌었다. 동아시아에서 정토신앙은 널리 보급되었고 선종과 천태종, 밀종과 율종 등 제종과 함께 융합하여 발전하였다.

정토는 지역과 시대, 신분을 초월해 모든 중생에게 가장 강력한 구원의 방도가 되었는데, 한국에서도 고대부터 널리 유포되었다. 원효는 민간에 나무아미타불 관념을 심어 주면서 염불을 대중화시켰다. 『삼국유사』에는 다양한 정토왕생 설화가 보이는데, 욱면비, 광덕과 엄장, 노힐부득과 달달박박 등 여러 계층의 인물이 등장한다. 통일신라 때부터 만일염불회가 결성되었고 만일염불 결사는 조선 후기까지 이어지면서 염불계가 성행하였다. 또한 염불의례가 빈번히 행해졌고 각종 작법과 의식집이 출현하였는데, 명연의 『염불보권문』은 정토신앙과 사상을 보급하는

데 큰 역할을 하였다. 한국불교에서 정토는 내세와 현세를 이어 주는 통로를 열었고, 불국토의 구현과 왕생의 염원을 담은 가장 큰 흡인력을 갖는 방안이었다.

2) 문화와 의례

불교설화

설화는 구전되어 오는 이야기의 총칭이며, 문자로 기록된 문헌설화와 기록되지 않은 구전설화를 포함한다. 불교설화는 불전설화, 고승담, 영험담, 사찰연기설화 등으로 나뉘는데, 불보살·고승·사찰 등에 대한 당대인의 인식이 반영되어 있다. 불교설화는 한국뿐 아니라 중국, 일본 등에서 광범위하게 창작되고 유통되었으므로, 횡단 문화적 접근이 가능하다. 동아시아 불교설화에 나타난 불보살·고승·사찰 인식과 형상화에 대한 논의는 소통의 횡단성은 물론이고, 비교문화의 관점에서 한국불교의 독자성을 살펴볼 수 있는 주제이다.

한국의 불교설화를 '불국'과 '성불'의 염원이라는 관점에서 접근해 보았다. 신라·고려시대의 불교설화는 '승려의 신이한 행적', '불·보살상과 경전의 영험', '불연국토와 불·보살의 상주', '정토왕생과 현신성불'의 네 가지 유형으로 나눌 수 있다. 설화 중 승려들의 신이한 행적은 대체로 승전의 형식을 취하며, 치병·용궁강설·고승의 신이한 죽음이라는 모티브가 포함되어 있다. 불·보살상과 경전의 영험에 관한 설화는 불·보살에게 기도하거나 경전을 독송·서사한 결과로 일어난 신이한 사건들을 다루고 있다. 불연국토와 불·보살의 상주는 신라의 국토를 부처와 인연이 깊고, 불·보살이 항상 머무르며 그 모습을 나타내는 공간으로 형상화하였다. 현신성불의 경우에는 '한국의 부처'를 만나볼 수 있는데 조선시대 사찰연기설화와 고승설화에서 잘 나타나 있다.

한국 불교설화의 특징은 부처와 보살이 평범한 민중의 모습으로 우리가 있는 '이곳'에서 우리와 함께 숨 쉬고 있음을 상징적으로 보여준다는 점이다. '부처의 나라'와 '이곳의 부처'는 누구나 불성을 갖는다는 '일체중생 실유불성'의 설화적·문학적 형상화이기도 하다. 승려와 민중의 '불국'과 '성불'에 대한 지향과 염원이 투영되어 나온 것이다. 한편 신라와 고려의 불교설화는 중국·일본의 왕생설화에서 왕생의 이유만을 다룬 것에 비해 왕생의 과정을 상세히 기록하였고 현신성불이 나온다는 점에서 특징적이다. 또 업보윤회와 인과응보에 근거한 점은 같지만 중국·일본에서 흔히 볼 수 있는 '명부'와 '악인악과'의 모티브가 한국에는 거의 보이지 않는다. 이는 한국인의 지향점이 현실의 '이곳'과 '성불'에 있었음을 반영한 것이다.

불탑

붓다의 사리를 봉안한 불탑은 인도에서부터 신앙의 주요 대상이었다. 초기에는 불탑이 붓다를 대신하는 상징적 성물로 존중되었으나, 동아시아로 전래되면서 사리의 개념이 불사리, 승사리, 법사리 등으로 세분화되었고 숭배의 대상도 확대되었다. 불탑은 붓다의 열반 후 유체를 화장하고 남은 사리를 인도 각지에 세운 근본팔탑에서 기원한다. 붓다의 사리를 모신 불탑은 붓다 그 자체로 인식되었고, 불탑신앙은 아쇼까왕 이후 출가와 재가를 불문하고 널리 성행하였다. 동아시아에서 불사리를 모신 진신사리탑은 전륜성왕의 자격 요건을 가늠하는 하나의 기준으로 거론되는 등 왕권의 정당화와 왕실의 안녕과 관련해 중요한 의미를 지녔다. 전륜성왕 내지 아육왕 사상은 중국 남북조 시대부터 당대에 이르기까지 많은 황제들의 숭불 및 호불 행위의 사상적 기반이 되었다.

신라에서도 선덕여왕 때에 자장이 당에서 진신사리를 가져와 황룡사 9층목탑에 봉안한 이래 국왕의 위상을 높이는 진신사리 신앙이 유행하였다. 통일 직후에는 문무왕의 유언에 따라 왜의 침략을 막기 위해 동해안에 감은사를 조성하고 거대한 3층석탑 2기를 세웠다. 이때 단순하면서도 웅장한 전형적인 신라식 석탑 양식이 창안되었다. 이는 통일 직후 국력을 과시하며 하나의 국토를 영원히 지속하고자 했던 당시인들의 바람을 반영한 것으로 보인다. 8세기 중엽에는 불국의 세계를 석탑에 반영하여 불국사 다보탑처럼 화려하고도 신비로운 이형탑이 등장하게 된다. 네 마리의 사자가 받치는 형상을 한 화엄사 4사자 3층석탑도 당시 유행하던 화엄사상을 투영하여 붓다가 상주하는 장소를 상징한 것이다.

고려시대에는 개경과 지방에서 널리 불탑이 조성되었고 왕실은 물론 민중 차원에서도 사리신앙이 확산되었다. 특히 사리가 여럿으로 나뉘는 분신, 모양이 달라지는 변신, 붓다의 치아인 불아 사리신앙도 성행하였다. 부도와 탑비 또한 고려와 조선시대에 계속 건립되었는데 고려 말부터는 고승의 사리를 나누어 인연이 있던 여러 사찰에 다수의 부도를 세우는 새로운 경향이 나타났다. 조선시대에 복원된 법주사 팔상전은 예불장소와 불사리 봉안처로서 불탑의 성격을 동시에 갖는, '탑전' 형식의 독특한 건축물로 볼 수 있다. 이처럼 영원한 불국토를 상징하는 한국의 불탑 및 불사리 신앙은 주로 자연 석재를 활용하면서도 풍부한 상상력을 바탕으로 시대적 갈망에 부합하는 변신을 거듭해 왔다.

'한국불교 횡단성의 탐색: 글로벌리티의 서막'이라는 제목으로 본 연구단의 2단계 아젠다 목표인 횡단성에 대해 설명하고, 본서에 수록된 8개 테마의 내용을 요약하였다. 〈문헌과 사상〉 영역에서는 『기신론소』와 『삼미륵경소』 텍스트와 사본, 교판의 콘텍스트에 대해 정리하였다. 〈종교와 문화〉 영역에서는 권력과 종교 유형으로 승역 승군, 정토를 소개하였고 문화와 의례에서는 불교설화, 불탑 문제를 다루었다. 다음에 나올 『테마한국불교』 5에서는 『법계도기』, 『금강삼매경론』, 금석문, 교판, 호국호법, 지옥, 어록, 갈마의 8개 테마를 통해 '횡단성의 전개'에 대해 살펴볼 것이다.

제1부

문헌과 사상

텍스트

기신론소

삼미륵경소

콘텍스트

불교사본

교판

텍스트

기신론소 起信論疏

• 이수미

I. 『대승기신론』의 성립과 초기 주석들

『기신론』의 등장과 초기 수용/ 『기신론』의 저자와 성립 문제/ 『기신론』의 사상적 중요성/ 남북조와 수대 논사들의 『기신론』 해석

II. 한국 논사들의 『기신론』 수용과 이해

삼국 및 통일신라 시대의 『기신론』 수용/ 원효의 『기신론』 이해/ 원효 이후의 『기신론』 해석의 전개

III. 『기신론』 해석의 교류와 확대

법장과 종밀의 『기신론』 주석과 원효/ 고대 일본 화엄학의 『기신론』 수용/ 근현대 동아시아에 있어서의 『기신론』 연구

- 동아시아 『기신론』 해석의 전개와 원효

I. 『대승기신론』의 성립과 초기 주석들

『기신론』의 등장과 초기 수용

동아시아 대승불교 전통에 있어서 학파적 차별을 넘어서 핵심적 논서로 널리 받아들여진『대승기신론』(이하,『기신론』)은 6세기 중반 전후에 성립된 이후 많은 동아시아 논사들에 의해 주목 받아 그 주석이 찬술되었다. 하지만『기신론』은 등장 초기부터 동아시아 불교전통 내의 주류적 사상을 나타내는 논서로 인식된 것은 아니었다.『기신론』이 여러 학파의 상이한 입장을 종합하는 이론적 체계를 갖춘 논서로서 처음 주목된 것은『기신론』이 저술된 지 약 1세기 이후 신라의 원효元曉(617~686)에 의해서였다. 원효는『기신론』을 모든 불교 경론의 사상을 집약한 논서로 보고『기신론』을 통해 불교체계를 전체적으로 이해하려 하였다. 이러한 원효의『기신론』해석에 기본적으로 의지하여 중국 화엄논사 법장法藏(643~712)은『대승기신론의기大乘起信論義記』를 저술하였고, 이 법장의 주석은 동아시아『기신론』이해의 중심적 기준으로 작용하여 현대에까지 영향을 미치고 있다.

『기신론』이 다양한 학파의 학설을 종합하는 논서로 본격적으로 인식되기 이전에도『기신론』은 몇몇 동아시아 논사들에 의해 주목되어 그 주석이 찬술되었다. 다시 말해『기신론』이 학파적 대립을 해소하는 융합적 논서로 광범위하게 인식된 것은 원효 때부터이지만『기신론』에 대한 주석서는 그 등장 초기부터 저술되어 온 것이다. 비록 진위 여부가 문제로 제기되기는 하지만 『기신론』의 역자로 알려져 있는 진제眞諦(Paramārtha, 499~569)나 그 제자인 지개智愷(d.568)도 기신론소를 지었다는 기록이 남아 있고 진제의 『섭대승론석攝大乘論釋』을 북지에 전한 담천曇遷(542~607) 또한 『기신론』에 대한 주석을 지은 것으로 기록되어 있다. 하지만 이 문헌들은 현재 남아 있지 않고 초기 주석으로서 현존하는 것은 최근 발견된 돈황본 기신론소와 담연曇延(516~588)의 『기신론의소起信論義疏』, 정영 혜원淨影慧遠(513~592)의 『대승기신론의소大乘起信論義疏』가 있을 뿐이다. 이들을 통해 『기신론』 성립 초기 단계에 있어서의 당시 논사들의 『기신론』 이해를 가늠할 수 있다.

『기신론』의 저자와 성립 문제

『대승기신론』은 전통적으로 인도승 마명馬鳴(Aśvaghoṣa, 미상)이 저술한 것으로 알려져 있다. 번역본에는 진제 역본과 실차난다實叉難陀(Śikṣānanda, fl.695) 역본의 두 가지가 있는데 이 중 진제본이 압도적으로 유행하게 되었고, 이후에 저술된 대부분의 『기신론』 주석서들 또한 이 역본의 주석서들이다. 이 진제 역 『기신론』은 548년에 인도에서 중국에 도착한 진제가 550년에 번역한 것으로 되어 있지만 이러한 전통적인 성립설에 대해 근대 불교학계에서는 지속적인 논란이 있어 왔다.

전통적 인도찬술설에 대하여 처음으로 문제를 제기한 것은 모치즈키 신코(望月信亨, 1869~1948)이다.[1] 모치즈키는 진제의 초기번역 목록에 『기신론』이 나오지 않는다는 점 등을 지적하여 인도찬술설을 의심하고 중국찬술설을 주장하였고, 진제의 번역서 용어와 『기신론』 간의 용어가 일

---

1 望月信亨, 『大乘起信論之硏究』, 東京: 金尾文淵堂, 1922, pp.65~69

치하지 않는다는 점 등을 들어 진제의 번역 가능성 또한 의심하였다. 이후 전통적 인도찬술설과 중국찬술설 간에 논쟁이 계속되었는데, 예를 들어 우이 하쿠주(宇井伯壽, 1882~1963)와 이후 히라카와 아키라(平川彰, 1915~2002) 같은 학자들은 전통적 인도찬술설을 지지하여 중국찬술설과 대립하였다. 히라카와는 『기신론』에서 다루고 있는 주요 이론들이 인도불교의 이론들이라는 점을 바탕으로 『기신론』이 인도에서 찬술되었다고 주장하고, 『기신론』의 진제 한역에 의심을 표하는 불교목록에 오류가 있을 가능성을 제기하였다.[2]

한편 가시와기 히로오(柏木弘雄)는 1981년에 그때까지의 『기신론』 성립을 둘러싼 논의들을 정리하고 새로운 관점에서 인도 찬술이라는 자신의 입장을 발표하였다.[3] 즉, 비록 『기신론』이 진제의 번역은 아니라 할지라도 『기신론』 초기 주석들과 진제의 『섭대승론석』과의 연계성하에 『기신론』의 인도 찬술 가능성을 주장한 것이다.

이후 인도찬술설로 의견이 모아지는 듯하였으나 중국찬술설을 지지하는 학자들은 계속하여 반론을 제시했다. 특히 최근에는 아라마키 노리토시(荒牧俊典)가 기존에 가장 오래된 『기신론』 주석으로 알려져 있던 『대승기신론의소』의 저자이자 지론학파 논사인 담연이 진제 역 『섭대승론석』의 영향을 받아 『기신론』을 찬술한 것이라고 하여 다시 중국찬술설을 주장한 바 있는데,[4] 신진학자 오타케 스스무(大竹晉)에 의해 이 주

---

2 平川彰, 「如來藏思想とは何か」, 『如來藏と大乘起信論』, 東京: 春秋社, 1990, pp.5~96

3 柏木弘雄, 『大乘起信論の研究―大乘起信論の成立に関する資料論的研究』, 東京: 春秋社, 1981 참조.

4 荒牧俊典, 「北朝後半期仏教思想史序説」, 『北朝·隋·唐 中国仏教思想史』, 京都: 法藏館, 2000, p.83

장에 대한 반박도 제기되었다.⁵ 한편 요시즈 요시히데(吉律宜英)는 『기신론』은 진제와 관련이 없으며 진제는 후에 번역자로 가탁된 것이라고 주장하고, 한편으로 『기신론』과 보리류지菩提流支(Bodhiruci, d.527) 등과의 접점을 고려하여 이 계통의 인도 논사에 의해 찬술되었을 가능성을 제기하였다.⁶

근래에는 『기신론』의 찬술이 중국 찬술 또는 인도 찬술 가운데 하나로 귀착되는 것이 아니라 인도 출신 승려의 강의를 바탕으로 한 중국 승려의 편찬이라는 새로운 견해가 제시되었다. 예를 들어 다케무라 마키오(竹村牧男)는 『기신론』의 용어가 초기 지론종 논사인 보리류지와 늑나마제勒那摩提(Ratnamati, fl.508)의 번역어와 연관성이 있다는 점을 지적하여 지론 계통 경론에 능통한 도총道寵(6세기경)과 같은 인물이 찬술자일 가능성을 제시하기도 하였다.⁷ 다카사키 지키도(高崎直道)는 범어 원본에는 나타나지 않고 늑나마제의 한역에만 존재하는 부분을 『기신론』이 이용하고 있음을 발견하였고, 따라서 『기신론』의 늑나마제 저술과의 연관성을 시사하였다.⁸ 오타케는 『기신론』의 인용문을 분석하여 그 용어나 서술 형식이 늑나마제가 번역한 『보성론寶性論』 또는 보리류지의 『금강선론金剛仙論』과 유사함을 밝혔고,⁹

---

5 大竹晉, 「『大乘起信論』成立問題に関する近年の動向をめぐって」, 『불교학리뷰』 12, 금강대 불교문화연구소, 2014, pp.9~43
6 吉津宜英, 「大乘起信論再檢討」, 『東アジア仏教の諸問題: 聖厳博士古稀記念論集』, 東京: 山喜房, 2001, pp.133~149
7 竹村牧男, 『大乘起信論讀釋』, 東京: 山喜房佛書林, 1985; 「地論宗と『大乘起信論』」, 『如來藏と大乘起信論』, 東京: 春秋社, 1990, p.363
8 高崎直道, 「『大乘起信論』の語法: 「依」「以」「故」等の用法をめぐって」, 『早稲田大学大学院文学研究科紀要 哲学·史学編』 37, 早稲田大学大学院文学研究科, 1991, pp.29~44 참조.
9 大竹晉, 「『大乘起信論』の引用文献」, 『哲学·思想論叢』 22, 筑波大学哲学·思想学会, 2004, pp.51~65

이시이 코세이(石井公成) 또한 보리류지의 저술인『법경록法經錄』과『기신론』간의 사상구조의 유사함에 주목하였다.[10] 이러한 일련의 연구들은 『기신론』이 초기 지론종 계통과 관련이 있는 저술이라는 것을 나타내며, 동시에『기신론』의 성립이 인도 저술의 한역 또는 중국인의 찬술이라는 양자택일적 논의에서 벗어나 있음을 의미한다.

하지만『기신론』의 성립 논의와 함께 여전히 남아 있는 문제들은『기신론』이 인도승 마명에게 가탁된 사상적 배경은 무엇인지, 그리고 만약 『기신론』이 초기 지론 논사의 저술이라면『기신론』의 초기 주석들은 왜 진제의 사상에 의거하여『기신론』을 해석하고 있는지 등이다. 이와 관련하여『기신론』자체의 사상과『기신론』의 주석 간, 또는『기신론』주석들 상호간의 사상적 차이 내지는 해석의 차이를 어떻게 이해해야 하는가에 관한 지속적 연구가 더 요구된다.

『기신론』의 사상적 중요성

『기신론』은 6세기 초중엽에 성립한 이후 동아시아 대승불교 전통에 있어서 수세기 동안 중시되어 왔다.『기신론』이 동아시아 불교계에서 폭넓은 사상적 영향력을 가진 것은 다양한 교리적 입장들을 포용할 수 있는 이론적 요소를 갖추고 있을 뿐 아니라『기신론』의 여래장如來藏 개념이 동아시아 논사들에 의해 주목받아 이후 동아시아 불성佛性 사상의 정립에 지대한 영향을 미쳤기 때문이다.

---

10 石井公成,「『大乘起信論』の用語と語法の傾向: NGSMによる比較分析」,『印度学仏教学研究』52, 2003;「『大乘起信論』の引用文獻」,『哲学・思想論叢』22, 筑波大学哲学・思想学会, 2004 참조.

『기신론』의 저자는 여래장과 알라야식(ālayavijñāna)이라는 두 상치되어 보이는 개념의 화합을 설하고 있다. 여래장 사상에 따르면 모든 중생의 마음에는 사실상 깨달음이 내재해 있으므로 중생들은 평등하게 깨달음의 가능성을 지닌다고 하고, 알라야식 사상에 의하면 악업을 포함하여 과거의 모든 업이 알라야식에 섭장되어 있기 때문에 중생의 마음은 본질적으로 미망이라고 한다. 중생의 마음의 본질에 대해 서로 상이한 해석을 제시하는 이 두 사상은 각각에 있어서는 이론적으로 한계점을 지니는 것으로 보통 받아들여진다. 즉 중생의 마음을 진眞으로 보는 여래장 사상은 현실의 실제적인 미망을 설명하는 데 어려움을 가진 것으로 보여지고, 이에 반해 중생의 마음을 망妄으로 보는 알라야식의 관점은 미망의 중생이 깨달음으로 나아갈 수 있는 근거를 정확히 제시하지 못한다는 것으로 여겨진다.

이러한 한계점에 대해 『기신론』은 두 이론을 서로 연결 또는 화합시킬 수 있는 틀로서 일심이문一心二門의 설을 제시한다. 하나의 마음에는 서로 분리되어 있지만 동시에 상호보완적인 관계에 있는 두 측면, 즉 진여문眞如門과 생멸문生滅門, 또는 진제眞諦와 속제俗諦가 있다고 하는 것이다. 일심이문의 구도에서 생멸의 마음은 항상 진여의 마음, 즉 여래장에 바탕을 두고 있으므로 마음은 진이면서 동시에 망으로 설명될 수 있고, 따라서 여래장과 알라야식을 각각 진과 망의 입장으로 분리하여 보는 입장에서 생겨날 수 있는 한계점을 극복한다. 이러한 진여문과 생멸문으로의 마음의 구분은 『기신론』에서 체體와 용用의 개념으로도 설명된다.

한편 『기신론』은 중생의 깨달음에 대해서 설명하면서, 본래 내재한 깨달음으로서의 본각本覺과 수행의 과정을 통해 얻어지는 깨달음인 시각始覺을 구분한다. 하지만 이러한 구분은 본질적인 것이 아니라, 시각이 완성될 때 결국 그것이 본래 내재하고 있었던 본각임이 드러나게 되는 것이라고 하여 본각과 시각의 구분은 여래장의 진의 측면과 알라야식의 망의 측면의 구분과 같이 결국 깨달은 자와 깨닫지 못한 자의 입장에서 생겨나는 차이로 설명한다. 즉, 『기신론』은 여래장과 알라야식의 화합으로 진과 망, 또는 진제와 속제의 구분에서 오는 이론적 수증론적 한계점을 극복하고 이러한 화합의 상태를 체와 용, 또는 본각과 시각으로 설명함으로써 획일적 융합이나 단절된 분리가 아니라 "같지도 않고 다르지도 않은(非一非異)" 상태로 표현하고 있다. 이러한 여래장과 알라야식의 비일비이의 상태로서의 화합은 후에 진과 망이 어떤 방식으로 결합하고 있는가의 문제를 둘러싸고 논사들에 의한 다양한 해석으로 나타났다. 본질적으로 진을 중심으로 한 화합인지 아니면 망을 중심으로 한 화합인지, 또는 화합의 논의가 생멸문에서 이루어지는지 아니면 이문에서 모두 이루어지는지 등등의 문제가 상이하게 해석되었다. 한편 원효와 법장과 같은 논사들은 여래장과 알라야식의 화합을 학파의 대립을 화해할 수 있는 이론적 바탕으로 이해하였다.

남북조와 수대 논사들의 『기신론』 해석

현존하는 『기신론』의 주석 가운데 가장 오래된 것으로 알려진 것은 일본 교우쇼오쿠(杏雨書屋)가 소장하고 있는 돈황 문헌 가운데에서 발견된 『대승기신론소大乘起信論疏』(擬題, 羽333V)이다. 이 자료는 처음과 마지막 부분이 결락되어 남아 있는 379행의 사본으로서 『기신론』의 구성으로 보았을 때 심진여문心眞如門과 심생멸문心生滅門의 일부를 포함하고 있다. 최근까지는 담연의 『기신론의소起信論義疏』(이하, 『담연소』)가 가장 오래된 『기신론』 주석으로 알려져 있었으나 일본 학자 이케다 마사노리(池田將則)에 의해 이 돈황본 『기신론소』가 『담연소』에 선행한다는 것이 밝혀졌다.[11] 『담연소』와 비교했을 때 돈황본 『기신론소』의 내용이 『담연소』에 요약되어 서술되어 있고, 또한 『담연소』에는 돈황본 『기신론소』에 존재하지 않는 부가적인 설명이 포함되어 있기 때문에 돈황본 『기신론소』가 『담연소』에 선행하는 것으로 보여진다. 한편 이케다는 돈황본 『기신론소』가 진제의 『섭대승론석』을 많이 인용하고 있는 것에 의거하여 이 저술의 찬술 연대를 진제가 『섭대승론석』을 역출한 564년과 담연이 입멸한 588년 사이로 보고 있다.

이 돈황본 『기신론소』에는 진제의 『섭대승론석』 이외에 그가 찬술한 것으로 여겨지는 『구식장九識章』이나 『불성론佛性論』의 이론에 의지하여 주석한 곳을 포함하고 있다. 따라서 이 주석서의 찬술자는 진제와 가까운 관계를 가진 인물이거나 그가 찬술한 문헌을 잘 알고 있는 자일 가능성이 제기되고 있다. 또한 사상적 경향으로는 이 돈황본 『기신론소』가 『담연소』보다 진제의 사상에 더 밀접한 것으로 보여진다.

문체나 구성상에서 저자 자신에 의한 수정이나 저자 이외 편집자에 의한 구성의 변경 등이 보이므로 이케다는 이 저술이 저자와 편집자, 즉 스승과 제자들이 공동으로 찬술한 강의록 성질의 문헌이라고 보고, 따라서 다른 식으로 편집된 이본異本이 존재했을 것이라고 추정한다.

『담연소』와 돈황본 『기신론소』를 비교하였을 때 『담연소』가 돈황본 『기신론소』를 참조하고 있으므로 『담연소』가 후에 저술된 것으로 보인다. 한편 『담연소』 두 권 가운데 두 번째 권이 원효의 『기신론소』와 유사

---

11 池田將則, 「杏雨書屋所藏敦煌文獻 『大乘起信論疏』 (擬題, 羽333V) について」, 『불교학리뷰』 12, 금강대 불교문화연구소, 2012 참조.

성을 보이고 있음이 지적되고 있어 후대에 편집되었을 가능성 또한 고려되고 있다. 내용상으로 볼 때 『담연소』는 돈황본 『기신론소』와 마찬가지로 진제의 『섭대승론석』을 바탕으로 『기신론』을 해석하고 있고, 따라서 두 문헌 모두 『기신론』과 진제와의 관련성을 시사하고 있다. 하지만 이 두 저술이 모두 진제의 『섭대승론석』에 의지하고 있다 하더라도 두 저술의 관점이 완전히 일치하는 것으로는 보이지 않는다. 왜냐하면 『담연소』에는 돈황본 『기신론소』의 설명을 어느 정도 비판하는 부분이 포함되어 있기 때문이다.[12]

정영 혜원의 『대승기신론의소』(이하, 『정영소』)는 후대 원효의 『기신론소』와 법장의 『기신론의기』와 함께 전통적으로 3대 『기신론』 주석으로 알려져 있다. 하지만 『정영소』는 혜원의 다른 저술과 비교할 때 문장 형식이 혼란된 곳이 보이고 혜원의 정형적인 사자성구의 문제가 여기서는 통일되어 사용되지 않은 점 등으로 인해 위찬설이 제기되어 왔다. 하지만 사상적인 면에서는 여전히 혜원의 다른 저술과 상통하는 면이 있기 때문에 진찬일 가능성 또한 남아 있다.

『정영소』는 혜원의 다른 저술인 『대승의장大乘義章』의 「팔식의八識義」와 상당한 부분에서 중복되어 있어 상호간 밀접한 관련성이 있음을 보여주지만 이 두 저술의 서술 형식에는 차이점이 나타난다. 즉, 「팔식의」에서 『기신론』 구절을 설명할 때에는 진제의 『섭대승론석』에 상당부분 의지하고 있지만 『정영소』에서는 『섭대승론석』이 전혀 인용되지 않았다. 또한 혜원의 저술 가운데 『대승의장』 외에는 진제의 『섭대승론석』이 거의 인용되어 있지 않다는 점 또한 혜원의 저술 간의 상관성 문제에 있어

---

12 池田將則, 앞의 논문, 2012, pp.57~64

서 의문을 제기한다.[13] 이러한 여러 점에서 『정영소』의 저자의 문제 내지는 혜원 저술 간의 사상적 상관관계 등은 더 고찰되어야 할 과제이다.

혜원, 원효, 법장의 3대 『기신론』 주석은 앞서의 두 주석, 즉 돈황본 『기신론소』 및 『담연소』와 비교했을 때 『능가경楞伽經』의 인용에 있어서 차이점을 보인다. 『정영소』를 비롯한 삼대소는 『능가경』에 의지하여 『기신론』을 해석하고 『능가경』을 『기신론』의 바탕이 되는 경으로 제시하고 있다. 그리고 이와 같은 삼대소의 해석을 바탕으로 『능가경』이 『기신론』의 경본이라고 보는 것이 학계의 일반적 통념이다. 하지만 앞서의 두 주석들은 『능가경』을 전혀 인용하지 않고 있음이 밝혀졌고, 이런 점에서 『능가경』을 『기신론』의 경본으로 하는 관점은 당시 여러 『기신론』 해석 관점들 가운데 한 조류였을 가능성도 배제할 수 없다.

한편 『정영소』에서 혜원은 담연의 설로 보이는 "일사一師"의 설을 제시하고 있다. 즉 혜원은 심진여를 제9식으로 하고 심생멸을 제8식으로 한다는 자신의 설을 서술하고 난 후 6식과 7식을 심생멸로 한다는 "일사"의 설을 소개하고 있는데 이 설이 담연의 설로 추정되고 있다.[14] 또한 혜원이 『대승의장』의 「팔식의」에서 네 군데에서 비판하고 있는 "유인有人"설이 바로 담연의 『기신론소』에 대한 해석에 해당한다고 추정되고 있으며,[15] 이런 점은 담연의 『기신론』 해석에 대한 혜원의 입장과 관련하여 주목되는 점이다.

---

13 吉津宜英, 「浄影寺慧遠の『起信論疏』について: 曇延疏との比較の視点から」, 『印度学仏教学研究』 21, 日本印度学仏教学会, 1972(a), pp.335~337 참조.

14 여기서는 혜원은 이 "일사"의 설을 비판하고 있는 것으로 보이지는 않는다. 吉津宜英, 「慧遠の『起信論疏』をめぐる諸問題」, 『駒澤大學佛教學部論集』 3, 駒澤大学仏教学部研究室, 1972(b), pp.84~88

15 吉津宜英, 앞의 논문, 1972(a), pp.336~337

II. 한국 논사들의 『기신론』 수용과 이해

삼국 및 통일신라 시대의 『기신론』 수용

한국불교에서 『기신론』에 대한 연구는 원효가 『기신론소』와 『대승기신론별기』를 저술한 이후 신라시대에 집중되어 이루어지고 있다. 신라시대에 이루어진 『기신론』의 주석에는 경흥憬興(7세기경)의 『대승기신론문답大乘起信論問答』(1권), 승장勝藏(fl.703, 710)의 『기신론문답起信論問答』, 연기緣起(fl.754)의 『대승기신론주강大乘起信論珠綱』(3권 혹은 4권)과 『대승기신론사번취묘大乘起信論捨繁取妙』(1권), 대연大衍(미상)의 『대승기신론소大乘起信論疏』(1권)와 『대승기신론기大乘起信論記』(1권), 대현大賢(8세기경)의 『대승기신론내의약탐기大乘起信論內義略探記』 등이 있다. 이 외에도 『대승기신론초大乘起信論鈔』(3권)를 저술한 응진應眞(미상)과 『대승기신론기大乘起信論記』(3권)를 저술한 혜경慧鏡(미상) 등이 신라 논사로 추정되기도 하고, 또한 저자가 알려지지 않은 『대승기신론종요大乘起信論宗要』(1권)나 『대승기신론회기大乘起信論會記』(1권)도 또한 신라시대의 『기신론』 주석으로 보인다. 또한 저자가 미상인 『대승기신론수소보행기大乘起信論隨疏補行記』(2권)도 원효의 『기신론소』를 해석한 것이고 『대승기신론과大乘起信論科』(1권)도 『해동소海東疏』, 즉 『기신론소』의 과문에 의거한 것이라고 한다. 따라서 원효 이후 『기신론』에 대한 관심이 급속히 증가하였음을 알 수 있다. 이 중 현존하는 것으로는 원효의 『기신론소』와 『대승기신론별기』, 그리고 대현의 『대승기신론내의약탐기』가 있다.

이들 『기신론』 주석가들의 학파적 배경을 살펴보면, 경흥은 백제 출신의 유식 논사이고, 경덕왕 때 인물인 연기는 『화엄경』(80권본) 사경을 발원 제작한 것으로 미루어 보아 화엄 논사였던 것으로 보인다. 승장은 당에서 활동한 신라 출신 유식 승려인데 원측圓測(613~696)의 제자로도 추정되고 있다. 생애에 대해 전혀 알려져 있지 않은 대연은 『기신론』에 대한 주석 이외에 『대방등여래장경소大方等如來藏經疏』(2권), 『대승의장大乘義章』(16권) 또한 저술한 것으로 기록되어 있다. 경덕왕 때 활동한 승려이자 "신라 유가조瑜伽祖"로 기록되어 있는 대현은 한편으로는 화엄에도 능통했던 논사로 알려져 있다. 『기신론』의 주석을 찬술한 논사들의 이러한 다양한 학문적 배경을 고려할 때, 『화엄경』 또는 여래장 계통의 경전에 관심이 있는 논사들뿐 아니라 유식 계통의 승려들 또한 『기신론』의 주석을 지었음을 알 수 있다. 이러한 현상은 중국의 법상종 계통에서는 『기신론』이 거의 고려되지 않았음에 비추어 볼 때 매우 독특한 경향으로 볼 수 있으며, 이런 점에서 당시 신라에서는 『기신론』이 학파적 계통을 초월하여 받아들여지고 있었음을 알 수 있다.

이 중 현존하는 대현의 『대승기신론내의약탐기』(이하, 『약탐기』)에 대해 살펴보자면, 이 저술은 대현 자신의 해설이나 설명이라기보다는 원효와 법장의 주석서 및 저술의 편집으로써 구성되어 있다. 이러한 집필 태도로 인하여 『약탐기』는 대현 자신의 견해가 아니라 단지 원효와 법장의 『기신론』 해석을 그대로 수용하고 있는 것이라고 해석되기도 한다. 때로는 『약탐기』가 원효의 입장을 받아들이는 것이라고도 하고, 혹은 법장과 원효의 두 입장을 중립적으로 수용하고 있는 것이라고 해석하기도 한다.[16] 최근에는 대현이 법장과 원효의 주석을 편집할 때 자신의 일정한

---

16 박태원, 「見登의 起信論觀」, 『가산학보』 1, 가산불교문화연구원, 1991, pp.251~254; 「新羅佛敎의 大乘起信論硏究」, 『신라문화제학술발표회논문집』 44, 동국대 신라문화연구소, 1992, pp.56~57

기준을 적용하였다는 주장이 제기되었다.[17] 즉, 대현은 『약탐기』에서 법장의 오교판五敎判을 수용하고 있지만 층차적, 위계적으로 교판을 세우는 법장과는 달리 단순한 가르침의 분류라는 평등한 관점을 적용하고 있으므로 오히려 모든 가르침을 평등한 것으로 보는 원효의 관점에 부합하는 것이라고 하는 해석이다. 즉, 형식상으로는 법장의 틀을 사용하였으나 내용상으로는 원효에 가깝다는 것이다. 한편 요시즈 요시히데는 중세에 한국 또는 일본에 원효와 법장의 융합 형태의 사상이 존재했다고 주장하고, 대현의 사상을 이 조류에 포함시킨다.[18]

원효의 『기신론』 이해

원효는 앞서 언급했듯이 『기신론』의 이론적 중요성을 본격적으로 인식하여 제 학파의 다양한 학설을 종합할 수 있는 단초를 『기신론』의 사상에서 발견하여 이를 면밀하게 체계화한 인물이다. 원효는 당시 학파들의 다양한 사상을 종합할 수 있는 사상을 『기신론』의 이론체계에서 찾았고 『기신론소』와 『별기』를 비롯하여 다수의 『기신론』 관련 저술을 남겼다. 다시 말해 이전의 『기신론』 주석들과 비교할 때 원효는 『기신론』을 전체 불교사상 체계를 종합할 수 있는 포괄적 이론체계를 가진 논서로 파악하고 있다. 즉, 『기신론』의 사상에 의해 불교체계의 일면이 아니라 전체를 이해할 수 있다고 보았고, 이러한 『기신론』에 대한 원효의 관점은 『기신론소』와 『별기』뿐 아니라 『기신론』의 틀을 통해 해석되고 있는

---

17 이수미, 「『大乘起信論內義略探記』로 본 大賢(ca. 8세기)의 唯識사상」, 『불교학연구』 40, 불교학연구회, 2014, pp.183~223
18 吉津宜英, 『華嚴一乘思想の硏究』, 東京: 大東出版社, 1991, pp.541~546

그의 다른 많은 저술에도 또한 반영되어 있다.

『기신론』 주석에 나타난 원효의 사상이 정확히 어떤 것인가 하는 것은 근현대의 많은 학자들의 지속된 연구 주제 중 하나였다. 하지만 원효의 사상적 입장 또는 원효의 기신론관을 어떻게 볼 것인가에 대해 학계는 상이한 견해들을 제시해 왔다.

먼저 『별기』의 대의문에 근거하여 원효의 기신론관이 공空과 유有의 화쟁, 즉 중관中觀과 유식唯識의 화합을 도모하는 것이라고 보는 해석이 있다.[19] 즉, 『기신론』의 일심이문 가운데 진여문을 중관에, 생멸문을 유식에 해당하는 것으로 보고 원효의 『기신론』 해석의 핵심을 일심에서의 중관과 유식의 종합과 지양으로 보는 것이다. 중관에서의 마음의 청정한 측면과 유식에서의 마음의 염오한 측면을 지양 종합하는 것이 『기신론』의 핵심인 진속불이眞俗不二의 사상이라고 한다. 한편으로 이러한 관점에서 원효의 『기신론』 사상이 화엄사상으로 귀속될 수 있다고 보았는데, 다만 『기신론』을 여래장연기종如來藏緣起宗으로 한정시키는 중국 법장의 화엄사상과는 차이가 있으며, 오히려 법장 이전의 초기 화엄사상과 연결될 수 있다고 한다.[20]

이후 연구가 진척됨에 따라 진여문과 생멸문을 각각 중관과 유식에 일 대 일로 직접 대응시키는 것에 대한 문제점이 제기되었다.[21] 예를 들

---

19 박종홍, 「원효의 철학사상」, 『한국사상』, 한국사상연구회, 1963~64, pp.6~7; 고익진, 「元曉의 起信論疏·別記를 통해 본 眞俗圓融無礙觀과 그 성립이론」, 『불교학보』, 동국대 불교문화연구원, 1973, p.10; 은정희, 「起信論疏·別記에 나타난 元曉의 一心思想」, 고려대 박사학위논문, 1983 등 참조.
20 고익진, 『韓國古代佛敎思想史』, 서울: 동국대출판부, 1989, pp.246~274
21 박성배, 「원효사상 전개의 문제점—박종홍박사의 경우」, 『동서철학의 제문제』, 서울: 태암김규영박사화갑기념논문집간행위원회, 1979; 박태원, 「원효의 起信論觀 이해를 둘러싼 문제점 小考: 『別記』大意文구절의 이해를 중심으로」, 『동양철학』 1,

어, 원효는 『별기』에서 진여문과 생멸문에 포섭되는 사법事法을 각각 분별성分別性, 의타성依他性으로 규정하는데 이것을 중관과 유식에 대응시킬 수는 없기 때문이다.

이문을 각각 중관과 유식에 대응시키는 이러한 견해에 대한 비판과 함께 한편으로는 원효의 기신론관을 여래장설로 보아야 한다는 주장이 있었고,[22] 다른 한편으로는 구유식舊唯識의 입장에서 논의해야 한다는 주장도 제기되었다.[23] 원효의 기신론관을 여래장설로 보는 입장은 법장이 『기신론』을 여래장연기종으로 보는 입장의 연장선상에서 원효의 기신론관을 파악한 것이라고 할 수 있다. 하지만 원효의 주석에는 여래장이 생멸문에 한정된 것으로 서술되고 있다는 점에서 볼 때 이러한 평가는 원효 기신론관을 전체적으로 나타낸다고 할 수 없다는 지적이 있었다.[24]

또한 구유식의 입장에서 원효의 기신론관을 파악하는 입장은 법장을 제외한 담연, 혜원, 원효가 동일하게 진제 계열의 구유식에 입각하여 『기신론』을 주석하고 있다는 것에 의거하는 것이다. 하지만 앞서 언급했듯이 담연과 혜원에 있어서 진제의 『섭대승론석』에 대한 조술 태도는 일치하지 않고 혜원의 『기신론의소』에는 『섭대승론석』이 전혀 인용되어 있

한국동양철학회, 1990 등 참조.

22 이평래, 「여래장설과 원효」, 『원효연구논총』, 서울: 국토통일원, 1987 참조.
23 박태원은 원효의 기신론관을 구유식에서 찾고 있다. 그는 알라야식을 진망화합식으로 본 원효의 관점이 사상적으로 진제의 아말라식설에 바탕을 두고 있다고 한다. 박태원에 따르면 원효는 아말라식설을 바탕으로 하여 생멸을 벗어나지 못한 제8식 외에 本覺으로서 본래 청정한 제9식인 아말라식을 인정하고 있다고 하고, 이런 점에서 원효는 『기신론』을 진제의 구유식적 관점에서 파악하고 있다고 한다. 자세한 논의는 박태원, 『『大乘起信論』思想을 평가하는 元曉의 관점」, 『韓國思想史: 釋山 韓鍾萬博士華甲紀念』, 서울: 원광대학교출판국, 1991, pp.237~238 참조.
24 박태원, 『대승기신론사상연구(I)』, 서울: 민족사, 1994, p.119, 149, 181, 193

지 않다. 더구나 혜원은 담연의 『기신론』 해석을 비판하기도 하였음이 추정되고 있다. 이런 점들을 고려한다면 이들의 『기신론』 해석이 모두 구유식과 연결되는 측면을 가지고 있다고 하더라도 이를 바탕으로 이들이 서로 상응하는 기신론관을 가진다고 결론 내릴 수는 없을 것이다.

한편 『기신론』의 '일심'에 대한 원효의 이해가 화엄을 비롯하여 여러 사상을 포함한다는 점에서 원효의 기신론관을 '화엄일심華嚴一心,' '화쟁일심和諍一心'으로 파악해야 한다는 주장도 있었다.[25] 이는 어느 특정 사상에 국한되지 않고 여러 사상을 포괄하는 원효의 기신론관의 특징이 '일심'에 의해 표현될 수 있다고 본 견해이다. 이와 같은 맥락에서 원효의 『기신론』 사상을 화엄의 입장에서 '화엄일심'으로 보아야 한다는 주장도 제기되었다.[26]

이와 같이 원효의 기신론관에 대해 여러 해석이 제시되어 왔지만 학계는 아직 확고한 합의점에 도달하지는 못하고 있다. 하지만 확실한 것은 원효의 기신론관을 화엄사상이나 여래장사상 등과 연결하여 이해할 경우 기존의 입장에 비추어 원효를 이해하게 될 수밖에 없다는 점이다. 하지만 원효의 기신론관은 이러한 기존의 화엄사상이나 여래장사상의 틀에 완전히 부합하지 않는 사상적 특성을 가지고 있다. 다시 말해 원효가 화엄학의 입장을 가졌는지 유식학의 입장을 가졌는지 아니면 『기신론』을 중심으로 하는 여래장적 입장을 가졌는지에 대해 논의할 때 사실상 원효의 실제 사상과는 맞지 않는 틀로써 원효를 해석할 위험성이 있다는 것

---

[25] 최유진, 「원효사상연구: 화쟁을 중심으로」, 서울대 박사학위논문, 1998 참조.
[26] 석길암, 「일심의 해석에 나타난 원효의 화엄적 관점」, 『불교학보』 49, 동국대 불교문화연구원, 2008, p.188 참조. 그 외에 근현대 한국의 『기신론소』와 『별기』의 연구사 개괄은 석길암, 「근현대 한국의 『대승기신론소』·『별기』 연구사」, 『불교학리뷰』 2, 금강대 불교문화연구소, 2007 참조.

이다. 이런 점에서 원효사상의 진단은 기존의 전통적 사상 틀과의 차별성이라는 문제에 각별히 유의하면서 진행되어야 할 것으로 보인다.

원효 이후의 『기신론』 해석의 전개

앞서 언급하였듯이 원효가 『기신론』 주석을 찬술한 직후 『기신론』에 대한 관심이 급증하고 다수의 주석이 찬술되었는데, 그 후 신라 후대 8세기경부터는 『기신론』에 대한 주석 태도에 있어서 변화가 나타난다. 즉 이 무렵 『기신론』과 화엄사상을 융합하는 사상적 경향이 등장하였다. 이러한 경향은 『기신론』을 중심으로 하여 불교 교학체계를 설명하려 하였던 원효와 671년에 신라에 귀국하여 화엄교학을 전파한 의상義湘(625~702)의 사상 간의 종합적 해석으로 이해되고 있다. 의상은 7세기 후반부터 신라에서 활동하였으나 의상의 화엄학은 8세기 중엽 무렵에 이르러서야 왕실과 귀족들의 주목을 받으면서 신라의 중심적 사상으로 부상하였다. 이런 사상적 상황을 고려해 볼 때 기존의 통일신라의 주된 불교 흐름이었던 원효의 『기신론』 중심사상과 의상 화엄사상 간에 이론적 연관성 및 종합 가능성이 논의되었음이 추정될 수 있다.

신라 후대의 『기신론』과 화엄사상의 종합적 경향을 보여주는 것으로 지금까지 몇 가지 문헌이 제시되었다. 전통적으로 진제의 제자 지개가 지은 것이라는 전승이 있는 『기신론일심이문대의起信論一心二門大義』(1권)는 일본 화엄승 지쿄(智憬, 8세기 중후반)의 『대승기신론동이약집大乘起信論同異略集』과 유사한 구절이 보이고, 10세기까지는 불교문헌 목록에 나타나지 않는다는 점에 비추어 대체로 11세기 이후 일본에서 찬술된 것으로 여겨져 왔다. 하지만 최근 최연식은 『기신론일심이문대의』에 인용되고 있는 『유전본제경流轉本際經』이 한국의 저술에만 나타난다는 점과 관련하여 이 문헌이 8세기 전반기의 신라 찬술 문헌이고 오히려 『대승기신론동이약집』이 『기신론일심이문대의』를 참조하여 저술되었다고 주장한다.27 이 견해를 수용한다면 이 문헌에 보이는 『기신론』을 중심으로 한 화엄교학과의 융합 경향은 바로 이 시기의 신라에서의 『기신론』과 화엄사상의 종합적 경향을 나타내는 일례로 받아들일 수 있다.

마찬가지로 8세기에 찬술된 것으로 보이는 『기신론』의 주석인 『석마하연론釋摩訶衍論』은 신라 대공산大空山의 사문인 월충月忠(미상)이 찬술하였다는 기록이 남아 있고, 또한 『석마하연론』의 독자적 사상 가운데 상당한 부분이 신라 관련 논서와 연결되어 있다는 점에서 신라 문헌으로 추정되고 있다.28 이 문헌에는 『기신론』을 중심으로 하여 『기신론』과 의상의 화엄학설이 융합되어 설해져 있다. 따라서 당시의 주요 과제였던 원효의 『기신론』 사상과 의상의 화엄사상의 종합을 위해 이 문헌이 찬술되었다고 해석되고 있다.29

이후 중국의 방산석경房山石經 중에서 발견되고 영명 연수永明延壽(904~975)의 『종경록宗鏡錄』(961)에도 인용되고 있는 『건나표하일승수행자비밀의기健拏標訶一乘修行者秘密義記』는 10세기 초인 나말여초 무렵에 찬술된 문헌임이 밝혀졌다.30 이 문헌은 그 제목에서도 나타나듯이31 화엄

---

27 최연식, 「신라불교 문헌으로서의 『起信論一心二門大意』」, 『불교학연구』 13, 불교학연구회, 2006, pp.5~34
28 石井公成, 『華嚴思想の硏究』, 東京: 春秋社, 1996, pp.361~366
29 石井公成, 앞의 책, 1996, pp.361~366
30 佐藤厚, 「『健拏標訶一乘修行者秘密義記』の基礎的考察」, 『東洋学研究』 39, 東洋大学東洋学研究所, 2002 참조.
31 健拏標訶 또는 健拏驃訶는 범어 gaṇḍa-vyūha('꽃으로 장식하다', 즉 '華嚴')의 음역이다. 최연식, 「『健拏標訶一乘修行者秘密義記』와 羅末麗初 華嚴學의 一動向」, 「한

을 기본 입장으로 하고 『기신론』의 직접적인 주석은 아니다. 하지만 이 문헌에는 『기신론』의 개념들과 사상이 화엄사상, 특히 의상계 화엄사상과 통합되어 나타나고 있다. 예를 들면 진여문, 생멸문, 업식業識, 전식轉識, 현식現識 등 『기신론』에 나타나는 개념들이 등장하고, 한편으로는 화엄의 전형적인 오교판을 언급하고 의상의 법계도法界圖와 유사한 법계도인法界圖印 또한 수록하고 있다. 그 외에 밀교적 요소를 비롯하여 토착적·신비적 개념 또한 나타나므로 이 문헌은 화엄과 『기신론』, 그리고 여러 다른 사상체계를 혼합적으로 수용하여 독자적 사상 경향을 띠며 형성된 저술로 평가받고 있다.[32]

고려시대부터 『기신론』 주석의 찬술은 급속히 줄어든다. 의천義天(1055~1101)이 1090년(선종 7)에 편찬한 『신편제종교장총록新編諸宗敎藏總錄』에 수록된, 당시 유통되던 『기신론』 관련 저술 목록에서 고려시대에 찬술된 주석으로 확정될 수 있는 문헌은 남아 있지 않다. 다만 의천 자신은 원효와 법장을 존숭하였다고 알려져 있고 『신편제종교장총록』에 수록된 『기신론』 주석 목록에서 나타나듯이, 원효의 『기신론소』와 『별기』를 포함하여 당시 유통된 『기신론』 주석들의 수가 적지 않다. 따라서 의천 당시까지도 『기신론』은 사상적으로 중요한 문헌으로서 여전히 주목받고 있음을 알 수 있다. 하지만 이후 1251년(고종 38)에 완성된 고려대장경에는 『기신론』의 두 역본(K616, K623)과 주석서로는 『석마하연론』(K1397)만이 수록되어 있을 뿐이다.[33] 고려 후기에 이르러서도 원효의 『기신론

국사연구』 126, 한국사연구회, 2004, p.40
32 최연식, 앞의 논문, 2004, pp.73~77
33 현재 『韓國佛敎全書』에 수록된 『大乘起信論疏記會本』은 해인사 寺刊板에 소장되어 있는 목판본을 저본으로 한 것이다. 이 해인사 사간판에는 대장경 제작 이전부터 현대까지에 걸쳐 제작된 약 150여 종의 문헌이 포함되어 있는데, 『기신론소』와

소』와 『별기』를 포함하여 『기신론』의 주석이 연구되거나 인용된 사례는 거의 찾아볼 수 없다.

조선시대에는 『기신론』에 대한 몇몇 문헌들이 보인다. 즉, 사기류私記類로서 연담 유일蓮潭有一(1720~1799)의 『기신사족起信蛇足』(1권)과 인악의첨仁嶽義沾(1746~1796)의 『기신론사기起信論私記』(1권)가 있고, 백암 성총栢庵性聰(1631~1700)이 기존의 몇 가지 『기신론』 주석을 수집하여 『대승기신론필삭기회편大乘起信論疏筆削記會編』을 간행하였다. 하지만 선종이 유일하게 인가된 종파였던 조선시대에는 원효나 법장의 『기신론』 주석서보다는 화엄의 조사이지만 동시에 선종 조사이기도 한 규봉 종밀圭峰宗密(780~841)의 『대승기신론소大乘起信論疏』(이하, 『종밀소』)가 유통되고 있었던 것으로 보인다.[34]

아래에 논의되듯이, 『종밀소』는 기본적으로 법장의 『대승기신론의기』를 요약하는 방식으로 서술되어 있지만 단지 법장의 『기신론』 해석의 재조술이 아니라 원효의 특징적 관점 또한 선택적으로 편집 수용하고 있

『별기』의 합본인 『대승기신론소기회본』은 19세기에 양문회가 금릉각경처에서 발행한 활자본을 가지고 해인사에서 복각한 것이다. 따라서 1251년에 편찬된 國刊板인 고려대장경과는 관련이 없다. 한편 『대정신수대장경』에 수록된 원효의 『기신론소』와 『별기』는 일본 자국 내에 별도로 유통되고 있었던 1659년 간본을 저본으로 한 것이다. 최근 가마쿠라 시대 승려 단에이(湛睿, 1271~1346)가 1313년경에 필사한 것으로 추정되는 새로운 『대승기신론별기』 고사본이 일본에서 발견되었다. 金澤文庫에 소장된 자료로서 기존의 1659년 간본보다 약 300년 정도 앞선 것이라고 추정되고 있다.

34 이것은 조선시대에 인행되어진 『기신론』 주석이 대부분 『종밀소』라는 점에서 알 수 있다. 법장의 『의기』를 간행했다는 기록이 조선시대에는 남아 있지 않다(김천학, 「종밀의 『대승기신론소』와 원효」, 『불교학보』 69, 동국대학교 불교문화연구원, 2014, pp.63~69). 한편 刊經都監 등에서의 불서 간행에는 원효의 『기신론소』와 『별기』가 포함되어 있지 않다. 따라서 당시에 이미 원효의 저작은 더 이상 유통되지 않았거나 일실된 것으로 추정된다.

다. 이런 점에서 원효와 법장의 기신론관은 『종밀소』를 통해 간접적으로 조선시대에 전해지고 있었다고 할 수 있을 것이다. 한편 조선 후기에 성총이 편집 간행한 『대승기신론소필삭기회편』은 종밀의 문도인 송대 장수 자선長水子璿(965~1038)의 『기신론소필삭기起信論疏筆削記』(20권)를 중심으로 편집된 것이다. 이 『대승기신론소필삭기회편』이 간행된 후 조선시대 승려의 사교과四敎科 과목 중 『법화경法華經』이 『기신론』으로 대체되었다고 한다.[35] 이러한 점들에 비추어 볼 때, 비록 조선시대에는 신라시대에서와 같이 『기신론』 주석이 다수 찬술된 것은 아니었으나 『기신론』에 대한 사상적 관심이 단절된 것은 아니고 앞 시대에 이어 면면히 계승되고 있었다고 보아야 할 것이다.

III. 『기신론』 해석의 교류와 확대

법장과 종밀의 『기신론』 주석과 원효

남북조와 수에 이어 당대에 찬술되었다고 알려져 있는 『기신론』 주석에는 지엄智儼(602~668)의 『대승기신론의기大乘起信論義記』(1권)와 『대승기신론소大乘起信論疏』(1권), 영윤靈潤(fl.650)의 『대승기신론소大乘起信論疏』, 법장의 『대승기신론의기』, 담광曇曠(700~788경)의 『대승기신론광석大乘起信論廣釋』(5권; 3, 4, 5권만 현존)과 이의 축약본인 『대승기신론약술大乘起信論略述』, 종밀의 『대승기신론소』, 종밀의 제자 석벽 전오石壁傳奧(미상)의

---

[35] 김용태, 『조선후기 불교사연구: 임제법통과 교학전통』, 서울: 신구문화사, 2010, pp.259~260

『대승기신론수소기大乘起信論隨疏記』(6권), 혜명慧明(미상)의『대승기신론소大乘起信論疏』등이 있다.

　이 중 법장이 화엄종의 입장에서 저술한『대승기신론의기』(이하,『의기』)는 앞서 언급하였듯이 가장 많이 읽히는『기신론』주석으로서 동아시아의『기신론』이해에 있어서 주류적 역할을 담당하였다. 원효의『기신론』주석에 이어 법장이『의기』를 저술할 무렵에 시작하여 그 이후 당과 신라에는 수십 종의『기신론』주석서가 배출되었고, 이어서『기신론』은 이 주석들과 함께 일본에 전달되어 일본에서 상당한 수의『기신론』소와 말소末疏가 찬술되었다. 이런 과정을 거쳐 법장의『의기』이후『기신론』은 동아시아의 불교에 있어서 핵심적 논서로 주목받게 된다.

　법장의『의기』는 기본적으로 원효의『기신론소』와『별기』에 의지하고 있음이 알려져 있다.『의기』에서 법장은 원효의 주석임을 밝히지 않은 채『기신론소』나『별기』의 상당 부분을 그대로 인용하거나, 또는 원효의 주석을 바탕으로 전거를 추가하고 상세한 설명을 덧붙여 재구성하고 있다. 이와 같이 원효의 주석을 자세한 설명과 정리를 가하여 확장하였다는 점에서『의기』는 원효의 주석보다도 더 체계적이고 상세한 주석으로 받아들여졌고, 마침내 동아시아 전통 내에 가장 중심적인『기신론』주석으로 받아들여지게 되었다.

　한편 법장의『의기』가 원효의『기신론』주석들을 바탕으로 하고 있다 하더라도 이 두 논사의『기신론』해석 방식은 매우 다른 것이 지적되어 왔다. 원효가『기신론』을『화엄경』을 비롯한 제 경론을 종합하는 최고의 논서로 이해함에 비해서, 법장은『기신론』을 단지 자신의 오교판 가운데 세 번째 단계인 대승종교大乘終敎로 보고 최고의 단계인 대승원교大乘圓敎, 즉『화엄경』보다 낮은 단계의 가르침으로 파악하였다. 즉, 법장은『기신론』을 여래장연기종의 가르침에 해당한다고 보고 화엄의 법계연기法界緣起의 가르침과 구별하고 있다. 이러한 법장의 관점은 『기신론』과 『화엄경』을 사상적으로 차별적인 가르침으로 보고 있지 않은 원효의 입장과는 상이하다. 또한 기본적으로 법장은 당시 화엄종과 경쟁관계에 있었던 법상유식종法相唯識宗에 대해 비판적인 입장을 가지고 있었고, 이에 따라 『의기』에서도 『유가사지론瑜伽師地論』과 같은 법상종의 소의경론을 배제하는 경향을 보이고 있다. 이것은 법장이 『의기』에서 원효의 설명을 인용하면서도 한편으로는 원효의 『유가사지론』 인용 부분만은 배제시키고 있는 것으로부터 알 수 있다. 두 논사의 『기신론』에 대한 기본적인 사상적 입장이 상이하다는 것은 법장의 『기신론』 주석을 바탕으로 한 "주류적" 『기신론』 해석 방식 이외에 또 다른 해석 가능성이 있을 수 있음을 시사한다.

화엄종의 제5조이자 선종의 조사로도 추대되는 종밀의 『대승기신론소』는 앞서 언급하였듯이 조선시대에 있어서 주로 유통된 것으로 보인다. 『종밀소』는 전체적으로는 법장의 『의기』를 따르고 있으나 임의로 첨삭된 부분이 많고, 한편으로는 화엄종의 제4조인 징관澄觀(738~839)과 원효에게서도 상당한 영향을 받은 것으로 보인다. 송대의 장수 자선은 그의 『기신론소필삭기』에서 원효의 『기신론소』를 참조한 종밀의 주석을 종밀의 제자 석벽 전오의 해석과 구분하고 있고, 이로부터 『종밀소』가 『해동소』의 특정한 사상적 관점을 수용하고 있음을 알 수 있다.[36] 마찬가

---

[36] 자선은 『기신론소필삭기』의 한 부분에서 "이 단의 문장은 『해동소』의 뜻에 해당하며 종밀이 참조하여 사용하였는데 석벽은 그 의미를 잃어 應化라는 해석을 하였는데 매우 옳지 않다."라고 비판하고 있다(『大正藏』 44, 349b). 김천학, 「종밀에 미친 원효의 사상적 영향: 『대승기신론소』를 중심으로」, 『불교학보』 70, 동국대 불교문화연구원, 2015, p.48 참조.

지로 원효의 『기신론소』에 의해 법장의 『의기』를 부적절하게 바꾸었다고 하는 일본 에도 시대 화엄승 후자쿠(普寂, 1707~1781)의 『종밀소』에 대한 혹평은 원효와 법장의 기신론관의 구별하에 종밀이 원효의 관점을 받아들였음을 보여주고 있다.[37] 실제로 종밀은 그의 『기신론』 주석에서 법장의 『의기』를 원용하고 있으면서도 법장이 원효의 소를 변경하거나 삭제한 부분을 다시 복원하고 있는 경우가 있다.[38] 따라서 종밀은 원효와 법장 간 사상적 상위성을 인지하고 이를 자신의 주석에서 선택적으로 채택하고 있음을 알 수 있다. 이후 당 말에 석벽 전오는 종밀의 『기신론소』에 대한 주석으로서 『대승기신론수소기』(6권)를 지었고, 송대에는 전오의 4대손인 장수 자선이 『기신론소필삭기』(20권)를 지었다.

이 외에 담광은 하서지방 출신의 고승으로서, 그의 『대승기신론광석』은 원효의 『기신론소』와 유사한 부분이 있기 때문에 담광의 주석이 원효의 『기신론소』에 의해 직접 영향을 받았음이 추정되고 있다. 이와 관련하여 최근에는 원효의 『기신론소』의 잔권이 돈황과 투르판 출토의 문서에서 발견되어 당시 원효의 주석이 동아시아의 넓은 지역에 영향을 미치고 있었음이 알려졌다.[39]

이후 중국에서 찬술된 『기신론』 주석서로는 송대에 지례(知禮)(960~1028)의 『천태교여기신론융회장天台教與起信論融會章』(1편), 자선의 『기신론소

---

[37] 김천학, 앞의 논문, 2014, p.81
[38] 예를 들어 원효의 주석에는 '信解'의 개념이 언급되고 있는데 법장은 『의기』에서 이 개념을 모두 삭제하고 있으나 종밀은 그 일부분을 다시 복원하고 있다. 자세한 논의는 김천학, 앞의 논문, 2015, pp.50~55 참조.
[39] 定源, 「敦煌寫本より發見された新羅元曉の著述について」, 『불교학리뷰』 7, 금강대 불교문화연구소, 2010; 「돈황, 투르판 출토 원효 『대승기신론소』 잔권(殘卷) 고찰」 (동국대 불교학술원 HK연구단 상하이 사범대 딩위엔定源교수 초청 기자회견 발표문), 2015 참조.

필삭기』(20권), 연준延俊(미상)의 『기신론연오초起信論演奧鈔』(10권) 등 10여 부의 주석이 알려져 있고, 명대에는 진계眞界(미상)의 『대승기신론찬주大乘起信論纂註』(2권), 정원正遠(미상)의 『대승기신론첩요大乘起信論捷要』(2권), 감산 덕청憨山德淸(1546~1623)의 『기신론직해起信論直解』(2권)와 『대승기신론소략大乘起信論疏略』(4권), 일우 통윤一雨通潤(1565~1624)의 『대승기신론속소大乘起信論續疏』(2권), 우익 지욱藕益智旭(1599~1655)의 『대승기신론열망소大乘起信論裂網疏』(6권) 등, 그리고 청대에는 속법續法(1641~1728)의 『대승기신론소필삭기회열大乘起信論疏筆削記會閱』(10권) 등이 있다. 이 가운데 연준의 『기신론연오초』는 『종밀소』를 주석한 것이고, 덕청의 『대승기신론소략』은 『종밀소』를 전제로 『의기』를 찬략한 것이며, 청대 속법의 『대승기신론소필삭기회열』도 종밀의 계통인 자선의 『기신론소필삭기』를 주석하고 있다는 점에서 모두 종밀의 주석과 연결된다고 할 수 있다. 지욱의 『대승기신론열망소』는 『기신론』의 두 번역본, 즉 진제 역본과 실차난타 역본 가운데 후자에 대한 유일한 현존 주석이다.

고대 일본 화엄학의 『기신론』 수용

나라 시대 초기 일본 불교계는 법상종 중심으로 형성되어 있었고, 『기신론』은 법상종에 이어 전래된 화엄종이 『기신론』을 중요시함에 따라 서서히 주목되기 시작하였다.[40] 일본 불교계에서 화엄종 형성 초기인 8세기 후반에는 당의 법장뿐 아니라 신라의 원효, 대현 등의 저술이 중시되고 있었다. 따라서 『기신론』에 대한 해석에 있어서도 이들의 사상적

---

[40] 김천학, 「일본고대 화엄종의 『대승기신론』 및 그 주석서 수용」, 『대동철학』 64, 대동철학회, 2013(a), p.53

관점이 영향을 미치고 있었다. 예를 들어 당시 일본에서 화엄종 문헌으로 여겨지던『기신론』을 선양하고 법상종의 문헌인『성유식론』의 한계를 지적하는 입장을 취하고 있는 동대사東大寺 화엄승 지쿄의『대승기신론동이약집』에는 법장의『의기』와 함께 원효, 대현, 현륭玄隆(7~8세기경) 등 신라 승려들의 저술들이 비중있게 인용되고 있다. 또한 앞서 언급했듯이 이 문헌에는 8세기 전반 신라 문헌으로 추정되는『기신론일심이문대의』의 문장이 그대로 인용되고 있고, 따라서 당시 신라불교가 일본불교의 형성에 영향을 미치고 있음을 추정할 수 있게 하는 전거로 제시되기도 한다.[41]

한편 나라 시대 말기의 화엄학자 주레(壽靈, 8세기 말경)는 법장의『화엄오교장華嚴五敎章』에 대한 주석인『화엄오교장지사華嚴五敎章指事』에서 법장 등 중국 화엄 논사들뿐 아니라 원효나 표원表員(8세기경) 등 신라 논사들 또한 인용하고 있다. 이 저술에서 주레는『화엄오교장』원래의 입장보다도『기신론』을 중시하고 있는데 이러한 주레의 사상적 성향은 원효 사상의 영향으로 해석되고 있다.[42] 이런 점에서 앞서의 지쿄와 마찬가지로 중국뿐 아니라 한국의 논사들을 함께 중시하여 인용하고 있음을 알 수 있다.[43] 한편 요시즈 요시히데는 나라 시대에 법장과 원효 형태의

---

41 최연식, 앞의 논문, 2006 참조.
42 高原淳尚, 「「寿霊『五教章指事』の教学的性格について」,『南都仏教』 60, 南都仏教研究会, 1988, p.13; 최연식, 「日本 古代華嚴과 新羅佛敎: 奈良, 平安시대 華嚴學 문헌에 반영된 신라불교학」,『한국사상사학』 21, 한국사상사학회, 2003, p.17
43 한편 두 논사의 기본적 입장은 차이를 보이고 있음 또한 지적되고 있다.『대승기신론동이약집』에서 지쿄는『성유식론』을 비판하고『기신론』을 선양함으로써 법상종보다 화엄종이 우월함을 주장하고 있다. 그리고 이런 점에서 법상종과 화엄종의 이론적 대립을 전제로 하고 있다. 이에 반해 주레의『오교장지사』는 화엄학을 선양하는 법장의『오교장』의 주석이지만『화엄경』과『법화경』을 동일한 수준의 경전으로 해

화엄사상이 존재했다고 주장하였는데, 주레의『오교장지사』는 그 한 예로서 이해된다.[44]

9세기 이후 헤이안 시대부터는 신라와 일본 간의 교류가 거의 단절됨에 따라 신라불교의 일본에의 영향은 급속히 감소하였다. 따라서 이 시대의 일본 화엄학에 있어서도 원효와 같은 신라 논사가 아니라 지엄, 법장, 혜원 등 중국 화엄 논사들의 저술이 중시되었다. 게다가 이 시기에는 사이초(最澄, 767~822)의 천태종天台宗이나 구카이(空海, 774~835)의 진언종眞言宗과 같은 신흥 종파들의 성립으로 인하여 화엄학 자체도 나라 시대에 비해 크게 중시되지 못하는 상황이었다. 따라서 화엄학을 배경으로 하는『기신론』에 대한 관심도 현저히 줄어들었다고 볼 수 있다. 그러나 한편으로는 신라 의상계 화엄사상의 영향이 발견되고 있다. 예를 들어 의상의 강의록으로 보이는『화엄경문답華嚴經問答』(2권)과 의상계 인물인 진숭珍嵩(9세기경)에 의해 저술된『공목장기孔目章記』가 이때 일본에 유입되어 영향을 준 문헌들이다.[45] 하지만 의상 화엄학의『기신론』에 대한 입장은 기본적으로 비판적이었다는 것이 알려져 있고, 이러한 사실은 헤이안 시대에『기신론』주석 연구가 활발하지 못한 상황과도 관

석하고 두 경전의 사상적 화해를 추구하는 입장을 취한다.『동이약집』과『오교장지사』의 사상적 성향의 차이에 대한 설명은 최연식, 앞의 논문, 2003, pp.6~23 참조. 교판의 측면에서의 지쿄와 주레의 차이점에 대해서는 김천학, 앞의 논문, 2013(a), p.68 참조. 한편 주레의『오교장지사』는 형식적으로는 법장을 중시하면서 기본적으로는 원효에 의존하여 화엄교학을 해석하고 있다고 평가받고 있기도 하다(高原淳尙, 앞의 논문, 1988; 최연식,「7~9세기 신라와 일본의 불교교류에 대한 연구동향 검토」,『불교학리뷰』8, 금강대학교 불교문화연구소, 2010, p.23).

44 吉津宜英,「新羅の華厳教学への一視占: 元暁・法蔵融合形態をめぐって」,『韓国仏教学SEMINAR』2, 韓國留學生印度學佛教學研究會, 1986, p.46
45 최연식,「珍嵩의『孔目章記』逸文에 대한연구」,『천태학연구』4, 천태불교문화연구원, 2003; 앞의 논문, 2010, p.35

련성이 없지 않을 것으로 보인다. 다만 헤이안 시대에도 화엄종 내에서 『기신론』의 수용은 이어지고 있었다고 볼 수 있는데, 예를 들어 이 시기의 화엄 문헌 가운데 『화엄입교의사기華嚴立敎義私記』에는 원효의 『기신론소』를 인용한 부분이 보이고[46] 『화엄종일승개심론華嚴宗一乘開心論』에는 『기신론』 주석서로서 『석마하연론』이 인용되어 있기 때문이다.[47] 그 외에 『화엄종소립오교십종대의약초華嚴宗所立五敎十宗大意略抄』에도 『기신론』이 활용되고 있다.[48]

그 후 가마쿠라 시대의 묘에(明惠, 1173~1232), 단에이(湛睿, 1271~1346) 등은 법장의 『의기』에 의해 『기신론』을 강의하였고, 또한 각각 『기신론』 주석으로 『기신론본소청집기起信論本疏聽集記』와 『기신론의기교리초起信論義記教理抄』를 저술하였다. 단에이는 이외에도 원효의 『대승기신론별기』와 대현의 『약탐기』 등 신라 『기신론』 주석들을 필사한 것이 알려져 있다. 이후 에도 시대 이후에는 화엄종 내부에서 지엄, 법장의 사상으로 되돌아가려는 경향이 있었던 것으로 보인다.

근현대 동아시아에 있어서의 『기신론』 연구

중국 근대에 있어서의 『기신론』에 대한 연구는 중국의 근대화 과정과 맞물려 있다. 중국에서 불교의 근대화를 주도하고 금릉각경처金陵刻經處

---

46 김천학, 「헤이안시대 화엄종에 보이는 신라불교사상의 역할」, 『범한철학』 70, 범한철학회, 2013(b), pp.23~24
47 김천학, 「『華嚴宗一乘開心論』의 사상적 특질」, 『불교학연구』 17, 불교학연구회, 2007, pp.71~77
48 김천학, 「『華嚴宗所立五教十宗大意略抄』の基礎的研究」, 『東洋文化研究所所報』 17, 身延山大学東洋文化研究所, 2013(c) 참조.

를 설립하여 역대 불서를 간행한 양원후이(楊文會, 1837~1911)는 『기신론』을 근본으로 하여 중국불교를 세계에 전파하여 중국 종교로서의 불교의 위상과 중국의 명성을 높이려 하였다. 다른 한편으로 그는 『성유식론술기成唯識論述記』 등 중국에서 일실되었던 유식 문헌을 간행하게 되면서 근대 중국에서의 유식학의 부흥에 지대한 공헌을 하였다.

이러한 양원후이의 활동을 기반으로 하여 1920년대 이래 중국 불교학계에서는 어우양징우(歐陽竟無, 1871~1943)와 타이쉬(太虛, 1889~1947)를 중심으로 격렬한 논쟁이 일어났다. 어우양징우와 타이쉬는 모두 양원후이 문하 출신이었으나 거사인 어우양징우는 유식의 입장에서 『기신론』을 중국에서의 위작으로 보고 폄하하는 입장을 취하였고, 승려였던 타이쉬는 『기신론』을 인도 찬술로 보면서 그 종교적·사상적 가치를 존숭하였다. 어우양징우의 입장은 남경내학원南京內學院 학자들에게, 타이쉬의 입장은 무창불학원武昌佛學院 학자들에게 각각 이어져 논쟁이 계속되었다. 이 논쟁은 1950년대 이후 어우양징우와 타이쉬의 계통을 각각 이은 뤼청(呂澂, 1896~1989)과 인순印順(1906~2005) 간의 논쟁으로 지속되었다. 산스크리트 자료를 이용하여 『기신론』의 중국 위찬설을 주장한 뤼청은 『기신론』을 중국 찬술로 보면서 전통 중국불교를 중요시하는 인순의 입장과 대립하였다.

한편 20세기 초부터 중국에는 『기신론』 성립의 문제에 대한 논의가 일어나기 시작하였고, 당시 일본에서 망명 체류하던 량치차오(梁啓超, 1873~1929)가 그 무렵 일본에서 진행되고 있던 『기신론』 성립에 대한 논쟁을 1922년에 중국에 소개한 이후 『기신론』을 둘러싼 논쟁이 격렬해졌다. 즉, 당시의 어우양징우와 타이쉬 간의 논쟁은 『기신론』의 성립 문제와도 맞물려 진행되었던 것이다. 무창불학원 계열이었던 량치차오 자신은 『기신론』을 중국에서 찬술된 것으로 보았지만 이를 위작으로서 비판하는 것이 아니라 인도 논서보다 더 발전된 문헌으로 해석하였다.

근대 일본에서의 『기신론』 연구는 19세기 말 근대화 과정에서 서양학과 동양학이 접합되면서 생겨난 근대적 불교학에 대한 필요성을 배경으로 한다. 당시 서양적 근대학문과 전통적 학문 간의 대립을 해결하려는 시도와 관련하여 『기신론』은 '종교'가 아니라 동양의 '철학'으로서 접근되었다. 『기신론』의 여래장설을 비롯한 불교교리들을 서양 근대철학의 관점에서 해석하려는 시도를 둘러싸고 『기신론』에 대한 논쟁이 일어났고, 이 과정에서 일본의 근대 불교학의 기초가 확립되었다.[49]

한편 그 무렵에는 유럽 불교학자들을 중심으로 남방불교에 대한 연구가 일어나고 있었고, 이런 배경하에 대승불교를 표방하는 북방불교는 원래의 초기불교의 모습에서 벗어난 변형된 불교 형태라고 보는 시각이 팽배해 있었다. 대승불교에 대한 서구 학계의 이러한 폄하적 인식은 대승불교계를 표방하는 일본 불교계로 하여금 대승불교 또는 불교의 근본 등의 의미가 무엇인가라는 과제를 안겨주었다. 이후 일본 불교학계는 대승불교의 위상을 높이고 일본이 대승불교 국가임을 강조하고자 하는 노력을 하였다. 위에서 언급한 『기신론』의 근대불교학적 해석을 둘러싼 논쟁과 일본 대승불교의 위상을 높이고자 하는 이와 같은 노력은 모두 일본의 국가주의와 결합되어 일본의 근대화 과정 속에서 거의 같은 무렵에 일어났다.

이러한 불교학의 근대적 정립 과정을 거쳐 20세기 초 일본 불교학계에서는 『기신론』의 성립이나 교리 등을 둘러싸고 보다 전문적이고 학술

---

49 자세한 설명은 石井公成, 「近代アジア諸国における『大乗起信論』の研究動向」, 『禅学研究』 特別號, 禪學研究會, 2005 참조.

적인 주제들이 논의되었다. 이후 1981년에 간행된 가시와기 히로오의 『大乘起信論の硏究: 大乘起信論の成立に関する資料論的硏究』는 메이지 시대(1868~1912) 이래 그 시점까지의 일본의 『기신론』 연구를 집대성한 결과로 평가받고 있다.

근대의 한국 불교계에서 『기신론』에 대한 연구는 중국이나 일본과는 다른 방식으로 전개되었다. 근대 중국과 일본에서의 『기신론』 연구는 각각 근대화된 서양 대 전통적 중국 또는 남방 소승불교를 중시하는 서구 대 북방 대승불교 전통에 속하는 일본 등의 구도하에서 이루어졌다. 따라서 중국과 일본에서는 주로 근대와 전통 간의 대립을 어떻게 해소할 것인가 하는 문제와 결부되어 『기신론』이 연구되었다. 이러한 근대와 전통 간의 대립 문제는 한편으로는 근대적 불교학적 관점에서 어떻게 『기신론』을 해석해야 할 것인가라는 문제와 결부되어 자연히 그 찬술지가 중국 또는 인도인가라는 문제와도 결부되어 전개되었다. 근대와 전통의 대립을 극복하려는 과제는 당시 한국의 경우도 예외는 아니었다. 하지만 당시 식민지 상황이었던 한국에서 이보다 더 절실했던 과제는 어떻게 외세로부터 민족의 존립을 수호할 것인가라는 문제였다. 이런 점에서 중국과 일본이 근대와 전통의 대립 해소라는 맥락에서 『기신론』에 접근한 것과는 달리 한국에서는 민족의식을 고취하려는 노력에 중점을 두고 『기신론』 연구가 나타났다. 즉, 한국에서의 『기신론』 연구는 『기신론』을 통해 한국불교의 의의와 우수성을 정립하려는 방향으로 진행되었다. 이러한 한국의 시대적 맥락과 요청 속에서 주목된 것이 바로 『기신론』 주석가로서 동아시아에 널리 영향을 미쳤던 원효였다.

최남선(1890~1957)은 1930년에 미국에서 개최된 범태평양불교청년대회(The First General Conference of Pan-Pacific Young Buddhist Associations)에서 원효의

『기신론』 주석의 한국적 의의를 '통불교通佛敎'로 규정하였다.[50] 당시 다카하시 도루(高橋亨, 1877~1966)나 누카리야 카이텐(忽滑谷快天, 1867~1934)과 같은 일본 학자들은 한국불교를 중국불교의 아류 또는 연장 정도로 해석하고 있었다.[51] 이러한 상황에서 최남선은 『기신론』을 통해 학파 간 차별을 화해시킨 원효사상의 특징에 주목하여 한국불교를 통불교로 규정하였다. 이러한 최남선의 주장은 당시 민족주의와 결부되어 큰 반향을 일으켰고 해방 후까지도 한국 불교학계에 큰 영향을 미쳤다. 그리고 전후 남북분단의 상황에서는 남북통일의 논의와 연결되어 해석되기도 하였다.

하지만 1980년대 이후 통불교적 성향을 한국불교의 특성이라고 규정할 수 있는가라는 문제에 대해 비판적 성찰이 일어났다.[52] 이러한 학계의 인식은 기존 한국불교의 통불교 담론과 그러한 사조의 중심에 있었던 원효사상에 대해 재고하는 기회를 마련하였다. 이후 원효의 『기신론』 주석에 대한 연구는 보다 다각적으로 심화되어 오늘에 이르고 있다. 하지만 『기신론』에 대한 연구의 대부분은 여전히 원효의 『기신론』 해석과 연결되어 이루어지고 있다.

---

50 이 대회 이후 최남선의 발표원고는 『불교』 74(1930)에 「조선불교: 동방문화사 상에 있는 그 지위」라는 제목으로 출판되었다.
51 이와 같은 관점이 반영된 저술로 다카하시 도루의 『李朝佛敎』(1929)와 누카리야 카이텐의 『朝鮮禪敎史』(1930)가 있다.
52 대표적 논문으로 Shim Jaeryong, "On the General Characteristics of Korean Buddhism: Is Korean Buddhism Syncretic?", Seoul Journal of Korean Studies 2, 1989가 있다.

동아시아『기신론』해석의 전개와 원효

　『대승기신론』은 6세기에 등장한 이후 그 이론적 체계성과 포괄성으로 인하여 동아시아 불교에 있어서 핵심적 논서로 주목받아 왔다.『기신론』 등장 초기에 중국의 담연이나 혜원과 같은 논사들은 지론종과 섭론종이라는 유식의 이론 구도를 바탕으로『기신론』을 해석하였다. 이후『기신론』은 신라의 원효에 의해서 전 불교체계를 통합할 수 있는 이론적 토대로 인식되면서 그 사상적 지평이 확대되었다. 원효는『기신론』의 융합적이고 포용적인 교리체계를 인식하고 한정된 학파적 관점을 넘어선 전불교적 사상으로『기신론』을 이해하였다. 그리고 이러한 통합적『기신론』 이해를 통해 당시 학파 간의 논쟁적 상황을 해결하려 하였다. 이와 같은 원효의『기신론』이해에 지대한 영향을 받은 당의 법장은 원효의『기신론』주석을 보다 상세하고 구체적으로 정리하여『대승기신론의기』를 저술하였다. 법장은 화엄의 입장에서『기신론』에 대해 체계적 해석을 가하였고, 이러한 관점에서 원효와 마찬가지로 당시 학파적 사상 대립을 해결하려 하였다. 이후 법장의『의기』가 중국, 한국, 일본의 여러 학파 간에 널리 읽혀짐에 따라 법장의 기신론관은 후대『기신론』해석에 있어서 중심 기준으로 받아들여졌고, 현대에까지 영향을 미치고 있다.

　한편『기신론』의 여래장 개념은 동아시아 불교사상사의 핵심 개념 중 하나인 불성의 이해에 있어서 지대한 역할을 하였다. 동아시아 불교전통은 초기부터 불성 개념의 이해를 둘러싸고 전개되어 왔다고 해도 과언이 아니며, 이러한 점에서『기신론』의 여래장 개념은 불성 개념에 대해 체계적인 이론적 구도를 마련해 주는 역할을 하였다. 특히 법장의

『기신론』해석이 동아시아의 『기신론』이해의 주류로 부상함에 따라 『기신론』사상의 핵심을 여래장 사상으로 본 법장의 관점은 『기신론』의 여래장 개념 이해의 기준으로 받아들여졌다. 즉, 법장은 『기신론』의 이론적 입장을 여래장연기종이라는 특정적 가르침의 단계로 규정하였고, 여래장연기의 관점에서 해석된 『기신론』의 여래장 개념은 동아시아 불성 개념의 이해에 큰 영향을 미쳤다.

그런데 유의하여야 할 것은 법장의 『기신론』주석이 가장 체계적으로 정리된 주석이라고 하는 사실과 법장의 『기신론』해석이 『기신론』자체의 사상을 정확히 드러낸다는 것은 별개의 문제라는 점이다.[53] 법장의 『의기』가 동아시아 불교전통의 핵심적 논서인 『기신론』의 주석으로 가장 널리 받아들여져 온 것은 사실이다. 하지만 이러한 사실이 반드시 법장의 기신론관이 『기신론』자체의 사상을 그대로 나타냄을 의미하지는 않는다. 이것은 『기신론』주석의 사상적 전개 과정을 살펴볼 때 알 수 있다. 근래에 『기신론』의 저자 또는 찬술 문제와 관련되어 밝혀지고 있듯이 『기신론』이 초기 지론 계통에서 저술된 문헌이라고 한다면 『기신론』성립 단계의 문제의식은 법장이 『의기』를 저술할 당시의 문제의식과는 완전히 상이한 것이라고 할 수 있다. 즉, 법장은 『기신론』을 통해 중관과 법상유식의 사상적 대립을 해결하려 하지만 『기신론』이 저술된 6세기 중엽에는 이와 같은 대립상황은 전혀 형성되어 있지 않았다. 또한 『기신론』의 초기 주석들 간에도 『기신론』에 대한 관점이 매우 상이한 것을 볼

---

53 요시즈 요시히데는 혜원의 『기신론』해석에 대한 논문에서 『기신론』자체의 사상과 『기신론』주석에 나타난 사상의 차별성의 문제를 거론하고 있다. 吉津宜英,「起信論と起信論思想: 淨影寺慧遠の事例を中心にして」,『駒沢大学仏教学部研究紀要』63, 駒澤大学, 2005, pp.1~2, 11~12 참조.

수 있다. 즉 돈황본 『기신론소』와 담연의 『기신론의소』가 진제의 『섭대승론석』을 기반으로 『기신론』을 해석하고 있음에 비해, 혜원의 『의소』에는 담연을 비판하는 듯한 문구가 포함되어 있다. 또한 혜원을 비롯한 원효, 법장의 3대소는 모두 『능가경』을 『기신론』의 소의경전으로 수용함에 반해서 그 이전 주석들은 전혀 『능가경』을 언급하고 있지 않은 점도 『기신론』에 대한 다양한 관점이 존재했음을 보여준다.

『기신론』 자체의 사상과 『기신론』 주석의 해석이 구분되어야 한다는 것은 기존에 정립되어 온 소위 '표준적' 기신론관에 대한 무차별적 수용의 경계를 의미하는 한편, 『기신론』 사상의 해석에 있어서 더 넓은 가능성을 열어 두는 것을 의미한다. 동아시아 『기신론』 연구가 진전되어 감에 따라 『기신론』을 둘러싼 다양한 사상적 경계가 밝혀지고 있고, 이런 점에서 앞으로의 『기신론』에 대한 연구는 하나의 '표준적' 해석이 중심이 될 것이 아니라 다양한 해석 상호간의 사상적·역사적 관련성을 규명하는 것에 중점이 두어져야 할 것으로 보인다. 이런 점에서 법장이 크게 의존하고 있는 원효의 『기신론』 주석이 법장의 『의기』와는 명확히 상이한, 또는 때로는 상충적인 관점을 가진다는 사실은 면밀히 고찰되어야 할 문제 중 하나이다. 또한 원효와 법장 간 기신론관의 비교에서 더 나아가 선행하는 『기신론』 주석가들의 사상적 연결성 또한 주의깊게 고찰되어야 할 것이다.

한국에서의 근현대 『기신론』의 연구는 원효의 『기신론』 주석에 치중하여 이루어져 왔다. 이러한 원효 편중의 『기신론』 연구는 한편으로는 연구 깊이나 정밀함의 심화로 이어질 수도 있겠지만, 다른 한편으로는 또 하나의 '표준적' 해석으로 굳어질 가능성이 있다. 원효의 기신론관의 사상적 의미는 이런 점에서 "원효의 기신론관은 무엇인가"라는 원효 사상에 한정된 물음보다는, 보다 넓은 동아시아적 맥락에서 "원효의 기신론관은 어떻게 형성되었는가"라는 물음에 대한 답을 찾는 과정에서 구해져야 하는 것으로 보인다. 起信論

| 참고문헌 |

김천학, 「일본고대 화엄종의 『대승기신론』 및 그 주석서 수용」, 『대동철학』 64, 대동철학회, 2013(a).
김천학, 「헤이안시대 화엄종에 보이는 신라불교사상의 역할」, 『범한철학』 70, 범한철학회, 2013(b).
김천학, 「종밀의 『대승기신론소』와 원효」, 『불교학보』 69, 동국대 불교문화연구원, 2014.
박태원, 『大乘起信論思想研究(I)』, 서울: 민족사, 1994.
석길암, 「근현대 한국의 『대승기신론소』·『별기』 연구사」, 『불교학리뷰』 2, 금강대 불교문화연구소, 2007.
최연식, 「日本 古代華嚴과 新羅佛敎 - 奈良, 平安시대 華嚴學 문헌에 반영된 신라불교학」, 『한국사상사학』 21, 한국사상사학회, 2003.
최연식, 「『大乘起信論』과 동아시아불교사상의 전개」, 『불교학리뷰』 1, 금강대 불교문화연구소, 2006.
최연식, 「7~9세기 신라와 일본의 불교교류에 대한 연구동향 검토」, 『불교학리뷰』 8, 금강대 불교문화연구소, 2010.

柏木弘雄, 『大乘起信論の研究: 大乘起信論の成立に関する資料論的研究』, 東京: 春秋社, 1981.
竹村牧男, 『大乘起信論讀釋』, 東京: 山喜房佛書林, 1985.
吉津宜英, 「起信論と起信論思想: 淨影寺慧遠の事例を中心にして」, 『駒沢大学仏教学部研究紀要』 63, 駒澤大学, 2005.

石井公成, 「近代アジア諸国における『大乘起信論』の研究動向」, 『禅学研究』特別
　　　號, 禪學硏究會, 2005.
平川彰(編), 『如來藏と大乘起信論』, 東京: 春秋社, 1990.

텍스트

삼미륵경소 三彌勒經疏

• 박광연

I. 마이뜨레야와 미륵경

불전佛典 속의 마이뜨레야/ 미륵경의 번역과 주석/ 유가조瑜伽祖 미륵과 현장

II. 한국 미륵경 연구의 흐름

혜균의 『미륵경유의』/ 원효의 『미륵상생경종요』/ 경흥의 『미륵경술찬』과 『삼미륵경소』

III. 『삼미륵경소』의 내용적 특징

상생경·하생경·성불경의 합본/ 도솔천 왕생의 용이성/ 규기 『관미륵상생경찬』과의 동이同異

IV. 『삼미륵경소』의 동아시아적 영향력

고려시대 유식학과 미륵신앙/ 일본 법상종과 나라 사경/ 온죠지(園城寺) 미륵신앙

■ 동아시아 미륵 교학의 보고寶庫

I. 마이뜨레야와 미륵경

불전佛典 속의 마이뜨레야

미륵彌勒은 범어 마이뜨레야Maitreya, 팔리어 메테야Metteyya의 역어로, 처음에는 매달려야梅怛麗耶, 말달리야末怛唎耶, 미저루迷底屢, 미제예彌帝禮 등으로 음사하였고, 자씨慈氏, 자존慈尊 등으로 의역하였다. 마이뜨레야는 불교에서 항상 미래의 붓다 자격을 지니는데, 석가모니불 이전에 존재하였다고 전해지는 과거불과 같은 한 명의 붓다였다. 불전佛典 속에 등장하는 마이뜨레야는 다음의 네 유형으로 분류할 수 있다.

첫째, 『숫타니빠타Sutta Nipāta』에 바바리Bāvari의 제자로서 아지따Ajita(阿逸多)와 마이뜨레야가 등장하는데, 이들은 바라문 가문의 아들이었다. 마이뜨레야는 아지따를 포함한 15명의 다른 동료들과 함께 석가모니釋迦牟尼에게 귀의하고 아라한이 되었다. 이때의 마이뜨레야는 미래의 붓다와 아무런 관계가 없었다.

둘째, 『증일아함경增壹阿含經』 등 아함경에는[1] 석가모니의 수기를 받은 마이뜨레야가 다음에 올 붓다임을 인정하고 있다. 마이뜨레야뱌까라나Maitreyavyākaraṇa, 즉 미륵수기경彌勒授記經 유의 문헌에서는 미래불의 도래를 자세하게 기술하고 있다.

셋째, 미래의 전륜왕 아지따와 미래의 붓다 마이뜨레야가 함께 등장한다. 석가모니가 마이뜨레야에게 수기할 때, 그의 동문인 아지따에게

---

1 『增壹阿含經』 卷44, 十不善品 ; 『中阿含經』 卷13, 王相應品 說本經 등

도 마이뜨레야가 도래할 때 샹카Saṅkha라는 왕이 될 것이라고 하였다. 『현우경賢愚經』(T202), 『대비바사론大毘婆沙論』(T1545), 『출요경出曜經』(T212) 등에서 확인할 수 있다. 이때까지는 마이뜨레야와 아지따가 두 사람이었다.

넷째, 아지따와 마이뜨레야가 융합된다. 아지따는 개인 이름으로, 마이뜨레야는 가족 이름으로, 아지따-마이뜨레야 즉 '정복되지 않는 자 미트라스'가 된다. 대표적인 문헌이 『관미륵보살상생도솔천경觀彌勒菩薩上生兜率天經』(T452)이다.

미륵수기경 단계부터 마이뜨레야가 미래의 붓다로 올 것임을 알리는 신기한 사건들과 많은 사람들의 불교 귀의를 묘사하였고, 이를 보다 사실적으로 나타내기 위해 석가모니가 마이뜨레야에게 금란가사를 건네 주는 등의 이야기가 만들어졌다. 마이뜨레야와 아지따가 동일 인물로 융합된 것은, 마이뜨레야가 '자비로운 자'라는 마이뜨리maitri에서 유래하였고 마이뜨리의 속성이 그것을 가진 자로 하여금 굴복하지 않게 만든다는 점에서 '정복되지 않는'이라는 의미를 지닌 아지따와 유사하기 때문이라고 한다. 미래의 붓다인 정복되지 않는 자 마이뜨레야는 이란의 신 미트라Mithra(정복되지 않는 자)와 상응한다.[2]

이처럼 석가모니 붓다를 잇게 될 미래불로 알려진 미륵이 간다라에서는 주로 보살상의 형태로 제작되어[3] 과거칠불過去七佛과 미륵보살이 나란히 서 있는 부조浮彫가 많이 남아 있다.[4] 불교가 인도 주변 지역으로 전파되면서, 미륵을 불佛의 형상으로 만들기 시작하였다. 특히 중앙

---

2 에띠엔 라모뜨 지음, 호진 옮김, 『인도불교사 2』, 서울 : 시공사, 2006, pp.503~527
3 이주형, 『간다라미술』, 서울 : 사계절, 2003, pp.165~178
4 이주형, 「도상학은 정말 중요한가? : 밀교 출현 이전 불상의 존명 규정/판별에 관하여」, 『미술사와 시각문화』 10, 미술사와 시각문화학회, 2011, pp.222~225

아시아에서는 이슬람교가 도래할 때까지, 미륵상 조성이 매우 성행하였다.[5]

미륵경의 번역과 주석

마이뜨레야, 즉 미륵은 인도 문헌인 『숫타니빠타』나 『증일아함경』, 『현우경』을 포함해 총 50여 종의 불전에 등장한다. 이 가운데 미륵 이야기만 별도로 엮은 경을 '미륵경彌勒經'이라고 총칭하였다. 대표적인 미륵경이 『증일아함경』에 삽입되어 있던 내용을 독립시킨 『미륵대성불경彌勒大成佛經』(이하 성불경)과 『미륵하생경彌勒下生經』(이하 하생경), 『관미륵보살상생도솔천경觀彌勒菩薩上生兜率天經』(이하 상생경)이다. 성불경과 하생경은 문장은 달라 보이지만 내용은 동일하다. 장문인 성불경의 요점을 초출抄出한 것이 하생경이라는 견해도 있다. 『대정신수대장경大正新修大藏經』(이하 대정장)에 수록된 『미륵하생성불경彌勒下生成佛經』(T454, T455), 『미륵래시경彌勒來時經』(T457)은 성불경의 이본異本이라 할 수 있다.[6] 다양한 이본異本이 만들어졌다는 것은 그만큼 미륵 이야기가 인기가 있었다는 의미일 것이다.

미륵 이야기가 독립된 경으로 편집된 시기가 언제이고, 그 장소는 어디였을까? 일본 연구자들은 성불경의 편집은 260년을 내려가지 않고, 하생경은 4세기 말, 상생경은 하생경과 비슷한 시기일 것이라고 보았다.

---

5 宮治昭, 『涅槃と彌勒の圖像學』, 東京: 吉川弘文館, 1992, pp.389~407
6 速水侑, 『彌勒信仰-もう一つの淨土信仰』, 東京: 評論社, 1971, pp.15~17. 速水侑는 마츠모토(宋本)의 견해를 소개한 것이다. 宋本文三郎, 1911, 『彌勒淨土論』, 東京: 丙午出版社

그리고 세 경 모두 인도에서 성립했을 것이라고 한다.[7] 상생경의 경우, 다른 미륵경들과는 달리 '관경觀經'의 성격을 지니고 있고, 미래불로서의 미륵보다 미륵보살의 도솔천 왕생을 강조하고 있고, 아지따와 마이뜨레야가 결합된 것 등을 볼 때 그 성립 과정이 성불경 계통과는 달랐으리라 짐작된다. 이와 관련해 성불경, 하생경처럼 먼 미래의 삼회三會 설법의 구제를 설하는 것만으로는 현재의 사람들을 충분히 만족시킬 수 없었기 때문에, 죽은 뒤 곧장 미륵이 사는 도솔천에 올라가 윤회전생의 괴로움에서 벗어날 수 있다는 것을 강조하고, 종래의 미륵신앙의 불완전함을 보충하려고 상생경을 만들었을 것이라는 해석이 흥미롭다.

중국에서 미륵경의 번역은 미륵신앙의 등장과 거의 때를 같이한다. 동아시아 최초의 미륵경 번역은 303년 축법호竺法護(230?~316)의 하생경(T453)인데, 그로부터 얼마 지나지 않아 도안道安(312~385)과 같은 미륵신앙자가 등장하였다. 399년 구법 여행을 떠났던 법현法顯(320?~420?)은 『고승법현전高僧法顯傳』에서 인도와 서역의 신비적인 미륵영험담을 소개하였다. 그래서인지 1세기가 지나 미륵경의 번역과 신앙은 더 활발해졌다. 구마라집鳩摩羅什(344~413)이 『미륵하생성불경』(T454, 하생경)과 성불경(T456)을 번역하였고, 이어 455년 유송劉宋의 저거경성沮渠京聲(?~464)이 상생경(T452)을 번역하였다.[8] 이 무렵 북위北魏(386~534)에서는 죽은 뒤에 천상에 태어나겠다는 바람으로 미륵상을 많이 만들고, 황제를 하생한 미륵불로 형상화하기도 하였다.[9]

---

7 速水侑, 앞의 책, 1971, p.22
8 唐의 義淨(635~713)도 『미륵하생성불경』(T455)을 번역하였고, 『彌勒來時經』(T457)도 『대정장』에 수록되어 있다. 현존하지는 않지만 『彌勒當來生經』, 『彌勒菩薩本願待時成佛經』, 『彌勒受決經』 등의 이름도 전한다.
9 宮治昭, 앞의 책, 1992, pp.392~393

이러한 분위기 속에서 6세기 들어 미륵경에 대한 교리적 연구가 시작되었다. 문헌을 통해 알 수 있는 가장 오래된 미륵경 주석서는 영유靈裕 (518~605)의 상하양경上下兩經(상생경, 하생경)에 대한 소기疏記이고, 지의智顗(538~597), 길장吉藏(549~623), 혜정慧淨(578~645?) 등이 주석서를 편찬하였다. 지금까지 파악된 동아시아 미륵경 주석서를 정리하면 다음의 표와 같다.

〈표 1〉 동아시아 미륵경 주석서

저자	제목	전거
靈裕	上下兩經疏記	속고승전
智顗	彌勒上生經疏 1권	제종
	彌勒成佛經疏 5권	제종
吉藏	彌勒經遊意 1권	제종
	彌勒成佛經遊意 1권	동역
慧淨	彌勒成佛經疏 1권	제종
(慧)均	(彌勒)上下兩經遊意 1권	동역
元曉	彌勒經宗要 1권	제종, 신편
	彌勒經疏 3권	제종
	彌勒上生經宗要 1권	신편
義寂	彌勒上生經料簡 1권	신편
憬興(璟興)	彌勒經料簡記 1권	불서
	彌勒上生經疏 1권	제종
	彌勒下生經疏 1권	불서
	彌勒成佛經疏 3권	동역
	彌勒下生經述贊 권2잔책	만속장경
	彌勒上生經述贊 권1(不完)	만속장경
	彌勒成佛經述贊 권3	동역
	彌勒經逐義述文 4권(3권)	신편, 나라조
	彌勒菩薩經述贊 3권 경흥	나라조
	彌勒經述贊 3권(雖釋三經總爲一部)	신편
	三彌勒經贊 3卷	법상종

저자	제목	전거
窺基	觀彌勒上生兜率天經贊 2권	나라조
	彌勒疏 2권	나라조
	彌勒上生經贊 2권	신편
	彌勒上生經疏 2권	동역, 제종
	彌勒上生經瑞應疏 2권	신편
	彌勒上生經贊 2권	법상종
	彌勒下生 1권	법상종
	彌勒下生經義疏 1권	신편, 나라조
	彌勒下生成佛經疏 1권	신편
太賢	彌勒上生經古迹記 1권	신편
	彌勒下生經古迹記 1권	신편
	彌勒成佛經古迹記 1권	신편, 동역
惠深	彌勒下生經科 1권	신편
齊彦	彌勒下生經鈔 2권	신편
詮明	彌勒上生經會古通今鈔 4권	신편
	彌勒上生經科 1권	신편
	彌勒上生經大科 1권	신편
憬法師	彌勒成佛經疏 1권	동역
紹諲	彌勒上生經義源甲鈔 4권	신편
文淨	彌勒上生經述記 4권	신편
靖邁	彌勒成佛經疏 1권	동역
惠雲	彌勒下生經科 1권	신편
	彌勒下生經大科 1권	신편
善珠	彌勒上生經義疏 1권	일본대장경
	彌勒上生下生成佛經義疏 1권	일본대장경
	上下兩經疏 3卷(又云略贊)	동역
	三彌勒經略贊 3卷	법상종
	三彌勒經抄 1卷	법상종
圓珍	彌勒上生經疏 1권	불서
宋守千集	彌勒上生經瑞應鈔 2권	만속장경
宋守千集	彌勒上生經瑞應鈔科 1권	만속장경
刊到	彌勒上生要抄 1권	동역

저자	제목	전거
守燈	彌勒上生經摩尼訣 4권	신편
宗性	彌勒如來感應抄 5권	현존
?	上下兩經經註 3권(依慈開憬興疏)	동역
?	上下兩經疏 1권	동역
?	上下兩經宗要 1권(并序一卷並疏三卷元曉東大寺)	동역
?	彌勒上生贊記	동역
?	彌勒上生經集記 1권	동역
?	彌勒成佛經疏 1권	동역
?	彌勒成佛經疏 5권	불서
?	彌勒上生經疏隨新抄科文 1권	불서
?	彌勒三部經論義 1권	불서

〈전거〉 • 나라조:奈良朝現在一切經疏目錄 • 동역:東域傳燈目錄 • 제종:諸宗章疏錄 • 법상종:注進法相宗章疏 • 신편:新編諸宗教藏總錄 • 불서:佛書解說大辭典 第十卷

 이 가운데 현존하는 주석서는 혜균慧均(?~?)의 『미륵경유의彌勒經遊意』, 원효元曉(617~686)의 『미륵상생경종요彌勒上生經宗要』, 규기窺基(632~682)의 『관미륵상생도솔천경찬』(이하 『관미륵상생경찬』), 경흥憬興(~681~)의 『미륵경술찬彌勒經述贊』과 『삼미륵경소三彌勒經疏』, 그리고 『일본대장경』 제3에 수록된, 젠주(善珠, 727~797)의 저술로 추정하고 있는, 『미륵상생경의소彌勒上生經義疏』와 『미륵상생하생성불경의소』이다.[10] 동아시아 미륵교학의 흐름을 이 문헌들을 중심으로 파악하고, 특히 『삼미륵경소』의 사상사적 의미를 설명하는 것이 이 글의 방향이다.

---

10 詮明의 『彌勒上生經科』 또는 『彌勒上生經大科』로 추정되는 『上生經疎科文』이 중국 山西省 應縣木塔에서 발견되었다.

유가조瑜伽祖 미륵과 현장

현존하는 미륵경 주석서의 찬자 가운데 규기, 경흥, 젠주는 모두 전공이 유식학이다. 동아시아의 미륵신앙은 특히 유식학승과 관계가 깊다. 그 연원은 현장玄奘(602~664)에게서 비롯하고, 더 거슬러 올라가면 유가행파瑜伽行派의 논사인 무착無着(4th c., Asaṅga)의 이야기에서 시작된다. 진제眞諦(499~569) 역의 『반수반두법사전婆籔槃豆法師傳』에는 무착이 도솔천에 올라가 미륵보살에게 대승경의 뜻을 묻는 이야기가 자세히 전하고 있다.

도솔다천兜率多天에 가서 미륵보살에게 자문하니 미륵보살이 그를 위해 대승공관大乘空觀을 설해 주었다. 염부제로 돌아와서 말씀하신 대로 사유하니, 바로 깨달음을 얻었다. 사유할 때 땅이 여섯 방향으로 진동하여 대승공관을 얻었다. 이로 인하여 이름을 짓기를 아승가阿僧伽라고 하였다. 아승가는 번역하면 무착無着이다. (무착이) 이후 자주 도솔다천에 올라가 미륵에게 대승경의 뜻을 자문하니 미륵이 깨달은 바에 따라 자세히 해설해 주었다. 염부제로 돌아와 자기가 들은 바대로 다른 사람에게 말해 주었다. (이 설법을) 들은 많은 이들이 믿음을 낳지 못하였다. 무착법사가 곧장 스스로 발원하기를, "나는 지금 중생으로 하여금 대승을 신해하게 하고자 합니다. 오직 대사(미륵)께서는 염부제에 내려와 대승을 해설하여 여러 중생에게 모두 신해를 얻게 해 주십시오."라고 하였다. 미륵이 바로 그의 발원대로 밤에 염부제로 내려와 대광명을 발하며 인연 있는 대중을 널리 모아 설법당에서 『십칠지경十七地經』을 송출誦出하고, 송출한 바에 따라 그 뜻을 해석하였다. 4개월이 지나도록 밤마다 『십칠지경』을 해설하여 비로소 마쳤다. 비록 똑같이 한 법당에서 법을 들었지만, 오직 무착법사만이 미륵보살에게 가까이 갈 수 있었고, 다른 사람들은 다만 멀리서 들을 수 있었다. 밤에는 함께 미륵의 설법을 듣고, 낮에는 무착법사가 다시 다른 사람들을 위해 미륵이 말씀하신 바를 풀어 주었다. 이로 인해 많은 사람들이 대승미륵보살의 가르침을 듣고 믿게 되었다.[11]

간다라에서 태어난 무착은 소승부파에 출가하였다가 동생인 세친世親(Vasubandhu)의 권유로 대승에 귀의하였다. 그는 대승의 뜻을 이해하기 어려워 도솔천에 계신 미륵보살을 찾아가 자문을 구하였고, 미륵보살은 그에게 대승공관大乘空觀을 설해 주었다고 한다. 무착이 만난 미륵보살이 정말 도솔천에 계신 보살인지, 아니면 유가행파의 개조인 미륵彌勒(270~350 CE)을 가리키는 것인지는 분명하지 않다. 사실 여부는 확인하기 어렵지만, 유가행파의 개조로 불리는 이의 이름이 미륵이라는 사실은 훗날 유식승려의 미륵신앙을 정당화하는 역할을 하였던 것 같다.

무착은 미륵보살에게 들은 내용을 염부제로 돌아와 말해 주었지만 사람들은 믿지 않았다. 그래서 미륵보살에게 염부제로 내려와 달라고 빌었고, 그의 바람대로 미륵이 내려와 직접『십칠지경』을 강의해 주었다고 한다. 그런데『바수반두법사전』에서는『십칠지경』만 나오고 미륵보살이 염부제에 내려와 강의했다고 한 반면, 현장이 쓴『대당서역기大唐西域記』에서는 무착이 천궁에 올라가 자씨보살에게『유가사지론瑜伽師地論』,『장엄대승경론莊嚴大乘經論』,『중변분별론中邊分別論』을 받아 내려와 대중을 위해 강의하였다고 한다.[12] 이는 인도에서도 무착과 미륵보살 이야기

---

11 『婆藪槃豆法師傳』卷1(『大正藏』50, 188c5~21)
12 『大唐西域記』卷5(『大正藏』51, 896b1~c19)

가 확대 재생산되고 있었음을 보여준다.

진제나 현장이 전한 이 이야기들이 실제 역사적 사실인지, 아니면 아유타국阿踰陀國을 비롯한 여러 지역에 전해 오던 전설인지는 정확히 알 수 없다. 확인 가능한 것은 유가행파와 미륵신앙이 관련을 맺고 있었다는 점이다. 『대당서역기』 곳곳에서 현장이 미륵신앙을 언급하고 있을 뿐만 아니라, 현장의 제자 규기의 전기인 『자은사삼장법사전慈恩寺三藏法師傳』에서는 현장이 여행 도중 최후임을 직감하고 미륵보살을 염하면서 '내세에 도솔천에 태어나 미륵보살로부터 『유가사지론』 강의를 듣고 깨달음을 이룬 다음 다시 이 땅에 태어나 도적들을 선행으로 인도하겠다'고 기원하여 그의 몸이 도솔천에 올라가 미륵보살 곁에 이르렀을 때, 갑자기 폭풍이 불어 도적들이 놀라서 참회하고 현장에게 오계五戒를 받았다는 신비한 체험담이 적혀 있다. 이처럼 당唐에서는 현장과 그의 제자들에 의해 유식학승은 미륵신앙자라는 인식이 확고해졌다.[13]

II. 한국 미륵경 연구의 흐름

혜균의 『미륵경유의』

삼국시대, 특히 백제의 미륵 교학에 대해 알 수 있는 저술이 있다. 바로 『대승사론현의기大乘四論玄義記』의 저자 혜균이 쓴 『미륵경유의』이다.

---

13 平岡定海, 『日本彌勒淨土思想展開史の研究』, 東京: 大藏出版, 1977, pp.16~17 ; 남동신, 「현장의 인도 구법과 현장상의 추이」, 『불교학연구』 20, 불교학연구회, 2008, pp.219~221

『동역전등목록』에 나오는 균均 승정僧正 찬의 『상하양경유의上下兩經遊意』 1권이 바로 이 책으로,[14] 대정장(T1771)에 수록되어 있다. 현존하는 『미륵경유의』는 오랫동안 길장의 저술로 알려져 왔고 대정장에도 수隋 길장 찬이라고 되어 있다. 그런데 일본 학자 이토 타카토시(伊藤隆壽)는 1970년대부터 대정장의 『미륵경유의』와 『대품경유의大品經遊意』(T1696)가 길장의 저술이 아니라고 주장하였고,[15] 최근에는 혜균의 저술로 확실시되고 있다.[16]

『미륵경유의』는 원효의 『미륵상생경종요』나 규기의 『관미륵상생경찬』에 앞서는 동아시아에서 현존하는 가장 오래된 미륵경 주석서이다. 혜균은 십중十重,[17] 즉 10개의 항목으로 구분하여 논점에 대한 견해를 밝혔을 뿐, 경문에 대한 풀이는 하지 않았다. 원효, 규기, 경흥의 미륵 저술과 비교하였을 때 『미륵경유의』가 지니는 특징을 정리해 보면 다음과 같다.

먼저 혜균은 상생경과 하생경을 함께 대상으로 하면서, 상생경은 대승大乘의 인과因果를 종체로 하고 하생경은 소승小乘, 즉 계戒·정定·혜慧 삼품三品과 삼장三藏을 종체로 한다고 하였다. 미륵신앙을 소승적小乘

---

14 『東域傳燈目錄』卷1(『大正藏』55, 1152a19~21), "同經遊意一卷(吉藏) 上下兩經遊意一卷(均僧正撰)"

15 伊藤隆壽, 「『彌勒經遊意』の問題點」, 『駒澤大學佛敎學部論集』4, 駒澤大學 佛敎學部, 1973 ; 「彌勒經遊意と大品經遊意」, 『印度學佛敎學硏究』44, 印度學佛敎學研究會, 1977 ; 「慧均撰『彌勒上下經遊意』の出現をめぐって」, 『駒澤大學佛敎學部研究紀要』35, 駒澤大學 佛敎學部, 1977

16 최연식, 「백제 후기 미륵사상의 전개과정과 특성」, 『한국사상사학』 37, 한국사상사학회, 2011, p.10

17 序王, 釋名, 辨宗體, 論因果, 明出世時節久近, 辨成道, 明三會度多少不同, 辨彌勒與釋迦同時涅槃不同滅度, 簡敎大小乘, 明雜料簡

的이라고 보던 당시 중국 불교계의 일반적 이해와 달리 상생경을 대승의 수행법을 설하는 경전으로 인정하였다. 그리고 인과에 대해 자세히 언급하였는데, 인因은 3아승지겁阿僧祇劫 동안 육바라밀 등 보살행을 닦는 것이고, 과果는 가까이는 56억 7천만 세에 염부제에 내려와 성불하는 것이고 멀리는 금강심金剛心 후에 성불하는 것이라고 하였다. 이와 같이 혜균은 미륵경을 통해 미륵이 하생하여 성불함을 강조하였다. '변성도辨成道' 항목을 설정하여 제팔미륵第八彌勒이 용화수 아래에서 깨달음을 이루듯, 수행하여 십지十地에 올라 성불하거나(이성불理成佛) 미륵보살처럼 출가일에 용화수 아래에 앉아 등정각을 이룰 것을(응성불應成佛) 말하였다.

『미륵경유의』가 원효, 규기, 경흥의 저술과 차이나는 점은 상생경을 대상으로 하고 있음에도 불구하고 도솔천 왕생에 대한 설명이 없다는 것이다. 미륵이 지상에서의 삶을 마치고 도솔천에 태어나는 것에 대해서 중생들에게 수행의 중요성을 보여주기 위한 현상적 모습일 뿐이라고 하여 도솔천 왕생의 의미를 중시하지 않았고, 도솔천의 성격에 대해서도 예토穢土 중의 정토淨土일 뿐이라고 하였다. 사후에 도솔천에 왕생할 수 있다는 이야기에 대해서는 전혀 언급이 없다. 또한 현재가 말법시대라는 인식이나 미륵 출현을 간절히 바라는 모습도 보이지 않고 있어서 미륵의 출현 자체에 그다지 중요한 의미를 부여하지 않았던 것으로 파악하기도 한다.[18]

---

18 최연식, 앞의 논문, 2011, pp.12~14

원효의 『미륵상생경종요』

신라의 미륵 저술은 원효元曉의 것이 처음이다. 현존하는 것은 『미륵상생경종요』 1권뿐이지만, 『신편제종교장총록新編諸宗教藏叢錄』에 의하면 이 외에 『미륵경소彌勒經疏』 3권도 있었다. 원효는 혜균과 마찬가지로, 10문門으로 주제를 설정하여 상생경 및 하생경, 성불경의 의미를 설명하였고, 여느 경전에서처럼 '화쟁'의 방식으로 서로 다른 의견들을 화해시켰다.[19]

제3 이장시비二藏是非와 제4 삼경동이三經同異에서 미륵경의 기본적인 성격을 설명하였는데, 상생경은 보살장菩薩藏(대승), 하생경과 성불경은 성문장聲聞藏(소승)으로 규정하였다. 상생경, 하생경, 성불경의 같고 다른 점을 설명하기를, 상생경은 중품中品의 사람을 위한 것이고, 하생경과 성불경은 하품下品의 사람을 위한 것이라 하였다. 또 상생경은 천보天報가 보살菩薩의 공덕에 응함이, 하생경과 성불경은 인보人報, 성불成佛 등이 주된 내용이라고 하였다.

제5 생신처소生身處所와 제6 출세시절出世時節에서는 미륵의 탄생과 관련하여 논하고 있는데, 미륵이 태어난 장소, 태어난 시간과 관련된 이설異說과 여러 논점을 소개하고 있다. 제7 이세유무二世有無와 제8 삼회증감三會增減에서는 수행을 완성하여 부처가 된 미륵불과 관련된 논의로, 중생을 교화하는 붓다가 과거겁과 미래겁에도 계시는지, 붓다가 베푼 법회가 3회에 불과한 것인지 아니면 많은 법회를 베푸는 것인지를 논하고 있다. 제9 발심구근發心久近과 제10 증과전후證果前後에서는 미륵

---

19 김영일, 「원효의 미륵정토사상에 담긴 화쟁의 정신-『미륵상생경종요』를 중심으로」, 『정토학연구』 21, 정토학연구회, 2014

보살이 발심한 뒤에 성불하여 미륵불이 되는 수행의 과정을 말하고 있다. 미륵이 발심한 시점을 석가와 비교하고, 미륵이 성불한 시점에 대해서도 논하였다.

원효는 상생경이 관행觀行의 인과因果를 설하여 사람들로 하여금 천天에 나서 영원히 물러남이 없게 하는 것을 목표로 한다고 보았다. 관과 행을 닦음으로써 4종의 과果를 얻을 수 있다는 것이다. 이때 관觀은 도솔천(의보)의 장엄을 관찰하는 것과 보살(정보)의 수승함을 관찰하는 것이며, 행行은 미륵의 이름을 듣고서 죄를 참회하고, 미륵의 덕을 믿고 찬앙하며, 소탑掃塔·도지塗地·향화香華 등의 공양을 행하는 것이다. 관에 의해 도솔천에 올라 성인의 인도를 받아 무상보리에서 물러나지 않고, 행에 의해 전생에 지은 많은 죄를 멸하고, 삼악도 등에 떨어지지 않고, 도솔천의 묘한 감응을 얻는다고 하였다. 원효는 도솔천에 상생하기 위해서는 관을 행해야만 한다고 보았고, 때문에 상품 및 중품 수행자의 관불삼매觀佛三昧를 강조하였다.[20]

원효가 말한 관행이 '이행도易行道'인지 '난행도難行道'인지에 대한 논의가 많다. 특별한 사람만이 할 수 있는 어려운 관이 아니라 보통 사람들도 할 수 있는 이행도라는 점을 강조하면서도,[21] 미륵경의 의도처럼 이행도라고 하기에는 무리가 있다고 보기도 하여 논의가 더 필요한 부분인 것 같다.

한편 『유심안락도遊心安樂道』가 원효의 저술이라고 보고, 여기에 나오

---

20 김영미, 『신라불교사상사연구』, 서울 : 민족사, 1994, pp.84~85
21 박성배, 「Alan Sponberg의 '미륵상생경종요 해설'을 읽고」, 『한국사상사학』 6, 한국사상사학회, 1994, pp.184~188 ; 양은용, 「원효성사의 미륵신앙관 연구」, 『원효학연구』 14, 원효학연구원, 2009, pp.10~11

는 「왕생난이문往生難易門」 구절을 통해 원효는 미타정토가 미륵정토보다 우월하고, 극락 왕생이 도솔천 왕생보다 쉽다고 보았다고 주장하기도 하였다.²² 그런데『유심안락도』는 저자 논란이 있는 문헌이다. 원효의 저술이 아니라 8세기 중엽 신라에서 만들어진 것이라는 견해도 있었고,²³ 최근에는 도다이지(東大寺) 화엄종승華嚴宗僧 치코(智憬)가 찬술한『양권무량수경종요兩卷無量壽經宗要』의 주석서 가운데 하나라는 견해도 제기되었다.²⁴ 그러므로『유심안락도』를 근거로 원효의 왕생관을 논하는 것은 유보할 필요가 있다. 원효는 직접적으로 극락이 도솔천보다 왕생하기 쉽고 더 우월하다고 말하지는 않았지만, 미타신앙을 강조한 것은 분명하다.²⁵

경흥의『미륵경술찬』과『삼미륵경소』

원효 이후 통일신라시대의 미륵경 주석서로는 앞의 〈표 1〉에서 본 바와 같이 의적, 경흥, 태현의 것들이 있었는데, 이들은 모두 유식학승이라 할 수 있다. 신라 유식승려의 미륵신앙을, 유일하게 현존하는 경흥의 저술을 통해 살펴볼 수 있다.

우선 경흥의 미륵 관련 저술 목록 및 현황을 살펴보면,『미륵경소』,『삼미륵경소』의 '소疏' 계통과『미륵경술찬』,『미륵보살경술찬』,『삼미륵경찬』의 '찬贊' 계통으로 크게 구분할 수 있다. 경흥의 미륵 관련 저술은

---

22 안계현,『신라정토사상사연구』, 서울 : 현음사, 1987, pp.58~59
23 한보광,『新羅淨土思想の硏究』, 大阪 : 東方出版, 1991, pp.299~328
24 愛宕邦康,『『遊心安樂道』と日本佛敎』, 京都 : 法藏館, 2006, pp.74~77
25 김영미, 앞의 책, 1994, pp.94~109

애초에는 '소疏'와 '술찬述贊' 두 종류였던 것 같다.[26]

『한국불교전서』에 수록된 『삼미륵경소』는 '미륵상생경요간기彌勒上生經料簡記, 미륵하생경소彌勒下生經疏, 미륵성불경소佛說成佛經疏'로 구성되어 있는데, 『대일본속장경大日本續藏經(=만속장경)』을 참조하면 세 논서는 모두 요간기로 보인다.[27] 요간料簡이란 선택한다는 것으로, 요간기는 핵심만 선택하여 쓴 글 또는 저본이 되는 어떤 책에서 필요한 부분을 선택하여 쓴 글을 의미한다.

『삼미륵경소』가 요간기임을 인정했을 때, 주목하게 되는 문헌이 만속장경에 있는 『미륵상생경술찬』과 『미륵하생경술찬』(합하여 『미륵경술찬』)이다.[28] 『미륵경술찬』은 잔권殘卷이고 순서도 뒤섞이고 저자도 미상인데, 『삼미륵경소』와의 대조를 통해 이 문헌이 경흥의 또다른 미륵 저술인 '찬' 계통의 글임을 확인하였다. 『만속장경』의 『미륵상생경술찬』과 『한국불교전서』의 『미륵상생경요간기』를 대조해 보면, 『미륵상생경요간기』는 『미륵상생경술찬』에서 내용을 파악하는 데 필요한 것 이외의 수식적 표현은 빼버리고, 규기의 『관미륵상생경찬』에서 인용한 부분들은 많이 삭

---

26 『奈良朝現在一切經疏目錄』에 미륵경소(740년 사경)와 미륵보살경술찬(744년 사경) 2종류, 『東域傳燈目錄』에 미륵경소와 미륵경술찬 2종류가 나오는데 이것이 경흥 저술의 초기 모습을 반영한 것인 듯하다. 그밖에 彌勒經逐義述文도 있는데, 이는 경흥의 다른 저술인 無量壽經連義述文贊과 이름이 유사한 것으로 보아 같은 시기에 표제로 붙여진 것이 아닐까 한다.

27 『大日本續藏經(=卍續藏經)』에 수록된 『삼미륵경소』는 '미륵상생경소 1권, 미륵하생경소 1권, 미륵성불경소 1권 三部 合云 彌勒經料簡記'라고 되어 있다.

28 『卍大日本續藏經』 1編 91套, 『卍新纂大日本續藏經』 21卷 大小乘釋經部, 新文豐 『卍續藏經』 91冊 中國撰述大小乘釋經部에 수록되어 있다. 『卍續藏經』에 수록된 彌勒下生經述贊의 卷尾題가 '彌勒菩薩經述贊卷第二'이다. 이는 彌勒上生經述贊과 彌勒下生經述贊을 합해서 彌勒菩薩經述贊이라 하였음을 말해 준다. 彌勒菩薩經述贊을 줄여서 彌勒經述贊이라고도 한 듯하다.

제하고, 경흥 자신의 견해가 나오는 부분을 중심으로 정리한 책임을 알 수 있다.[29]

즉 경흥은 『미륵상생경술찬』을 먼저 쓰고, 이후에 이를 다듬어 『미륵상생경소』(이후에 미륵상생경요간기로 명칭 변경)를 편찬하였다. 『미륵하생경술찬』과 『미륵하생경소』의 관계도 마찬가지다. 내용을 통해 추정해 보면, 『미륵경술찬』은 미륵경에 대한 저자 자신의 이해를 일차적으로 정리하는 데 목적이 있었고, 『미륵경소』는 다른 사람에게 미륵경을 강의하기 위한 목적이 있었던 것 같다.[30]

III. 『삼미륵경소』의 내용적 특징

상생경, 하생경, 성불경의 합본

『삼미륵경소』의 내용을 파악하기 위해 과문科文을 정리해 보면 다음과 같다.

---

29 박광연, 「『彌勒上生經述贊』의 저자 및 성격에 대한 고찰」, 『한국사상사학』 40, 한국사상사학회, 2012, pp.253~277
30 박광연, 앞의 논문, 2012, p.272

〈표 2〉『삼미륵경소』 과문

미륵상생경요간기	상생경 하생경 성불경	(1) 述敎興緣起	略辨		
			廣辨		
		(2) 廣辨經宗體	總辨宗體		
			別顯宗體		
		(3) 經本單重	辨單重		
			辨眞僞		
	상생경	(4) 釋題目	通辨名		
			別釋題名		
			總解題名		
		(5) 隨文解釋	敎起因緣分	證信序	總顯已聞
					敎起時
					敎主
					敎起處
				發起序	現相召衆
					宣(演)法獲利
			聖敎所說分	外果殊勝	發請
					如來廣答
					結勸生彼
				內果莊嚴勝	發請
					廣答
					結勸生彼
			依敎(歡喜)奉行分	問	
				答	
				時衆得益	
				奉喜退	
미륵하생경소	하생경	(1) 來意			
		(2) 釋名			
		(3) 講文	略辨下人化益衆生	證信傳經分	
				問答廣說分	阿難陳請
					如來許說
					阿難領旨
					如來正答
				聞說奉行分	
			廣辨下人化益衆生		

		(1) 來意			
불설미륵성불경소	성불경	(2) 釋題目			
		(3) 正解本文	鶖子發請分	讚請德	
				述請辭	指本
					請廣說
			如來酬答分	受請	
				答請	答中聞請
					答見請
		大衆(喜)奉行分			

'미륵상생경요간기'라는 제목이 나온 뒤에 바로 (1) 가르침을 펼친 이유를 서술함(述敎興緣起) (2) 경의 종과 체를 자세히 밝힘(廣辨經宗體) (3) 경의 판본이 하나인지 여럿인지(經本單重) (4) 제목을 풀이함(釋題目) (5) 본문에 따라 해석함(隨文解釋)의 다섯 문門으로 나누어 해석하겠다는 구절이 나온다. 글의 전개상 상생경을 5문으로 해석하는 것으로 예상되지만, 실제 내용은 (1)·(2)·(3)은 상생경, 하생경, 성불경 모두를 대상으로 한 총설에 해당하고, (4)부터 상생경을 풀이한 것이다. 즉 세 경에 대한 총설을 먼저 서술하고, 각 권별로 제목과 본문을 하나씩 풀이하는 방식으로 구성되어 있다.

이와 같이 『삼미륵경소』는 상생경, 하생경, 성불경의 주석을 하나의 체제, 하나의 제목 안에 종합하였다. 처음에는 상생경소, 하생경소, 성불경소를 각각 저술한 것을 뒤에 합본한 것으로 추정된다. 규기나 태현도 세 경을 모두 주석하였던 것 같은데, 합본한 흔적은 보이지 않는다. 규기의 것으로는 현재 상생경 주석서만 남아 있다.

상생경, 하생경, 성불경이 대승과 소승 어디에 포함되는가에 대해 경흥은 ① 세 경이 모두 소승이다 ② 상생경은 대승이고 하생경과 성불경은 소승이다 ③ 세 경에 모두 크고 작은 차이가 있으므로(有大小異) 세 경이 모두 대승의 이치임을 의심 없이 알아야 한다라고 하였다.³¹ ②는 혜균과 원효, ③은 규기의 견해와 유사하다. 대소승 여부에 대한 경흥의 견해는 정확하게 알 수 있지만 마지막에 자신의 견해를 밝히던 글쓰기 방식을 봤을 때, 세 경을 모두 대승으로 보았을 가능성이 있다.

경흥은 붓다께서 미륵보살의 공덕에 대해 세 경으로 나누어 말씀하신 까닭은 중생의 근기나 깨달음의 정도가 같지 않고, 여래의 방편이 하나가 아니어서 근기에 따라 제도할 수 있는 방법이 다르기 때문이라고 하였다. 미륵보살이 있는 도솔천에 왕생함으로써 이익과 즐거움을 얻을 수 있다고 말하는 상생경과 미륵보살이 인간세상(염부제)에 내려와 성불한 뒤 행한 설법을 들음으로써 작은 깨달음이라도 얻을 수 있다고 말하는 하생경·성불경 가운데 경흥이 보다 비중을 두고 설명한 것은 상생경이다. 『삼미륵경소』 전체에서 상생경에 대한 주석이 전체의 2/3를 차지하고 있고, 도솔천 왕생에 대해 자세히 논하고 있는 점에서도 알 수 있다. 경흥이 백제의 미륵신앙 전통을 계승하여 하생한 미륵불을 강조하였다는 견해가 있지만, 『삼미륵경소』를 통해 보건대 도솔천 왕생보다 하생한 미륵불을 더 강조하였다고 말하긴 어렵다.³²

도솔천 왕생의 용이성

경흥은 상생경의 종지(宗)에 대한 세 가지 견해(삼매三昧, 관심觀心, 의정인과依正因果)를 소개한 뒤 의정인과, 즉 의보依報와 정보正報의 인과가

---

31 안계현, 「憬興의 彌勒淨土往生思想」, 『진단학보』 26, 진단학회, 1964, pp.61~62
32 박광연, 「경흥 『삼미륵경소』의 도솔천 왕생관-신라 중대 유식 승려의 미륵신앙 재고찰」, 『한국사연구』 171, 한국사연구회, 2015, pp.6~7

종宗이라고 하였다. 즉 보살과 범부가 도솔천에 왕생하는 인과 그 과보로서의 도솔천이 상생경, 나아가 미륵사상의 핵심이라고 보았던 것이다. 경흥은 십주十住부터 십지十地 가운데 제7지까지의 보살들이 선근을 심었기 때문에 도솔천에 태어날 수 있다고 한다. 제8지 이상의 단계에 이른 보살들은 일체번뇌가 현행하지 않아 삼계에서의 생사生死를 끊었기 때문에 윤회의 공간인 도솔천에 왕생하지 않는다고 본 점이 주목된다. 이승도 '현신하였을 때' '마음을 회향하여 발원하면'이라는 조건을 달고서 왕생을 인정하였다.

주목할 부분은 범부, 즉 인간 세상에 사는 일반 사람들에 대한 경흥의 인식이다. 경흥은 범부는 계를 지키지 못하고 많은 악업을 짓더라도 미륵의 이름을 듣고 참회하면 왕생할 수 있다고 간략히 설명하였는데, '계를 지키지 못하고 악업을 지은 이들'은 『관무량수경』에서 하품下品으로 규정한 이들로서, 하품의 중생마저도 도솔천에 왕생할 수 있다고 말하고자 했음을 알 수 있다. 실제 경흥은 "하품의 수행자조차도 일념一念으로 미륵의 이름을 부르면 모두 (도솔천에) 태어날 수 있는데 하물며 복을 닦고 계를 지킨 상품이 어찌 태어나지 못하겠는가"라고 하여 품품별로 왕생의 방법을 설명하였다. 경흥이 신분에 상관 없이 모든 인간의 도솔천 왕생을 인정한 반면, 극락 왕생에 대해서는 이승 가운데 일부 존재가 극락에 갈 수 없다고 하였다. 그러므로 굳이 비교하자면, 경흥은 도솔천 왕생에 더 넓은 문을 열어놓았다고 말할 수 있을 것이다.

왕생의 방법에 대해서는 상생경에 의거하여 다섯 가지 인因을 제시하였다. 첫째 사시인捨施因으로, 미륵보살의 이름을 듣고서 형상을 만들고 탑을 청소하고 땅을 쓸고 향, 꽃, 깃발 등 여러 가지를 공양하는 것이다. 둘째 방비인防非因으로, 일념으로 반드시 팔계재八戒齋를 받고 여러 선업을 닦으면서 1일 내지 7일 동안 발원하는 것이다. 셋째 이산인離散因으로, 미륵보살의 형상을 떠올리며 염불하는 것이다. 넷째 간택비인簡擇非因으로, 경전을 독송하고 미륵의 이름을 부르면서 발원하는 것이다. 다섯째 정중인淨重因으로, 붓다께서 멸도하신 뒤 사부제자(비구, 비구니, 우바새, 우바이)들이 미륵의 이름을 듣고서 발원하며 예배드리는 것이다.

이어서 경흥은 도솔천 왕생의 방법으로 오념문五念門(예배문禮拜門, 찬탄문讚歎門, 작원문作願門, 관찰문觀察門, 회향문廻向門)을 들고 있다. 그런데 이 오념문은 세친이 『정토론淨土論(무량수경우바데사無量壽經優波提舍)』에서 극락 왕생의 행으로 제시한 것이고, 『무량수경연의술문찬』에서도 오념문을 설명하면서 보살의 수행이라고 하였다. 경흥은 극락 왕생의 수행인 오념문의 방법으로 도솔천 왕생도 이룰 수 있다고 한 것이다. 이처럼 경흥이 제시한 도솔천 왕생의 방법, 즉 상생경에 의거한 다섯 가지 인이나 오념문은 모두 자력自力에 의한 왕생을 강조하고 있다. 경흥은 어렵지 않은 방법으로 작은 정성이라도 기울이면 도솔천 왕생을 이룰 수 있다고 말하고 있는 것이다.

경흥이 제시한 도솔천 왕생의 방법들을 그의 극락 왕생에 대한 견해와 비교하면 어떤 차이점이 있을까? 경흥은 극락 왕생의 인因으로 공양, 발원, 염불, 독송, 칭명, 참회 등도 제시하였지만, 수행 즉 지관행止觀行을 통한 극락 왕생을 더욱 강조하였다. 경흥은 발원이나 염불로도 극락 왕생을 할 수 있지만, 이는 모두 원생인遠生因(먼 미래에 태어날 수 있는 인)으로 극락 왕생의 직접적인 인이 아니라고 하였다. 이 말은 신라의 일반 민들이 극락에 태어나고자 하는 원을 세우고 아미타불의 이름을 염할 경우 지금이 아니라 아주 먼 미래에 극락에 태어날 수 있다고 말한 것이다. 반면 도솔천 왕생에 대해서는 다르게 말하였다. 경흥은 어떤 인을 닦든, 상생경에서 말한 '죽은 뒤 손가락을 튕기는 사이'에 도솔천에 왕생하는 것이 가능하다고 하였다. 그런 점에서 경흥은 극락보다 도솔천에 범부들이 빨리, 쉽게 왕생할 수 있다고 생각하였던 것 같다.[33]

규기 『관미륵상생경찬』과의 동이同異

『삼미륵경소』의 많은 구절이 규기의 『관미륵상생경찬』을 참조하였거나 인용하였다. 『삼미륵경소』에 나타난 경흥의 미륵사상도 큰 맥락에서는 규기와 별다른 차이가 없는 것 같다. 같은 유식 전공 승려이고, 일반 범부가 쉽게 도솔천에 왕생할 수 있음을 강조하였다는 점에서 공통점이 많다. 하지만 규기를 자주 인용하였음을 근거로 경흥이 규기의 학설을 추종하였고, 이는 신라 승려들이 대체로 원측설을 추종한 것과 비교된다고까지 말할[34] 수는 없을 것 같다. 적어도 『삼미륵경소』에서 '기사基師'라고 직접 명명한 구절은 모두 규기의 견해를 비판하고 있고, 세부적인 논증 과정에서 경흥은 규기보다 원효의 견해가 타당하다고 평가한 경우가 많기 때문이다. 경흥은 때로는 원효와 규기의 견해를 종합하여 새롭게 정리하기도 하였고, 때로는 어느 한 편의 입장을 지지하지 않고 직접 경전 및 논서들을 연구하여 판단을 내리기도 하였다.

미륵신앙자인 경흥과 규기의 사상에서 가장 간격이 벌어지는 부분은 미타신앙에 대한 입장인 것 같다. 규기는 「왕생난이往生難易」에서 극락(원문은 '서방정토'임) 왕생과 도솔천 왕생을 비교하였는데, 도솔천의 미륵

---

33 박광연, 앞의 논문, 2015, pp.8~15
34 韓泰植,「憬興の淨土思想の特色」,『印度學佛敎學硏究』40-1, 印度學佛敎學硏究會, 1991, p.184

보살은 화신化身이기 때문에 누구나 도솔천에 왕생할 수 있고 도솔천에서도 불퇴전의 위位에 이르는 것이 가능한 반면 극락은 여인이나 이승은 없고 대보살만을 위한 보토報土이기 때문에, 범부가 왕생하는 세계가 아니며 극락 왕생은 결코 쉽지 않다고 하였다. 미륵신앙과 미타신앙이 공덕에는 차이가 없다는 말(念彌陀彌勒功德 無有差別)을 덧붙였지만, 규기는 불신佛身·불토론佛土論을 이용하여 양자의 차이를 명확하게 하고 만인에게 도솔천 왕생을 권하고 있다.[35]

경흥은 "미륵도 서원을 세우지 않은 것이 아니기 때문이고, 그 하늘에 태어나는 이가 있으면 미륵이 광명을 쏘아 와서 맞이하는 것은 미타와 같기 때문이며, 한 번 덕호를 칭념해도 오히려 하늘에 태어나거늘 하물며 또한 열 번 칭념함에 있어서는 말할 것도 없기 때문이며, 함께 도솔천 왕생을 위해 수행하는 이들이 또한 반드시 서로 돕기 때문인데, 이것에 대해 직접적으로 설하지 않았을 뿐이다."[36]라고 하여 극락 왕생이 더 쉽다고 해서는 안 되고, "지혜가 있는 사람이라면 반드시 정토에 왕생하는 것이 쉽고 도솔천에 태어나는 것은 그렇지 않다고 말할 수는 없다. 지금 곧 서방정토에 태어나는 것은 비록 또한 매우 어렵지만 오로지 왕생을 추구하여 부처님의 명호를 한 번 칭념하거나 열 번 칭념하거나 하면 모두 왕생할 수 있으니, 태어나기 어려운 가운데에 쉬운 것이라고 말할 수 있다(可謂難生中之易也)."[37]라고 하였다.

---

35 林香奈, 「아미타신앙과 미륵신앙의 대립과 그 배경-基撰『관미륵보살상생도솔천경찬』을 중심으로」, 『동아시아불교에서 대립과 논쟁』, 서울 : 여래, 2015, pp.131~135

36 『無量壽經連義述文贊』卷3(『大正藏』37, 163c26~29) ; 한명숙 옮김, 『(한글본한국불교전서) 무량수경연의술문찬』, 동국대출판부, 2014, p.634

37 『無量壽經連義述文贊』卷3(『大正藏』37, 164a2~5) ; 한명숙 옮김, 앞의 책, 2014,

이러한 경흥의 해석은 도작道綽(562~645), 가재迦才(6세기 후반~7세기 전반), 선도善導(613~681) 등 중국의 정토교가淨土敎家들이 극락 왕생은 이행도易行道로 가능하다고 주장했던 것과 차이가 있고, 극락 왕생은 대보살만 가능하다고 한 규기의 견해와도 다르다.[38] 물론 극락 왕생을 적극 권했던 원효와도 다르다. 극락 왕생이 '어려운 가운데 쉽다'는 것은 어느 편의 손도 들지 않은 독특한 해석이다. 또 경흥은 도솔천 왕생도 극락 왕생과 유사한 면이 있으므로 극락에 왕생하는 것은 쉽고 도솔천에 왕생하는 것은 그렇지 않다고 해서는 안 된다고 하였는데, 이 점에서는 도솔천 왕생을 강조했던 규기의 영향을 생각해 볼 수 있다. 그렇지만 규기처럼 도솔천 왕생이 극락 왕생보다 더 쉽다고 직접적으로 말하지는 않았다.

정리하면, 경흥은 극락 왕생이 어려운 가운데 쉬운 것이고, 도솔천 왕생이나 극락 왕생은 유사한 면이 있으므로 극락에 왕생하는 것은 쉽고 도솔천에 왕생하는 것은 어렵다고 해서는 안 된다고 하였다. 쉽게 말하면 경흥은 극락 왕생과 도솔천 왕생의 우열優劣이나 난이難易를 비교해서는 안 된다고 보았던 것 같다. 경흥은 극락 왕생 및 미륵경에 대한 해석이 달랐던 원효와 규기의 생각을 절충하면서 비판적인 입장을 견지하고 있었던 것이 아닐까 한다.[39]

---

p.635
38 林香奈, 「基の佛身・佛土論 ― 特に阿彌陀佛の佛格の判定について」, 『宗敎硏究』 346, 日本宗敎學會, 2005, p.131
39 박광연, 앞의 논문, 2015, pp.16~22

IV. 『삼미륵경소』의 동아시아적 영향력

고려시대 유식학과 미륵신앙

대각국사大覺國師 의천義天(1055~1101)의 『신편제종교장총록』에는 신라의 미륵 논서로 원효의 『상생경종요』, 의적의 『상생경요간』, 경흥의 『미륵경술찬』, 『미륵경축의술문』, 태현의 『상생경고적기』, 『하생경고적기』, 『성불경고적기』가 실려 있다. 신라의 미륵 논서들이 고려시대까지도 계속 전해졌던 것이다.

고려시대 유가업瑜伽業의 체제를 정비하는 데 일생을 바친 혜덕왕사慧德王師 소현韶顯(1038~1096)의 행적을 담은 「혜덕왕사진응지탑비慧德王師眞應之塔碑」를 보면, "자씨慈氏(미륵)의 존상尊像을 그려 봉안하고 매년 7월 14일에 법연을 열어 승려를 모아 예참하며 귀의하고 재를 베풀어 시친施襯하고 법석을 파하였으니 태강太康 원년 을묘(1075)로부터 수창壽昌 2년 병자(1096)에 이르기까지 시작과 끝을 22년 만에 그치었다."라고 하여, 금산사에서 매년 미륵을 모시는 법회를 개최하였던 사실을 전하고 있다.

고려 후기에 들어서는 자정국존慈淨國尊 미수彌授(1240~1327)의 사례를 들 수 있다. 미수는 13세에 선산善山 원흥사元興寺 종연宗然에게 출사하여 29세에 삼중대사三重大師의 법계를 받고 유식론의 종지를 강설하던 당대의 유명한 자은종慈恩宗 학승이었다. 그의 생애를 전하는 「자정국존비慈淨國尊碑」에서는 "75년 수행하여 입적하시니 자은慈恩의 진리를 널리 폈도다. 남쪽 염부제閻浮提를 버리고 도솔천으로 돌아가시니(七十五臘 霈玆恩波 棄閻浮界 歸覲史陁)"라고 하여, 그가 사후 도솔천에 왕생하였다고 적고 있다.

일본 법상종과 나라 사경

교넨(凝然, 1240~1321)의 『삼국불법전통연기三國佛法傳通緣起』에 의하면 일본 법상종의 제1전傳은 도쇼(道昭, 629~700), 제2전은 치츠우(智通), 치다츠(智達)의 전래인데, 도쇼는 653년 떠난 121명의 견당사遣唐使 가운데 포함되어 있었고, 치츠우와 치다츠는 당에 가서 현장을 만나 무성유정 無性有情의 의미를 배우고 돌아왔다고 한다. 그런데 타무라 엔쵸(田村圓澄)는 기록과 달리 도쇼나 치츠우, 치다츠가 유학한 곳은 당이 아니라 신라이며, 그들이 전래해 온 것은 신라에서 성행하고 있던 섭론학이었다고 하였다.[40] 치츠우, 치다츠가 유학한 곳이 당나라임은 인정하지만 신라 배로 유학을 갔고 신라에서 유행하던 섭론학의 영향을 많이 받았다고 본 견해도 있다.[41] 제3전은 지봉智鳳, 치란(智鸞) 등의 전래인데, 이 가운데 지봉은 많은 사료에서 신라인이라고 말하고 있다(『동대사구서東大寺具書』에서는 신라에서 내조來朝하였다고 하고, 『동대사요록東大寺要錄』에는 백제인이라 되어 있다). 신라에서 입당한 후 703년에 일본으로 갔다고 한다. 이 지봉에 의해 신라 불교, 특히 신라의 유식학 관련 문헌들이 일본에 많이 전해졌다고 보고 있다.[42]

이처럼 나라奈良 시대(710~784) 불교학의 주류적 흐름을 형성하였던 유식학에는 신라 불교의 영향이 강하였다. 유식학의 전래와 함께 미륵

---

40 田村圓澄, 「攝論宗の日本傳來について」, 『南都佛敎』 25, 南都佛敎硏究會, 1970
41 金天鶴, 『平安期華嚴思想の硏究』, 東京 : 山喜房佛書林, 2015, p.11
42 富貴原章信, 『日本唯識思想史』, 京都 : 大雅堂, 1944, pp.201~208

신앙도 전래되었고, 이 영향으로 당시 귀족의 신앙·사상으로까지 발달해 갔다. 일본에서 미륵신앙은 후지와라(藤原) 가문의 시조인 후지와라 카마타리(藤原鎌足, 614~669)에게서 명확하게 보이기 시작한다. 카마타리의 치병을 위해 세운 절이 흥복사興福寺였는데, 카마타리의 둘째 아들 후지와라 후히토(藤原不比等, 659~720)가 흥복사 내에 북원당北圓堂을 건립하고 미륵상을 두었다고 한다. 이밖에도 흥복사 내에는 미륵과 관련된 유물이 많은데, 오중탑五重塔의 미륵정토변, 중금당中金堂의 미륵정토변 등을 들 수 있다. 이처럼 후지와라 가문을 중심으로 법상계 미륵신앙의 원형이 형성되었다.[43]

나라 시대 사경 가운데 미륵경 및 유가론 등의 발문跋文을 보면, 나라 시대의 미륵신앙, 특히 상생신앙을 명확히 알 수 있다. "반드시 도사다천에 태어나 자씨를 봉사封事하고 정법을 들을 수 있기를…" "자씨제자 ○○" "미륵보살상 1보鋪를 만들고 미륵경 10부를 서사하여… 보리수 아래에서 묘법의 원음을 듣고 도솔천에서 상진上眞의 승업勝業을 듣기를…" 등의 발문을 적고 있다. 나라 시대에 필사한 미륵경 관련 문헌은 다음과 같다.

天平 4년(732)	미륵경
天平 9년(737)	미륵보살소문원경 미륵보살본원경 미륵보살소문론
天平 10년(738)	미륵성불경 미륵하생경 미륵하생경 미륵보살소문경론 관미륵상생도솔천경 미륵상생경 미륵하생경 미륵하생성불경
天平 12년(740)	미륵경소 경흥
天平 13년(741)	미륵래시경
天平 16년(744)	미륵보살경술찬 경흥

---

[43] 平岡定海, 앞의 책, 1977, pp.79~85

天平 17년(745)	미륵소 미륵경술찬
天平勝寶 3년(751)	미륵경소
天平勝寶 4년(752)	미륵하성소
天平勝寶 5년(753)	미륵하생성불경
神護景雲 2년(768)	관미륵보살상생도솔천경찬

    천평天平 9년(737)에『미륵보살소문경彌勒菩薩所問經』등 소승계 미륵경전을, 천평 10년(738)에 하생경, 성불경, 상생경을 주로 서사하였다. 미륵경 주석서로는 경흥의『미륵경소』가 천평 12년(740)에 가장 먼저 서사되었고, 천평 16년(744)에도 경흥의『미륵보살경술찬』이 서사되었다. 천평 17년(745)의 미륵소와 미륵경술찬도 경흥의 것일 가능성이 있다. 이에 비하여 규기의『관미륵상생경찬』은 신호경운神護景雲 2년(768)에 처음 서사되었다.[44] 경흥의 것에 비하여 20여 년이 지난 뒤였다.

    이처럼 일본에서 미륵경을 필사한 뒤 곧바로 주석서 가운데 경흥의 저술들을 가장 먼저 필사하였다는 사실은 나라 시대 불교계에 여전히 신라 불교의 영향이 강하였고, 미륵신앙의 측면에서는 경흥의 저술들을 우선시하였음을 알 수 있다. 일본 법상종에서『삼미륵경소』의 영향력은 겐보(玄昉, ?~746)에게 사사받은 젠주가『삼미륵경소』에 대한 주석서로 보이는『삼미륵경약찬三彌勒經略贊』3권과『삼미륵경초三彌勒經抄』1권을 찬술하였다는 사실에서도 확인할 수 있다.[45]

---

44 平岡定海, 앞의 책, 1977, pp.86~94
45 『注進法相宗章疏』卷1(『大正藏』55, 1141b24~27).『東域傳燈目錄』卷1에는 善珠가 경흥의『무량수경연의술문찬』을 초한『同(無量壽)經贊抄』1권도 있다.

온죠지(園城寺) 미륵신앙

『한국불교전서』에 실린 『삼미륵경소』의 저본은 만속장경본(第1編 35套 5冊)이다. 만속장경 수록본의 저본은 분명하지 않지만, 일본 시가켄(滋賀縣) 오쓰시(大津市)에 있는 온죠지(園城寺(미이데라三井寺))에서 소장하고 있는 듯하다.[46] 교토대 중앙도서관에 〈미륵경유의·미륵상생경종요·미륵상생경요간기외이반합彌勒經遊意·彌勒上生經宗要·彌勒上生經料簡記外二般合〉(이하 교토대본)이 소장되어 있는데, 이 가운데 마지막 '미륵상생경요간기외이반'이 바로 『삼미륵경소』에 해당한다. 이 교토대본도 온죠지와 관계가 있다. 교토대본의 『미륵상생경종요』 마지막 부분에 '元慶二年(878) 七月十日 定心院政所交了 釋圓敏'에 이어 '明治三十九年(1906)七月二十日 故(三井園城寺)圓滿院宸殿慧慧謹寫 一交了'가 적혀 있다. 원경元慶 2년(878)의 사본을 명치明治 39년(1906)에 다시 베껴 쓰고 교정 보았다는 것인데, 이 필사 및 교정 작업을 담당한 이가 온죠지 소속의 승려 에에(慧慧)였다.[47]

『삼미륵경소』 권말에 전충대덕全忠大德이 엔친(圓珍, 814~891)에게 이 판본을 보내었고, 엔친이 관평寬平 2년(890) 9월 10일에 추기를 하였다는 기록이 있다.[48] 이 엔친이 858년 당 유학에서 돌아와서 가져온 불전佛典을 안치하고, 그의 불법을 전할 곳으로 정한 곳이 바로 온죠지(園城寺)였다. 천태종 승려 엔친의 미륵신앙은 일찍이 알려진 바로,[49] 한국 고대의

---

46 東京國立博物館[共編輯], 『三井寺秘寶展: 智證大師200年御遠忌記念』, 東京: 日本經濟新聞社, 1990, p.108
47 박광연, 앞의 논문, 2014, pp.47~50
48 『三彌勒經疏』 卷1(『한국불교전서』 2, 114b18)
49 伊野部重一郎, 「彌勒信仰について(1)」, 『高知大學學術研究報告』 2-2, 高知大學,

미륵 논서의 보급 및 보존에 온죠지가 중요한 역할을 하였음을 알 수 있다.

일본 천태종 사문파寺門派의 본산인 온죠지에는 신라선신당新羅善神堂이 있고 이곳에 신라명신新羅明神이 모셔져 있다. 신라명신은 엔친이 당에서 귀국할 때 배(신라선) 안에서 갑자기 출현하였고, 귀국 후 경전을 태정관太政官에 바칠 때 다시 출현하여 엔친을 온죠지로 인도하였기에 온죠지의 수호신으로 섬기게 되었다고 전한다. 엔닌(圓仁, 794~864)을 개조로 하는 산문파山門派의 수호신인 적산명신赤山明神과 함께 그 연원이나 성격에 대해 많은 논의가 있다.

무엇보다 왜 신라명신이라는 이름을 붙였을지가 궁금한데, 온죠지의 연기 자료 가운데 가장 오래된 1062년의 「원성사용화회연기園城寺龍華會緣起」에서는 신라명신이 미륵신앙과 관련성이 깊음을 말하고 있다. 엔친 앞에 나타난 신라명신이 엔친을 위해 불법을 호지하고 미륵보살의 출세를 기다리겠다고 맹세하였고, 엔친이 온죠지에 왔을 때 162세의 교타이敎待라는 승려가 나타나 절의 유래를 설명해 주었는데, 이 승려가 바로 이 절에 살고 있던 미륵여래의 화신이었다고 한다. 여기서 미륵의 화신이라는 표현은 화랑을 미륵의 화신이라고 여겼던 신라인의 사유를 담고 있다.[50] 온죠지의 신라명신과 『삼미륵경소』가 직접 관련은 없지만, 온죠지에서 『삼미륵경소』를 비롯하여 한반도에서 저술된 미륵 관련 문헌을 소장하고 있었던 배경은 이해할 수 있을 것 같다.

1953, p.10
50 袴田光康,「平安佛敎における新羅明神-園城寺の由來傳承と新羅の彌勒信仰」,『淵民學志』17, 2012, pp.108~124

동아시아 미륵 교학의 보고寶庫

마이뜨레야는 인도의 『숫타니빠타』를 비롯하여 약 50여 종의 불전에 그 이름이 등장하는데, 대표적인 미륵경은 『미륵대성불경』(성불경), 『미륵하생경』(하생경), 『관미륵보살상생도솔천경』(상생경)이다. 미륵경의 한역漢譯은 303년 축법호의 하생경 번역이 시작이고, 미륵경에 대한 교리적 연구는 6세기 들어 시작되었다. 영유, 지의, 길장 같은 유명한 학승들이 미륵경도 연구하였는데, 현존하는 주석서는 혜균의 『미륵경유의』, 원효의 『미륵상생경종요』, 규기의 『관미륵상생경찬』, 경흥의 『미륵경술찬』과 『삼미륵경소』, 그리고 젠주(善珠)의 글로 추정되는 『미륵상생경의소』와 『미륵상생하생성불경의소』뿐이다. 혜균, 원효, 경흥은 한국 고대의 승려들이고, 규기, 경흥, 젠주는 유식학승이라는 공통점이 있다. 당唐에서 현장과 그의 제자들에 의해 유식학승은 미륵신앙자라는 인식이 성립하였다.

신라의 유식학승인 경흥의 『삼미륵경소』는 상생경, 하생경, 성불경을 하나의 체제 안에 묶은 것으로, 각각 저술한 후 합본한 것으로 보인다. 경흥은 이전에 나온 혜균, 원효, 규기 등의 주석서에 정통하였던 듯, 선행 문헌에서 제기된 미륵 관련 논점들을 거의 빠짐 없이 거론하고 본인의 견해를 밝히고 있다. 중생의 근기나 깨달음이 같지 않고 여래의 방편이 하나가 아니어서 근기에 따라 제도할 수 있는 방법이 다르기 때문에 세 경으로 나누어 말씀하신 것이라고 하고 각 경의 의미를 설명하였지만, 경흥이 가장 비중을 둔 것은 상생경이었다. 경흥은 보살과 범부가 도솔천에 왕생하는 인과 그 과보로서의 도솔천이 상생경, 나아가 미륵사상의 핵심이라고 보고 도솔천 왕생의 대상이나 방법에 대해 자세히 논하였다.

경흥은 신분에 상관없이 모든 인간의 도솔천 왕생을 인정하고, 그 방법으로 오인五因·오념문五念門 등을 제시하였는데, 어려운 방법은 아니지만 스스로의 노력에 의해 이룰 것을 말하고 있다. 경흥은 극락 왕생의 방법으로도 공양, 발원, 염불, 독송, 칭명, 참회 등을 제시하였지만, 특히 지관행止觀行을 중시하였다. 무엇보다 발원이나 염불로도 극락 왕생할 수는 있지만 이는 모두 먼 미래에 태어날 수 있는 인이라고 한 반면, 도솔천은 어떤 방법을 닦든 죽은 뒤 손가락 튕기는 사이에 왕생할 수 있다고 하였다.

경흥이 규기의 『관미륵상생경찬』 구절을 많이 인용하고 있고, 같은 유식학승이라는 점에서 그의 미륵사상과 많이 비교가 된다. 일반 범부가 쉽고 빨리 도솔천에 왕생할 수 있음을 강조하였다는 점에서 경흥과 규기의 미륵사상은 일치하는 측면이 많다. 하지만 미륵 관련 주요 논점에서 경흥은 규기를 비판하고 규기보다 원효의 견해를 따르는 경우도 많다. 경흥과 규기의 견해 중 가장 간극이 벌어지는 부분은 미타신앙에 대한 입장이다. 규기는 불신·불토론을 이용하여 적극적으로 극락과 도솔천의 차이를 설명하면서 도솔천 왕생을 권한 반면, 경흥은 도솔천 왕생을 강조하면서도 극락 왕생과 도솔천 왕생의 우열이나 쉽고 어려움을 비교할 수 없다고 하였다. 경흥 자신이 미타신앙을 표방한 것은 아니었지만, 미타신앙에 대해서도 열린 태도를 취하였던 것이다.

경흥을 비롯한 신라 유식학자들의 저술들은 고려시대에도 전해졌고, 고려시대 유식 승려들은 직접적으로 미륵신앙을 표방하고 있다. 소현은 금산사에서 정기적으로 미륵 법회를 주관하였고, 미수는 사후에 도솔천에 왕생하였다고 기록하고 있다. 한편 일본의 법상종에도 많은 영향을 미쳤다. 나라 시대 초반 일본 불교학의 주류적 흐름을 형성한 것은 유식학이었고, 더불어 미륵신앙도 확산되었다. 천평天平 연간에 미륵 관련 문헌들이 대거 필사되었는데, 737년 『미륵보살소문본원경』, 739년 하생경, 성불경, 상생경 등의 필사에 이어 740년 경흥의 『미륵경소』를 필사하였다. 744년에는 경흥의 또다른 미륵 저술인 『미륵보살경술찬』을 필사하였다. 미륵경 주석서로는 경흥의 것을 가장 먼저 필사하였던 것이다. 이에 비해 규기의 『관미륵상생경찬』은 768년에 처음 필사되었다. 일본 법상종에서 『삼미륵경소』의 영향은 젠주가 『삼미륵경소』에 대한 주석서로 보이는 『삼미륵경약찬』 3권과 『삼미륵경초』 1권을 찬술하였다는 사실에서도 확인할 수 있다.

대정장, 만속장, 한국불교전서에 수록된 『삼미륵경소』의 저본은 일본 시가켄 오쓰시에 있는 온죠지(미이데라) 소장본인 듯하다. 온죠지는 천태종의 엔친이 858년 당 유학에서 돌아와 가져온 불전佛典을 안치한 곳이었다. 현존하는 『삼미륵경소』의 권말에 엔친이 관평 2년(890) 9월 10일에 추기를 하였다는 기록이 있는 점을 볼 때, 또 교토대 소장 〈미륵경유의·미륵상생경종요·미륵상생경요간기외이반합〉에 온죠지 승려가 관계하고 있는 점을 볼 때, 한국 고대의 미륵 주석서들의 보급 및 보존에 온죠지가 중요한 역할을 하였음을 알 수 있다. 온죠지에는 신라명신新羅明神이라는 수호신이 있는데, 「원성사용화회연기」에 의하면 신라명신은 신라의 미륵신앙과도 관련이 깊다.

확인할 수 있는 사례가 많지는 않지만 『삼미륵경소』를 비롯한 신라의 미륵 관련 문헌들은 한국과 일본에서의 미륵 교학 연구의 전거가 되고, 미륵신앙을 뒷받침하는 교리적 근거가 되었을 것이다. 동아시아에서 미륵신앙이 차지하는 역사적·사회적 위상을 생각할 때 『삼미륵경소』의 의미는 결코 작지 않다고 생각한다.

| 참고문헌 |

김영미, 『신라불교사상사연구』, 서울 : 민족사, 1994.
안계현, 『신라정토사상사연구』, 서울 : 현음사, 1987.
동국대 불교문화연구원 편, 『한국미륵사상』, 서울 : 동국대 불교문화연구원, 1997.
速水侑, 『彌勒信仰-もう一つの淨土信仰』, 東京 : 評論社, 1971.
宋本文三郎, 『彌勒淨土論』, 東京 : 丙午出版社, 1911.
平岡定海, 『日本彌勒淨土思想展開史の硏究』, 東京 : 大藏出版, 1977.

김영일, 「원효의 미륵정토사상에 담긴 화쟁의 정신-『미륵상생경종요』를 중심으로」, 『정토학연구』 21, 한국정토학회, 2014.
박광연, 「『彌勒上生經述贊』의 저자 및 성격에 대한 고찰」, 『한국사상사학』 40, 한국사상사학회, 2012.
박광연, 「경흥 『삼미륵경소』의 도솔천 왕생관-신라 중대 유식 승려의 미륵신앙 재고찰」, 『한국사연구』 171, 한국사연구회, 2015.
최연식, 「백제 후기 미륵사상의 전개과정과 특성」, 『한국사상사학』 37, 한국사상사학회, 2011.

콘텍스트

불교사본 佛敎寫本

· 김천학

I. 불교사본의 발생

　　불교사본의 정의/ 사본 연구의 서막/ 인도의 패엽경과 한역 경전

II. 동아시아의 주요 불교사본

　　중국의 돈황 사본/ 일본의 동대사와 성어장/ 신라의 사본

III. 통일신라와 고려시대 불서 유통

　　신라 사본의 일본 전래/ 의천과 송·요의 불서 유통/ 원간 섭기의 사경

IV. 조선시대의 사본

　　사본의 쇠퇴/ 복장물 속의 사본/ 사기의 찬술

■ 한국 불교사본의 동아시아적 확산과 융성

I. 불교사본의 발생

불교사본의 정의

고따마 붓다가 설한 교설을 듣고 들은 대로 기술한 것이 경전인데, 필사한 경을 사경이라고 하고, 인쇄하여 만든 경전을 판경版經이라고 구별한다. 사본(Manuscript)은 인쇄하지 않고 손으로 베껴 쓴 것을 지칭하며, 필사본 혹은 서사본의 약칭이다. 사본에 이용되는 기록 매체는 종이뿐 아니라 천, 비단, 식물, 나무, 대나무, 돌, 기와, 금속 등 여러 종류가 있다. 넓은 의미에서 이러한 것들도 모두 사본으로 본다.[1]

사본이 만들어지려면 문자가 있어야 한다. 인도의 경우 붓다의 교설을 언제부터 베껴 썼는지 알 수 없지만, 현존하는 인도 최초기의 문자 기록은 기원전 3세기 이전으로 거슬러 올라가지 않는 것으로 본다. 최근에는 야자 잎이나 자작나무 잎에 쓴 필사본들도 발견되고 있는데,[2] 고대 인도의 기록은 대개 비문 등 금석문으로 남아 있다. 붓다의 교설은 기원전 1세기경 스리랑카의 밧타가마니 아바야(Vaṭṭagāmaṇi Abhaya)왕의 재위 당시에 최초로 서사되었다. 인도에서 세 번의 결집結集(saṃgīti)을 통해 정리하여 구두 전승되어 온 삼장三藏이 인도가 아닌 스리랑카에서 처음 문자로 기록된 것이다.

---

1 오치아이 토시노리(落合俊典), 「동아시아에서의 불교사본 연구의 현황과 연구방법」, 『고대 동아시아 불교문헌의 새로운 발견』, 서울 : 씨아이알, 2010, p.243
2 심재관, 『인도사본학개론』, 서울 : 씨아이알, 2013, p.42

원본을 베껴 쓰는 과정에서 글자의 오독이 생기고, 오자 혹은 탈자도 생기게 된다. 사본의 계통은 사본이 이렇게 전해지는 과정을 검토함으로써 성립한다. 다만, 기록으로 남은 최초 시기의 원본이 현재 남아 있지 않은 경우는 모두 사본이 된다. 불교문헌의 자필 저술이 남아 있을 경우, 원본이지만 사본에 속하게 된다.

　불교문헌 연구에서는 저본이라는 말을 사용한다. 저본은 필사할 때도 필요하고, 대장경을 편집할 때도 필요하다. 한 경전을 필사할 때 다른 경전들과 대조하여 교감본을 만드는 경우가 있다. 바로 그것들의 원본이 되는 것을 저본이라고 부른다. 이렇게 만들어진 교감본은 사본 혹은 간본으로써, 대장경에 따라서는 저본과 대조본을 명시하는 경우도 있고 명시하지 않는 경우도 있다. 인쇄술이 발달하기 전의 저본은 사본이었지만, 판본이 만들어지고 나서는 반드시 그렇지는 않고, 저본이 판본이고, 대조본은 사본 혹은 판본이 될 수도 있다.

　동아시아의 사본은 서역에서 들어온 불교경전이 번역삼장 등에 의해 한역되면서 만들어졌다. 불교가 동서남북으로 전파되면서 현재는 인도보다 중국, 한국, 일본을 비롯한 동아시아에 더 방대한 분량의 불교사본이 남아 있다. 본고에서는 동아시아 사본을 중심으로 종이를 기록 매체로 한 사본만을 다루며, 그것이 전파되고 연구되면서 상호 간에 끼친 영향 등을 서술할 것이다.

사본 연구의 서막

　인도를 비롯한 동아시아 불교사본의 존재가 알려지고 연구된 것은 19세기에 들어서이다. 빨리어에 대한 관심을 시작으로 서구의 불교연구는 전반으로 확산되었다. 불교사본 연구도 이 무렵 시작된다. 빨리어 관련 사본은 1821년 덴마크의 언어학자 라스크(Rask, 1787~1832)가 실론을 방문하여 빨리어와 싱할리어 사본을 수집하면서부터 깊이 연구되었다. 그가 수집한 사본 덕분에 덴마크 코펜하겐은 유럽의 빨리어 연구 중심지가 되었다.[3] 범어사본의 연구는 뷔르누프(Burnouf, 1801~1852)에 의해 진전되었다. 그는 1837년 영국의 동양학자 브라이언 허즈슨(Brian Hodgson, 1800~1894)이 네팔 카투만두에서 보내 온 88종의 산스끄리뜨 사본을 읽기 시작하였으며, 특히 『법화경』 해독에 많은 노력을 기울였다. 그는 이 외에도 『팔천송반야경』이나 『대사(Mahāvastu)』, 『구사론주(Abhidharmakośavyākhyā)』 등 방대한 양의 경론을 연구하였다.[4] 뷔르누프는 네팔에서 온 산스끄리뜨 사본과 실론에서 온 빨리어 사본들을 서로 비교하는 원전 연구의 중요성을 항상 강조했다. 뷔르누프의 사후, 1877년 파우스뵐(Fousbøll)의 『자따까(Jātaka)』를 시작으로 많은 빨리어 원전이, 1881년 이후에는 막스 뮐러의 『금강경(Vajrachedikā)』 등 많은 산스끄리뜨 원전이 출판되었다.

19세기의 마지막 10년 동안 중앙아시아에서는 중요한 일련의 불교사본이 발견된다. 특히 코탄과 카쉬가르에서 발견된 사본들 가운데에는 쁘라끄리뜨(Prākrit)로 쓰인 『법구경(Dharmapada)』 사본도 있었다. 이와 같이 중앙아시아에서 여러 단편들이 발견됨에 따라 중앙아시아 탐험대가 조직되었다.[5] 이들 탐험대에는 후에 돈황본을 발견한 스타인(Stein, 1862~1943), 펠리오(Pelliot, 1878~1945), 일본의 오타니(大谷) 탐험대가 포함

---

3 De Jong 著, 平川彰 譯, 『仏教研究の歷史』, 東京 : 春秋社, 1975, p.21
4 De Jong 著, 平川彰 譯, 앞의 책, 1975, p.23
5 De Jong 著, 平川彰 譯, 앞의 책, 1975, p.48

된다. 이들은 산스끄리뜨, 쿠챠어, 코탄어, 소구드어, 위구르어, 티베트어, 중국어 등의 불교사본을 발견해 자국에 대량으로 가져갔으며, 이를 기반으로 연구가 본격적으로 시작되면서 동아시아 불교사본 연구의 서막이 열린다.

인도의 패엽경과 한역경전

초기 인도에서는 자연물을 그대로 활용하여 기록했으며, 그 가운데서도 식물이 많이 사용되었다. 책의 용어가 식물의 특정 부위를 가리키는 용어와 관련이 깊은 것은 이러한 맥락에서 이해할 수 있다.[6] 인도에서는 사본을 작성할 때 야자 잎과 자작나무 껍질을 주로 사용했다. 특히, 불교가 전파되었던 인도 서북부 지역의 불교경전들은 대부분 자작나무를 재료로 기록되어 있다.[7] 인도에서 중국으로 불교가 전파될 때는 이러한 식물 재료에 쓰여진 문헌이 전해진다.

불교경전이 최초로 기록된 것은 앞에서 말했듯 기원전 1세기경(B.C 29년)으로 추정된다. 불교가 발생하고도 대략 600여 년이 지난 즈음에 처음 문자로 기록된 것이다. 이는 스리랑카에서 행해졌던 '4차 상좌부 결집' 때이다. 보통 4차 결집이라고 하면 까니쉬까(127~151)왕 때 있었던 결집을 말하기 때문에 주의해서 이해할 필요가 있다. 스리랑카에서 있었던 4차 상좌부 결집은 수도 아누라다뿌라에 있는 대사大寺(Mahāvihāra)에서 실행되었다. 스리랑카 내부의 내란과 전쟁, 극심한 기근과 승가 분열로

---

6 심재관, 앞의 책, 2013, p.71. 예를 들어, 산스끄리뜨어 'parna'또는 'patra'는 일상적인 나뭇잎을 뜻하는데 동시에 책의 각각의 낱장(folio)들을 가리키기도 한다. 이외에도 본서에서는 몇 가지 예를 더 들고 있다.
7 심재관, 앞의 책, 2013, p.80

삼장의 가르침이 사라지는 것을 막기 위해 이루어진 것으로 전해진다.[8]

인도 본토에서는 기원후 100년경 까니쉬까왕의 치세 당시 간다라 지역에서 4차 결집이 이루어진다. 근년 간다라 지방에서 출토되고 있는 경전 사본으로 볼 때 당시 간다라 지방을 중심으로 대규모의 경전 편찬이 이루어졌을 것으로 추정된다. 이 사본들은 지금까지 발견된 불교사본으로는 제작연대가 가장 오래된 것으로 보인다. 이들 필사본의 연구를 통해 초기 중국 불전의 일부가 범본이 아닌 간다리어 불전에서 번역되었다는 일부 학자들의 주장도 이제 하나의 사실로서 받아들여지고 있다.[9]

중국에서는 처음에 목간에 문자를 기록하였다. 하지만, 기원후 100년 경에 채륜蔡倫이라는 환관이 종이를 발명하면서 종이 필사가 가능해진다. 불교경전은 종이가 발견될 즈음에 인도에서 중국에 전해졌으며, 한역이 시작되는 2세기경에는 점차 종이가 보급되면서 한역 경전은 종이에 서사되었다. 당시 종이는 대부분 마지麻紙이며, 거의가 두루마리 형태로 보존되었다. 상질의 경전은 비단에 서사되기도 했는데, 한 예로 471년의 발문이 있는 비단 두루마리 경전이 발견되기도 하였다.[10]

중국의 불교사본은 서역의 승려들이 중국에 가지고 온 불교문헌을 한역하면서 발생하였다. 최초의 번역승으로는 후한 때 중국에 온 안세고安世高와 지루가참支婁迦讖을 든다. 이후 401년에 중국에 온 구마라집鳩摩羅什의 번역까지를 구역이라고 하며, 645년 인도 유학 이후 귀국한 현장玄奘의 번역을 신역이라고 한다.

---

8 이필원, 「최초 경전의 성립과 기록」, 『불교경전은 어떻게 전해졌을까』, 서울 : 불광출판사, 2010, pp.50~51
9 이필원, 앞의 논문, 2010, pp.52~55 ; 심재관, 앞의 책, 2013, pp.18~21
10 후지에다 아키라 지음, 오미영 번역, 『문자의 문화사』, 서울 : 박이정, 2006, pp.115~127

중국에서는 불교문헌을 번역하기 위한 특별한 장소를 마련하였다. 구마라집이 번역할 때 역경에 전념하도록 서명각西明閣과 소요원逍遙院을 지은 것이 그 예이다. 또 번역 과정에서 각자 업무를 분담했다. 번역 조직이 가장 정비된 송대의 역경 기록을 보면, 역경을 위해서 역주譯主, 증의證義, 증문證文, 서자書字를 위한 범학승梵學僧, 필수筆受, 철문綴文, 참역參譯, 간정刊定, 윤문관 등의 직분이 있었다. '역주'의 담당자는 서역의 승려로서 범어문을 구술한다. '증의'의 담당자는 역주와 함께 범문에 대해서 의미 내용이 문제가 없는지 검토한다. '증문'의 담당자는 역주가 소리 높여 구술하는 범문에 오류가 없는지 점검한다. '서자의 범학승'은 범어문을 주의 깊게 듣고 한자로 기록한다. 다만, 이 경우는 범어를 단순히 한자로 기록하는 것으로 아직 한문은 아니다. '필수'의 담당자는 범어를 한문으로 바꾼다. 그러나 여전히 중국어 문법에 맞는 문장은 아니다. '철문'의 담당자는 문자의 순서를 중국어 문법에 따라 바꾸고 문장화한다. '참역'의 담당자는 인도와 중국의 문자를 비교 검토하여 틀림이 없는지 확인한다. '간정'의 담당자는 쓸데 없이 긴 문장을 삭제하고 어구의 의미를 확정한다. '윤문관'은 역어의 표현이 적절한지를 조사하여 필요하면 윤색한다.[11]

이렇게 번역 과정은 필수, 철문, 증의 등의 작업이 끝나야 완성되는데, 미완성본을 유포시키는 경우도 있어 완성본과는 다른 사본이 발생하게 된다. 또 『범망경』의 경우처럼 번역되자마자 제자들이 각각 필사하여 세상에 유통시켰다는 기록도 있어 번역과 동시에 다량의 사본이 발생하기도 한다. 게다가 이 과정에서 필사의 오류 등으로 또 다른 사본이 발생하리라는 것은 쉽게 짐작할 수 있다. 이렇게 중국에서는 인도나 서

---

11 船山徹, 『仏典はどう漢訳されたのか』, 東京 : 岩波書店, 2013, pp.58~60

역에서 가져온 경전을 번역하는 과정에서 다양한 사본이 발생하였다.

II. 동아시아의 주요 불교사본

중국의 돈황 사본

앞에서 언급한 것처럼 중국에는 불전의 한역과 더불어 사본이 만들어졌고 동시에 불교연구가 시작되었다. 특히, 당나라 궁정에는 사경소가 설치되어 적지 않은 양의 두루마리를 만들어냈다. 사경소에는 수십 인 또는 수백 인의 사경생이 있었고, 이들은 일류의 서예가들이라고 보아도 좋을 것이다. 이렇게 만들어진 중국의 불교사본은 각 지역에 보내졌다. 기록을 보면 그 양은 수백만 건에 달할 것으로 생각된다.[12] 다만, 현존하는 것은 많지 않다. 이것은 북송 시대인 983년에 대장경이 판각되고 보급되면서 사본이 점차 사라졌기 때문일 것이다.

중국 중앙 지역에서 만들어진 불교사본은 일본에 많이 남아 있다. 그 중에 두 가지를 소개하면, 하나는 일본의 지은원知恩院에 남아 있는『보살태처경菩薩處台經』으로, 부처가 모태 내에서 10개월간 설법하는 경전이다. 이 경전은 550년에 필사된 것으로 현재 남아 있는 경전 가운데 가장 오래된 필사본이다. 또 하나는 불교 우주론을 서술한『대루탄경大樓炭經』으로, 673년에 필사된 것으로 사경이 최고조에 달했던 시기의 경전이다. 이 두 경전은 데츠죠(徹定)가 수집한 경전이다.[13]

---

12 후지에다 아키라 지음, 오미영 번역, 앞의 책, 2006, pp.150~166
13 赤尾榮慶,「古寫經-聖なる文字の世界」,『圖錄 古寫經』, 京都 : 京都國立博物館,

경전이 아닌 문헌 가운데도 후대에 중국에는 전혀 전해지지 않은 것들이 있다. 그중에 한 예를 들면, 『대방광불화엄경양권지귀大方廣佛華嚴經兩卷旨歸』라는 문헌이 있는데, 중국 지론종 남도파의 문헌으로써 수나라 때쯤 저술되었다고 보인다. 그 사본은 유일하게 일본의 칭명사稱名寺에서 소장하고 있으며, 가나자와문고(金澤文庫)에 보관되어 있다. 그 내용은 부처의 명칭을 부르는 실천을 권유하는 것이다. 유일하게 남아 있는 이 문헌을 통해 부처의 명칭을 신앙 대상으로 했던 당시의 풍조를 이해할 수 있게 된다.[14]

중국의 중앙 지역에서 사본이 발견되는 경우는 거의 없으나, 다행히도 중국 주변부인 돈황 지역에서는 다량의 사본이 발견되어, 돈황학이라는 별도의 학문 분야를 형성하기에 이르렀다. 돈황 문헌은 1900년에 돈황시 막고굴莫高窟에서의 발견이 그 시작이다. 오랫동안 벽 속에 봉해져 있다가 도사 왕원록王圓籙에 의해 우연히 발견되었다. 이후 서양 및 일본의 탐험대와 청나라 정부가 돈황 문헌들을 조사하면서 각국으로 돈황 문헌이 흩어지게 되었다. 현재 스타인이 가져간 문헌은 대영도서관에, 펠리오가 가져간 것은 프랑스 국립도서관에, 일본의 오타니(大谷) 탐험대가 입수한 문헌은 류코쿠(龍谷)대학과 도쿄 국립박물관, 중국의 여순 박물관에 나뉘어 보관되어 있다. 그리고 청나라 정부가 조사한 것은 북경北京도서관에 보관되어 있다. 그 외에 러시아의 상크트 페텔부르크의 과학아카데미 동양학연구소, 미국의 하버드 대학 부속 포크미술관 등에도 돈황 사본이 보관되어 있다. 나아가 서투르판에서도 다량의 문서가 발굴되어 현재에는 돈황·투르판으로 병칭되기도 한다. 그 가운데

2004, p.12
14 石井公成, 『華嚴思想の硏究』, 東京 : 春秋社, 1996, pp.23~38

는 스타인에 의해 사본으로 발굴된 원효의 『기신론』 단간斷簡과 펠리오에 의해 돈황사본에서 발견된 신라 혜초의 『왕오천축국전』 잔권殘卷도 있다.

그 외에도 돈황 사본을 소장한 기관은 많지만, 대개 10점에서 100점 내외이다. 가장 많이 소장하고 있는 곳은 다케다 과학재단 교우서옥(杏雨書屋)의 돈황비급敦煌秘笈으로 약 700여 점을 소장하고 있다.[15] 돈황 문헌은 5만 점 정도가 현재 알려져 있으며 5세기부터 11세기까지의 경전 혹은 장소章疏가 있어 중국 사경의 변천에 대해서도 견문할 수 있다.

돈황 사본에는 필사 연대가 쓰여져 있지 않은 것이 많은데 이를 추정하기 위해 서체와 행수를 이용하기도 한다. 사경의 서체는 5세기에는 예서隸書풍이었는데, 7세기, 즉 수나라 무렵에 장안에서 해서체楷書體를 사용하면서 예서체는 급속도로 자취를 감추고 해서체가 정착한다. 서사 형식은 5세기에는 장행(산문으로 쓰여진 경문) 부분은 1행 17자가 정형이 된다. 6세기에는 이보다 조금 많은 1행에 22~23자 정도가 쓰여지며, 7세기에는 1행에 28자 규격이 된다. 앞에서 말했듯이 중국에서는 칙판을 비롯한 많은 판본류가 등장하면서 점차 경전 서사의 시대가 막을 내린다.[16]

돈황 문헌군의 가치는 돈황학이라는 학문 분야가 생긴 것으로도 알 수 있다. 사본과 사상의 문제를 염두에 둘 때, 사본의 가치 가운데 하나는 사상사적으로 중국 불교의 사상과 역사를 보충할 수 있는 중요한 자료군이라는 점에 있다. 한 예를 들면, 지론종 돈황 문헌들을 연구함으로써 5~6세기의 중국 불교사상의 흐름을 해명하는 길이 열리게 되었다.[17]

---

15 오치아이 토시노리(落合俊典), 앞의 논문, 2010, p.245
16 赤尾榮慶, 앞의 책, 2004, p.13
17 이에 대한 자세한 것은 금강대학교 불교문화연구소 편, 『지론사상의 형성과 변용』,

향후 돈황 불교 문헌은 미진한 중국 불교사상과 역사를 해명하는 열쇠가 될 것이다.

일본의 동대사와 성어장

일본에는 불교사본이 비교적 많이 현존하고 있다. 이는 일본에 인쇄문화의 도입이 늦어졌기 때문이다. 그렇지만 일본 에도 시대 이전의 불교사본은 한정되어 있는 편이다. 일본에서 불교사본을 소장하고 있는 곳으로 대학도서관, 공공도서관 등 공적 기관 외에 사찰이 있다. 공적 기관의 불교문헌들은 공식 절차를 통해 볼 수 있어 연구가 가능하지만, 사찰은 예외여서 특별한 절차를 통해서만 열람할 수 있다. 일본의 공적 기관 가운데 사본을 많이 소장하고 있는 곳은 정창원과 현립 가나자와(金澤)문고일 것이다. 특히, 현립 가나자와문고의 사본군은 최근에 국보로 지정되었는데, 가마쿠라 시대의 사본이 많다.

이 가운데 사본을 많이 소장하고 있는 대표적인 공적 기관인 정창원의 사본, 나라 시대에 사본 발생의 중심지였던 동대사의 사본에 대해서 간략히 소개하고자 한다.

나라 시대(710~784) 일본에서는 조직적인 사경소가 설치되어 당시까지 유입되어 있던 다량의 경론·장소를 사경하였다. 일본에 사본이 많이 남아 있는 이유는 사경소에서 일체경이라고 불리는 경전군을 20회가 훨씬 넘게 서사하였기 때문이다. 앞에서 수당에도 사경소가 있었다고 하

서울 : 씨아이알, 2010 ; 금강대학교 불교문화연구소 편, 『지론종장외문헌집성』, 서울 : 씨아이알, 2012 ; 금강대학교 불교문화연구소 편, 『지론종장외문헌집성속집』, 서울 : 씨아이알, 2013 참조.

였지만 그 구체적 기록을 찾기 어려운 반면에, 일본에는 자세한 기록이 남아 있다.

나라 시대의 사경은 주로 황후궁[皇后宮職]과 천황궁[內裏]의 후원에 의해서 이루어졌다. 서사 날짜가 740년 5월 1일이라서 '오월일일경'으로 불리는 일체경은 광명자光明子(광명황후의 이름)의 발원으로 만들어졌다. 조동대사사造東大寺司라는 사경소를 중심으로 하여, 730년에 완성된 『개원석교록開元釋敎錄』에 근거하여 약 7천 권 정도의 경전을 서사하였는데, 교감을 거친 경전군으로 이후 대장경 서사의 저본으로서 중요시되었다. 한편, '성무聖武천황발원일체경'이나 '경운일체경景雲一切經'으로 불리는 문헌은 효겸孝謙천황에 의해서 만들어졌는데, 『개원석교록』에 입장되지 않은 경전이나 중국, 신라에서 저술된 장소류까지 포함하여 서사되었다. 경운일체경은 758년(신호경운神護景雲 2) 5월 13일의 발원문이 있는데, 효겸천황이 아버지 성무천황의 명복을 기원한 일체경이다.[18] 756년 성무聖武천황이 세상을 떠나면서 사경은 중지된 것으로 보인다.

사경을 하기 위해서는 우선 사경사가 필요하여 공개 모집하였는데, 이들은 시험을 보고 선발하였다. 당시 유행하던 필체를 배워서 시험을 치렀기 때문에 서로 필체가 비슷하다. 시험으로 제출된 시문을 쓴 후 마지막에 자기 이름을 쓴 것을 보고 구별할 수 있을 정도였다. 사경의 대가가 비쌌기 때문에, 이들은 직업적 사경사라고 볼 수 있다.

나라 시대에는 이와 같은 국가적 사경 조직 외에 사원이나 개인 또는 지방에서도 서사되었으며, 이것들을 민간사경이라고 한다. 민간사경의 특징은 발원문에서 볼 수 있는데, 천황, 황후, 귀족 등이 발원한 사경

---

18 宮崎健司, 「奈良時代の写経」, 『불교학리뷰』 9, 금강대학교 불교문화연구소, 2011, pp.17~18

이 국가의 번영 및 안녕 등을 서원하는 반면에, 민간사경의 발원문은 주로 선조숭배 및 주술적 신앙이 중심이 되어 있다. 따라서 선호하는 경전군도 다르다. 예를 들어 천황 등은 호국경전인 『금광명경』을 서사하였다면, 민간사경에서는 『반야심경』, 『대지도론』 등을 서사하였다.[19]

동대사 경권은 존승원尊勝院, 동남원東南院, 계단원戒壇院, 사성방四聖坊 등의 원가에 수장되어 있는 불서로 구성되며, 근대에 이르러 이러한 경전들을 정리하여 동대사 도서관에서 소장하고 있다. 동대사 경권 가운데 최대의 장서를 보관했던 존승원 경장(성어장) 4,960권은 황실에 헌납되었으며, 동남원 경장의 대부분은 나고야의 진복사眞福寺에 소장되어 있다. 그럼에도 불구하고 현재의 동대사에는 나라 시대부터 에도 시대까지의 사본이 상당수 소장되어 있다.[20]

또한 동대사에는 일본의 교리문답서인 논의論義가 산더미처럼 쌓여 있다고 할 정도로 많다. 이러한 사본군은 일본불교의 교리학습 과정뿐 아니라, 그들이 수학했던 중국과 신라 불교사상을 연구하는 데도 필수적이지만, 아직도 연구가 미진하다. 그중 한 예를 들면, '이이원융理理圓融'이라는 논의가 있다. 이이원융은 이이상즉理理相卽을 주장한 신라 의상의 사상과도 밀접하다. 내용을 보면 이이원융이 지엄에 의해 출발한다고 되어 있지만, 인용된 문헌은 의상의 『법계도』이다.[21] 이런 점에서 교리문답서는 동아시아 불교의 관점에서 충분한 연구 가치가 있다.

한편 앞에서 말했듯이 성어장 경권은 나라 시대에 동대사에 입장된

---

19 宮崎健司, 앞의 논문, 2011, pp.27~28
20 橫内裕人, 「日本における聖敎の傳來と保存」, 『불교학리뷰』 9, 금강대학교 불교문화연구소, 2011, pp.47~76
21 金天鶴, 「東大寺寫本,理理円融について」, 『印度學佛敎學硏究』 57(2), 印度學佛敎學硏究會, 2009, pp.615~621

경권을 중심으로 존승원(尊勝院)이 없어지는 무로마치 시대 말기까지 수집된 사본 및 판본 불교경전의 총칭이다. 현재 성어장에는 위에서 언급했던 국가사업의 일체경인 오월일일경, 경운일체경뿐 아니라 수나라 경전, 당나라 경전 및 시기를 알 수 없는 경전군들을 모아 갑종사경, 을종사경으로 분류하고 있다. 갑종사경에는 나라 말기부터 헤이안 초기의 경권도 포함되어 있으며, 수나라 혹은 당나라 경전으로 생각되는 경전, 신라로부터 수입된 것으로 추정되는 경전도 존재하기 때문에 신라불교 연구자들이 주목해야 할 사본군이다. 이들 사경은 1922년부터 1937년까지 도쿄에 옮겨져서 대정신수대장경의 교정에도 사용됐다. 그리고 2010년부터는 마루젠(丸善) 주식회사가 디지털 화상을 담아 시디와 디비디로 간행하여 현재는 많은 성어장 사본들을 도서관에서 구입하기만 하면 쉽게 열람할 수 있다.[22]

그렇다면 동대사와 성어장 경권은 어떤 가치가 있을까. 이들 문헌 가운데서 고문헌은 오래되었다는 가치 외에 문헌의 고층을 형성한다는 데서 특히 중요한 가치가 있다. 일본에서는 고려대장경의 가치를 인정하여 에도 시대 이후 대장경 간행의 모범으로 삼았다. 그런데, 고사경이 발견되면서부터 이러한 인식에 약간의 변화가 생겼다. 그것은 일본의 고사경은 장안불교 당대의 텍스트를 반영한 사본군이며 돈황본과 가깝고, 고려대장경의 계통은 송대의 칙판 이후 변화된 텍스트의 양상을 보여주기 때문이다.[23] 한 예로써, 『속고승전』에는 인물 및 내용의 증광이 보이는데, 일본의 고사경과 송판 및 고려대장경 간본의 『속고승전』 계통

---

22 飯田剛彦, 「正倉院·聖語藏經卷について」, 『불교학리뷰』 9, 2011, 금강대학교 불교문화연구소, pp.90~92. 한국에서는 금강대학교 불교문화연구소에 일부가 구입되어 있다.
23 오치아이 토시노리(落合俊典), 앞의 논문, 2010, p.254

의 내용이 다르다. 전자가 초기 『속고승전』이고, 후자가 증광된 『속고승전』에 속하며, 이를 통하여 당시 사상적 변화를 읽을 수 있다.[24]

동대사와 관련해서 동대사 화엄승이었던 담예湛睿(1271~1347)를 통해 전승된 가마쿠라 시대의 사본군에 대해서 간략히 소개한다. 가나자와문고의 칭명사稱名寺 사본 가운데는 담예가 필사한 것, 또는 스스로 애용했던 사본이 질과 양에서 가장 많은데,[25] 가나자와문고 홈페이지의 소개에 따르면 전체적으로는 1만 6,692점이 국보로 지정되었다. 가나자와문고에는 가마쿠라 시대 전후에 필사된 신라와 고려의 중요한 사본들이 다수 보관되어 있다.

신라의 사본

중국으로부터 불교가 고구려, 백제, 신라로 차례차례 전래될 때, 대개는 경전, 불상 등이 함께 전래됐다. 이때 전래된 경전은 사본이다. 이러한 사본은 중국 승의 왕래로 생기거나, 유학승이 귀국 시에 가져오기도 한다. 예를 들어, 중국 승려 담시曇始는 396년 경률 수십부를 가지고 와서 요동에서 전법하였다. 백제의 성왕 때 겸익은 526년 인도에서 아비담과 오부율을 가지고 귀국하였으며, 담욱曇旭, 혜인惠仁 등과 함께 이에 대한 주석서 36권을 저술한다. 또한 백제 성왕은 538년 일본에 불상과 불경 등을 전한다. 제일 늦게 불교를 공인한 신라에는 565년에 유학

---

24 구체적으로는 池麗梅,「興聖寺一切經本『續高僧傳』―刊本大藏經本と日本古寫經本との交差―」,『日本古写経善本叢刊 第8集 : 續高僧傳』, 国際仏教学大学院大学文科省戦略プロジェクト実行委員会, 2014 참조.
25 金澤文庫,『學僧湛睿の軌跡』, 金澤文庫, 2007, pp.33~39

승 명관明觀을 통해 진나라에서 1,700여 권의 경론이 전래된다.[26] 576년에『능가경』및『승만경』이 전래되며,[27] 자장이 귀국하면서 400여 상자의 불서를 가지고 온다. 이는 4천 수백 권에 이르는 방대한 분량이다.[28]『해동고승전』에는 인도 승려가 신라에 와서 경전을 번역한 사례도 있다. 즉 안함安숨이 서역 삼장과 중국 승려와 함께 신라에 돌아와서,『전단향화성광묘녀경栴檀香火星光妙女經』을 번역하고 담화曇和가 필수筆授를 맡았다. 이런 인적 교류나 수입된 경론의 양을 볼 때 당시 신라에서는 이미 사본을 통해 교학을 연찬할 수 있는 충분한 준비가 되었다고 볼 수 있다.

통일신라시대에 들어오면 692년경에 법장이 의상에게 편지와 함께 자신의 저술을 보낸다. 이른바 '기해동서寄海東書'로, 이때 법장의 저술을 필사해서 가지고 온 것이다. 이로부터 신라에서는 법장 화엄에 대한 연구가 본격적으로 시작될 수 있었다. 그 외에『삼국유사』에 따르면, 799년에 징관의 소와 함께 경전이 전래되는 것을 알 수 있으며, 851년에는 원홍元弘이 견당사로 다녀오면서 경전 축을 가지고 왔다.[29]

이러한 기록 외에도 불교문헌이 사본으로 전래되는 예는 신라시대 승려의 저술에 인용되는 문헌으로 충분히 알 수 있다. 예를 들어, 원효를 비롯하여 의적, 경흥 등 신라 승려의 저술에는 수나라 혜원(523~592)의 저술이 다수 인용되지만, 기록으로서는 언제 들어왔는지 알 수 없다. 반대로 원효의 저술은 이미 당나라 법장(643~712)이 충분히 활용하고 있

---

26 국사편찬위원회 편,『신앙과 사상으로 본 불교 전통의 흐름』, 서울 : 두산동아, 2007, p.40
27 신종원,『신라 최초의 고승들』, 서울 : 민족사, 1998, p.122
28 신종원, 앞의 책, 1998, pp.179~180
29 『삼국유사』권3,「탑상」4, 前後所將舍利

다. 이것 또한 어떤 경로를 통해 당나라로 전래되었는지 알 수 없다. 따라서, 『고승전』, 『삼국유사』, 『삼국사기』 등 역사서나 승사 등의 기록만으로 당시의 교류를 가늠하는 것은 충분한 이해 방법이 아니다. 신라시대의 많은 승려들이 저술을 남겼고, 저술을 남기기 위해서는 다양한 종류의 경전 혹은 논서, 장소 등을 보아야 한다. 그런 불교문헌이 인용되는 것은 신라와 당 사이의 빈번한 문헌 교류와 유통이 있었기 때문에 가능한 것이다.

하지만, 현재 국내에서 알려진 통일신라 사본은 많지 않다. 우선, 리움미술관에서 보관하고 754년 필사 기록이 있는 황룡사 연기緣起법사가 754년에 발원하여 755년에 서사를 마친 80권 『화엄경』(국보 196호)이 있다. 이것은 1행에 34자로 쓰여 있는 세자 형태의 사경이다. 신라의 화엄학이 새로운 발돋움을 하는 시기에 맞춰 『화엄경』 연구의 중심이 60화엄에서 80화엄으로 옮겨진 것을 상징하는 것이라고 해석할 수도 있다. 특히, 80권 『화엄경』에는 사경 제작 당시의 기록이 이두문으로 기록되어 있으며, 다양한 측천무후자則天武后字를 사용하고 있어 측천무후자 연구에도 도움이 된다.[30] 그 외에 호림湖林박물관 소장의 『금광명경』, 경주 기림사祇林寺 소장의 『도행반야바라밀경道行般若波羅蜜經』과 구례 화엄사華嚴寺 소장의 『무구정광다라니경無垢淨光陀羅尼經』 묵서墨書 단간 등을 들 수 있다. 한편, 중국에도 신라 사본이 전해져서 법장法藏, 종밀宗密, 연수延壽 등이 활용하지만, 전해진 사본은 남아 있지 않다. 반면에 일본에는 신라시대 사본이 다수 존재한다. 이에 대해서는 다음 장에서 구체적으로 서술한다.

---

30 정재영, 「신라 사경에 대한 연구」, 『구결연구』 33, 구결학회, 2014, pp.101~103 ; 장충식, 『한국사경연구』, 서울 : 동국대학교출판부, 2007, pp.17~41

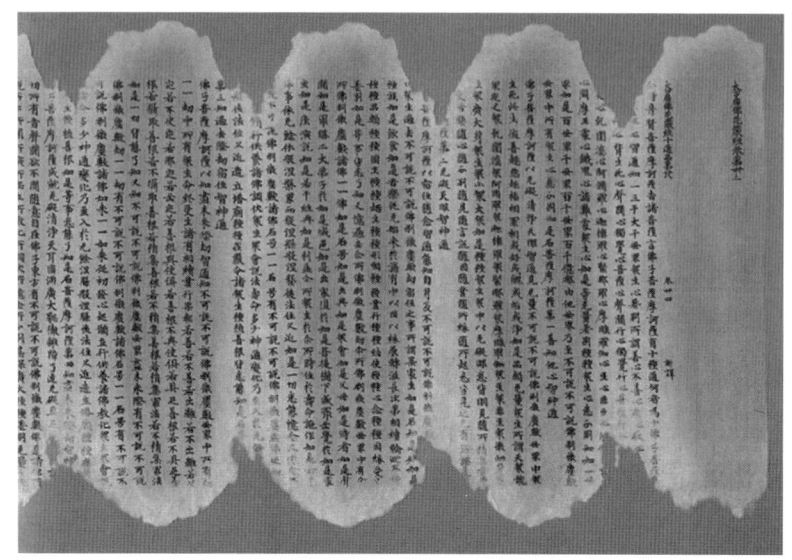

신라 백지묵서 『화엄경』 (리움미술관 제공)

III. 통일신라와 고려시대 불서 유통

신라 사본의 일본 전래

아쉽게도 불교가 꽃을 피웠던 신라시대의 문헌은 우리나라에 거의 남아 있지 않다. 우리나라는 고려시대에 중국의 영향으로 간본의 시대가 시작되었고 사본들이 많이 사라졌다. 조선시대에 들어와서는 간본이 정착되고 불교문헌은 간본으로 유통되는 경우가 많아졌다. 우리나라의 불교사본 문헌은 일본에 상당수 남아 있다. 이것은 일본이 상대적으로 간본의 시대가 늦기 때문이기도 하지만, 조정이나 사찰에서 조직적으로 다량의 불교문헌을 필사했기 때문이다. 그 안에는 다행히 일실된 우리나라 문헌들이 많이 남아 있다.

앞에서 말했듯이 일본에서 조직적인 사경이 시작된 것은 8세기 중반부터였는데, 서사할 경전들이 이미 일본에 수입되어 있었기에 가능하였다. 이 시기에는 중국뿐 아니라 신라에서도 불교문헌이 입수되었다. 이러한 사정은 현재 정창원 문서(대일본고문서)를 통해 확인할 수 있는데, 그 가운데 신라 불교문헌의 대부분은 원측, 의상, 원효, 의적, 경흥 등의 문헌이지만, 혜균 같은 백제 출신 승려의 문헌도 유통되었다. 또 표원表員, 현륭玄隆, 원홍圓弘 등 신라불교의 문헌 기록에서는 전혀 찾을 수 없는 승려의 이름도 다수 있다. 신라 사본은 배를 통해서 일본에 전해졌지만 구체적인 전래 경위는 알 수 없다.

그 가운데 특히, 「심상사경록審祥師經錄」은 신라에서 일본으로 전해진 경권을 알 수 있는 중요한 자료이다. 일본에서 신라로 유학한 혹은 신라 출신 승려인 심상이 전래한 전적 가운데는 신라 소재의 경론뿐 아니라 중국 찬술 문헌, 신라 찬술 문헌이 다수 포함되어 있다. 이 가운데 신라 찬술 불교문헌은 다음과 같이 정리할 수 있다.[31]

---

31 山下有美,「東大寺華嚴宗と六宗」,『正倉院文書研究』8, 正倉院文書研究会, 2002의 부록 審詳所藏經一覽을 참조하여 재구성하였음. 그 외 福士慈稔,『新羅元曉研究』, 東京:大東出版社, 2004, pp.135~137 ; 堀池春峰,「華嚴経講説より見た良弁と審詳」,『南都仏教』31, 南都佛敎研究會, 1973, 부록 大安寺審詳師經錄 참조.

〈표 1〉「심상사경록審祥師經錄」 가운데 신라 찬술 불교문헌

찬술자	저술명
원측圓測	인명입정리문론기/관소연연론소/유식론소/육십이견의/반야심경소
현범玄範	인명입정리문론초/잡집론소/섭대승론/섭대승론초기
대행大行	기신론소
원효元曉	광백론촬요/구경일승보성론료간/금강삼매경론소/금강반야론 금고경소/기신론별기/기신론사기/기신론소/능가경소/능가경종요 대승관행문/대혜도경종요/반주삼매경약소/부증불감경소/불성론소 법화경요략/법화약술/보살지범요기/삼론현의/삼론현의/섭대승론초기 세친섭론소/승만경의소/양섭론초/열반경종요/육현관의/이장장 일도의/잡집론소/중관론종요/중변분별론소/초장관문/판비량론 화엄경소/화쟁론/본업경영락경소
의적義寂	대반야경강요/열반경소/열반경강목/양권무량수경소/법화경론술기 이취경소/마명생론소
현일玄一	양권무량수경소/유식론추요사기
승장勝莊	문답
자장慈藏	대방등여래장사기
원홍圓弘	법화론자주
의상義相	화엄일승법계도
도증道證	유식요집

〈표 1〉과 같이 심상이 전한 불교전적 가운데 신라 찬술 불교문헌은 11인 60여 종이 포함되어 있다.「심상사경록」은 특히 원효의 저술이 대부분을 차지한다. 이로 볼 때 심상이 원효의 문하에서 공부했던 것으로 추정할 수 있으며, 그가 일본으로 와서 원효의 저술을 상당수 전함으로써, 일본에서의 원효 평가가 중국의 법장, 규기와 비견될 만한 수준에 달하게 되었다.

「심상사경록」에 포함된 문헌 가운데 신라시대의 사본으로 확실하게 실물이 확인되는 것은 원효의『판비량론』이다. 이『판비량론』은 일부가 현재 일본 대곡大谷대학에 소장되어 있다. 여기에는 일본 성무聖武천황의 부인인 광명光明황후의「내가사인內家私印」이라는 장서인이 있어 나

라 시대 사경으로서 일본 중요문화재로 지정되어 있다. 이 사본은 백지에 초서체로 서사된 점, 서풍으로 볼 때 신라 사경으로 추정되며, 각필에 의한 이두문의 존재가 확인됨으로써 신라에서 전래된 문헌일 가능성이 지적되었다.[32]

대곡대학 소장본 『판비량론』은 실제로는 광명황후 어머니의 장서로서 전승된 것인데, 아버지 후지하라 후히토(藤原不比等, 659~720)가 신라와의 교류에 적극적인 인물이었으므로 그를 통해 전래된 신라 사경일 가능성도 있다.[33] 신라 문헌은 「심상사경록」뿐 아니라 상당히 많은 양이 전래되었음을 정창원 문서를 통해서 확인할 수 있다. 정창원 문서를 보면 「한수漢(당唐)手」, 「신라수新羅手」, 「백제수百濟手」라는 주기가 있는 경전이 보인다. 각각의 경전에는 서지적 특징이 있는데, 예를 들어 「신라수」, 「백제수」라고 되어 있는 경전군은 백지白紙에 축은 칠축漆軸의 경우가 많다. 이러한 경전들은 신라 혹은 백제에서 서사되어 전래된 경전일 가능성이 있고,[34] 『판비량론』도 이와 유사한 예에 속하는 것이다.

그 외에 「심상사경록」에 있는 문헌 가운데는 의적의 『법화경론술기』와 원홍의 『법화경론자주』가 현재 정창원 성어장 갑종사본에 전해져 온다. 앞에서 언급했듯이 갑종사본은 나라 시대의 사본뿐 아니라 신라 사본도 포함되어 있다고 추정하는데, 이 두 문헌이 심상 당시 것인지는 알 수 없지만, 적어도 「심상사경록」을 통해서 필사되었다는 점에서 금후 면밀한 조사가 필요하다.

---

32 小林芳規, 「大谷大学蔵新出角筆文献について-特に『判比量論』に書き入れられた新羅の文字と記号-」, 『書香』19, 大谷大学図書館報, 2002 참조.
33 宮崎健司, 앞의 논문, 2011, p.38 ; 김성철, 『원효의 판비량론 기초연구』, 서울 : 지식산업사, 2003, pp.29~33
34 宮崎健司, 앞의 논문, 2011, pp.36~38

의적 『법화경론술기』

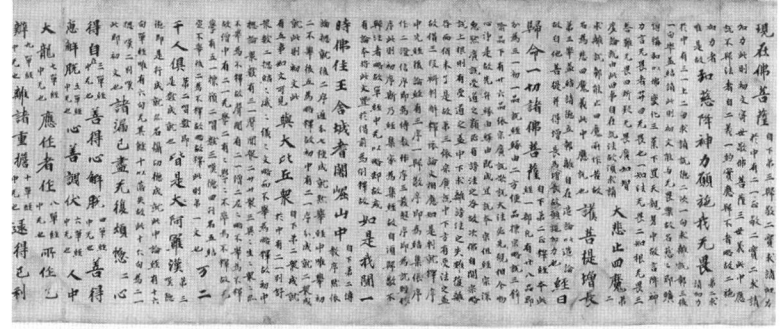

丸善DVD (No.1986 第81號)

원홍 『법화경론자주』

丸善DVD (No.1987 第82號)

    신라 불교문헌이 심상을 통해서만 전래된 것은 아니다. 이후에도 일본의 사경 사업의 진전에 따라 많은 필사기록이 있는데, 이는 정창원 소장 고문서 기록에 있다. 이 기록은 『일본고문서』로 간행되었지만, 현재는 도쿄대학교 사료편찬소 웹사이트(http://wwwap.hi.u-tokyo.ac.jp/ships/shipscontroller)에서 검색이 가능하고, 정창원 문서 데이터베이스 웹사이트

(http://somoda.media.osaka-cu.ac.jp/)에서도 검색이 가능하다.

한편, 중국 불교문헌이 신라를 통해서 일본으로 전래된 실례도 있다. 이른바 신라촌락문서로 알려진 문서 뒤에 서사된 영변의『화엄경론』표지가 정창원에 남아 있는데, 이를 통해서 신라에서 언젠가『화엄경론』이 서사되었고, 이후 이『화엄경론』이 경질에 싸여 일본으로 건너갔음을 알 수 있다.[35] 신라에서는 신라 찬술 문헌, 중국 찬술 문헌이 필사되어 일본으로 전래되었을 뿐 아니라, 경전도 필사되어 전래되었다. 그 한 예가 동대사와 성어장에 있는 절약본 80권『화엄경』이다. 두 본은『화엄경』을 축약한 형태로 서사한 것으로써, 성어장본은 72권부터 80권이 한 축에 있고, 동대사본은 12권부터 20권까지가 한 축에 있다. 우선 정창원본『화엄경』에 대해서는 그 형태 연구를 통해 신라 사경일 가능성이 높다는 것이 제기되었으며, 동대사 사본은 현재도 조사연구가 계속되는데, 특히 신라 각필 부호가 발견됨으로써 신라시대 사경일 가능성이 더욱 높아졌다.[36]

헤이안 시대에도 일정의 루트를 통해 백제 문헌과 신라 문헌이 유통되었던 것으로 확인된다. 예를 들어, 백제 의영義榮이나 신라 견등見等, 진숭珍崇 등의 문헌은 헤이안 시대에 비로소 확인되는데, 이들은 공통적으로

---

35 윤선태,「정창원 소장 신라촌락문서의 작성연대-일본의『화엄경론』유통상황을 중심으로」,『震旦學報』80, 진단학회, 1995, pp.1~31

36 정재영, 앞의 논문, 2014, pp.101~103 ; 山本吉信,「日本における新羅寫經の發見と古代日本·朝鮮寫經」,『書誌學報』39, 한국서지학회, 2012, pp.45~59 ; 김성주,「正倉院『花嚴經』권제72~80의 節略 양상과 특징」,『書誌學研究』55, 서지학회, 2013, pp.337~370 ; 신회정(우석),「쇼소인 성어장(正倉院 聖語藏)본『화엄경』권제72~80의 節略樣相과 思想的 특징의 일고찰」,『불교학보』72, 동국대 불교문화연구원, 2015, pp.63~88 ; 남풍현,「東大寺 所藏 新羅華嚴經寫經과 그 釋讀口訣에 대하여」,『口訣研究』30, 구결학회, 2013, pp.53~57

우리나라 불교문헌에서는 이름을 찾을 수 없다. 의영의 저술은 헤이안 시대 최징最澄이 활용하며, 진숭의 저술도 헤이안 시대 화엄종의 사기류에서 인용되고, 견등의 문헌은 가마쿠라 초기부터 일본에 영향을 미친다.

이와 같이 불교가 융성했던 신라시대에는 불교경전과 중국 찬술 불교문헌, 신라 찬술 불교문헌이 나라 시대부터 헤이안 시대까지 일본에 전래되면서, 일본의 각 종파의 교학전통을 풍부히 하는 데 중요한 역할을 하였다. 한편, 당시에 전래되었던 신라 불교문헌들은 일본에서 계속 전사되면서 사본으로 남아 있거나 간본으로 전해진다. 예를 들어 가마쿠라 시대의 담예는 중국의 화엄교학에 몰두했는데, 당시 화엄교학 연구에 필수적인 참고서였던 고려 의천의 『원종문류』를 필사하여 연구한다. 그리고 그가 소지한 화엄 전적 가운데는 의상의 『화엄일승법계도』, 원효의 『대승기신론별기』, 원홍의 『법화경론자주』 등 신라와 고려의 문헌도 상당수 사본으로 남아 있다.[37]

이와 같이 신라의 사본은 일본에 전래되어 이후에도 필사되면서 전승되고 일본의 종파 및 불교 연구 융성에 중요한 역할을 한다. 한편, 『한국불교전서』에 수록된 신라 불교문헌의 90% 정도가 일본에 소재한다는 점에서, 신라 불교문헌이 일본에 전해지지 않았다면 현재 우리는 신라 불교문헌의 사본 대부분을 볼 수 없었다는 사실도 잊어서는 안될 것이다. 일본에는 신라의 한 문헌에 대해서 여러 종류의 사본 및 간본이 남아 있다. 이러한 사본 및 간본들은 상호 대조를 통해서 가장 원본에 적합한 것을 만드는 데 도움을 주기도 한다.

---

37 金澤文庫, 앞의 책, 2007, pp.33~39

의천과 송·요의 불서 유통

송대의 10세기 말에는 그동안 필사 혹은 금석문에 의해 전해지던 대장경이 목판으로 조성된다. 이렇게 목판본 대장경이 등장하는 배경에는 인쇄술이 있었으며, 판경의 등장에 의해 더 많은 사람들이 경전을 접할 수 있게 되었다. 이후 목판인쇄술은 사본을 대신하여 광범위하게 유통된다.

송나라의 인쇄 중심지는 사천 지방(蜀)이었다. 그래서 북송 태조의 칙에 의해 971년부터 촉에서 경론의 판각이 시작되어 983년 인쇄되었다. 이것을 촉판대장경이라고 하는데, 989년 처음 고려에 수입되었다. 고려에서는 촉판대장경을 기초로 하여 1011년(현종 2)부터 대장경 판각이 시작된다. 이것이 초조대장경이다. 고려시대의 대장경은 두 번에 걸쳐 만들어진다. 현재 해인사에 남아 있는 것은 첫 번째 대장경인 초조대장경이 몽고의 침략으로 1232년 소실된 뒤 1236년부터 16년간에 걸쳐 판각한 두 번째 대장경으로 재조대장경으로 불린다.

고려시대에 대장경의 판각이 국가적 사업이 되면서 사본의 시대로부터 판각의 시대로 접어든다. 그러나 사본의 조성이 아주 없어진 것은 아니다. 경전의 공부를 위해 필사되었던 경전은 사경 본래의 의미보다는 공덕을 중시하게 된다. 후에는 금은 등으로 필사되거나, 권의 첫머리에 그림이 그려지는 등 화려한 장식경으로 변화한다. 고려 제3대 왕인 정종은 946년(정종 원)에 발원하여 은자장경을 사경하였고, 제4대 광종 역시 『대반야바라밀다경』 1부를 사경하게 하였다.[38] 고려 초부터 이미 금

---

38 장충식, 앞의 책, 2007, pp.45~47

은자 대장경 사업이 시작되었던 것이다.

현존하는 고려 사경 가운데 가장 오래된 것은 1006년(목종穆宗 9)에 필사한 금자『대보적경』으로, 49부의 대승경전을 집성하여 구성한 본 경전의 사경은 초조대장경 이전의 사본대장경이며, 목종의 모후인 천추태후千秋太后의 외척이었던 김치양金致陽의 발원으로 필사한 왕실 발원의 경전이다.[39] 이후 원간섭기에 이르러 경전이 왕성하게 사경되었다.[40]

초조대장경이 판각된 후 재조대장경이 판각되는 사이에 주목해야 할 것이 대각국사 의천義天(1055~1101)의 불서 조성이다. 의천은 고려 제11대 왕 문종의 4남으로 11세에 출가하여 13세에 승단을 통솔하는 승통僧統의 지위에 오른다. 의천은 이전부터 송에 유학하고자 했는데, 당시 송의 대표적인 화엄승이며 중국의 화엄학을 부흥시킨 정원淨源을 만나기 위해서였다. 그러나 송에 유학하고자 했던 의천의 기대는 허락되지 않았다. 그럼에도 불구하고 의천은 송에 건너가 14개월 동안 각 종파의 승려들과 대담하였고, 3천여 권의 불서를 들고 귀국하였다. 귀국 후에도 의천은 송과 요, 일본으로부터 불교전적 4천여 권을 수집하고 고려에서 유통되던 불서를 수집하였다.

의천은 19세부터 불교문헌을 구하기 시작했으며, 이렇게 수집한 불서를 간행하기 위해서 36세에 먼저 목록을 완성하였다. 그것이『신편제종교장총록』 3권으로 고려 최초의 불교장소목록이다.[41] 대장경이 경전과 논서를 중심으로 판각된 반면에 이『신편제종교장총록』은 그 주석서를 중심으로 목록화하였다. 의천은 이렇게 각종의 문헌을 수집하는 한

---

39 장충식, 앞의 책, 2007, pp.54~59
40 권희경,『고려의 사경』, 대구 : 글고운, 2006, pp.47~57
41 박용진,『의천-그의 생애와 사상』, 서울 : 혜안, 2011, p.166

편 그 외 불교 관련 자료를 수집하고 분류하였다. 의천이 불서를 수집하여 목록을 만든 것은 그것을 저본으로 하여 판각하기 위해서였다. 아쉽게도 이 불서 목록은 의천이 일찍 세상을 떠남으로써 전부 간행되지는 못하였다.

그가 18년간 모은 불교문헌에는 어떤 사본들이 존재했을까? 의천의 『신편제종교장총록』의 내제內題는 「해동유본현행록海東有本見行錄」으로, 해동, 즉 고려에 실재하는 목록만을 수록하였다. 목록은 『화엄경』, 『열반경』, 『법화경』 등의 경전과 『대승기신론』, 『석마하연론』, 『법화경론』 등의 논서와 그것들에 대한 한국과 중국 및 요나라의 주석서로 구성되었다. 이 가운데에서 우리나라 승려들의 문헌만을 추출하여 본다면 아래의 〈표 2〉와 같다. (현존) 또는 (일부현존)이라고 표시한 것 외에는 일실되어 현재는 볼 수 없는 사본들이다.

〈표 2〉 『신편제종교장총록』 3권 가운데 존재하는 한국 불교문헌 사본

주석 대상 경전	인물 번호	주석자	주석서
화엄경	1	원효元曉	소10권(본래 8권. 제5권을 두 권으로 하고, 종요宗要를 합해 10권으로 만듦) (제3권 일부 현존) 일도장一道章 1권/대승관행 1권
	2	태현太賢	고적기古迹記(혹 5권)
	3	의상義想	십문간법관十門看法觀 1권 입법계품초기入法界品鈔記 1권
	4	지통智通	요의문답要義問答 2권(승전에 추혈문답錐穴問答) (법장 『화엄경문답』으로 오인되어 현존)
	5	도신道身	일승문답一乘問答 2권(승전에 도신장道身章)
	6	의융義融*	석명장釋名章 1권
	7	연기緣起	개종결의開宗決疑 30권/요결要決 12권(혹 6권)/진류환원락도眞流還源樂圖 1권
	8	범여梵如*	요결要決 6권(혹 3권)
	9	최치원崔致遠	현수전賢首傳 1권 부석존자전浮石尊者傳 1권
	10	명효明晶	해인삼매론 1권(현존)
	11	가귀可歸	의강義綱 1권

주석 대상 경전	인물 번호	주석자	주석서
열반경	1	원효	종요 2권(혹 1권)
	2	태현	고적기 8권(혹 4권)
	12	경흥憬興	소 14권(혹 7권)
	13	의적義寂	강목綱目 2권(혹 1권)
	14	현범玄範*	초초鈔 2권
	15	현일玄一	요간料簡 1권
법화경	1	원효	종요 1권(현존)/방편품료간 1권
	2	태현	고적기 4권
	12	경흥	소 16권(혹 8권)
	13	의적	강목 1권
	14	현범	소 7권
	15	현일	소 8권
	16	도륜道倫	소 3권
	17	순경順憬	요간 1권
능가경	1	원효	소疏 7권/종요 1권
	18	혜경慧鏡	약기略記 3권
유마경	1	원효	종요 1권
	16	둔륜遁倫 (=도륜)	요간 1권
금광명경	1	원효	소 8권
	2	태현	술기述記 4권/요간 1권
	12	경흥	술찬述贊 7권/약의略意 1권
	16	둔륜	약기 1권
인왕경	2	태현	고적기 1권
	14	현범	소 4권
금강반야경	1	원효	소 3권
	2	태현	고적기 1권 고적기 1권(당나라 신역에 대한 해설)
반야이취분경 般若理趣分經	2	태현	주注 2권
	13	의적	유찬幽贊 1권
	19	도증道證	소 1권
	20	신웅神雄*	소 1권
반야심경	1	원효	소 1권
	2	태현	고적기 1권
	21	원측圓測	소 1권
금강삼매경	1	원효	논 6권(혹 3권 승전에서 말하길 소 5권을 지었으나 후에 역경 삼장이 론이라고 바꿨다)(현존)

주석 대상 경전	인물 번호	주석자	주석서
승만경	1	원효	소 2권
	16	둔륜	소 2권
부증불감경 不增不減經	1	원효	소 1권
반주삼매경 般舟三昧經	1	원효	소 1권
해심밀경	1	원효	소 3권
	21	원측	소 7권(현존)
관무량수경	2	태현	고적기 1권
	13	의적	강요
대무량수경	1	원효	소 1권
	2	태현	고적기 1권
소아미타경	1	원효	소 1권
	2	태현	고적기 1권
	3	의상	의기 1권
	15	현일	소 1권
	16	둔륜	소 1권
칭찬정토경 稱讚淨土經	2	태현	고적기 1권(부록:정토 총료간)
미륵상생경	1	원효	종요 1권(현존)
	2	태현	고적기 1권
	13	의적	료간 1권
미륵하생경	2	태현	고적기 1권
미륵성불경	2	태현	고적기 1권
미륵경	12	경흥	미륵경술찬 3권/축의술문逐義述文 4권
약사경	2	태현	고적기 1권(현존)
	12	경흥	소 1권
	16	둔륜	소 1권
	20	신웅	집이초 1권
방광경 方廣經	1	원효	소 1권
영락본업경 瓔珞本業經	1	원효	소 3권(일부 현존)
범망경	1	원효	지범요기 1권(부록: 십중계서)(현존)
	2	태현	종요1권(현존)/고적기 2권(현존)
	13	의적	소 2권(일부 현존)
	22	승장勝莊	술기 3권(현존)

주석 대상 경전	인물 번호	주석자	주석서
사분율	12	경흥	갈마기 1권
	23	자장慈藏	갈마사기羯磨私記 1권
십송률 十誦律	23	자장	목차기木叉紀 1권
대승기신론	1	원효	소 2권(현존)/별기 1권(현존)/료간 1권 종요 1권/대기大記 1권
	2	태현	고적기 1권(현존)
	7	연기	주망珠網 3권(혹 4권)/사변취묘捨繁取妙 1권
	12	경흥	문답 1권
	18	혜경	기 3권
성유식론	1	원효	종요 1권
	2	태현	고적기10권(현존)/결택決擇 1권
	12	경흥	폄량貶量 25권
	16	둔륜	요결 2권
	19	도증	강요 13권
	20	신웅	요집약술要集略述 10권/광술 6권
	21	원측	소 20권(혹 10권)/ 별장 3권
백법론	13	의적	총술總述 3권/주 1권
	20	원측	소 1권
인명론	1	원효	판비량론判比量論 1권(일부 현존)
	2	태현	고적기 1권
정리문론 正理門論	2	태현	고적기 1권
유가론	2	태현	고적기 4권
	12	경흥	소 10권
	15	현일	소 17권
	16	둔륜	소 24권(현존)
현양론	2	태현	고적기 2권(혹 1권)
오온론	2	태현	고적기 1권
섭대승론	1	원효	세친석론약기世親釋論略記 4권
	2	태현	무성섭론고적기無性釋論古迹記 1권
잡집론	2	태현	고적기 4권
	14	현범	소 16권
중변론	1	원효	소 4권(일부 현존)
	2	태현	고적기 1권
	15	현일	료간 1권
관소연론 觀所緣論	2	태현	고적기 1권

주석 대상 경전	인물 번호	주석자	주석서
유식이십론	2	태현	고적기 1권
성업론成業論	2	태현	고적기 1권
장진론掌珍論	1	원효	종요 1권
	2	태현	고적기 1권
광백론	1	원효	종요 1권
	2	태현	고적기 1권
삼론	1	원효	종요 1권(中百門이 이것이다)
법화경론	20	신웅	집해초集解鈔 2권
구사론	12	경흥	초鈔 3권
법원의림 法苑義林	24	오진悟眞	집현초集玄鈔 3권
	1	원효	이제장二諦章 1권/조복아심론調伏我心論 1권/안신사심론 安身事心論 1권/구도비유론求道譬喩論 1권/초장 1권
	2	태현	광석본모송廣釋本母頌 3권 대승일미장 1권
	16	둔륜	잡기 9권
	25	제관	천태사교의 1권

* 표시는 신라 승려로 추정되는 경우임.

 이상으로 〈표 2〉와 같이 『신편제종교장총록』에 의거하여 당시 고려에 존재했던 우리나라 승려 25인의 사본 현황을 조사하였다. 이를 통해 신라 승려의 저술 150여 종이 사본으로 존재하였고, 그 가운데 현존하는 것은 극히 일부임을 알 수 있다. 비록 현존하지 않지만, 사본 목록을 통해 신라의 불교연구 분위기가 뜨거웠음을 충분히 짐작할 수 있다. 또한 불교문헌을 후대까지 전승시키고자 했던 의천의 열의도 고려 불교가 당시 동아시아 불교에서 주목을 받을 수 있었던 원인이 되었다.

 의천은 불교문헌을 수집했을 뿐 아니라, 송이나 일본에 보내기도 하였다. 의천이 보낸 문헌들 가운데는 사본과 간본이 섞여 있는 듯하다. 송에 보낸 문헌들 가운데는 사본이 다수를 차지하는 것으로 추정되는 반면, 일본에는 간본이 다수를 차지하는 듯하다. 일본에 전해진 『원종문류』 등의 문헌은 간본이었으나 나중에 필사되어 전승되기도 한다. 이렇게 고려에서 판본으로 일본에 전해진 것을 공부하기 위해 필사한 것도 있는 반면, 처음부터 필사본으로 전해진 것도 있다. 예를 들어 고려 의천을 통해서 전해진 요나라 승려 선연鮮演의『담현결택』은 의천의 목록에는 없는 것인데 가나자와문고에 필사본이 존재하고 있어 처음부터 필사본이 전해졌다고 추정할 수 있다.

의천의 불서 교류에 의해 송에서는 정원淨源 등에 의한 송대 화엄의 부흥이 가능하였다. 뿐만 아니라, 의천이 간행한 문헌들은 사회師會 등의 화엄승 이외에도 변진辯眞 등의 천태종 승려들이 이용하기도 하였다. 또한 일본에 전해져 일본의 화엄연구에도 큰 역할을 하였다. 비록 전해진 것은 간본이라고 할지라도 사본이 저본이 되어 간본이 만들어졌다는 데 의의가 있다.

한편, 초조대장경과 재조대장경이 만들어지는 시대에도 판각된 대장경을 보충하기 위해서 또는 사찰에서 학습을 위해 사간본寺刊本 형식으로 계속 필사하여 사본이 생성된다. 일본 남선사南善寺에는 13세기에 사경된 고려 사경으로『해심밀경』,『사분율장초분』,『고승전서록高僧傳序錄』,『사리불아비담론舍利弗阿毗曇論』,『십이연생상서경十二緣生祥瑞經』,『불설호국존자소문대승경佛說護國尊者所問大乘經』이 소장되어 있는데, 이러한 사경은 고려의 어느 사찰에서 사본대장경으로 있었거나 또는 초조대장경의 부족분을 보충하기 위해 필사되었을 가능성이 있다.[42]

---

[42] 서울대학교 규장각한국학연구원 편,『해외 한국본 고문헌 자료의 탐색과 검토』, 서울 : 삼경문화사, 2012, pp.51~55

원간섭기의 사경

고려 후기가 되면 이미 판본의 시대로 접어들면서 사본이 점차 줄어들지만, 왕실과 개인을 중심으로 발원 사경이 성행한다. 그에 따른 막대한 경비 조성이 필요해 유학자儒學者의 비판 대상이 되기도 하였다.[43]

고려대장경과 원판대장경의 간본대장경이 보편화되자 화려하게 장식된 금은자 사경이 왕실과 귀족을 중심으로 유행하였다. 충렬왕대에는 금자원, 은자원이라는 사경원을 통하여 금은자 사경이 왕실에서 제작되었다. 또한 충렬왕대에는 사경의 제작, 사경승의 파견, 사경지 등을 원나라에 수차례 요구받고, 한 번에 35명에서 100명 정도의 사경승을 파견하여 금자 및 은자 대장경을 사경하고 돌아오기도 하였다. 이것은 중국으로부터 전해진 사경 기술이 고려에서 더 진전하여 역수출한 예이어서, 당시 고려 사경의 수준이 얼마나 높았는지를 이야기해 주고 있다.[44] 이들은 한역경전뿐 아니라 서장경에 이르기까지 서사하였다.[45] 이러한 원과의 관계를 보여주는 것으로『화엄경』71~73권,『화엄경보현행원품』이 남아 있으며, 고려 사경승의 작품으로 인정되고 있다.[46]

한편, 국왕 발원 사경으로는 진언을 외우는 법 등의 내용이 설해진 은자 사경『불공견삭신변진언경不空羂索神變眞言經』이 삼성 리움미술관에 소장되어 있다. 이 경전은 밀교계 경전으로 원나라의 영향력을 보여주며, 1275년(충렬왕 원)에 고려 국왕에 의해 제작된 은자 사경이다. 삼

---

43 金天鶴,「高麗大藏経の背景」,『新アジア佛敎史10-漢字文化圈の広がり』, 東京 : 佼成出版社, 2010, p.120
44 金天鶴, 앞의 논문, 2010, p.120
45 장충식, 앞의 책, 2007, pp.49~50
46 권희경, 앞의 책, 2006, pp.41~44

성 리움미술관은 은자 국왕 발원경으로서 부처의 전생 이야기가 중심인 『불설보살본행경佛說菩薩本行經』도 소장하고 있다. 동국대에도 은자 국왕 발원사경으로서 『보살선계경菩薩善戒經』이 소장되어 있는데, 『보살선계경』은 보살이 지켜야 할 계율을 설한 경전으로서 국왕이 보살계를 많이 받던 고려 왕실을 위해 사경한 것으로 볼 수 있다. 이외에도 고려 왕실 발원 사경은 국내외에 다수 소장되어 있다.[47] 경전 이외에 『섭대승론석』의 금자 사경(1319)도 존재한다.[48]

한편, 고려시대에는 개인 발원 사경도 다수 존재한다. 그러나 개인 발원경이라고는 해도 제한된 일부 계층에서 사경 공덕을 종교적으로 성취하기 위한 것이 대부분이었다.[49] 또한 승려가 중심이 되어 사경을 주도하기도 한다. 예를 들어 1338년 체원은 『화엄경』 및 『반야경』 사경을 주도하였다.[50]

IV. 조선시대의 사본

사본의 쇠퇴

고려시대 이후 사본이 쇠퇴기를 맞이하는데, 조선 초기 불교가 위축되면서 불교 자체의 학문적 역량이 신라 및 고려시대보다 퇴보한다. 그

---

47 장충식, 앞의 책, 2007, pp.60~95; 권희경, 앞의 책, 2006, pp.47~57
48 장충식, 앞의 책, 2007, pp.66~72
49 장충식, 앞의 책, 2007, p.53
50 정병삼, 「고려후기 체원의 관음신앙의 특성」, 『불교연구』 30, 한국불교연구원, 2009, p.47

가운데 세조는 간경도감刊經都監을 설치하여 경전을 간행하였는데, 전부 목판으로 만들어져 고려시대의 간행 전통이 계승되었음을 알 수 있다.

이후 조선시대 경전 간행은 개인 발원 간행보다는 사찰을 중심으로 하는 판경의 제작이 성행하였는데, 그런 가운데서도『법화경』의 인행이 주를 이루었다.[51] 또한 조선 후기에는 다라니경, 진언집, 불교의식집, 위경류 등이 집중적으로 간행되어, 교학적으로는 취약하지만, 불교가 대중 속으로 뿌리 깊게 내렸다는 것을 알려준다.[52] 이렇게 간경 일변도인 가운데서도 몇몇 필사 사경이 전해진다. 예를 들어, 내소사來蘇寺 백지묵서묘법연화경(1415, 전주박물관), 백지금니금강경(1450, 국립중앙박물관), 감지금니화엄경(1728), 화엄경(1836, 국립중앙박물관) 등이다. 특히 금니, 은니 등 공덕경의 성격이 강한 사경들도 꾸준히 제작되었다.[53]

조선 초기에는 승려들의 저술활동이 현저히 줄어들면서 부모 등 망자에 대한 추복적 성격을 지닌 사경이 늘어난다. 이러한 경향은 왕실과 사대부를 포함하여 일반 서민에 이르기까지 전형적으로 나타난다. 물론 이러한 경향이 고려시대와 특별히 다르지는 않지만, 조선시대 사경은 목판 인쇄체로 변화하는 것을 한 가지 특징으로 들 수 있다.[54]

복장물 속의 사본

조선시대의 사경은 판각 중심이어서 사본은 현저히 줄어들었다. 그

---

51 장충식, 앞의 책, 2007, p.13
52 남희숙,「조선후기 불서간행연구-진언집과 불교의식집을 중심으로」, 서울대 박사학위논문, 2004, p.3
53 장충식, 앞의 책, 2007, p.13
54 장충식, 앞의 책, 2007, pp.321~322

가운데 불상 등의 복장유물에서 사본이 종종 발견되는데, 이러한 복장물의 사본은 경전의 필사나 저술이 아니라 발원문이 대부분이다. 경전은 대부분 다라니경류이지만 판경이 주를 이룬다. 그러나 이러한 복장물에서도 중요한 사본이 나오곤 한다. 그 한 예가 해인사 복장물에서 발견된 사본이다.

2005년 해인사 개금불사改金佛事를 하는 과정에서 법보전法寶殿 비로자나불의 복장腹臟에서 복장유물들이 발견되었다. 여기에서 나온 사본은 복장물에서 흔히 볼 수 있는 다라니경이 아니라, 중국 당나라 규기窺基가 지었다고 하는 『아미타경소』가 초抄되어 있는 것이었다. 그런데 그 저자가 규기가 아니라 행진行眞이라는 승려로 되어 있다. 규기의 『아미타경소』에 대해서는 이미 학자들 사이에서 진위 문제가 제기되었다. 따라서 해인사 복장물 사본의 발견은 기존의 진위 문제를 해결할 수 있는 중요한 열쇠를 쥐게 되었다.[55] 본 해인사 사본의 전반부는 유식학 관련 내용이다. 내용을 검토한 결과 『유가사지론瑜伽師地論』과 『대비바사론大毘婆沙論』에 의거하여 대승과 소승의 아비달마에 대해 논하면서, 후대의 문헌에 보이지 않는 구체적 정보들을 전하고 있어 7세기 동아시아 유식학에 관한 중요한 자료를 전해 주고 있다.[56]

이처럼 복장유물들은 고려시대와 조선시대에 걸쳐 있는데, 해인사 복장물처럼 중요한 정보를 전해 주는 것이 나옴으로써, 향후 복장물에 대해서도 관심을 갖고 조사할 필요가 있다.

---

55 이연숙, 「해인사 복장유물에서 나온 아미타경소 사본의 성격」, 『불교학리뷰』 8, 금강대학교 불교문화연구소, 2010, pp.295~311
56 최연식, 「해인사 대적광전 비로자나불 복장(腹藏) 백지묵서사본의 기초적 검토-서지적(書誌的) 특징과 판독을 중심으로-」, 『한국사상사학』 48, 한국사상사학회, 2014, pp.5~48

사기의 찬술

조선시대에는 1681년 임자도에 배가 표류하여 정착하고, 그 안에서 발견된 다량의 불서를 성총性聰(1631~1700)이 1695년까지 낙안의 징광사澄光寺와 하동 쌍계사雙溪寺에서 190권 5천 판을 대대적으로 간행하여 널리 유통시킨 것이 계기가 되어 불교연구가 활발하게 되었다.[57] 이후 18세기 들어서면 조선불교에 교학 전통이 흥기한다. 이때는 '화엄의 시대'라고 불릴 정도로 화엄 강회가 활발하였고, 1천 명 이상이 운집하는 강회도 다수 열렸다. 강학의 성행은 경론에 대한 주석서인 '사기私記'의 편찬으로 이어졌다.[58] 비록 당시는 화엄 연구가 주를 이루었지만, 화엄뿐 아니라 사집, 사교, 정토, 선 등에 대해서 사기가 저술된다. 조선시대 후기 사기 일람을 정리하면 다음과 같다.[59]

〈표 3〉 조선시대 후기 불교사기

주석 대상 경 및 논서	인물번호	주석자	주석명
간화결의론	1	벽암 각성(1575~1660)	간화결의
도서	1	벽암 각성	선원집도중결禪源集圖中決疑
	2	상봉 정원(1627~1709)	도서분과 2권
	3	설암 추붕(1651~1706)	도서과평 2권
	4	회암 정혜(1685~1741)	선원집도서착병: 도서과기 2권
	5	연담 유일(1720~1799)	도서사기

---

57 김용태, 『조선후기 불교사연구-임제법통과 교학전통』, 서울: 신구문화사, 2010, p.257
58 김용태, 앞의 책, 2010, pp.243~272
59 김용태, 앞의 책, 2010, pp.250~251의 일람을 바탕으로 재구성하였다.

주석 대상 경 및 논서	인물번호	주석자	주석명
화엄	6	모운 진언(1622~1703)	화엄품목문목관절도華嚴品目問目貫節圖
	2	상봉 정원	화엄일과華嚴逸科
	7	월저 도안(1638~1715)	화엄경음석
	4	회암 정혜	화엄경소은과
	8	설파 상언(1707~1770)	화엄집지품사기:잡화부雜貨腐 9권 화엄정량소은과 구현기鉤玄記
	9	묵암 최눌(1717~1790)	화엄품목과도 1권
	5	연담 유일	대교유망기 현담사기
	10	인악 의첨(1746~1796)	화엄십지품사기:잡화기 16권 화엄사기
절요	2	상봉 정원	절요과문
	3	설암 추붕	절요사기
	4	회암 정혜	別行錄私記畵足:절요사기해 1권
	11	함월 해원(1691~1770)	법집별행록사기증정
	5	연담 유일	절요사기 1권
기신론	5	연담 유일	기신사족 1권
	10	인악 의첨	기신사기
치문경훈	12	백암 성총(1631~1700)	치문경훈주緇門敬訓註 3권
	13	함명 태선(1824~1902)	치문사기
정토보서	12	백암 성총	정토보서淨土寶書 1권
반야심경	14	석실 명안(1646~1715)	반야심경약소연주기회편 般若心經略疏連珠記會編 2권
원각경	5	연담 유일	원각사기 1권
	10	인악 의첨	원각사기
서장	5	연담 유일	서장사기
	10	인악 의첨	서장사기
선요	5	연담 유일	선요사기
	15	백파 긍선(1767~1852)	선요사기
금강경	5	연담 유일	금강하목金剛蝦目
	10	인악 의첨	금강사기
	15	백파 긍선	금강팔해경金剛八解經

주석 대상 경 및 논서	인물번호	주석자	주석명
능엄경	5	연담 유일	능엄사기
	10	인악 의첨	능엄사기
염송	5	연담 유일	염송착병
	10	인악 의첨	염송기
	15	백파 긍선	염송사기
수선결사문	15	백파 긍선	수선결사문과석 1권
법성게	16	도봉 유문(?~?)	법성게주
육조단경	15	백파 긍선	법보단경요해
오종강요	16	환성 지안(1664~1706)	선문오종강요(저술)
	15	백파 긍선	오종강요사기
태고암가	15	백파 긍선	태고암가과석
여러 경전류	12	백암 성총	사경지험기四經持驗記
	4	회암 정혜	제경론소구절
	9	묵암 최눌	제경문답반착회요諸經問答盤錯會要 1권
	5	연담 유일	제경회요

이와 같이 16명의 53종 저술이 18세기를 전후하여 저술되었다. 화엄 관련 저술이 가장 많기는 하지만, 주석 대상이 19종류로 다양한 교학이 연찬되었음을 짐작할 수 있다. 사기 연구를 통해 조선시대가 선종 일변도의 흐름으로 전환되었고 교리 연구가 쇠퇴하였다는 오해를 불식시킬 수 있다. 사기들이 초서로 쓰여져 있어 연구하기 어려웠지만, 다행히 2000년대에 들어와 탈초하여 현토를 붙이거나 혹은 완역본이 간행되어 연구자들의 접근이 용이하게 되었다. 본격적으로 연구가 진행되면 조선시대의 선승들이 불교 교학에 대해서 어떤 입장을 가지고 있었는지를 충분히 이해할 수 있을 것이다. 향후 적극적인 연구가 필요한 부분들이다.

마지막으로 덧붙일 것은 비록 고려시대 이후 판본의 시대로 접어들었지만, 우리나라에 사본이 전혀 없는 것은 아니라는 점이다. 각 사찰에는 판본뿐 아니라 사본이 전해지고 있다. 이런 사본들에는 경전도 있지만, 사지寺誌 등 사찰의 연혁을 밝혀 주는 문헌들도 많다. 향후 이러한 사본들을 직접 조사하여 사상 및 불교사 연구에 활용해야 할 것이다.

한국 불교사본의 동아시아적 확산과 융성

　불교사본은 인도에서 처음으로 만들어졌고 중국으로 전해져 한역되었다. 중국에서는 조직적으로 한역 작업이 수행되었으며, 이러한 경전 번역 작업을 통해 한문불전 사본이 형성된다. 이후 한문불전 사본이 연구되면서 중국 찬술 저술이 만들어지고 사본의 수가 상당히 늘어났다. 이러한 중국의 한역경전과 중국 찬술 문헌은 주로 동아시아에 전파되었다. 중국에서 많은 사본이 전해지면서 불교 연구가 융성해졌고, 신라에서도 신라 승 찬술 문헌들이 만들어지게 된다.
　한편, 신라에서 필사된 경전과 논서, 그리고 신라 승 찬술 문헌이 일본의 나라 시대와 헤이안 시대에 걸쳐서 전해진다. 일본은 국가사업으로 20여 회에 걸친 대장경 서사가 이루어졌고, 이 가운데 경전뿐 아니라 중국과 신라의 찬술 문헌도 필사된다. 일본에서는 당에서 직접 경전을 가지고 올 뿐 아니라, 신라를 통해서도 많은 경전과 논서들, 그리고 중국과 신라인 찬술 문헌을 수입한다. 이러한 사실은 이른바 심상사경록과 신라촌락문서 배지에 필사된 『화엄경론』을 통해 확인할 수 있다.
　일본으로 전해진 신라의 불교문헌은 일본의 종파 형성과 불교연구 융성에 많은 영향을 끼친다. 특히, 원효의 저술이 거의 전래되면서 각 종파에서 활용되거나, 원측, 의적, 경흥 등 신라 유식승의 문헌이 자주 인용되었다. 이와 같은 문헌 가운데는 현재 우리나라에 전해지지 않거나, 또는 이름조차 몰랐던 신라 승들도 다수 있다. 예를 들어 표원의 『화엄경문의요결문답』 등이 일본에만 전해지며, 현륭, 원홍 등은 이름조차 몰랐던 신라 승들이다.

한편, 신라 승의 찬술 문헌이 중국의 당나라에 역수입되어 법장, 종밀, 연수 등이 계속 활용하기도 했다. 대표적으로 원효의 『화엄경소』나 『대승기신론』 등이 중국에 전래되어 중국 승려들의 중요한 해석 지침이 되었다. 이는 신라시대의 한국 불교사본이 중국과 일본의 불교 융성에 상당한 영향을 끼친 예이다.

중국은 일찍이 사본의 시대가 끝나고 판본의 시대로 이행했다. 대장경의 조조는 사본이 필요 없게 되었음을 의미했다. 고려 역시 중국의 영향을 받아 판본의 시대가 시작되지만, 의천의 사본 수집을 통해 동아시아 불교가 다시 한 번 융성할 수 있는 계기가 마련된다. 의천은 18년간 불교 경전과 논서 그리고 주석서들을 수집하여 그것을 『신편제종교장총록』으로 완성하였다. 비록 이 문헌들이 전부 간행된 것은 아니지만, 의천이 수집한 불교문헌들이 역으로 송나라에 전해지면서 정원淨源 등이 화엄종 부흥을 도모하는 데 큰 역할을 하였고, 천태종에서도 활용되었다.

한편, 의천이 수집한 문헌은 일본 가마쿠라 시대의 화엄종 부흥에도 큰 역할을 하였다. 특히, 의천이 편집한 『원종문류』는 일본 화엄종의 중요한 불교문헌의 하나이다. 고려시대에 송과 일본으로 전해진 문헌들은 사본과 판본이 섞여 있는데, 일본에서는 『원종문류』처럼 판본으로 전해진 문헌을 필사해서 사본으로 유통하기도 한다.

고려 말 원간섭기에는 판경이 주를 이루면서 사경은 줄어든다. 그러한 가운데 경전의 사경은 주로 공덕을 위해서 금은 등으로 필사하고, 변상도를 그리는 장식경이 주류가 되었다. 이때는 원나라가 사경을 위해 고려에 도움을 요청함으로써 100여 명의 사경사를 한꺼번에 수출하는 등 고려 불교의 중요성을 과시하기도 하였다. 신라와 마찬가지로, 고려도 불교사본의 유통을 통해 동아시아 불교 융성에 큰 역할을 했다.

　한편, 조선시대는 승려들의 저술 활동은 위축되고, 판본을 통해 경전 등이 간행된다. 그러나 조선시대 복장물 등에서 발견된 사본이 기존 연구의 성과를 재검토하게 하기도 했다. 그 한 예가 해인사 복장물에서 발견된 『아미타경소』이다. 이 사본에는 그동안 저자로 알려져 온 규기가 아니라 행진이라는 승려가 저자로 기록되어 있다. 사본은 기존의 오류를 고치고 새로운 사실을 밝힐 수 있는 중요한 근거가 되기도 한다. 또한 조선 후기에 활발하게 찬술된 많은 사기私記도 향후 동아시아 불교의 문헌 유통과 사상적인 추이를 볼 수 있는 중요한 사본군이다.

　이상으로 정리한 것처럼 신라·고려시대의 불교사본은 동아시아로 확산되면서 불교 융성에 큰 역할을 했으며, 조선시대의 사본 역시 향후 동아시아 불교의 사상적 변화를 읽을 수 있는 중요한 자료가 된다.

| 참고문헌 |

권희경, 『고려의 사경』, 대구 : 글고운, 2006.
김용태, 『조선후기 불교사연구-임제법통과 교학전통』, 서울 : 신구문화사, 2010.
남풍현, 「東大寺 所藏 新羅華嚴經寫經과 그 釋讀口訣에 대하여」, 『口訣研究』 30, 구결학회, 2013.
심재관, 『인도사본학개론』, 서울 : 씨아이알, 2013.
오치아이 토시노리(落合俊典), 「동아시아에서의 불교사본 연구의 현황과 연구방법」, 『고대 동아시아 불교문헌의 새로운 발견』, 서울 : 씨아이알, 2010.
장충식, 『한국사경연구』, 서울 : 동국대학교출판부, 2007.
정재영, 「신라 사경에 대한 연구」, 『구결연구』 33, 구결학회, 2014.
후지에다 아키라 지음, 오미영 번역, 『문자의 문화사』, 서울 : 박이정, 2006.

De Jong 著, 平川彰 譯, 『仏教研究の歷史』, 東京 : 春秋社, 1975.
宮崎健司, 「奈良時代の写経」, 『불교학리뷰』 9, 금강대학교 불교문화연구소, 2011.
金天鶴, 「東大寺写本 理理円融について」, 『印度學佛教學研究』 57(2), 印度學佛教學研究會, 2009.
船山徹, 『仏典はどう漢訳されたのか』, 東京 : 岩波書店, 2013.

콘텍스트

교판 敎判

· 장규언

I. 교판의 인도불교적 배경

　교판이란 무엇인가/ 교판의 경전적 근거/ 인도불교사 인식 관련 중요 전승

II. 중국불교 교판의 전개 양상과 그 특징

　교판 발생의 역경사적 배경/ 특정 경전 지상주의 1: 『열반경』과 『해심밀경』 중심주의/ 특정 경전 지상주의 2: 『법화경』과 『화엄경』 중심주의/ 불경의 주제와 학파의 종지에 대한 인식 심화

III. 한국불교 교판의 주요 양상

　원측의 『해심밀경』 중심주의/ 원효의 『화엄경』·『기신론』 중시/ 의상과 균여의 상이한 『화엄경』 인식/ 의천의 포괄주의적 경향

IV. 한국불교 교판의 두 측면

　수당 불교의 종파적 구심력/ 개별 사상가의 역사성

■ 종파적 구심력과 사상가의 역사성 사이에서

I. 교판의 인도불교적 배경

교판이란 무엇인가

　잘 알려진 대로, 이른바 교판敎判(또는 판교判敎)은 동아시아 불교사상가들이 산발적이고 비체계적으로 한역漢譯된 대소승 경전들을 나름의 기준을 통해 체계적으로 분류하고 이해하려 했던 시도였다. 인도불교에 대한 현대의 연구는 대소승 경전이 붓다 사후에 오랜 시간에 걸쳐 지역과 부파에 따라 다양하게 전승되었으며, 대승경전의 경우 가장 초기의 것도 기원 전후에야 제작되었을 것으로 추측하고 있다.[1] 하지만 경전이 성립한 후 일정한 시간이 지난 후에 중국에 온 인도나 중앙아시아 출신의 역경승이 전하는 정보에만 전적으로 의존할 수밖에 없었고, 또 일부 경전만이 산발적이고 단편적으로만 번역되어 소개되었던 역사적 제약으로 인해 중국 불교사상가들은 인도불교사의 실상을 알기 어려웠다. 더구나 이러한 제약 속에서도 그들은 당시까지 소개된 모든 경전이 붓다의 직설이라는 강력한 믿음을 가지고 있었기 때문에 스스로 발견한 각 경전 간의 차이나 모순에 대해 나름의 답을 제시해야 하는 사상적 요구에 직면하였으며, 또 주요 대승경전이 점진적으로 소개됨으로써 소승과 대별되는 대승의 우월성에 대한 자각이 생긴 이후로는 자신이 신봉

---

[1] 부파불교와 대승불교의 실상에 관한 구미와 일본의 최신 연구 성과에 대해서는 이자랑, 「인도불교에서 부파의 성립과 발전 - 부파 성립에 있어 율의 역할을 중심으로」, 『불교학보』 74, 동국대 불교문화연구원, 2016, pp.171~195 참조.

하는 대승경전이 어떤 점에서 최상의 가르침인지를 설명해야 할 필요도 느끼게 되었다.

여기에서 동아시아불교사에 깊은 전통을 형성한 일종의 경전 해석학이라 할 수 있는 교판이 탄생하게 되었는데, 그것은 불교사적으로 볼 때 두 가지 중요한 유산을 우리에게 남겨 주었다. 첫째는 교판을 통해 동아시아 불교사상가들은 기존의 인도 불교사상가들이 크게 주목하지 않았던 붓다 가르침이 함축하고 있는 여러 층위, 즉 다양한 청중, 그에 따른 다양한 설법 방식, 설법 주제 등의 차이를 보다 분명하게 인식하게 되었다는 점이다. 즉 그들은 상이한 능력과 종교적 지향을 가진 중생이나 수행자들의 여건과 요구에 부응하여 붓다가 상이한 방식으로 상이한 진리를 설했다는 인식에 바탕하여 소승과 대승경전 교리의 근본적 차이, 또 하나의 대승경전 안에 존재하는 교리의 차이, 대승경전 간 교리의 차이 등에 대해 깊이 탐구하였으며, 동시에 이를 통해 초기·부파·대승불교의 단계적 이행을 축으로 하는 인도불교사의 변화를 인식하게 되었다. 둘째는 전체 불교사를 자신이 신봉하는 특정 대승경전을 중심으로 통일적이고 종합적으로 이해하려 시도하였다는 점이다. 즉 그들은 대소승 경전 모두가 붓다 일생의 가르침이며 또 자신이 신봉하는 특정 대승경전이 그중 최고의 가르침이라는 자신의 믿음을 증명하기 위해 상이한 경전 속에 존재하는 다양성과 차이를 초월하는 붓다 진리의 통일성에 대한 탐구도 동시에 진행하였다. 특정 대승경전을 중심으로 한 불교 교리의 차이와 동일성, 인도불교사의 변화에 대한 이와 같은 위계적이면서도 통일적인 인식은 결국 종파의 탄생[2]으로 귀결되었다.

---

2 교단적 요소가 전혀 없었던 중국에 '서사 경전'이 도입되면서 이를 기반으로 대승교단이 창성되기 시작했다는 시모다 마사히로(下田正弘)의 지적은 이런 점에서 흥미롭

교판의 경전적 근거

불경에 설해진 가르침이 최상의 진리라고 믿었던 동아시아 불교사상가들은 불경들 간의 차이를 설명하기 위해 불경에서 그 근거를 찾는 일종의 '해석학적 순환'의 양상을 보여 주었다. 이와 관련하여 교판에서 자주 인용되는 주요한 불경 속 비유나 서술을 소개하면 다음과 같다.

첫째로 불교 교리의 통일성과 다양성 간의 관계와 관련하여 주목할 것은『유마경維摩經』「불국품佛國品」의 일음설법一音說法의 비유이다. 이 비유는 붓다는 사실 하나의 진리만을 설했지만 청중인 중생들은 자기의 방식대로 상이하게 이해한다는 점을 지적한 것으로, 후대 사상가들에 의해 주로 다양한 경전들에 설해진 상이한 붓다의 가르침 간에 모순이 없으며 그 차이는 중생들을 위한 방편일 뿐이라는 점을 지적하기 위해 자주 인용된다. 이와 유사한 취지로서『법화경法華經』「약초유품藥草喩品」의 일우一雨가 대지를 두루 적시지만 뭇 풀들은 그것을 통해 각각 다르게 성장한다는 비유도 자주 인용된다.

둘째로 남북조 시대『열반경涅槃經』을 중시했던 그룹이 의거했던『열반경』「성행품聖行品」의 오미五味의 비유이다. 이 비유는 우유(乳)에서 가장 섬세한 유제품인 제호醍醐까지의 다섯 단계에 빗대어 불설을 십이부경十二部經, 수다라修多羅, 방등경方等經, 반야바라밀般若波羅蜜, 대열반의 다섯 단계로 위계화하고 있으며 동시에 제호가 불성佛性을 비유한 것임을 명시하고 있다. 이것은 불성을 설한『열반경』만이 완전한 가르침인 료의了義이고 그렇지 못한 기타 가르침은 불완전한 가르침인 불료의不了

다(이자랑, 앞의 논문, 2016, p.189).

義라고 생각하는 일군의 사상가들에게 큰 울림을 주었다.

셋째로 수당隋唐 교판의 궁극적 표준이 된 일승一乘의 아이디어를 제공한 『법화경』「비유품譬喩品」의 화택火宅의 비유이다. 이 비유는 집에 불이 난 줄 모르고 노는 데만 정신 팔린 아이들을 급히 탈출시키기 위해 그들의 아버지가 집밖으로 나오면 그들이 평소 좋아하는 양수레(羊車), 사슴수레(鹿車), 우마차(牛車)를 각각 선물하겠다고 약속한 다음 그들이 탈출하자 앞의 세 수레보다 화려한 큰 흰소수레(大白牛車)를 똑같이 준 것에 빗대어 붓다가 이전에 설한 성문聲聞, 연각緣覺, 보살菩薩의 삼승三乘은 모두 그것을 초월하는 불佛의 일승으로 인도하기 위한 방편이었다고 하는 이른바 '삼승방편三乘方便 일승진실一乘眞實'의 설법이다. 『법화경』의 일승 설법은 자신이 중시하는 경전이 전통적인 대승(=보살승)과 소승(=성문승과 연각승)의 구별을 넘어서서 양자를 포괄하는 최상의 가르침이라 생각하는 천태와 화엄 사상가들에게 깊은 영감을 주었다.

넷째로 동아시아 유식사상가들의 인도불교사 인식에 깊은 영향을 준 현장玄奘(600 또는 602~664) 역 『해심밀경解深密經』「무자성상품無自性相品」의 삼시법륜三時法輪이다. 이 서술은 우선 삼시의 설법 대상·주제·방식에 대해 각각 성문·사제四諦·명시적(顯了), 보살·공空·암시적(密意), 일체승一切乘·공·명시적으로 구분하고 앞의 두 설법은 불료의이고 제3시만이 료의라고 명시하고 있다. 이 중 『법화경』과 유사하게 대승과 소승을 초월하는 일체승의 아이디어는 『해심밀경』의 이역본異譯本 『해절경解節經』을 번역한 진제眞諦(499~569)와 그를 계승한 사상가들에게 깊은 인상을 남겼고, 제2시 『반야경般若經』과 제3시 『해심밀경』이 설법 주제는 공으로 동일하고 설법 방식에 있어서 암시적인가 명시적인가의 차이만 존재할 뿐이라고 본 점은 현장을 매우 존중했던 원측圓測(613~696) 등에게 큰 영감을 주었다.

인도불교사 인식 관련 중요 전승

앞서 말한 대로 교판은 교리의 차이를 기준으로 하는 인도불교사 인식을 포함하고 있는데, 초기불교에서 부파불교로의 이행, 부파 간 교리 차이 등의 인식과 관련하여 가장 중요한 문헌은 진제가 번역한 『부집이론部執異論』, 그 이역본인 현장 역 『이부종륜론異部宗輪論』, 역시 현장이 번역한 『대비바사론大毘婆沙論』이다. 세 문헌 모두 초기불교에서 어떤 이유에서 상좌부上座部와 대중부大衆部의 '근본분열'이 일어났고 후속하는 '지말분열'이 어떤 과정을 거쳐 이루었는지를 설명하고 있으며, 앞의 두 문헌은 부파 간 교리 차이에 대해 비교적 자세하게 언급하고 있다. 특히 『이부종륜론』 역장譯場 강의 노트에 기반하여 성립했다고 볼 수 있는 규기窺基(632~682) 『이부종륜론술기異部宗輪論述記』는 현장이 인도에서 배워 온 전승에 기초했을 것으로 추측 가능하며, 뒤에서 확인하게 될 그의 『대승백법명문론해大乘百法明門論解』 속 부파불교 이해도 이 전승에 근거했을 것으로 보인다. 『백법론해』에서 규기는 부파불교를 대승불교의 궁극적인 가르침으로 이행해 가는 단계로 그 사상사적 위치를 정한 바탕 위에 각 부파 간 교리 차이를 설명하기 위해 중관과 유식사상의 핵심 개념, 즉 자아(我, ātman)와 현상(法, dharma)의 존재(有, bhāva)와 무無(abhāva=śūnya), 실체성(實, dravya)과 언어성(假, prajñapti), 실재성(實, bhūta)과 비존재성(妄, abhūta), 이와 연관된 궁극적 차원의 인식(眞, paramārtha)과 언어적 차원의 인식(俗, saṃvṛti) 등을 주요 기준으로 제시하고 있다.

중관과 유식사상의 관계 인식과 관련하여 교판에 깊은 영향을 끼친 전승은 청변清辨(490~570)과 호법護法(530~561) 간의 이른바 공유空有 논쟁이었다. 이 역시 호법을 비판한 청변『장진론掌珍論』과 이를 다시 반박한 것으로 이해된 호법『광백론廣百論』[3]을 함께 번역한 현장의 전승에 바탕하고 있다. 예컨대, 현장 역 『반야심경般若心經』에 대한 주석 『반야심경찬般若心經贊』에서 원측은 동일한 현장 역 친광親光 『불지경론佛地經論』의 문구 "천 년 전에는 붓다의 가르침이 한 가지 맛이었으나 천 년이 지난 후에는 공과 유로 갈라져 서로 논쟁하게 되었다(千年已前, 佛法一味, 過千年後, 空有乖諍)"를 경증으로 인용한 뒤, 청변과 호법이 "중생으로 하여금 붓다의 진리를 깨닫도록 하기 위하여 각자 공의 종지(空宗)와 유의 종지(有宗)를 세워 함께 붓다의 설법 취지를 구현하였다. 청변보살은 공을 주장하면서 유를 부정하여 유집有執을 제거하게 하였으며, 호법보살은 유를 주장하고 공을 부정하여 공집空執을 제거하게 하였다(爲令有情悟入佛法, 立空有宗, 共成佛意, 清辨菩薩執空撥有, 令除有執, 護法菩薩立有撥空, 令除空執)"고 그 공헌을 인정하고 두 사상가 모두 이제二諦와 중도中道의 입장에 서 있었다는 점에서 근본적으로 차이가 없었다고 평가하고 있다.[4] 이처럼 공유 논쟁을 중관과 유식사상의 연속성과 동일성, 유집과 공집에 의해 왜곡된, 일미로 상징되는 붓다 가르침의 완전성의 증거로 인식한 점은 현장의 영향 아래에 있었던 사상가들의 교판에 일정한 영향을 끼친 것으로 보인다.

---

3 원측은 『광백론』의 기본 입장을 호법이 瑜伽學徒의 有執과 청변의 空執을 동시에 논파한 것으로 이해하고 있다. 圓測, 『仁王經疏』 상권본(『대정장』 33, 360b 이하)
4 圓測, 『般若心經贊』(『대정장』 33, 544a)

II. 중국불교 교판의 전개 양상과 그 특징

교판 발생의 역경사적 배경

중국불교 교판의 발생은 구마라집鳩摩羅什(343~413)의 역경과 깊은 관련이 있다. 구마라집 이전까지는 인도와 중앙아시아에서 온 역경승들에 의해 대소승 경전들이 산발적으로 번역되었기 때문에 당시의 중국불교에서는 대승과 소승 경전 간의 명확한 구별의식 없이 당시까지 번역된 모든 불경이 붓다의 직설이라고 생각했다. 이 점은 당시까지의 역경을 정리하여 『중경목록衆經目錄』을 만든 도안道安(312 또는 314~385)의 경우도 마찬가지였는데, '모든 경이 붓다의 입에서 나왔다(經無巨細出自佛口)'라는 그의 말은 당시 불교계의 불교 인식을 잘 보여준다. 하지만 5세기 초 장안長安에서 구마라집이 『중론中論』, 『대지도론大智度論』 등의 중관 논서, 스스로 '소승에서 대승으로 이행함'을 목표로 한다고 규정한 『성실론成實論』과 함께 훗날 교판에서 회자되는 『대품반야경大品般若經』, 『유마경』, 『법화경』, 『사익경思益經』 등의 일군의 대승 경전을 완성도 높게 번역하여 소개함으로써 중국 불교계에 공空 사상을 중심으로 하는, 소승과 대별되는 대승에 대한 인식이 확립되었다.

동시에 주목할 점은 그가 역장에서 이 경전들에 대한 강의를 동시에 진행함으로써 그의 문하에서 그 강의에 기반을 둔 각 경전에 대한 주석학적 연구가 이루어졌다는 사실이다. 이러한 경전 연구는 구마라집 역경 전후로 번역된 『열반경』, 『십주경十住經』, 60권 『화엄경華嚴經』 등 기타 대승 경론으로 그 범위가 확대되어 불교 사상 전반에 대한 체계적 이해가 생겨나게 되었다. 대표적으로 구마라집 문하로 훗날 동란을 피해 남방으로 간 혜관慧觀(약 5세기) 역시 이러한 분위기 속에서 당시까지 소개된 모든 대소승 경전을 붓다 일생의 가르침으로 귀속시켜 체계적으로 이해하기 위해 이른바 오시교五時敎의 교판 체계를 세웠다. 하지만 그 이후로도 새로운 대승 경론의 번역은 지속적으로 이루어졌기 때문에 교판의 범위는 계속 확대되었고 그에 따라 기존 설에 대한 비판도 지속적으로 제기되었다.

특정 경전 지상주의 1: 『열반경』과 『해심밀경』 중심주의

혜관에서 수당에 이르기까지 교판 체계는 그것을 세운 사상가들만큼이나 다양했지만, 그들이 중시하는 경전을 기준으로 볼 때 몇 가지 두드러진 경향을 파악할 수 있다. 먼저 남조南朝 사상가들의 『열반경』 지상주의를 손꼽을 수 있다. 최초로 체계적인 교판 체계를 세운 혜관을 비롯하여 유규劉虯, 성실사成實師 등은 모두 『열반경』의 오미의 비유에 근거하여 오시교를 주장하였다. 그중 가장 대표적인 혜관의 교판설은 후대 사상가들의 문헌마다 약간의 출입이 존재하는데 그중 가장 신뢰할 만하다고 판단되는[5] 길장吉藏(549~623)의 『삼론현의三論玄義』가 인용하는 「열반경서涅槃經序」에 따르면, 『화엄경』은 돈교頓敎에 나머지 경전들은 점교漸敎에 배치한 뒤 점교 안에서 성문, 연각, 보살 수행자에게 각기 따로 설해진 가르침인 삼승별교三乘別敎로 『아함경阿含經』을, 세 수행자 모두에게 설해진 가르침인 삼승통교三乘通敎로 『반야경』을, 성문과 연각의 소승

---

[5] 「열반경서」라는 출처를 분명히 밝히고 있다는 점에서 다른 전승보다 신뢰할 만하다는 지적이 있다(하유진, 「남조의 교판사상 –열반학의 교판론을 중심으로–」, 『철학논집』 39, 서강대학교 철학연구소, 2014, p.194).

을 부정함(抑)으로써 보살의 대승을 고양(揚)시키는 가르침인 억양교抑揚敎로 『유마경』과 『사익경』을, 삼승의 차이를 통일시키는 가르침인 동귀교同歸敎로 『법화경』을, 마지막으로 영원히 존재하는(常住) 불성을 밝힌 가르침인 상주교常住敎로 『열반경』을 각각 들고 있다.[6] 유규의 경우도 다소의 출입이 있긴 하지만 큰 틀에서 혜관과 같으며, 한 발자국 더 나아가 불성을 설한 『열반경』만이 료의라고 명시하고 있다.[7] 길장의 『대품경유의大品經遊意』에 따르면, 성실사의 경우도 혜관에 근거하면서도 조금씩 견해를 달리하고 있지만 『열반경』이 제5시 최상의 가르침이라는 점에서는 동일하다.[8]

다음으로 간과할 수 없는 경향은 유식 사상가들의 『해심밀경』 중심주의이다. 삼시교판을 담고 있는 장면은 6세기 초 보리류지菩提流支의 이역본인 『심밀해탈경深密解脫經』을 통해 이미 소개되었지만 당시 불교계에 큰 영향을 끼치지는 못했던 것으로 보인다. 하지만 6세기 중후반에 이역본인 『해절경』을 번역한 진제의 삼시교판 이해는 후대 사상가들에게 일정한 영향을 끼친 것으로 보이며, 『해심밀경』에 근거한 현장의 교판론은 그의 문하 규기와 그를 매우 존중한 원측 등을 거쳐 후대의 유식 사상가들에게 큰 영향을 끼쳤다. 이 중 진제는 『해절경』 강의에서 제3시 료의를 '일승'으로 명명한 뒤[9] 그 설법에 『해심밀경』뿐만 아니라 『유마경』, 『법화경』 등을 포괄하고 있는데,[10] 특히 일승의 관점에서 『법화경』을 료의로 이해한 것[11]은 각

---

6 吉藏, 『三論玄義』(『대정장』 45, 5b)
7 圓測, 『解深密經疏』 권1(『대일본속장경』 21, 178b)
8 吉藏, 『大品經遊意』(『대정장』 33, 66b)
9 圓測, 『解深密經疏』 권5(『대일본속장경』 21, 292a)
10 圓測, 『解深密經疏』 권5(『대일본속장경』 21, 292b)
11 진제 교판에 대해서는 또 다른 두 전승이 있는데, 첫째는 澄觀 『大方廣佛華嚴經

각 후대의 지의智顗(538~597)와 길장의 『법화경』 중심주의와 사유의 연속성을 지니고 있다.¹² 다음으로 현장 역 『해심밀경』의 중관과 유식의 동일성과 차이와 관련된 미묘한 관계 설정은 이른바 공유 논쟁과 관련된 유식 사상가들의 기본적 해석 틀로 작용하여 양자의 차이(=중관에 대한 유식의 우월성)를 보다 강조하는 규기 계통과 양자의 동일성(=중관과 유식의 연속성)도 더불어 강조하는 원측의 해석 차이로 이어진다.

특정 경전 지상주의 2: 『법화경』과 『화엄경』 지상주의

수당 교판에서 가장 두드러진 『법화경』 중심주의 역시 법운法雲(467~529) 이래로 지속되어 온 경향이었다. 법운은 『법화의기法華義記』에서 『법화경』 「방편품」의 '삼승방편 일승진실'에 영감을 받아 지智 자체를 방편지方便智와 실지實智로 구분하고 방편지에 의해 설해진 교敎와 실지에 의해 설해진 리理를 구분하고 있다. 이어서 방편지의 대상으로 삼교三敎, 삼기三機, 삼인三人을, 실지의 대상으로 교일敎一, 리일理一, 기일機一, 인일人一을 든다.¹³ 즉 법운은 성문, 연각, 보살의 삼승 간의 차이를 각각

疏』가 전하는 득도 후 7년간 轉法輪을, 7~30년 사이에 전법륜과 照法輪을, 30년 후 전법륜, 조법륜, 持法輪을 모두 설했다고 하는 삼법륜설이고, 둘째는 원측 『해심밀경소』 등이 전하는 四諦敎, 無相敎, 法相敎(『楞伽經』), 觀行敎(『화엄경』)의 四敎이다. 두 전승 모두 삼시교판에 비해 후대의 영향이 적었기 때문에 여기서는 논외로 한다.

12 이 점과 관련하여 원측이 『법화경』을 주요 경증으로 삼아 '모든 중생에게 불성이 있다(一切衆生皆有佛性)'고 주장하는 사상가 그룹의 대표주자로 진제를 내세우는 점(眞諦等一類諦師)을 주목할 만하다. 자세한 내용은 圓測, 『解深密經疏』 권4(『대일본속장경』 21, 268a 이하)와 이에 대한 역주(장규언, 『원측 『해심밀경소』 「무자성상품」 종성론 부분 역주 – 티벳어역에 의한 텍스트 교정을 겸해』, 씨아이알, 2013, p.91 이하) 참조.

13 法雲, 『法華義記』 권2(『대정장』 33, 593a)

'언어적 가르침(教)'·'수행자의 능력(機)'·'수행자의 지향(人)'의 측면에서 파악하고 일승을 그 차이를 넘어서는 통일성으로 이해하고 있는데, 흥미롭게도 여기서 일승을 '실상의 리(實相之理)'로 파악하여 그것이 모종의 존재론적 함축을 지니고 있음을 암시하고 있다.

지의는 한편으로 혜관의 오시교판이 함축하고 있는 주요 대승경전 간의 위계 설정을 비판하면서 『화엄경』, 『대집경大集經』, 『법화경』, 『열반경』을 모두 궁극적인 대승의 가르침(究竟大乘)으로 인식하면서도,[14] 다른 한편으로 어떤 설법 대상에게 어떤 가르침이 설해졌느냐를 기준으로 붓다 일생의 가르침을 사교四教로 분류하면서 『법화경』 지상주의적 경향을 보이고 있다. 즉 그는 『사교의四教義』에서 주로 성문과 연각에게 원인과 결과의 진리(因緣生滅四諦理)를 설한 삼장교三藏教, 주로 보살에게 공의 진리(緣卽空無生四眞諦理)를 설한 통교通教, 보살만을 대상으로 언어적 차원의 진리(因緣假名無量四諦理)를 설한 별교別教, 오직 최상의 능력을 지닌 수행자를 위해 이제와 중도의 진리(不思議因緣二諦中道理事具足)를 설한 원교圓教로 구분한 뒤, 원교는 모든 대승경전과 중관 및 유식 논서에 설해져 있지만 오직 『법화경』만이 그것을 가장 철저하게 설하고 있는 원교 경전이라고 말하고 있다.

길장이 내세운 삼종법륜三種法輪 역시 『법화경』 중심주의적 경향을 보이고 있다. 『법화유의法華遊意』에서 그는 『화엄경』은 궁극적인 가르침인데 반해 『법화경』은 불완전한 가르침이라고 보는 남조와 북조北朝 사상가의 잘못을 반박하는 맥락에서 삼종법륜을 이야기하는데, 그 요지는 『화엄경』은 보살에게만 설해진 일승의 근본지교根本之教이며, 그것을 이해할 수 없는 중생으로 인해 삼승으로 나누어 설한 것이 지말지교枝末

---

14 智顗, 『法華玄義』 권1상(『대정장』 33, 733a)

之敎이며, 40여 년간 삼승의 가르침을 통해 그들의 마음을 다스린 후에 『법화경』을 설해 마침내 삼승 수행자를 본래의 일승으로 귀속시킨 것이 섭말귀본교攝末歸本敎라는 것이다.[15]

『화엄경』 지상주의 역시 앞서 말한 대로 60권 『화엄경』 번역 후 『화엄경』을 돈교로 분류한 남조의 혜관과 보리류지 역 세친世親 『십지경론十地經論』 번역 이후 형성된 북조의 지론사地論師를 중심으로 오랜 전통을 형성해 왔다. 초기 지론사 중 한 명인 혜광慧光(약 6세기)의 삼교三敎는 혜관의 돈교에 더해 원교라는 새로운 관점에서 『화엄경』을 최고의 가르침으로 높이려는 의도를 잘 보여준다. 후대의 전승[16]에 따르면, 삼교 중 점교는 능력이 성숙하지 못한 이들에게 먼저 무상無常과 공을 설하고 뒤에 상常과 불공不空을 설한 가르침이며, 돈교는 능력이 성숙한 이들에게 상과 무상, 공과 불공 등을 한꺼번에 설한 가르침이며, 원교는 부처의 경지에 도달하려는 자에게 여래의 궁극적 해탈의 비밀을 설한 가르침인데 『화엄경』은 그중 돈교와 원교에 귀속된다.

『화엄경』 지상주의는 법장法藏(643~712)의 오교五敎에 이르러 가장 정형화된 형식을 취하게 되었다. 법장은 『오교장五敎章』에서 기본적으로 혜광의 점·돈·원 삼교의 틀을 계승하면서 점교를 다시 『아함경阿含經』, 『성실론』, 『바사론婆沙論』·『구사론俱舍論』과 같은 설일체유부說一切有部 (이하 '유부'로 약칭) 논서 등으로 대표되는 소승교小乘敎, 『유가사지론瑜伽師地論』, 『잡집론雜集論』 등 유식학파의 논서로 대표되는 대승시교大乘始敎, 『능가경』, 『승만경勝鬘經』, 『열반경』, 『보성론寶性論』, 『기신론起信論』 등 여래장如來藏 계통의 대승경론으로 대표되는 대승종교大乘終敎로 세분화하

---

15 吉藏, 『法華遊意』(『대정장』 34, 634c)
16 法藏, 『華嚴經探玄記』 권1(『대정장』 33, 111a)

며, 이어서 『능가경』, 『유마경』, 『사익경』 등에 보이는 언어를 초월한 깨달음의 경지를 설한 가르침인 돈교를, 마지막으로 『화엄경』을 지칭하는 가장 완전한 가르침인 원교를 들고 있다. 하지만 포괄성과 초월성의 양면에서 『화엄경』의 완전성을 강조하는 것은 동교同敎와 별교의 보다 큰 틀을 통해서 이루어졌다. 『오교장』의 첫머리에서 법장은 붓다 가르침을 크게 동교와 별교로 나눈 뒤 삼승, 대승, 소승 등을 모두 동교에 귀속시키고 일승 중에서 다시 동교일승同敎一乘과 별교일승別敎一乘을 나누고 있다. 이어지는 논의를 보면 양자는 사실상 각각 '삼승과 일승 간의 공통성'과 '삼승에 대한 일승의 초월성'을 지칭하는 말이며 법장은 원교인 『화엄경』이 가진 포괄성과 초월성의 양면 중에서도 별교일승적 초월성을 강조하고 있다.[17]

불경의 주제와 학파의 종지에 대한 인식 심화

혜관 이래의 교판은 이처럼 특정한 경전을 중심으로 경전들의 가르침(敎) 간의 위계를 세우는 경향을 강하게 띠고 있었는데, 그 과정 속에서 동시에 각 경전의 주제 또는 그 경전을 중시하는 학파의 종지(宗)[18]의

---

17 廖明活, 『中國佛敎思想述要』, 臺北: 臺灣商務印書局, 2006, p.385
18 20세기 중국의 불교사학자 탕용통湯用彤(탕용동)은 중국 불교의 宗이라는 개념이 크게 보아 '종지, 종의宗義'와 '교파'의 의미로 구별되어 사용되며 전자는 '어떤 사람이 주장하는 학설, 어떤 경론의 이론 체계'를 의미하는 데 반해 후자는 '창시자, 전수, 신도, 교의, 내부 규율이 있는 종교집단'을 의미한다고 지적하였다(湯用彤, 「論中國佛敎無"十宗"」, 『隋唐佛敎史稿』(『湯用彤全集』 第二卷)」, 石家莊: 河北人民出版社, 2000, p.372). 필자는 이 글에서 위의 두 의미를 모두 염두에 두고 '종파'라는 말을 사용하고 있으며 이른바 수당의 종파 불교는 전자에서 후자로 무게 중심이 이동해 가는 과도기라 볼 수 있을 것이다.

차이에 대한 인식도 심화되었다. 좀 더 구체적으로 말해 이것은 소승불교, 부파불교, 중관학파와 유식학파를 중심으로 하는 대승불교로 이어지는 인도불교사에 대한 동아시아 불교사상가들의 인식 형성 과정이라 할 수 있다. 이와 관련하여 먼저 주목할 것은 지론사 혜광의 사종四宗이다. 혜광은 유부 아비달마논서의 원인과 결과에 대한 설(毘曇六因四緣)을 인연종因緣宗으로, 『성실론』의 언어적 존재론(成論三假)을 가명종假名宗으로, 『대품반야경』과 『중론』·『백론百論』·『십이문론十二門論』 삼론의 주제(大品三論)가 언어적 분별(相)에 대한 강한 부정이라는 점에서 광상종誑相宗으로, 『열반경』·『화엄경』 등의 주제가 선천적인 영원한 불성(涅槃華嚴等常住佛性本有湛然)이라는 점에서 상종常宗이라 명명하면서 유부, 경량부, 중관학파, 『화엄경』과 『열반경』으로 대표되는 불성사상 순으로 불교사의 발전을 이해하고 있다. 후대 사상가들의 교판과 비교했을 때 혜광의 사종은 『반야경』에 대한 단선적 인식과 『법화경』에 대한 무관심이 두드러진다.

하지만 동일한 지론사 계열인 정영사淨影寺 혜원慧遠(523~592)의 사종은 이와 다른 포용적 입장이 두드러진다. 혜원은 '성性과 상相'의 범주를 적용하여 인연종을 유부가 존재론적 본질(性, svabhāva)을 주장했다는 점에서 입성종立性宗으로, 가명종을 경량부가 그것을 부정했다는 점에서 파성종破性宗으로, 광상종을 중관학파가 존재론적 본질과 연관된 언어적 본질(相, lakṣaṇa)마저 실재하지 않는다고 부정한다는 점에서 파상종破相宗 또는 부진종不眞宗으로, 상종을 실재하는 것을 적극적으로 보여준다는 점에서 현실종顯實宗 또는 진종眞宗으로 새롭게 분류하고 있다.[19] 혜광과 비교할 때 혜원은 파상종, 현실종이라는 주제만을 적시하고 대

---

19 慧遠, 『大乘義章』 권1(『대정장』 44, 483a)

승경전을 단선적으로 배당하지 않은 점이 두드러지는데, 이는 그가 『화엄경』과 『법화경』은 삼매三昧, 『반야경』은 지혜智慧, 『열반경』은 불원만과 덕열반佛圓滿果德涅槃, 『유마경』은 불사의해탈不思議解脫, 『승만경』은 일승을 각각 주제로 하지만 모두 진성연기眞性緣起를 통해 성립하는 것[20]으로 보았기 때문이었다.[21]

지론사와 달리 현장이 인도에서 배워 온 유식학파의 입장에서 이루어진 불교사 인식을 보여주는 것으로 규기의 팔종八宗을 꼽을 수 있다. 규기는 붓다 가르침을 심오함(淺深)을 기준으로 여덟 단계로 구분하고 있는데 두 가지 특징이 두드러진다. 첫째 자아(我)와 현상(法)은 존재하는가(有), 아니면 공한 것인가(無=空), 실체로서 존재하는가(實), 아니면 언어적으로 존재인가(假), 비존재인가(妄) 실재인가(眞), 궁극적 차원의 인식을 통해 존재하는가(眞), 아니면 언어적 차원의 인식을 통해 존재하는가(俗) 등을 기준으로 소승의 부파를 사상적으로 여섯 부류로 분류함으로써 각 부파 간의 공통성과 차이에 대한 보다 심화된 인식을 보여준다. 둘째 궁극적 진리 차원에서 자아와 현상 모두가 공이라는 중관학파의 주장(勝義俱空宗)과 진리에 부합하는 완전한 실재가 있다는 유식학파의 주장(應理圓實宗)만이 대승의 우월한 가르침으로 인식하면서도 그중 유식의 가르침을 제8의 최상의 가르침으로 상정하고 있다는 점이다.[22]

---

20 慧遠, 『大乘義章』 권1(『대정장』 44, 483b).
21 길장의 『大乘玄論』(『대정장』 45, 63b)에 따르면, 지론사의 교판에는 이외에도 대표적으로 三宗과 사종이 있다. 삼종 중 立相敎는 이승 수행자에게 설한 有相의 가르침, 捨相敎는 『반야경』 등에서 無相을 자세히 밝힌 것, 顯眞實敎는 『화엄경』 등의 가르침을 말하며, 사종은 『阿毘曇論』 등을 인연종, 『성실론』을 가명종, 삼론을 부진종, 『십지경론』 등을 진종이라 한 것이다.
22 窺基, 『大乘百法明門論解』 권상(『대정장』 44, 46c).

법장의 사종과 십종十宗은 규기의 팔종을 부분적으로 수용하긴 하지만 비판의 의도가 보다 두드러진다. 그의 사종은 먼저 유부와 중관학파의 주장을 유상종有相宗(=수상법집종隨相法執宗)과 무상종無相宗(=진실무상종眞實無相宗)으로 정리한 뒤, 진제와 현장을 통해 중국불교에 이미 큰 흐름을 형성하고 있었던 유식학파를 법상종法相宗(=유식법상종唯識法相宗)으로 자리매김한 다음, 마지막으로 최상의 가르침으로 실상종實相宗(=여래장연기종如來藏緣起宗)으로 제시하면서 규기에 의해 무시되었던 앞서 오시의 대승종교 이상의 대승 경전들을 최고의 가르침으로 재차 부각시키고 있다. 그의 십종은 부파불교 인식에서 규기 팔종의 틀을 거의 그대로 따르는 한편, 대승경전을 인식함에 있어 자신의 오교의 틀을 가져와 먼저 『반야경』을 대승시교에 한정한 뒤, 이어서 여래장계 경전들과 『유마경』 등을 각각 대승종교와 돈교에 배당한 다음, 마지막으로 별교일승인 『화엄경』을 최상의 가르침으로 설정하는 등 실상종에 해당하는 경전들을 세분화하고 있다.[23] 요컨대, 그의 불교사 인식은 한편으론 부파불교와 대승 중관사상 인식은 규기와 공유하고 있지만, 다른 한편으론 법상法相과 실상實相이라는 구도 아래에서 『기신론』으로 대표되는 여래장 계통 경론, 『유마경』으로 대표되는 돈교, 스스로 여래장 계통 경론과 돈교 양자를 모두 포괄하고 있다고 보는 『화엄경』 등이 『유가사지론』으로 대표되는 유식 계통 경론보다 훨씬 완전하고 포괄적인 가르침이라는 인식을 잘 보여준다.

---

23 法藏, 『華嚴一乘教義分齊章』 권1(『대정장』 45, 481b)

III. 한국불교 교판의 주요 양상

원측의 『해심밀경』 중심주의

원측은 앞서 언급했듯이 진제와 현장이 소개한 『해심밀경』의 삼시법륜을 자기 교판의 큰 틀로 삼고 있다. 그의 삼시법륜 해석에서 가장 주목할 곳은 두 군데이다. 첫째는 제2시 『반야경』과 제3시 『해심밀경』 간의 관계에 대한 인식이다. 그는 비록 논쟁의 종식이라는 관점에서 제3시법륜의 제2시법륜에 대한 우위를 여전히 견지하고 있었지만, 다른 한편으론 스스로 공을 진정으로 이해하고 있다고 자부하는 유식의 료의의 입장에 서서 『반야경』의 핵심 주제인 무상無相을 『해심밀경』의 핵심 주제인 삼성三性과의 관계 속에서 '료의'로 재해석함으로써 양자를 통합적으로 인식하려 노력하였다. 이러한 인식은 '변계소집성遍計所執性의 부정'을 '무상'으로 이해하는 용수, 성천聖天 등 중관논사의 공 해석과 미륵彌勒, 무착無著, 세친 등 유식논사의 유 해석 간에 아무런 모순이 없었으며, 청변과 호법 간의 공유 논쟁이 붓다 가르침의 무와 유 두 측면을 번갈아 지적하여 진리를 온전하게 밝히는 데 공헌하고 있다고 보는 그의 불교사관과도 연결된다.[24]

둘째로 『법화경』과 연동된 『해심밀경』 인식이다. 앞서 말한 대로 진제는 제3시 료의의 핵심 주제를 제1시 소승과 제2시 대승의 갈등을 극복한 일승으로 명시하였고, 그런 관점에서 일승을 핵심 주제로 한다고 공

---

[24] 장규언, 「제2시와 제3시 설법의 관계에 대한 원측 인식의 특징-『해심밀경소』 티벳어역 속 신발굴자료에 대한 소개를 겸해」, 『불교학연구』 40, 불교학연구회, 2014, pp.117~119.

인된 『법화경』 역시 료의로 보았다. 원측은 이러한 관점을 계승하여 '『법화경』의 일승 설법은 삼승 수행자가 공유하고 있는 동일성을 환기시킨 것이다'라는 취지의 『해심밀경』 「지바라밀다품地波羅蜜多品」 경문에 주목하여 『법화경』의 일승의 의미를 삼승 수행자가 공유하고 있는 '궁극적 이상(理趣) 또는 수행의 기반(法界)의 평등'과 '궁극적 이상을 향한 수행의 길(理趣道)의 평등'으로 재해석하고 있다.[25] 이를 통해 원측은 『해심밀경』 역시 『법화경』 일승 설법을 포함하고 있다는 점을 명시하면서 삼성을 통해 유식의 입장에서 수용된 『반야경』의 공사상 외에 료의인 『해심밀경』 가르침의 완전성을 구성하고 있는 또 다른 요소로서 『법화경』 일승의 통일성과 초월성을 부각시키고 있다.

원효의 『화엄경』·『기신론』 중시

원효元曉(617~686)의 교판에는 특정한 경전을 최상의 가르침으로 설정하려 하지 않고 모든 대승경전을 완전한 가르침으로 보려는 점과 함께 『화엄경』과 『기신론』을 특별히 중시하는 두 가지 상반된 경향이 있다. 전자는 『미륵상생경종요彌勒上生經宗要』, 『무량수경종요無量壽經宗要』, 『대혜도경종요大慧度經宗要』, 『법화종요法華宗要』, 『열반종요涅槃宗要』 등에서 소승과 대승만을 구별하는 길장의 이장二藏 교판을 근거로 『반야경』, 『법화경』 등을 모두 최상의 가르침으로 인식하고 있으며, 한 발 더 나아가 수당 교판을 염두에 두며 '사종으로 경전의 종지를 나누고 오교로 붓다의 뜻을 제한하는 것은 소라로 바닷물을 푸는 격이요, 대롱구멍을 통해

---

[25] 장규언, 「원측 『법화경』 일승 인식의 특징과 그 교판적 의미 – 진제 사유 계승의 한 측면」, 『불교학연구』 44, 불교학연구회, 2015, pp.65~66

하늘을 엿보는 것과 같다'며 교판 자체에 회의적 태도를 취하는 데서 잘 드러난다.

하지만 만년의 저작으로 평가되는『화엄경소華嚴經疏』에서는『화엄경』을 중심으로 하는 사교판四敎判을 제시한 것으로 다른 사상가들이 전하고 있다. 그것에 따르면, 첫째 삼승별교三乘別敎로 사제의 가르침과『연기경緣起經』을 들고, 둘째 삼승통교三乘通敎로『반야경』,『해심밀경』을 든 뒤, 별교와 통교의 구분 근거로 법공法空을 온전히 밝혔느냐 여부를 제시하고 있다. 이어서 삼승과 구별되는 일승분교一乘分敎로『영락경瓔珞經』과『범망경梵網經』을 들고, 일승만교一乘滿敎로『화엄경』의 보현교普賢敎를 들고, 분교와 만교의 구분 근거로 장애 없는 보법普法을 완전히 구현하고 있느냐 여부를 제시하고 있다. 이 중 삼승통교에『반야경』과『해심밀경』을 나란히 배치한 것은 지엄智儼(602~668)『공목장孔目章』의 오교판五敎判 중의 대승시교大乘始敎와 일치하고 일승분교에『영락경』과『범망경』을 나란히 배치한 것 역시 지엄이 두 경전을 일승원교一乘圓敎에 가깝지만『화엄경』에는 미치지 못하는 것으로 보는 것과 유사해 보인다는 점에서[26] 그의『화엄경』중시 경향은 보다 분명해 보인다. 물론 계보학적으로 보았을 때의 사교판이 지엄의 영향을 반영하고 있긴 하지만, 사상과 실천의 연관성을 고려할 때 일승분교에 실천적인 보살도를 강조하는 대승계경大乘戒經인『영락경』과『범망경』을 배당한 것은『삼국유사三國遺事』「원효불기元曉不羈」에서 극적으로 형상화되는 그의 보살행과 어느 정도 관련성을 지니고 있었을 것이라는 추정도[27] 가능할 것이다.

---

26 고익진,「원효의 화엄사상」,『한국화엄사상연구』, 서울: 동국대학교 불교문화연구원, 1982, p.64

27 남동신,『영원한 새벽 원효』, 서울: 새누리, 1999, p.243

한편 원효에게는 『기신론』 중시 경향 역시 두드러진다. 『대승기신론별기大乘起信論別記』의 '논論' 자에 대한 주석에서 그는 현장이 소개한 청변과 호법 간 공유 논쟁의 화쟁和諍 논리를 원용하여 『기신론』의 불교사상사적 의의를 우선 파破에 치우친 『중론』, 『십이문론』 등과 달리 존재를 논파하면서도 그것을 논파하는 언표의 작용을 인정하고(許) 립立에 치우친 『유가사지론』, 『섭대승론』 등과 달리 존재를 세우면서도 그 존재가 전제하고 있을지 모르는 실체성은 부정하는 것(遣)으로 파악하고 있다.[28] 다음으로 『기신론』의 주제를 일심이문一心二門으로 명시하고 그것이 붓다의 모든 가르침, 즉 『승만경』, 『열반경』, 『법화경』, 『금광명경金光明經』, 『대승동성경大乘同性經』, 『화엄경』, 『영락경』, 『대품반야경』, 『대집방등경大集方等經』 등을 포괄하고 있다고 말하고 있다.

의상과 균여의 상이한 『화엄경』 인식

한국의 대표적 화엄사상가 의상義湘(또는 義相, 625~702)과 균여均如

---

28 元曉, 『大乘起信論別記』(『대정장』 44, 226b). 보다 정확한 고증이 필요하긴 하지만, 필자는 잠정적으로 破와 立, 許와 遣의 논리가 현장 역 호법 찬 『大乘廣百論釋論』 속의 청변과 호법 간의 공유 논쟁의 논리를 원용한 것으로 보고 위와 같이 해석해 보았다. 원효의 저작으로 의천 『新編諸宗教藏總錄』에 『廣百論宗要』 1권과 永超 (1014~1095) 『東域傳燈目錄』에 『廣百論旨歸』 1권이 전한다는 사실을 간과해서는 안 될 것이다(동국대 불교문화연구소 편, 『한국불교찬술문헌총록』, 서울: 동국대출판부, 1972, pp.28~29).
원측이 『광백론』에서 인용하는 청변과 호법 간 대론 과정에 대해서는 장규언, 「공유 논쟁에 대한 원측의 화쟁 논리-『대승광백론석론』 「교계제자품」을 중심으로-」, 『철학논집』 37, 서강대학교 철학연구소, 2014, pp.296~308 참조.
일찍이 원효의 위 언급이 청변과 호법의 공유 논쟁에 대한 이해를 전제하고 있었을 것이라는 지적이 있었다(박태원, 『「대승기신론」 사상을 평가하는 원효의 관점』, 『원효(한국의 사상가 10人)』, 서울: 예문서원, 2002, pp.392~393).

(923~973)의 경우 교판론에 있어 미묘하지만 의미 있는 차이를 보인다. 먼저 의상의 경우 화엄 교판이 보편적으로 지니고 있는 양 측면, 즉 다른 가르침에 대한 『화엄경』 별교일승의 초월성과 붓다의 모든 가르침에 대한 『화엄경』 방편일승方便一乘의 포괄성을 균형 있게 강조하고 있다. 이러한 관점에서 그는 『화엄일승법계도華嚴一乘法界圖』에서 『화엄경』의 일승의 절대적 가르침(一乘別敎)과 삼승의 방편적 가르침(三乘方便敎門)이 전체성(總)과 개별성(別)으로 상호 부즉불리不卽不離와 불일불이不一不異의 관계를 형성하고 있다고 보고 있다.[29] 이 중 의상이 사용하는 '방편일승'이라는 용어는 모든 가르침을 포섭하고 있는 일승이라는 의미로서 법장의 동교일승과 유사한 사유의 결을 보여준다.

이에 비해 균여의 이른바 '별교일승절대론'은 『화엄경』의 원교일승圓敎一乘과 하사교下四敎(소승교, 대승시교, 대승종교, 돈교)를 실實과 권權, 별교와 동교의 관계로 명확히 구분하면서 동교를 원교에서 분리하여 일승이 아닌 삼승으로 간주하고, 원교일승은 오로지 화엄의 가르침인 별교일승으로만 이루어졌다고 보고 있다. 이 점은 원교에 하사교의 교법이 모두 포함되었음을 의미하는 해섭該攝과 원교의 가르침이 여전히 하사교와 구분됨을 의미하는 분상分相으로 양자의 관계를 파악함으로써[30] 『화엄경』의 원교가 하사교를 모두 수렴한 포괄적인 가르침이자 하사교를 초월하는 절대적 가르침을 강조하는 데서도 확인된다.

---

29 義湘, 『華嚴一乘法界圖』(『대정장』 45, 731a)
30 이상 균여 교판론의 핵심 주장에 대해서는 최연식, 「균여 화엄사상연구 - 교판론을 중심으로 -」, 서울대 박사학위논문, 1999 참조.

의천의 포괄주의적 경향

한국의 대표 천태사상가로 제관諦觀과 의천義天(1055~1101)을 손꼽을 수 있을 것이다. 고려 초인 961년 왕명을 받들어 천태교 전적을 중원에 전해 주기 위한 사명으로 송宋을 방문하였다가 천태종 제15조 의적義寂에게 수학하고 거기서 생을 마친 제관은 스스로 밝힌 대로 지의의 『법화현의法華玄義』에 의거하여 천태 교판의 핵심(綱要)을 요령 있게 정리한 『천태사교의天台四教儀』를 지어[31] 후대 학승들에게 큰 도움을 주었다. 요컨대 제관은 천태종 전통의 부흥과 교판의 전승에 큰 공헌을 한 정통 천태사상가로 평가할 수 있을 것이다.

이에 반해 화엄종에서 출가하여 천태종을 세운 의천은 그의 생애만큼이나 교판 역시 복합적이다. 교판과 관련된 몇몇 단편적 언급들을 종합해 볼 때, 의천 교판에는 몇 가지 층위가 존재한다. 첫째는 징관澄觀(738~839)에 근거하여 성종性宗과 상종相宗을 모두 배울 것을 권유하면서 『기신론』과 『성유식론成唯識論』을 각각 그 핵심을 담은 책으로 보아 중시한 점이다. 둘째는 역시 징관에 근거하여 화엄의 오교를 천태의 사교와 동일시하는데, 화엄의 원교를 천태의 원교의 틀 속에서 이해함으로써 『화엄경』의 여타 대승경전과의 공통점을 강조하고, 역으로 천태의 원교를 화엄의 원교와 동교의 틀 속에서 이해함으로써 『법화경』의 완전성과 포괄성을 강조하는 경향을 보인다. 셋째는 원효를 성과 상을 통합하여 모두 밝힌 인물로 평가하면서 명상名相에만 집착한 『유가사지론』이나 리관理觀만 숭상하는 지의보다 뛰어나다고 평가하였으며, 스스로 『기신론』의 저자로 믿고 있었던 마명馬鳴이나 용수龍樹 반열의 불교사

---

[31] 제관 지음, 최기표 옮김, 『천태사교의』, 서울: 동국대학교출판부, 2011, p.44

상가로 찬양하고 있다는 점이다.³² 이상과 같이 의천의 교판은 일반적인 화엄 또는 천태사상가들과 달리 특정 경전 지상주의 또는 중심주의에 크게 얽매이지 않고 당시 영향력 있는 주요 학파의 교리를 모두 포괄하려는 경향을 보이며 그 맥락에서 원효 화쟁의 의의를 높이 평가하고 있는 듯하다.

VI. 한국불교 교판의 두 측면

수당 불교의 종파적 구심력

이상 한국의 대표 불교사상가들의 다양한 교판에 보이는 공통점은 무엇일까? 가장 먼저 그들 모두 수당 불교의 보편적 장 속에서 활약했다는 사실을 꼽을 수 있다. 수당 불교로 대표되는 동아시아 불교의 보편성을 구성하는 요소로 언어적 동일성을 먼저 지적할 수 있다. 위에서 말한 원측, 원효, 의상, 의천, 제관 등이 중원에 유학하거나 중원의 사상가들과 서신왕래를 통해 교유하고 또 그들의 저작이 중원, 신라 및 고려, 일본 등에서 읽힐 수 있었던 것은 그들의 불교 교학 학습과 저술이 모두 고대 동아시아 지식인의 유일한 공통 문어였던 한문을 통해 이루어졌기 때문일 것이다.

다음으로 장안을 중심으로 하는 각 종파 사상가들의 폭넓은 영향력을 들 수 있다. 당시 동아시아 세계의 정치 중심지였던 장안은 여러 이

---

32 이상 의천 교판의 핵심 내용은 이병욱, 「의천의 천태 사상 수용의 두 단계」, 『의천(한국의 사상가 10人)』 서울: 예문서원, 2002, pp.397~419 참조.

유에서 수당 불교의 대표 사상가들과 그들에게 배우기 위해 전국 각지와 해외에서 유학 온 학승들이 운집한 불교사상의 중심지이기도 했다. 장안에서 만들어진 사상은 각 사상가들의 저작과 유학승들의 귀국 후 강의를 통해 동아시아 전체로 전파되었고, 또 그것에 적극적으로 반응한 각지의 사상가들의 사유 역시 여러 경로를 통해 동아시아 불교계 전체로 전파되면서 서로 영향을 주고 받았다.

예컨대 수당 불교의 보편적 장 속에서 원측을 보자. 우선 원측은 진제 사유를 계승한 섭론사攝論師인 법상法常과 승변僧辨에게서 직접 배웠으며, 역시 법상과 승변에게 배운 동문 선배 현장의 역장 공개강의를 들었던 듯하며[33] 또 수시로 찾아가 궁금한 것을 물었다.[34] 따라서 그의 교판은 진제와 현장이 소개한 『해심밀경』의 삼시법륜에 기초하고 있을 뿐만 아니라 삼시법륜을 해석함에 있어서도 진제의 강의나 현장의 강의 및 현장 역 유식 논서들을 경증으로서 인용할 정도로 그들의 강한 영향력을 반영하고 있다. 하지만 다른 한편으론 장안에서 활약한 서라벌 사람 원측이 한문으로 지은, 현장 역 『성유식론』과 『해심밀경』에 대한 상세한 해설인 『성유식론소成唯識論疏』와 『해심밀경소解深密經疏』는 법상종 내에서 해당 경론이 지닌 중요성과 보편적 영향력 때문에 오랜 시간 동안 동아시아 법상종 내에서 널리 읽혔다.

원효의 경우 한때 의상과 함께 장안의 현장 아래에서 수학하기를 꿈

---

33 慧立·彦悰, 『大唐大慈恩寺三藏法師傳』 권7(『대정장』 50, 260a). 현장이 慈恩寺에서 역경하고 있을 당시 원측은 西明寺의 大德 중의 일원이었기 때문에 이 강의에 참여했을 가능성이 높아 보인다.

34 惠沼, 『成唯識論了義燈』 권1(『대정장』 43, 666b). 해당 인용문의 구체적 맥락에 대해서는 장규언, 「法相宗 窺基系 圓測像의 형성 과정에 대한 비판적 고찰」, 『한국사상사학』 43, 한국사상사학회, 2013, pp.127~128 참조.

꾸었으며, 비록 장안에서 멀리 떨어져 있었지만 수당 각 종파의 중심 사상가들의 글을 폭넓게 읽었으며, 진제 역으로 믿어졌던 『기신론』, 진제 역 『중변분별론中邊分別論』, 현장 역 『해심밀경』, 『광백론』 등 수많은 경론에 대한 자신의 해석을 펼쳐 보이면서 그가 사숙한 스승들의 권위를 빌리고 그들의 아이디어를 원용함으로써 자신의 사상 체계를 구축해 나갔다. 예컨대, 그의 사교판은 지엄의 오교판에 영향을 받은 것으로 추정되고, 『기신론』을 중관학파와 유식학파를 지양한 완전한 가르침으로 이해한 것은 현장이 소개한 공유 논쟁의 화쟁 논리를 원용한 것으로 볼 수 있다. 다른 한편으로 서라벌에서 저술된 원효의 『기신론』 주석이 중원으로 전해져 법장에게 일정한 영향을 끼치고, 또 이후로 동아시아 전역에 걸쳐 널리 읽힌 것은 수당 불교에서 『기신론』이 차지하는 위상과 그 보편적 영향력과도 무관하지 않을 것이다.

의상은 장안 교외의 종남산終南山에서 법장과 함께 직접 지엄을 사사하였는데, 귀국 후 저술에서도 여전히 스승의 뜻에 충실하게 『화엄경』의 완전성을 구성하는 양 측면, 즉 별교일승의 초월성과 방편일승의 포괄성을 균형 있게 강조하고 있다. 균여는 비록 중원의 사상가들과 직접적 교류는 없었지만 그가 속한 화엄종의 주요 사상가들인 지엄, 의상, 법장, 징관 등의 전통 위에서 자신의 교판 체계를 구축해 나갔다. 고려의 천태사상가 제관은 중원으로 유학 가서 의적에게 수학하고 천태종의 교판 전통을 정리하여 후대에 전승시켰으며, 화엄종에서 출가하고 훗날 고려 천태종을 세운 의천 역시 징관의 권위를 빌려 화엄의 오교를 천태의 사교와 동일시하는 통합주의적 교판 체계를 세웠다.

개별 사상가의 역사성

다음으로 한국불교 교판 속에서 우리가 발견할 수 있는 또 다른 공통점으로 수당 불교의 보편성과 구별되는 개별 사상가들의 역사성을 들 수 있다. 앞서의 한국의 대표 불교사상가들 모두 수당 불교의 장 속에서 작용하는 종파적 구심력을 강하게 느끼면서 자신만의 교판 체계를 만들어 갔지만, 동시에 그 속에는 각자의 사상적 여정과 역사적 상황에 근거한 개별 사상가들의 개인적 또는 역사적 동기도 강하게 작용하였다.

원측은 현장을 매우 존중하였지만 때로는 현장의 권위를 빌려 자기만의 교판을 구축하기도 했다. 그가 '『반야경』도 삼성을 설하고 있기 때문에 료의이다'라는 파격적 주장을 하면서 현장 역 무성無性『섭대승론석攝大乘論釋』속에 인용된『반야경』구절(일명 미륵청문장彌勒請問章)을 경증으로 인용하고 있는 것은 잘 알려진 사실이다.[35] 그는 이처럼 중관과 유식사상 간의 연속성도 함께 강조한 점에서 유식사상의 중관사상에 대한 우위를 보다 강조한 규기와는 미묘하게 입장을 달리한다.[36] 또『해심밀경』의 핵심 주제를『법화경』의 일승으로 본 진제 사유를 발전시켜『법화경』의 일승 설법을『해심밀경』속 상이한 삼승 수행자가 공유하는 수행 기반·방법·목표의 동일성으로 재해석하여『해심밀경』의 완전성의 또 다른 의미로서『법화경』일승의 통일성과 초월성을 제시한 점은 매우 두드러진다.

---

35 이와 관련된 주요 논의는 장규언, 앞의 논문, 2014, p.90 참조.
36 원측과 대비되는 규기 교판의 특징에 대한 기존 논의는 장규언, 앞의 논문, 2014, pp.88~92 참조.

원효는 장안에서 멀리 떨어져 수당 각 종파의 중심 사상가들의 글을 폭넓고 자유롭게 읽었기 때문에 그의 교판에는 한편으로 특정 경전을 최상의 가르침으로 설정하려는 종파적 구심력으로부터 자유로운 측면이 보다 돋보인다. 이는 '사종으로 경전의 종지를 나누고 오교로 붓다의 뜻을 제한하는 것은 소라로 바닷물을 푸는 격이요 대롱구멍을 통해 하늘을 엿보는 것과 같다'고 한 말에서 가장 잘 드러난다. 또 그가 동시대의 법장과 달리 지엄을 계승하여 일승분교에 『영락경』과 『범망경』을 배당한 것은 그의 삶의 지향과 연관되어 해석되는 보살행 중시 경향과 무관하지 않을 것이다. 물론 본래 『광백론』에서 유식사상가 호법의 입장에서 이루어진 중관과 유식학파 간 공유 논쟁의 화쟁 논리를 그 양 학파의 한계를 모두 극복하고자 하는 화쟁 논리로 재해석하여 『기신론』에 새로운 사상사적 의미를 부여한 것은 그의 독창적 사유로 평가할 수 있을 것이다.

같은 화엄종 사상가인 의상과 균여가 미묘하지만 상이한 교판을 보여주는 것은 양자가 처한 개인적 또는 역사적 상황의 차이에서 비롯된 것으로 보인다. 장안 교외의 종남산에서 법장과 함께 직접 지엄을 사사한 의상은 스승의 뜻에 충실한 교판론을 전개한 사상가로 평가된다.[37] 그가 『화엄경』의 완전성을 구성하는 양 측면, 즉 별교일승의 초월성과 방편일승(=동교일승)의 포괄성을 균형 있게 강조하고 있는 데 반해, 균여는 당시 고려의 기타 종파들에 대한 화엄종의 우월성을 강조하려는 정치적 동기로 인해[38] 이른바 '별교일승절대론'을 내세워 『화엄경』에서 여타 경전의 가르침과의 공통 요소인 동교를 분리해 낸 뒤 『화엄경』만의

---

37 정병삼, 『의상 화엄사상 연구』, 서울: 서울대학교출판부, 1998, p.168
38 최연식, 앞의 논문, 1999, p.216

가르침인 별교일승을 원교일승으로 이해하고 있다.

　화엄종에서 출가하고 훗날 고려 천태종을 세운 의천의 사상적 이력은 화엄의 오교를 천태의 사교와 동일시한 징관의 말을 권위 있게 수용하는 하나의 계기가 되었다고 볼 수 있을 것이다. 또 그가 한편으로 화엄종에서 중시하는 『기신론』과 함께 법상종의 핵심 논서인 『성유식론』의 의의를 인정하고, 다른 한편으로 원효의 권위를 빌려 『유가사지론』으로 대표되는 법상종의 개념 분석(名相)과 지의의 관법(理觀) 양자의 지양을 추구했던 것은 천태종을 중심으로 선교禪敎 양종을 통합하려 했던 그의 정치적 의도와 연관된 것으로 추측해 볼 수 있을 것이다.

종파적 구심력과 사상가의 역사성 사이에서

교판은 불경이라는 가장 핵심적인 전통에 대한 불교사상가들의 가장 명시적인 인식이다. 붓다 직설의 전승으로 믿어져 온 초기불교 경전도 오랜 시간에 걸쳐 행해진 붓다 가르침의 다양한 측면을 함축하고 있고, 특히 뚜렷한 의도를 가지고 제작된 것으로 추정되는 일군의 대승경전들은 붓다의 가르침에 대한 다양한 해석들을 포함하고 있어 불교사상을 풍부하게 만들어 왔다. 하지만 이 모두가 붓다의 직설이며 더구나 대승경전이 보다 완전한 가르침이라고 믿었던 대승불교 전통 속 동아시아 불교사상가들은 얼핏 보기에 모순적이기도 한 이 다양성을 어떤 방식으로든 일관되게 이해하고 또 자신이 신봉하는 대승경전이 어떤 점에서 최상의 가르침인지를 설명해야 할 필요를 느끼게 되었다.

불교 전통에 대한 체계적 이해의 필요성에서 생겨난 교판은 구마라집 이래로 주요 대승경전들이 번역되어 소개됨으로써 초기불교·부파불교·대승불교 간 교리의 근본적 차이, 대승경전들 간 핵심 교리의 차이에 대한 인식이 심화되었고, 마침내 수당대에 이르러 대소승 경전을 두루 공부하고 깊이 이해한 일군의 걸출한 불교사상가들이 출현하면서 자신이 신봉하는 대승경전을 정점에 놓고 붓다 일생의 가르침을 위계적으로 정리한 교판 체계를 완성하게 되었다. 흥미롭게도 이러한 일련의 과정은 특정 경전과 그 핵심 교리를 신봉하는 종파의 형성 과정과 정확히 일치하는데, 예컨대『십지경론』번역 이후 형성된 지론사로부터 법장에 이르는 일군의 사상가들의『화엄경』지상주의는 화엄종으로, 법운 이래로『법화경』의 일승 설법을 중시했던 사상사적 흐름은 지의에 이르러 천태종으로, 보리류지에서 현장에 이르는 일군의 유식사상가들에게 지속적 영감을 준 『해심밀경』의 삼시법륜의 아이디어는 『해심밀경』으로 대표되는 유식학파의 경론을 최상의 가르침으로 삼는 법상종으로 각각 귀결되었다.

한국의 대표 불교사상가들은 모두 이러한 수당 불교의 보편적 장 속에서 사유한 인물들이다. 어떤 이들은 각 종파의 중심 사상가들에게 직접 사사하기도 하였고, 어떤 이들은 간접적으로 그들을 사숙하면서 자신만의 교판 체계를 만들어 나갔다. 원측은 진제 사유를 계승한 섭론사인 법상과 승변에게서 직접 배웠으며, 현장을 직접 찾아가 궁금한 것을 물을 정도로 그를 매우 존중하였다. 따라서 그의 교판은 기본적으로 진제와 현장이 소개한 『해심밀경』의 삼시법륜에 기초하고 있지만, 동시에 현장의 권위를 빌려 중관과 유식사상 간의 연속성도 함께 강조한 점에서 유식사상의 중관사상에 대한 우위를 보다 강조한 규기와는 미묘하게 입장을 달리하며, 또 진제의 사유를 계승하여 『해심밀경』이 『법화경』 일승 설법을 포함하고 있다는 점에 주목하고 그 일승의 의미를 삼승 수행자가 공유하고 있는 '궁극적 이상 또는 수행의 기반의 평등'과 '궁극적 이상을 향한 수행의 길의 평등'으로 재해석함으로써 료의인 『해심밀경』의 가르침의 완전성을 구성하고 있는 또 다른 요소로서 『법화경』 일승의 통일성과 초월성을 부각시키고 있다는 점에서 매우 두드러진다.

원효는 장안에서 멀리 떨어져 수당 각 종파의 중심 사상가들의 글을 폭넓게 읽으면서 그들의 아이디어를 적극적으로 수용하였고 때로 새로운 해석을 시도하였다. 따라서 그의 교판에는 한편으로 특정 경전을 최상의 가르침으로 설정하려는 종파적 구심력으로부터 자유로운 측면이 분명 존재하는데, 이는 '사종과 오교의 교판으로 붓다 가르침을 나누는 것은 관견管見에 불과하다'는 취지의 말에서 가장 잘 드러난다. 하지만 다른 한편으로 그에게『화엄경』과『기신론』중시 경향도 확인된다. 계보학적으로 보았을 때 그의 사교판은 용어는 다르지만 내용상 지엄의 오교판에 영향을 받은 것으로 추정된다. 원효 교판에서 가장 두드러지는 점은『기신론』중시 경향이다. 그가 현장이 소개한 공유 논쟁의 화쟁 논리를 원용하여『기신론』의 불교사적 의의를 중관학파와 유식학파 양자를 지양한 완전한 가르침으로 새롭게 이해하고 그 핵심 주제를 일심이문으로 해석한 점은 특징적이다.

같은 화엄종 사상가인 의상과 균여는 자신이 처한 개인적 또는 역사적 상황의 차이로 인해 미묘하지만 상이한 교판을 보여준다. 장안 교외의 종남산에서 법장과 함께 직접 지엄을 사사한 의상은 스승의 뜻에 충실하게『화엄경』의 완전성을 구성하는 양 측면, 즉 별교일승의 초월성과 방편일승(=동교일승)의 포괄성을 균형 있게 강조하고 있다. 이에 비해 균여는 당시 고려의 기타 종파들에 대한 화엄종의 우월성을 강조하려는 정치적 동기로 인해 이른바 '별교일승절대론'을 내세워『화엄경』에서 여타 경전의 가르침과의 공통 요소인 동교를 분리해 낸 뒤『화엄경』만의 가르침인 별교일승을 원교일승으로 이해하고 있다.

화엄종에서 출가하고 훗날 고려 천태종을 세운 의천은 그의 사상적 여정을 반영하듯 천태와 화엄 양 교판에 대해서 절충적이다. 즉 그는 징관에 근거하여 화엄의 오교를 천태의 사교와 동일시하는데, 화엄의 원교를 천태의 원교의 틀 속에서 이해함으로써『화엄경』의 여타 대승경전과의 공통성을 강조하고, 역으로 천태의 원교를 화엄의 원교와 동교의 틀 속에서 이해함으로써『법화경』의 완전성과 포괄성을 강조하는 경향을 보인다. 그의 이러한 화엄적 천태 이해 또는 천태적 화엄 이해는 천태종을 중심으로 선교 양종을 통합하려 했던 그의 정치적 의도와 연관된 것으로 해석 가능할 것이다.

　이상 한국의 대표 불교사상가들은 수당불교의 보편적 장 속에서 자신이 사사한 스승, 사숙한 사상가, 자신이 속한 학파의 사상가 등의 전통 속에서 불교사와 불경의 핵심 주제를 이해하려 시도하면서 동시에 자신의 관점과 상황에 근거하여 전통을 취사선택하고 재해석하는 역동적 과정 속에서 자신만의 교판을 만들었다. 다시 말해, 한국불교 교판에는 수당 불교에서 연원하는 종파적 구심력과 각자의 사상적 여정과 역사적 상황에 근거한 개별 사상가들의 개인적 또는 역사적 동기가 함께 작용하고 있었으며, 이 쌍방의 힘 간의 긴장과 조화 속에서 한국 불교사상가들은 때로는 동아시아적 보편성이 두드러지고, 때로는 개별 사상가의 역사성을 반영하고, 때로는 두 측면이 조화롭게 빛나는 등 다양한 색깔을 지닌 교판을 구축함으로써 후대의 한국 불교사상 발전을 위한 비옥한 토양을 공급하였다.

| 참고문헌 |

의상 지음, 김지견 옮김, 『일승법계도합시일인』, 서울: 초롱, 1997.
제관 지음, 최기표 옮김, 『천태사교의』, 서울: 동국대출판부, 2011.
고익진, 「원효의 화엄사상」, 『한국화엄사상연구』, 서울: 동국대 불교문화연구원, 1982.
남동신, 『영원한 새벽 원효』, 서울: 새누리, 1999.
박태원, 「『대승기신론』 사상을 평가하는 원효의 관점」, 『원효(한국의 사상가 10人)』, 서울: 예문서원, 2002.
이병욱, 「의천의 천태 사상 수용의 두 단계」, 『의천(한국의 사상가 10人)』, 서울: 예문서원, 2002.
이자랑, 「인도불교에서 부파의 성립과 발전 – 부파 성립에 있어 율의 역할을 중심으로」, 『불교학보』 74, 동국대 불교문화연구원, 2016.
장규언, 「원측 『법화경』 일승 인식의 특징과 그 교판적 의미 – 진제 사유 계승의 한 측면」, 『불교학연구』 44, 불교학연구회, 2015.
장규언, 「제2시와 제3시 설법의 관계에 대한 원측 인식의 특징 – 『해심밀경소』 티벳어역 속 신발굴자료에 대한 소개를 겸해」, 『불교학연구』 40, 불교학연구회, 2014.
정병삼, 『의상 화엄사상 연구』, 서울: 서울대학교출판부, 1998.
최연식, 「균여 화엄사상연구 – 교판론을 중심으로 –」, 서울대 박사학위논문, 1999.
하유진, 「남조의 교판사상 – 열반학의 교판론을 중심으로 –」, 『철학논집』 39, 서강대 철학연구소, 2014.

藍日昌,『六朝教判論的發展與演變』, 臺北: 文津出版, 2003.

廖明活,『中國佛教思想述要』, 臺北: 臺灣商務印書局, 2006.

湯用彤,「論中國佛教無"十宗"」,『隋唐佛教史稿(『湯用彤全集』第二卷)』, 石家莊: 河北人民出版社, 2000.

제2부

종교와 문화

권력과 종교

승역 · 승군

정토

문화와 의례

불교설화

불탑

권력과 종교

승역僧役 · 승군僧軍

박서연

I. 출가 승려와 노동

　　승역 · 승군 · 승병/ 붓다의 노동관/ 불교교단과 아라미까

II. 동아시아 불교의 승역 사례와 노동관

　　북조北朝 · 당唐의 폐불과 승역/ 삼계교와 선종의 노동관/ 일본 불교와 승병

III. 삼국 · 고려시대 국가불교적 전개와 승역

　　불교의 국가적 수용/ 나말여초의 사원 수호 승군/ 수원승도隨院僧徒와 승군/ 거란 · 몽고의 침입과 승병

IV. 조선시대 불교정책과 승역 양상

　　유교국가 조선과 도승度僧/ 성종대의 억불정책과 승역/ 임진왜란과 의승군/ 조선 후기 승군과 승역

　■ 승려의 사원 수호와 국가 외호

I. 출가 승려와 노동

승역·승군·승병

승역은 승려에게 부과된 역役을 말한다. 여기에는 각종 노역을 비롯하여 부역, 군역 등도 포함된다. 불교의 역사를 통해 볼 때, 승역은 국가와의 관계 속에서 행해진 것이었다. 불교교단의 승려도 국가 사회의 일원이므로 그들이 역을 부담하는 것은 자연스러운 것이지만, 인도 당시부터 불교는 출세간의 도道로서 그 종교성을 인정받았다. 인도에서 붓다 당시에는, 출가의 근본 목표가 열반의 성취에 있었으므로 기본적으로 출가 비구의 생산활동을 금지하였다. 붓다 당시 불교교단의 비구들은 일상생활을 영위하기 위한 의식주를 최대한 간소하게 하였으며, 대부분의 시간을 수행에 전념하는 삶을 추구하였다.

중국에 불교가 전래된 이래 출가 사문은 '방외지사方外之士'라 하여, 조세와 부역을 면제 받았으며 불교교단은 꾸준히 확대되었다. 동진東晉 시대부터 승려 개인의 농경, 상업 등의 경제활동이 나타나기 시작하였고, 당대唐代에 이르러서는 균전제均田制를 시행하여 승려들이 땅을 나누어 받았다. 여기에다 사원이 받은 보시 등은 사원경제의 급속한 발전을 가져오게 되었고,[1] 사원의 비대화는 북조 시대 폐불의 한 요인이 되었다. 인도불교와 달리 중국불교는 정치적 색채를 띠었다. 국가불교적

---

1 月庵, 「선종의 노동문제」, 『노동의 가치, 불교에 묻는다』, 안성: 도피안사, 2007, pp.99~100

성격이 강하였던 북조 시대에 폐불이 단행되었고, 강제 환속된 승려들은 정역征役에 종사하였다. 일본에서는 나라 시대에 승병이 발생하였는데, 득도得度 제도가 느슨해지자 사사로이 머리를 깎고 법복을 입는 자들이 많아졌고, 이는 승병이 창궐하게 되는 원인이 되었다.

중국에서 노동을 중시한 불교 종파는 삼계교와 선종이었다. 삼계교를 창시한 북제北齊의 신행信行(540~594)은 직접 노역에 종사하였는데, 그의 이러한 노동 중시는 선종에도 영향을 주었다. 선종에서 승려의 노동은 수행으로서 실천되었고, 백장 회해百丈懷海(720~814)의 "일일부작一日不作 일일불식一日不食"은 이러한 선종의 정신을 나타낸 것이었다.

우리나라에서는 삼국시대에 불교가 전래된 이래로 승려가 공식적으로 군대에 징발되거나 부역에 종사한 예는 찾아보기 어렵다.[2] 신라 하대는 왕권을 둘러싸고 정쟁이 끊이지 않는 시기였으며, 이러한 사회적 혼란으로 인하여 해인사와 같이 막대한 인적·물적 재원을 보유한 사원은 난도亂徒들의 공격을 자체적으로 방어하기 위해 승군을 두었다. 고려시대에는 외적의 침략이 빈번하였고, 승군은 거란, 여진, 몽고, 홍건적, 왜구와의 전쟁에 참여하였다. 사원에 예속되어 잡일을 하거나 사전을 경작하는 일을 하던 수원승도隨院僧徒는 윤관尹瓘이 별무반別武班을 조직할 때 항마군降魔軍으로 편성되어 여진정벌과 9성 축조의 한 축을 담당하였다. 또한 고려 말 왜구와의 전쟁에서 승도들은 많은 전함을 제작하였을 뿐만 아니라 승도로 구성된 화통방사군火桶放射軍(포병)이 진포鎭浦

---

[2] 당 태종이 고구려를 침략하였을 때 승군 3만 명을 동원하여 당의 군대를 격파하였다고 하나(『高麗史』 113, 「列傳」 26, 崔瑩傳), 이것은 고구려 관계 기록에는 보이지 않고 고려 말 최영의 말 가운데에 들어 있는 것이므로 그 사실성 여부를 밝히기는 어렵다.(김영태, 『한국불교사』, 서울: 경서원, 1997, p.31)

대첩에 참여하여 크게 활약하였다.³

고려와 달리 성리학을 그 개국이념으로 하는 조선시대에는 억불정책이 행해졌고 승려가 되는 도승度僧의 법도 강화되었다. 조정에서는 국초부터 도첩이 없는 승려들을 국가의 각종 토목공사에 동원하고 이들에게 도첩을 발급해 주었다. 성종 대에는 도첩이 없는 승려들을 환속시켜 군대에 충당하는 한편, 창경궁 역사役事에 무도첩 승려들을 부역시키고 도첩을 발급해 주기도 하였다.

성종대에 도승법이 일시적으로 정지되었다가 다시 회복된 이래로 연산군대에는 도성 내의 사찰들이 혁거되었으며, 중종대에는 『경국대전』의 도승조度僧條가 삭제되고 공식적으로 도승법이 폐지됨으로써 폐불과 다름없는 상황에 놓이게 되었다. 이후 명종대에 일시적으로 도승법이 부활되기도 하였으나, 그 이후로는 암담한 산승山僧의 시대를 겪어야 했다.⁴

임진왜란이 발발하자 불교계에서는 의승군義僧軍을 결집하여 왜군의 침략에 맞서 싸웠다. 의승군은 신라 말 사원의 수비를 위해 자체 내에서 조직된 해인사의 승군이나 수원승도로 구성된 고려시대의 항마군과는 시대적 또는 성격상 상당한 차이가 있다고 할 수 있다.⁵ 국난극복을 위해 활약했던 의승군은 전쟁이 끝난 뒤에는 산성의 축성과 수비에 동원되었으며, 특히 남북한산성과 동래성의 축성공사가 대부분 승려들의 노역에 의하여 이루어졌다. 이처럼 조선 후기에 승역은 산성을 축조한 뒤 그 수비의 일을 맡은 승군의 형태로 전개되었으며 축성역築城役과 수성

---

3 金昌賢,「고려시대 승병의 성격과 역할」,『한국 호국불교의 재조명 4-고려시대의 국가와 불교』, 서울: 대한불교조계종 불교사회연구소, 2015, pp.183~206 참조.
4 김영태, 앞의 책, 1997, p.19
5 李章熙,「壬辰倭亂 僧軍考」,『李弘稙박사 회갑기념 한국사학논총』, 서울: 신구문화사, 1969, p.340, 356

역守城役 외에 지역紙役 등 각종 잡역雜役과 잡공雜貢이 승려들에게 과중하게 부과되어 사찰 피폐의 요인이 되었다.

붓다의 노동관

붓다 당시 불교교단의 비구들은 한적한 숲이나 나무 아래, 혹은 산이나 계곡, 동굴, 무덤 주변, 숲속이나 한가한 곳, 짚더미가 있는 외딴 곳을 처소로 삼았고, 먹을 것은 열매나 다른 사람이 주는 음식을 먹었으며, 옷은 분소의糞掃衣를 입었다. 그들은 하루 한 번의 탁발에서 돌아와서는 가부좌를 하고 앉아 수행에 전념하였고, 이러한 삶의 양식에 대해 만족하는 삶을 추구하였다.[6]

이러한 비구들의 일상은 일반사람들의 그것과 차별되었는데, 그들은 육체적인 노동을 통하여 의식주를 해결하는 대신에 법을 설하는 등의 정신적인 행위를 통해 시주자들의 물질적인 보시에 보답하였다. 그러므로 당시의 출가 수행자에게 있어 노동은 육체적 측면이 아니라 정신적 측면에서 말해졌다고 할 수 있다. 붓다는 비구들이 하루 한 번의 탁발에 의지할 뿐, 나머지 생활은 전적으로 수행에 전념하는 것이 그들이 해야 할 일, 즉 노동이라고 여겼던 것이다.

노동에 대한 붓다의 관점은 『숫타니빠타』에 잘 나타나 있다. 가장 오래된 불전의 하나인 『숫타니빠타』에는 밭을 경작하여 생활을 영위하는 바라문과 붓다의 대화가 실려 있다. 붓다가 마가다국의 바라문 촌에 있을 때, 가사를 걸치고 발우를 들고는 밭을 갈고 있는 바라드바자라는 바

---

6 DN.Ⅰ. 211, Kevaḍḍhasutta ; 전재성 역주, 『신들과 인간의 스승-디가니까야 엔솔로지』, 서울: 한국빠알리성전협회, 2011, p.191

라문에게 다가갔다. 때마침 그는 음식을 나누어 주고 있었는데, 붓다는 한쪽에 가 서 있었고, 바라문은 음식을 받기 위해 서 있는 붓다를 보고 말했다.

"사문이여, 나는 밭을 갈고 씨를 뿌립니다. 밭을 갈고 씨를 뿌린 후에 먹습니다. 당신도 밭을 가십시오. 그리고 씨를 뿌리십시오. 갈고 뿌린 다음에 먹으십시오." 스승(붓다)은 대답하셨다. "바라문이여, 나도 밭을 갈고 씨를 뿌립니다. 갈고 뿌린 다음에 먹습니다." 바라문이 말했다. "그러나 우리는 당신 고타마의 멍에나 호미, 호미날, 작대기나 소를 본 일이 없습니다. 그런데 당신은 어째서 '나도 밭을 갈고 씨를 뿌립니다. 갈고 뿌린 다음에 먹습니다'라고 하십니까?"[7]

위의 경문은 붓다 당시의 바라문들이 불교교단의 출가자들에 대해 가졌던 시각의 한 일면을 보여준다. 밭을 갈고 씨 뿌려 경작한 곡식으로 생계를 유지하는 바라문과 발우를 들고 탁발하여 생계를 유지하는 불교 출가자들의 삶의 모습이 표면적으로는 매우 대조적으로 나타나고 있다. 바라드바자 바라문은 붓다의 교단이 밭을 갈고 씨 뿌려 먹지 않는 것에 대해 다음과 같이 질문한다.

이때 밭을 갈던 바라문 바라드바자는 시詩로 스승에게 여쭈었다. "당신은 농부라고 자칭하지만 우리는 일찍이 경작하는 것을 보지 못했습니다. 당신이 밭을 간다는 사실을 우리들이 알아듣도록 말씀해 주소서." 스

---

[7] 法頂 옮김, 「蛇品」, 『숫타니파타』, 서울:샘터사, 1993, p.30

승은 대답하셨다. "믿음은 종자요, 고행은 비이며, 지혜는 내 멍에와 호미, 부끄러움은 괭이자루, 의지는 잡아매는 줄, 생각은 내 호미날과 작대기입니다. 몸을 근신하고 말을 조심하며, 음식을 절제하여 과식하지 않습니다. 나는 진실을 김매는 일로 삼고 있습니다. 부드럽고 조화됨이 내 멍에를 떼어놓습니다. 노력은 내 황소이므로 나를 안온(열반)의 경지로 실어다 줍니다. 물러남이 없이 앞으로 나아가 그곳에 이르면 근심걱정이 사라집니다. 이 밭갈이는 이렇게 해서 이루어지고 단 이슬의 과보를 가져옵니다. 이런 농사를 지으면 온갖 고뇌에서 풀려나게 됩니다."[8]

이와 같이, 자신들처럼 몸으로 직접 노동하여 생계를 유지하라고 말하는 바라문에게 붓다는 당시 출가자들의 생활 속에서 노동의 가치를 찾아내고 있다. 정신적인 성숙을 위한 마음밭을 가는 수행자로서 붓다는 자신은 이미 탐욕의 불이 꺼졌으며, 마음이 잘 제어되어 해탈하였다고 말하였다. 그는 자신이 밭을 가는 것은 인간을 괴로움에서 벗어나게 하는 것임을 강조하였다.[9] 그러므로 붓다와 비구들에게 있어 노동이란 정신적인 것으로서, 진리를 깨달아 열반을 증득하고 그것을 사람들에게 설함으로써 그들 역시 괴로움이 소멸되는 삶을 영위하도록 인도하는 것이 가장 가치 있는 노동으로 간주되었다.

불교교단과 아라미까

불교 승가僧伽(saṃgha)의 최초기 생활양식은 유행流行하는 것이었다.

---

8 法頂 옮김, 앞의 책, 1993, pp.30~31
9 나라 야스아키 지음, 정호영 옮김, 『인도불교』, 서울: 민족사, 1994, pp.83~84

그러나 유행생활을 하던 비구들이 정착하게 되면서 포살이나 자자 등을 행하는 집회장소로서 회당會堂(upaṭṭhāna-sālā)이 건설되었고 승원僧院(leṇa)이 형성되기에 이르렀다. 승원에는 정사精舍, 굴원屈院 등이 있으며, 정사는 본래 안거 때의 주처로 개인적인 거처였다가 나중에 공공의 시설로 발전했고, 이때 다시 개개인의 방이 그 안에 지어졌다. 그리고 비구들이 정착함에 따라 하나의 비구 승가를 위하여 승원으로서의 정사를 필요로 하게 되었으며, 여기에는 공동생활을 위한 여러 시설이 정비되었다. 그 이후부터 정사는 비구들이 거주하는 대건축군, 조직화된 승원을 의미하게 되었다.[10]

초기 승가의 구성원, 즉 수행자들은 '숲에 머무는 사람', '집이 없는 사람' 등으로 불렸다. 그런데 불교 승가의 생활양식은 우안거雨安居를 계기로 변화하기 시작하였다. 당시의 출가수행자는 우기가 되면 한 장소에 머무는 관습이 있었다. 불교 수행자도 이러한 예에 따라 초기에는 각자 자신의 친척이나 지인 등에 의지하여 근처에 머물면서 우기 동안의 음식을 확보하였던 것으로 보이나, 유력한 외호자가 늘어나자 수행자는 그들이 기증한 숲에 머물며 우기를 보냈다. 그러나 최초에는 정사를 짓지 않고 숲과 우기 동안의 음식이 보장되었을 뿐이다. 그러나 곧 정사의 기증을 받아들이게 되었으며, 정사의 건축으로도 이어졌다. 그리고 수행자들은 이곳에 모여 함께 거주하게 되었다. 정사에 정주하게 된 이후에는 정사 안에 재료를 비축하여 두고 재가의 고용인이 승원 안에서 조리하는 것도 허용되었다.[11]

불교 초기에 출가수행자는 생산활동에 종사해서는 안 되었고, 금전

---

10 佐佐木教悟 등 공저, 권오민 역, 『인도불교사』, 서울: 경서원, 1985, pp.50~53
11 나라 야스아키 지음, 정호영 옮김, 앞의 책, 1994, pp.130~133

을 손에 넣는 일도 금지되었다. 하지만 승원제도의 확립과 함께 여러 가지 예외를 인정하게 되었으며, 승원 및 비구가 어떠한 경제행위를 할지라도 직접 금전을 손에 대어 매매하는 것은 허용되지 않았다. 인도의 불교교단은 대체로 서력기원 전후에 신도로부터 금전을 받고 있다. 승가에서는 속인을 고용하여 금전상의 일을 처리하게 하였는데, 소작인을 고용하는 등 장원제도의 발달을 초래하였다.

붓다 당시 마가다국의 빔비사라왕은 적극적으로 불교를 외호하였다. 그는 왕래하기 편하고 마을에서 너무 멀지도 가깝지도 않은 곳에 붓다를 위한 수행처를 지어 승단에 기증하였는데, 이것이 죽림竹林정사이다. 그는 비구가 직접 진흙으로 승방을 만드는 것을 보고 승원의 잡일을 하도록 500명의 아라미까ārāmika를 불교교단에 보시했으며, 이들은 근처에 마을을 형성하여 살았다고 한다. 혹은 500명의 도적이 죽음을 면하는 대신 승원 근처에 땅과 집을 제공받아 부락을 이루고 비구들의 심부름을 하였다고 한다. 이들은 금전을 취급하는 일, 취사 및 다른 잡일 등 비구들이 할 수 없는 일들을 대행하였다.[12]

인도사회에서 불교는 사성계급의 차별을 지양하고 일어난 종교였기에 그 내부에 신분에 의한 차별이 있었다고 보기는 어렵다. 하지만 승가공동체가 형성되고 그들이 유행생활에서 정주생활로 변해 가면서 승원이 만들어졌고 그로 인해 부득이하게 승원에서의 일을 담당할 재가자가 필요하게 되었을 것이다. 승원에서 이러한 역할을 담당한 부류가 아라미까였다.

아라미까란 원園이나 원림園林 등을 의미하는 아라마ārāma에서 파생

---

12 나라 야스아키 지음, 정호영 옮김, 앞의 책, 1994, p.146, pp.248~249

된 말로서, 한역에서는 원민園民·수원인守園人 등으로 나타난다. 아라미까의 구체적인 역할이나 실체에 관해서는 명확하지 않으며, 출가자들의 주처인 아라마의 건축이나 수리, 청소 등에 종사했던 사람들로 추정된다. 이 외에 아라미까와 유사한 교단의 인력으로서 정인淨人이 있다. 이들은 땅을 판다거나 나무를 자르는 등, 구족계를 받은 비구가 할 수 없는 일들을 대신하였다.[13] 승가는 재가신자들로부터 토지와 건물, 각종 공양물을 보시 받아 아라미까나 정인에게 경작시키고 관리하게 하였다. 아라미까는 승가의 일을 돌보면서 그들의 생계를 유지하였으며, 비구들도 아라미까 마을에서 걸식하고 공양청을 받으며 옷 등을 제공 받았다. 아라미까는 남성뿐만 아니라 여성이나 나이 어린 사람과 사미·사미니도 포함되었다.[14]

II. 동아시아 불교의 승역 사례와 노동관

북조北朝·당唐의 폐불과 승역

중국불교사에서 불교가 국가적 색채를 짙게 띠기 시작한 것은 북조의 북위 때(386~534)부터이다.[15] 북위의 태조 도무제道武帝는 불교를 국가공인의 종교로서 허용하여 398년(천흥天興 원년)에 조칙을 내려 불사佛

---

13 이자랑,「寺奴」,『테마 한국불교 2』, 서울: 동국대학교출판부, 2014, pp.217~219
14 박영미(상윤)·신성현,「아라미까와 승가의 지주화에 대한 一考」,『한국불교학』70, 한국불교학회, pp.382~403 참조.
15 장휘옥,「중국불교 법난사」,『僧伽』12, 중앙승가대학, 1995, p.96

寺와 불상의 건립을 명하였고, 황시중皇始中(396~397)에 사문 법과法果를 맞이하여 도인통道人統에 임명하고 승려들을 감독하게 하였다. 여산 혜원과 달리 법과는, 황제(태조)는 당금當今의 여래이니 사문은 예경해야 한다고 주장하였는데, 이는 북조불교의 국가적 성격을 강하게 하는 사상적인 배경이 되었다.[16]

태무제(재위 424~452)는 처음에는 선대 왕들처럼 불교를 신봉하였으나 점차 도교를 신봉하게 되었고, 급기야는 폐불을 단행하기에 이르렀다. 태무제는 유자儒者이자 재상의 지위에 있던 최호崔浩(381~450)의 획책으로, 444년 정월에 조칙을 내려 사문 등을 숨겨주는 자는 주살한다고 엄명하였고, 446년 3월에 철저한 폐불령을 내려 사탑寺塔 등을 파괴하고 많은 승려들을 살상하였다. 이러한 대규모의 폐불이 있기 수년 전인 438년(태연太延 4) 3월 계미癸未에 50세 이하의 사문은 환속하게 하는 조서를 내렸으며, 그중에 건장한 자는 평민으로 환속시켜 정역征役에 종사케 하였다.[17] 439년 북위의 군대가 북량北涼을 침략했을 때 양주성이 함락되어 3천여 명의 승려들이 포로로 잡혔는데,[18] 당시 태무제는 이들을 노역 부대에 편입시켰다.

북주의 무제 역시 폐불을 단행하였는데, 이때의 폐불은 종교 전반에 대한 정치적·경제적인 통제의 측면이 강했다. 무제는 북방을 통일하고자 하여 인구 수를 늘리려고 하였고, 사찰이 보유하고 있는 막대한 토지와 노비 및 승려들을 활용하여 국력을 증대시키고자 하였다. 그리하여 무제는 도교와 불교를 폐지하기에 이르렀는데, 이때의 종교 억압은 특

---

16 鎌田茂雄 著, 鄭舜日 譯, 『中國佛敎史』, 서울: 경서원, 1984, pp.102~103
17 『資治通鑑』 권123
18 『속고승전』(『대정장』 50, 646c)

히 불교에 대한 탄압이 그 주된 목적이었다. 심중沈重에게서 유학을 배운 무제는 574년 5월 17일 폐불의 조칙을 발표하였다. 이로 인해 불교의 경전과 불상은 제거되었고, 사원은 왕공에게 하사되었으며, 수많은 승려들이 군민軍民으로 환속당하였다. 북주 무제의 폐불은 표면적으로는 도교와 불교를 모두 폐지하는 것이었으나 궁극적으로는 불교탄압과 함께 국가의 인적·물적 재원을 확보하는 것이었기에 불교에 대해서는 전면적인 억압을 단행하였다. 북조 시대의 이 두 폐불로 인해 불교계가 받은 타격은 매우 커서 북지北地의 불교는 거의 폐멸廢滅 상태에 놓이게 되었다.[19]

그러나 태무제가 죽고 문성제文成帝가 즉위하자 조서를 내려서 불교를 부흥시켰다. 문성제의 불교부흥에 중요한 역할을 한 사람이 사문 담요曇曜였다. 그는 백성들 중에 중죄를 범한 자와 관청의 노예를 불도호佛圖戶로 삼아 이들이 사찰에서 청소 등의 일을 하고 해마다 농사도 겸해서 곡물을 제공하도록 할 것을 청하였는데, 고종이 이를 허락하여 사찰의 불도호가 각 주와 군에 두루했다고 한다.[20]

북조 시대를 지나 당 무종武宗 때에 이르러 회창會昌(841~846) 폐불이 단행되었다. 무종의 폐불은 가장 철저하고 대규모적인 것이었다. 842년(회창 2) 승려 중에 죄를 범한 자이거나 계행을 닦지 않는 자를 전부 환속시키고 그들의 사유재산을 몰수하였다. 다시 844년에는 더욱 엄중히 오대산을 위시하여 여러 사찰의 순례를 금지하였으며 무액無額 사원 등을 없애고 그곳의 승려들을 환속시켰다. 그리고 845년(회창 5)에 폐불을 단

---

19 張元圭, 『中國佛敎史』, 서울: 고려원, 1983, p.61, 69
20 탕융동 지음, 장순용 옮김, 『한위양진남북조 불교사 3』, 서울: 학고방, 2014, pp.978~983

행하였는데, 이때 몇몇 사찰과 일부의 승려들을 제외하고 그 나머지 사찰들은 모두 없앴으며 승려들은 환속시켰다. 그리고 환속당한 승려들과 사찰의 노비는 양세호兩稅戶에 편입시키고 조세를 납부토록 하였다. 이때 환속당한 승려는 무려 26만 500명이었으며 노비는 15만 명에 달하였다.[21] 이러한 폐불 조치는 국가 재정상의 문제와 불교교단 내부의 부패와 타락, 도道·불佛 2교의 각축으로 인한 것이었다고 말해진다.[22] 이 폐불로 당대唐代의 불교는 점차 쇠퇴하게 되었다.

삼계교와 선종의 노동관

삼계교는 북제의 신행에 의해 창시되었다. 삼계교는 말법사상에 입각하고 있으며, 말법악세에 중생의 구제를 강조하였다. 당시 전란과 기아로 고통 받으며 말법의 인식이 팽배하던 사람들은 삼계교에 의지하였다. 삼계교에서는 불교를 시기(時)·장소(處)·사람(人)의 세 단계(三階)로 분류하고, 지금은 그 세 번째 단계에 해당한다고 보았다. 시기에 대해 제1계는 정법正法, 제2계는 상법像法, 제3계는 말법末法으로 분류하였으며, 장소에 대해서는 제1계 정토淨土, 제2계 예토穢土, 제3계 예토로 분류하였고, 사람에 대해 제1계는 일승의 근기, 제2계는 삼승의 근기, 제3계는 하열한 근기로 분류하였다. 삼계교에서는 지금의 때는 '시'가 말법이고, '처'는 예토이며, '인'은 제3계 사견邪見의 범부이므로 이러한 사람들을 구제하자면, 보법普法·보불普佛·보진普眞·보정普正의 불교로써 해야 한다고 강조하였다.

---

21 道端良秀 지음, 계환 옮김, 『중국불교사』, 서울: 우리출판사, 2007, p.150
22 장원규, 앞의 책, 1983, pp.182~183

삼계교에서 말하는 보불사상은 모든 존재를 부처로 보는 것이었기에, 신행은 길을 가다가 마주치는 사람 누구에게나 부처를 예배하듯 합장하고 절하였다고 한다. 그는 말세의 예토에 사는 죄악의 중생들은 누구나 선행을 쌓는 데 힘써야 함을 역설하였는데,[23] 이러한 사상적 토대 위에 평등보시의 실천이 강조되었고 이를 통해 모인 재원은 무진장원無盡藏院의 건립에 바탕이 되었다. 무진장원은 삼계교의 경제적 기반이자 삼계교가 더욱 민중들 속으로 전파될 수 있었던 주요인이었다. 무진장원의 운영을 통해 가난한 사람들이나, 노약자, 병든 이들을 구제하였고, 지방 교통의 요충지에 무료 숙박시설을 지어 여행자들의 편의를 도왔다. 이러한 대사회적 복지 활동으로 삼계교는 서민들의 호응을 얻었고 교세가 확장되었다. 그러나 이로 인해 삼계교는 탄압을 받게 되었다. 신행이 입적한 뒤 713년에 무진장원이 폐지되었으며 삼계교의 사찰과 전적은 모두 소각되었다. 그러나 삼계교단은 여러 차례의 탄압에도 불구하고 표면적으로 드러나지 않게 민중들과 함께하면서 당대 및 오대五代의 송초宋初까지 존속되었다.[24] 삼계교는 중국불교에서 실천적 종파 가운데 하나로 일컬어지는데, 신행은 몸소 노역에 종사함으로써 노동을 중시하였으며 빈민구제를 강조하였다. 이러한 삼계교의 정신은 선종에도 영향을 주게 된다.

선종은 제4조 도신道信 무렵에 이전의 유행생활 중심과는 달리 대규모의 집단이 한곳에 머물러 수행하는 정착생활이 시작되어 명실상부하게 선종의 교단이 형성되었다. 이후 5조 홍인弘忍에 이르러 동산법문이 본격적으로 발전하면서 중국 전역에 선종의 세력을 확보하여 황실과 민

---

23 계환, 『중국불교』, 서울: 민족사, 2014, pp.214~215
24 장원규, 앞의 책, 1983, pp.135~136

중에게까지 파고들게 되었다. 보리 달마의 도래로부터 시작된 중국 선종은 8세기 초반부터 남종 및 북종이라는 법맥과 선풍에 대한 정통과 방계의 경쟁이 일어났고, 그 결과 혜능慧能의 선풍을 위시한 남종 계통이 정통 법맥을 자부하게 되었다.[25]

동산법문東山法門을 개창한 도신과 그를 계승한 홍인은 기주 황매의 쌍봉산雙峰山을 근본도량으로 하여 500여 명의 대중들이 운집하여 노동과 수행을 겸하는 수행집단을 형성하였다. 그 뒤 신수神秀는 홍인의 문하에서 나무하고 물 긷는 운력을 게을리 하지 않았고, 혜능 역시 행자시절에 방앗간에서 힘든 노동을 하였으며 이후에도 노동에 힘썼다.[26] 혜능의 제자로서 남악 회양南嶽懷讓(677~744)이 있었고 그의 제자인 마조 도일馬祖道一(709~788)은 마음을 중시하였는데, '즉심시불卽心是佛', '평상심시도平常心是道'를 강조하였다. 마조 도일의 제자인 백장 회해는 청규淸規를 만들었다. 그는 방장, 승당 등 선원의 조직, 좌선, 입당入堂, 보청普請 등 총림의 운영규칙을 새롭게 제정하였다. 청규의 성립은 선종이 하나의 종파로서 실제적으로 거의 완전하게 독립하고 대성하였음을 보여준다.[27] 종래에 율원律院의 것에 의했던 선종은 이 청규의 제정에 의하여 독립된 생활규칙을 확립하였던 것이다.[28]

백장 회해는 좌선의 방법을 크게 부흥시켰을 뿐 아니라 생활문제도 모두의 노동으로 해결하였다. 원래 마조 도일은 산에 머물 때부터 생활을 스스로 해결하기 위하여 조림造林과 농사일 등을 하였다. 회해에 이

---

25 김호귀, 「禪」, 『테마 한국불교 3』, 서울: 동국대학교출판부, 2015, pp.46~47
26 월암, 앞의 논문, 2007, pp.103~105
27 關口眞大 著, 李永子 譯, 『禪宗思想史』, 서울: 문학생활사, 1987, pp.214~216
28 鎌田茂雄 著, 鄭舜日 譯, 앞의 책, 1984, p.227

르러서는 더욱 새로운 규정을 세워 보청법을 만들었는데, 보청은 상하의 구별 없이 다함께 노동하는 것이었다.[29] 그리하여 당시 선종에서는 노역에 힘써 자급자족하는 승단 생활이 영위되었다. 개간이나 경작, 수확, 땔감채집, 물 기르기, 청소, 정리 등을 스스로 했는데, 이는 계율에서는 오히려 금지된 것이다. 즉 계율의 제약에서 벗어나 인도식 승가의 생활양식을 버리고 중국적인 승단의 생활양식을 촉진시켰던 것이다. 선종은 회창 폐불 이후에 오히려 더욱 번영하였는데, 백장청규에 보이는 노동의 중시와 승단의 경제를 자급자족하는 방식으로 꾸려간 것은, 당말오대唐末五代의 어지러운 시대에 불교의 거의 모든 종파가 쇠퇴하였을 때에 선종만이 유일하게 큰 발전을 하게 되는 하나의 원인이 되었을 것으로 보인다.[30]

일본불교와 승병

일본에는 남도南都(나라奈良), 북령北嶺(지금의 경도京都 비예산比叡山)의 흥복사興福寺·연력사延曆寺 등의 대찰에 승병이 있었다. 이들 승병들은 사전을 수호하고 전조田租를 징발하는 일뿐만 아니라 사찰 간의 종파분쟁이나 국사國司(지방관)에의 대항 등 그 실력행사의 범위가 넓었던 것으로 보인다. 한국과 일본의 승병은 대략 비슷한 역사적 여건 속에서 발생한 것이지만, 중세적인 봉건체제의 강약에 따라 장원화莊園化된 사원 승병도 그 성격이 각기 달리 나타났다.[31]

---

29 呂澂 지음, 각소 옮김, 『중국불교학 강의』, 서울: 민족사, 1992, p.351
30 관구진대 저, 이영자 역, 앞의 책, 1987, pp.228~235 참조.
31 이홍직, 「나말의 전란과 치군」, 『사총』 12, 고려대 역사연구소, 1968, p.450

나라 시대와 헤이안平安 시대에는 득도得度 수계受戒의 제도가 느슨해져서 승려가 되는 절차가 용이하였으므로 함부로 승적에 입적하는 자들이 증가하였다. 정치적 혼란과 그로 인한 백성들의 무거운 조세 부담은 유랑민의 증가를 초래하였고, 이로 인해 도적이 되거나 장원에 의탁하려는 사람들이 많아졌으며, 이러한 분위기 속에서 승병이 발생할 가능성도 높아졌다. 평안조平安朝 말기부터 남북조 시대에 걸쳐서 승병은 매우 유력한 것이 되었고, 그 향배向背에 의해 정치상의 대세를 결정하기에 이르렀다. 914년(연희延喜 14) 역역役을 피하려는 백성들이 사사로이 머리를 깎고 법복을 입는 자가 점점 늘어났으며 백성들의 3분의 2가 승려들이었다고 한다. 이들은 모두 처자를 거느리고 풍족한 생활을 하였는데, 모습은 사문과 비슷하나 불교의 계율을 중시하지 않았다.

일본에서 승병은 975년(원융천황圓融天皇 천연天延 3)에 양원良源에 의해 시작되었다고 한다. 양원의 시대에 우둔하고 재주 없는 승려를 가려서 무문武門의 중도衆徒가 되게 하였는데, 이들은 장원에서의 소란을 진압하거나 호위하는 역할을 맡았다. 비예산에서는 양원의 좌주座主 시대에 승병이 두드러지게 활동하였는데, 이들 승병은 무리를 이루고 칼(刀劍)이나 화살 등을 휴대하였으므로, 사원에서 승병을 두는 것은 무력의 사용을 의미하는 것이었다.

1330년(천력天曆 3) 동대사東大寺의 법사 등 5, 60명이 서울에 들어가, 식부소록하양진정式部少錄賀陽眞正의 자택에 침입하여 항소하고 싸움을 일으켰으며 사람을 죽이는 일이 발생하였다. 그 후 관청에서는 승려들이 많은 시종자를 거느리고 병기를 지니는 것을 금지하였다. 승정僧正이나 율사律師가 거느릴 수 있는 승려수(제자를 포함)를 제한하였는데, 왜냐하면 이들이 거느리는 사람들이 승병이 될 수 있기 때문이었다.

또 968년(냉천천황冷泉天皇 안화安和 원년)에는 동대사와 흥복사 간에 사전寺田의 일로 다툼이 생겼고, 흥복사 쪽에서 화살을 맞고 죽는 자가 있었다. 그 뒤 제호사醍醐寺의 사령寺領 장원으로부터 병사를 징발해서 근무시킨 일도 있었는데, 이러한 사례들은 승병의 발달을 촉진시켰을 것으로 보인다.

승병은 국사國司나 다른 사찰의 승병과 쟁투를 일삼았을 뿐만 아니라 뜻에 맞지 않으면 자신이 받드는 사람에게도 거리낌 없이 폭력을 가하였다. 승병은 승려 본래의 문제에서 볼 때 논의할 것이 아니지만, 당시의 사회상황을 고려할 때 어쩔 수 없는 부분도 있었다. 당시 혼란스러운 정치상황에서 사원에서는 승병을 두고서 사찰과 승려들을 보호하는 자구책을 강구하였고 때로는 권력과 결부하거나 맞서기도 하였던 것이다.[32]

III. 삼국·고려시대 국가불교적 전개와 승역

불교의 국가적 수용

삼국시대에 불교는 국가적 차원에서 수용되었다. 고구려에서는 372년(소수림왕小獸林王 2) 전진前秦의 왕 부견符堅이 사신과 승려 순도順道를 파견하면서 불상과 경문經文도 함께 보내 왔다. 374년에는 승려 아도阿道가 왔으며, 375년에 성문사省門寺(또는 초문사肖門寺)를 세우고 순도를

---

[32] 辻善之助,『日本佛教史之硏究』, 東京: 金港堂書籍株式會社, 昭和6(1931), pp.24~39

머물게 하였고, 또 이불란사伊弗蘭寺를 짓고는 아도를 머물게 하였다. 그 뒤 391년에 고국양왕故國壤王은 불법佛法을 숭상하고 신봉하여 복을 구하라는 영令을 내렸다.[33] 그의 아들인 광개토대왕은 392년 평양에 9곳의 사찰을 건립하는 등 이후 많은 사찰이 지어졌으며 출가 승려도 배출되었다. 또 576년(평원왕平原王 18)경에는 석의연釋義淵을 북제北齊로 보내어 당시의 도통都統인 정국사定國寺 법상法上(495~580)에게서 불교를 배워오게 하였다.[34]

백제에는 384년(침류왕枕流王 원년)에 불교가 전래되었다. 이 해 9월에 인도의 승려 마라난타摩羅難陀가 동진東晉으로부터 오자 왕이 교외에까지 나가 맞이하여 궁중에 있게 하고 극진히 예경하였다. 그리고 이듬해에 한산漢山에 절을 짓고 열 명을 득도시켜 승려가 되게 하였다. 392년(아신왕阿莘王 원년)에는 불교를 숭신하여 복을 구하라는 영을 내린 것[35]으로 보아, 백제 역시 고구려와 마찬가지로 왕이 백성들에게 불법숭신佛法崇信의 이익과 그 신봉을 권장하였음을 짐작할 수 있다. 또 526년(성왕聖王 4)에는 겸익謙益이 인도에서 돌아와 그가 가져온 범본梵本 율부律部를 번역하였다. 그리고 담욱曇旭과 혜인惠仁이 이에 대한 율소律疏 36권을 저술하였으며, 왕이 번역된 비담毘曇과 신율新律의 서문을 지었다. 이 외에도 성왕은 적극적으로 불교를 홍포하고 불사를 행하였다. 법왕法王은 599년(법왕 원년) 12월에 살생을 금하는 영을 내리고 민가에서 기르는 매를 놓아 주게 하였으며, 사냥하는 도구 등을 모두 불태우게 하였다. 그리고 이듬해인 600년 1월에는 왕흥사王興寺를 세우고 30명을 출가하게

---

33 『三國史記』 권18, 「高句麗本紀」 6, 故國壤王 9년 3월
34 『海東高僧傳』 권1, 釋義淵傳 ; 『唐高僧傳』 권8, 「義解」 4, 釋法上傳
35 『三國遺事』 권3, 「興法」 3, 難陀闢濟

하였고, 무왕武王은 미륵사彌勒寺를 건립하였다. 이처럼 백제불교는 국가적으로 융성하였으며, 승려와 사탑이 매우 많았다고 한다.

삼국 가운데 신라는 가장 뒤늦게 불교를 받아들였다. 신라는 527년(법흥왕法興王 14) 불교가 국가적으로 공인되었으며, 이듬해에 살생을 금하는 영을 내렸다. 535년에는 천경림天鏡林 터에 흥륜사興輪寺를 짓기 시작하였고, 만년에 법흥왕은 흥륜사에 들어가 승려가 되었다. 그 다음 왕인 진흥왕眞興王도 더욱 불교를 신봉하였는데, 544년(진흥왕 5) 흥륜사가 완공되자 그 해 3월에 백성들에게 출가를 허락하였다. 549년 양나라 사신이 유학승 각덕覺德과 함께 부처의 사리를 가져오자 백관에게 흥륜사 앞길에서 맞이하게 하였으며, 안장安藏법사를 대서성大書省으로 삼았다. 또한 고구려에서 온 혜량惠亮을 승통僧統의 직책에 임명하여 불교 제반사를 통괄하게 하는 등 불교를 조직화하였는데, 혜량에 의하여 신라에서는 처음으로 백고좌법회百高座法會와 팔관회八關會가 행해지게 되었다. 565년에는 진陳의 사신인 유사劉思와 승려 명관明觀이 경론 1,700여 권을 가져왔으며, 566년에 황룡사黃龍寺, 기원사祇園寺, 실제사實際寺를 완성하였다. 진흥왕은 순행시巡行時에 반드시 사문을 동반하였고, 사문의 이름을 신하들 가운데 맨 앞에 기록하게 하였다. 진흥왕의 이러한 불교진흥으로 신라불교는 그 위치를 확고히 하게 되었다.

나말여초의 사원 수호 승군

신라 하대에는 중앙의 왕권을 둘러싸고 정쟁政爭이 끊이지 않았으며, 왕실과 귀족들의 사치가 극에 달하였다. 이로 인해 국고가 텅 비게 되자 왕은 관리들에게 공부貢賦를 바치도록 독촉하게 하였고 백성들의 삶은 더욱 피폐해졌으며, 도처에서 도적들이 봉기하였다. 신라 하대에 해인사는 왕실의 특별한 비호를 받았으며, 헌강왕·진성여왕대에 집중적으로 기진寄進한 전지를 더하여 광대한 토지와 투탁投托된 농민이나 노비 등을 소유한 대가람이었다. 해인사가 보유한 이러한 막대한 경제력으로 인해 난도亂徒들의 공격 대상이 되었으며, 이를 방어하기 위해 치군緇軍, 즉 승군이 조직되어 있었던 것으로 보인다.[36] 「해인사길상탑지海印寺吉祥塔誌」에 의하면, 7년 동안 전국적으로 병란兵亂이 봉기되어 굶어죽거나 전쟁으로 죽은 시체가 들판에 가득하였으며, 이 전란에 죄없이 죽은 원혼들을 구제하기 위하여 해인사의 별대덕別大德 승훈僧訓이 삼층석탑(길상탑)을 세웠다고 한다. 그리고 승훈은 직접 다음과 같이 곡치군哭緇軍의 글을 지었다.

    탁한 운수가 서쪽에서 살라薩羅(신라)에 미쳐 10년 동안 낭표狼豹가 승가를 괴롭혔다. 우리 스승(吾師: 석가)은 깨달음을 향하여 하늘에 솟고 제자는 선仙을 닦았으나 어찌 마魔를 면하리오? 어제 반디불로 길 밝힌 좋음을 기뻐하더니, 지금은 건진乾陣에 흩어진 해골이 발에 걸리는 것을 슬퍼하니, 동묘東廟 길상처吉祥處에서 만나 너희를 위하여 하늘에 솟는 솔도파窣堵波(탑)를 세우고자 하노라.[37]

이 글에는 해인사를 지키다가 죽은 치군의 넋을 기리는 승훈의 절절한 마음이 잘 드러나 있다. 승훈은 7년간의 병란에 사원을 지키다가 전몰한 치군을 위하여 탑을 세우고 그들의 혼명魂名을 탑벽에 새겼는데,

---

36 이홍직, 앞의 논문, 1968, pp.445~423
37 僧訓 撰, 「哭緇軍」; 이홍직, 앞의 논문, 1968, p.440에서 재인용.

「해인사호국삼보전망치소옥자海印寺護國三寶戰亡緇素玉字」에는 전쟁으로 죽은 승속 56명의 명단이 열기되어 있다. 해인사에는 투탁된 농민이나 노비가 많았을 것이며, 그들은 사원의 재산과 전장田庄을 수호하는 데 동원되었을 것이다.

후삼국시대의 지방 사원들은 태조의 통일전쟁에 도움을 주었는데 그 중 하나가 해인사였다. 해인사가 고려 태조의 후삼국 통일에 일정한 기여를 할 수 있었던 것은 해인사에 승군이 조직되어 있었고, 또 이 지역의 지세나 민심을 잘 파악하고 있었기 때문일 것으로 추정된다.[38] 고려 초의 정치상황은 불안정한 상태에 놓여 있었기 때문에 막대한 경제력을 보유하고 있었던 전국의 사원들은 신라 하대 이래의 사원의 무력적인 요소가 더욱 절실히 요구되었을 것이다. 이러한 사원의 무력적인 요소는 고려조를 통해 수원승도라는 존재로 그 명맥이 이어진 것으로 보인다.[39]

수원승도隨院僧徒와 승군

수원승도는 사원에 예속되어 있으면서 여러 가지 잡역을 부담하고 사원의 토지를 빌려 경작하며 생활한 것으로 보인다.[40] 국초國初에 중앙과 지방의 사원에는 모두 수원승도가 있어 노역을 담당하였는데, 마치 군현의 거민居民과 같았고 항산恒産을 가진 자가 많았으며, 매번 국가에

---

38 崔源植,「新羅 下代의 海印寺와 華嚴宗」,『한국사연구』49, 한국사연구회, pp.12~16
39 李相瑄,「高麗時代의 隨院僧徒에 대한 考察」,『숭실사학』2, 숭실사학회, 1984, pp.8~9
40 이상선, 앞의 논문, 1984, pp.4~7

서 군사를 일으킬 때마다 수원승도를 징발하여 여러 군軍에 나누어 소속시켰다고 한다.⁴¹ 수원승도는 계를 받고 불법佛法을 탐구하는 승려들과 구분하기 위해 '사원에 달려 있는(隨院)'이라는 수식어를 붙였다. 고려 전기의 사원전은 주로 수원승도와 노비들에 의해 경작되었고 이들은 사원 주변에 거주하는 촌락민들이었다.⁴² 이들은 사원에 예속되어 때에 따라 전호佃戶적 성격을 지니거나, 사원의 사병私兵적 성격 또는 국가의 군사적 성격도 띠고 있었다. 윤관尹瓘은 여진족을 정벌하기 위해 별무반別武班을 편성하면서 이들을 뽑아 항마군으로 삼았다.

수원승도는 재가화상在家和尙과 동일한 존재로 파악되기도 하는데, 재가화상은 공공의 노역에 종사하거나 군대에 징발되기도 하였다. 이들은 가사를 입지 않고 계율을 지키지 않으며 아내를 얻고 자식을 낳아 기르는 등 가정생활을 하였다. 재가화상은 흰 모시로 만든 좁은 옷(白紵窄依)에 검정색 깁으로 허리를 묶고 맨발로 다니지만 간혹 신발을 신은 자도 있었다. 이들은 도구를 지니고 공공의 일에 동원되었으며, 도로를 청소하거나 도랑을 내기도 하고 성 등을 수축修築하였다. 또한 외적이 침범하였을 때 각자 양식을 가지고 전쟁에 나가 용감하게 싸웠다. 이들은 사실 형벌을 받은 복역자들인데 수염과 머리를 깎은 모습 때문에 고려 사람들이 화상이라고 이름한 것이었다 한다.⁴³

수원승도는 사원을 위한 일꾼이자 승병이었는데, 정치세력과 연관되기도 하였다. 인종 때 서경에서 반란을 일으킨 묘청妙淸은 사원에서 지

---

41 『高麗史』 권81, 兵志 1, 兵制
42 류형균, 「고려 사원의 영건배경」, 『연구논문집』 3, 서울: 중앙문화재연구원, 2007, p.162
43 『高麗圖經』 권18, 在家和尙; 李弘斗, 「部曲의 의미변천과 군사적 성격」, 『한국사연구』 103, 한국사연구회, 1998, p.133 참조.

리업승인地理業僧人으로서 천문지리를 담당한 수원승도였던 것으로 추정된다. 무인집권기에 사평진沙平津에는 불교계에서 운영한 사평원沙平院이 있었는데 여기에도 수원승도들이 거주하였던 듯하다.[44] 수원승도는 고려 말에도 존속한 것으로 보인다.

거란·몽고의 침입과 승병

후삼국을 통일한 고려 태조 왕건은 불교 신앙이 깊은 가문의 출신이었다. 그는 왕위에 오르자 자신이 왕이 된 것은 오직 불법佛法의 가호에 의한 것이라 믿고 깊이 불교에 귀의하였으며, 많은 사찰과 탑을 건립하고 불사를 크게 일으켰다. 943년 태조는 「훈요십조」를 지었는데 그 처음에 후대의 왕들이 불교를 신봉할 것을 훈시하였고, 이것은 고려시대 전 시기를 통하여 이행되었다. 이러한 정황 속에서 고려시대에는 조선시대처럼 국가에서 승려에게 역을 지운 사례는 찾아보기 어렵지만, 외적의 침입에 맞서 나라를 지키기 위한 승군이 있었다.

고려시대에는 북방 유목민족의 잦은 침략이 있었고 승려나 승군이 국가 수호와 내우외환을 극복하기 위해 전쟁에 직접 참여하기도 하였다. 1010년 현종 때 거란군이 쳐들어와서 평양을 포위하였을 때 법언法言 등의 승려가 적군과 싸웠으며, 1217년(고종 4)에는 몽고군에 밀려서 내려온 거란군에 맞서 양광도, 충청도의 병력과 승군이 힘을 합쳐 막아 내었다.[45] 1231년(고종 18) 몽고군이 침입하였을 때 고종이 개경에서 친

---

44 김창현, 앞의 논문, 2015, pp.152~174 참조.
45 『고려사』 권22, 고종 4년 5월 甲申 ; 김용태, 「한국불교사의 호국사례와 호국불교 인식」, 『대각사상』 17, 대각사상연구원, 2012, pp.54~55에서 재인용.

히 3일 동안 3만의 승려들에게 반승飯僧하였는데, 이는 전국에서 소집된 승군이 개경에 모이자 임금이 직접 음식을 대접하였음을 시사한다.[46] 또 1231년 몽고병이 침입하여 고려 최대의 사찰인 흥왕사를 공격하였을 때, 흥왕사는 성으로 둘러싸여 있었을 뿐만 아니라 최대의 승군을 보유하고 있어 몽고병의 공격을 막아낼 수 있었던 것으로 보인다. 그런데 이듬해에 살리타(撒禮塔)가 다시 고려를 침략하여 처인성處仁城을 공격하자, 이때 성중에 피난해 있던 승려 김윤후가 부곡민들과 힘을 합쳐 이들을 물리쳤다. 『고려사』에 의하면, 몽고군이 침입하여 처인성을 공격하였을 때, 성 안에 있던 한 승려가 몽고군 장수인 살리타를 화살로 쏘아 죽였다는 기록이 있는데,[47] 그 승려가 바로 김윤후이다. 그는 일찍이 승려가 되어 백현원白峴院에 있었는데, 몽고군이 이르자 적장인 살리타를 죽인 것이었다. 처인성은 오늘날의 용인군 남사면 주변에 해당하는데, 그때 김윤후와 함께 싸운 공로로 처인부곡은 승격되었다. 그리고 처인성에서 몽고군을 무찌른 공로로 이후 김윤후는 재상의 자리에까지 올랐다. 1253년(고종 40) 몽고의 5차 침입 시 그는 방호별감防護別監의 직책을 맡으면서 충주성 전투에서 몽고의 대군에 맞서 싸움으로써 몽고군의 남진을 저지하기도 하였다. 1254년(고종 41) 차라대車羅大가 이끄는 몽고병이 상주尙州산성을 공격했을 때 황령사黃嶺寺 승려 홍지洪之가 활을 쏘아 적의 주요 지휘관을 죽였다. 고려 말 홍건적이 침입하였을 때 승병이 동원되기도 하였으며, 왜구가 침략하였을 때 승도들은 사원을 수호하기 위해 싸웠을 뿐만 아니라 승군으로도 활약하였다.

---

46 김창현, 앞의 논문, 2015, p.199
47 『高麗史』23, 高宗世家 19년

IV. 조선시대 불교정책과 승역 양상

유교국가 조선과 도승度僧

조선왕조는 성리학을 그 개국이념으로 한다. 그리하여 성리학적 이념과 배치되는 불교는 억압의 대상이 되었다. 그런데 조선 태조는 개인적으로 불교를 신앙하여 무학 자초無學自超(1327~1405)를 왕사에 봉하고 궁중에서 승려들에게 반승飯僧하였으며, 가야산 해인사의 고탑古塔을 중수하고 그 속에 대장경을 인쇄하여 안치하는 등 신불자로서의 면모를 보여 주었다.[48] 태조는 불교에 우호적이었으므로 정도전과 같은 배불론자들이 불교에 대해 강경책을 시행할 것을 촉구할 때에도 적극적으로 응하지 않았다. 하지만 태종은 전조前朝의 왕사·국사 제도를 없애고 도첩제를 엄격히 하였으며, 종파를 7종으로 통합하고 승려의 수를 줄였다. 세종 역시 태종처럼 억불정책을 시행하여 7종을 선교 양종으로 폐합하였고, 사찰의 토지와 승려수를 더욱 줄였다. 조선 초기부터 행해진 이러한 억불정책과 함께 승려가 되는 도승의 법도 강화되었다.

도승은 출가하여 승려가 되는 것을 말하며, 도승을 허가하여 증명해 주는 승려 신분증명서인 도첩을 국가로부터 발급받아야만 승려로서의 자격을 갖출 수 있었다. 승려 신분을 널리 제한하기 위하여 고려 말부터 시행되어 온 도첩제는 신왕조 개창 직후에 한층 더 강화되었다. 조선 태조 원년인 1392년에 배극렴裵克廉과 조준趙浚 등은 상소를 올려, 승려가 되기 위해서는 신분별로 정해진 정전丁錢을 관청에 바쳐 도첩을 발급받아야 한다고 주장하였고 이를 태조가 승인하였다. 하지만 그 부담이 너

---

48 김영태, 앞의 책, 1997, pp.242~243

무 커서 비공식적으로 승려가 되는 무도첩승이 많아졌고, 이후에는 이들을 부역시키고 도첩을 주게 되었다. 이는 백성들이 승려가 되는 것을 막고자 하는 취지에서 정전을 비현실적으로 강화함으로써 조정의 의도와는 달리 무도첩승을 양산하게 된 것이었다.

조정에서는 국초부터 승려들을 국가의 각종 토목공사에 동원하였다. 세종대에는 흥천사興天寺 사리각舍利閣 공사에 승려들을 부역시키고 도첩을 발급해 주기도 하였으며, 이 외에도 산릉山陵 등의 역사에 동원된 무도첩 승려들에게 부역의 대가로 도첩을 발급해 주었다. 그리고 1433년 각 도의 승군 1천 명을 징발하여 태평관 역사에 나아가게 하고, 하루 세 때 요料를 지급하였다.[49] 세종 역시 즉위 초에는 태종처럼 억불정책을 시행하였으나 그 말기에 이르러서는 사찰을 중수하고 내불당內佛堂을 세우는 등 숭불로 향하였다. 이러한 세종 말기의 숭불은 왕실과 세종 자신의 신불에 국한되었으며, 퇴락하던 불교를 왕실의 권위로써 지탱시켜 그 뒤에 세조와 같은 숭불군주를 낳게 할 기틀을 마련했다고 할 수 있다. 호불왕인 세조는 그 4년 8월부터 점사岾寺 등 여러 곳에 많은 부역승들을 동원하고 도첩을 주었으며, 간경도감의 역사役事나 회암사檜岩寺 중수 때에는 더욱 많은 부역승에게 도첩을 주었는데, 이로 인한 폐단이 적지 않아서 1462년(세조 8) 4월 이후로는 부역승에게 도첩 주는 것을 삼가게 되었다. 세조대에는 도승度僧과 역승役僧이 일반화되어 승려 되기가 더욱 쉬워졌으며, 세조는 대규모 공사가 있을 때마다 무도첩 승려들을 사역하고 이들에게 도첩을 대량으로 발급해 주었다. 성리학적 이념을 통치의 근간으로 내세운 조선시대에, 도첩이 없이 승려가 된 이들에게 일정 기간 부역에 종사케 한 뒤 도첩을 발급해 준 것은 정식으로 승

---

49 『세종실록』 권59, 세종 15년 2월 15일 己亥

려가 되는 길을 열어 준 것이었다.

성종대의 억불정책과 승역

성종대에는 유신들이 무도첩승의 환속충군을 지속적으로 요구하였다. 그리하여 1476년(성종 7) 이후부터 본격적으로 강행된 승려 추쇄와 무도첩자의 환속조치로 인해 성종 11년경에는 승려의 수가 급격하게 감소하였다.[50] 1490년(성종 21)에는 유자광柳子光이 40세 이하의 승려들을 모두 군대에 충당할 것을 주장하였고, 신용개申用漑는 먼저 도첩제를 폐지한 뒤에 젊은 승려들을 모두 군대에 충당시켜야 한다고 하였으나, 성종은 이들의 의견을 받아들이지 않았다.[51] 그런데 성종은 1492년(성종 23) 2월 3일에 예조에 전교하여 도첩의 발급을 일시적으로 정지시켰다. 그 이유는 서북지역에 사변事變이 있는데도 군액이 날로 줄어들기 때문이라고 하였다.[52] 즉 병원兵員 확보를 위해 도승을 정지한다는 것이었다. 비록 억불의 시대였으나 왕실의 숭불 덕택에 그나마 명맥을 유지해 오던 조선불교가 성종대에 이르러 승려가 될 수 있는 길이 공식적으로 차단되어 버린 것이었다. 그런데 인수대비와 인혜대비의 간곡한 청에, 두 대비의 뜻을 거스를 수 없다고 하며 성종은 11월 22일 '도승법의 정지'를 취소하였다.[53]

유교국가 건설을 표방한 성종이었지만, 불교를 신봉한 인수대비의 간청에 의해 도첩을 주는 문제에 있어 때로는 억불과 다른 모습을 보이

---

50 이봉춘,『조선시대불교사연구』, 서울: 민족사, 2015, pp.290~291
51 『성종실록』권240, 성종 21년 5월 辛未
52 『성종실록』권262, 성종 23년 2월 甲辰
53 『성종실록』권271, 성종 23년 11월 己丑

기도 했던 것이다. 또한 창경궁 역사役事에 무도첩 승려들을 부역시키고 도첩을 발급해 준 사정이 『조선왕조실록』에 전한다. 창경궁의 역사는 대왕대비와 인수대비의 처소를 수리하는 일로부터 비롯되었는데, 여러 가지 이유로 공사가 중단되었고 이에 성종은 공사를 완성하기 위해 무도첩 승려들을 부역에 동원한 뒤 그들에게 도첩을 발급해 주는 방안을 신하들에게 제시하였다. 이러한 왕의 전교에 신하들은 반발하였지만, 성종은 이들의 의견을 물리치고 승려를 부역하게 하는 것에 대한 급첩절목給牒節目을 작성하도록 명하였다. 그 절목에 의하면, 무도첩승의 수는 2천 명으로 한정하였고, 부역하는 기간은 30일이었으며, 양식을 가지고 와서 부역하게 하는 등의 세부 절목이 있었다. 이러한 절목들은 승려들에게 매우 유리한 것이었기에 유신들은 크게 반발하였다. 이에 대해 성종은 유신들의 말을 조목조목 따져가며 대응하였다. 확고한 성종의 의지에도 불구하고 유신들은 성종의 처사를 비난하면서 대안들을 제시하였는데, 그중에는 부역이 끝난 뒤에 도첩을 주지 말고 군역에 충당하라는 내용도 있었다.[54]

군액감소의 방지라는 명분을 내세우는 이들은 역승급첩役僧給牒이 국법을 어기고 역役을 회피한 자들에 대한 우대라는 점에서 불만을 표시하고 있으며, 보다 근본적으로는 이로써 승려가 늘어나고 불교가 다시 신장되는 것에 대한 강한 반발과 우려를 나타낸 것이었다. 하지만 성종은 자신의 뜻대로 일을 진행시켰고, 마침내 성종 15년 9월에 창경궁이 완공되었다. 성종은 창경궁 역사에 승려들을 부역시키고 도첩을 주는 사안에 대해 신하들의 강한 반대에 부딪혔으나 결국 소신대로 처리하여 일을 매듭지었던 것이다. 그리하여 성종 14년과 15년에 걸쳐 도합 4천

---

54 『성종실록』 권158, 권159, 권162 참조.

여 명의 승려들이 도첩을 받았다.⁵⁵

임진왜란과 의승군

임진왜란 당시 승군은 전국에서 봉기하여 왜적에 맞서 싸웠다. 선조는 서산 휴정西山休靜(1520~1604)에게 팔도도총섭八道都摠攝의 직을 수여하여 승군을 총괄하게 하였다. 이에 73세의 휴정은 순안順安 법흥사法興寺에서 전국의 승려들에게 격문을 돌려 의승군을 모집하였다. 임진왜란이 발발했을 때 맨 먼저 분연히 일어나 의승들을 모았던 이는 기허 영규騎虛靈圭(?~1592)였다. 당시 그는 공주 갑사甲寺의 청련암淸蓮庵에 머물고 있었는데, 왜병이 침입하였다는 것을 알고는 의승을 모았다. 그는 5, 6백 명의 의승군을 이끌고 청주성을 탈환하였고, 다시 의승군 800명을 이끌고 조헌趙憲과 함께 금산錦山에서 왜적과 싸우다 전사하였다.

금강산 표훈사表訓寺에 있던 사명 유정四溟惟政(1544~1610)은 관동지역을 중심으로 800여 명의 의승을 모았고, 뇌묵 처영雷默處英은 지리산에서 봉기하여 호남을 중심으로 1천여 명의 의승군을 모았다. 처영이 이끈 의승군은 행주대첩에서 권율을 도와 싸웠으며, 휴정의 부탁으로 사명과 함께 전국의 의승군을 통솔하기도 하였다. 의엄義嚴은 황해도에서 봉기하였는데 휴정이 연로함을 이유로 물러나면서 그를 대신하여 도총섭을 맡아 의승들을 지휘하였다.⁵⁶ 사명, 의엄, 처영 등은 휴정의 제자들로서 임진왜란 중에 휴정을 도와 의승장으로 활약하였으며, 이들 가운데 유정과 의엄은 고위 승직을 맡아 의승군을 통솔하였다.

---

55 『성종실록』 권158, 성종 14년 9월 乙酉 ; 권163, 성종 15년 2월 癸亥
56 김영태, 앞의 책, 1997, pp.288~290

휴정은 그가 모집한 1,500명의 승군과, 관동지방에서 의병을 일으켜 많은 활약을 하다가 평양으로 온 유정의 1천여 승군 및 각처에서 모여든 승군들을 합하여 5천여 명의 승군을 총지휘하였다. 계사년 1월 승군은 평양성을 탈환하는 데 큰 공을 세웠으며, 처영이 지휘를 맡은 승군은 권율이 이끈 관군과 함께 행주산성에서 결전항쟁하여 전쟁을 승리로 이끌었다. 또한 의승장 신열信悅은 의병장들과 합세하여 진주성 전투에서 많은 적을 격파하였다. 인준引俊도 승군 200명을 이끌고 충청도에서 봉기하였으며, 법정法正은 황해도에서 왜적을 격파하는 데 많은 공을 세웠다. 영규, 희묵希默, 인진印眞 등의 의승장義僧將들이 백양사에 주석하기도 하였는데, 백양사와 인접해 있는 입암笠巖산성은 조선 후기 양란 중 호남 승병 활동의 주요 거점이었다. 이에 백양사 승려들은 입암산성을 기반으로 적극적이고 활발한 의승군 활동을 전개하였다.[57] 또 화엄사의 주지였던 설홍雪弘은 승군 300여 명을 규합하여 호남 일대로 진격하는 왜군과 맞서 유곡楡谷의 석주진石柱鎭에서 싸우다 전사하였다. 이에 왜군은 1593년 화엄사의 전각 500여 칸을 불태웠고, 이때 화엄석경華嚴石經도 소실되었다. 의승군들은 수군으로도 활약하였는데, 이순신의 전라좌수영에는 1592년 9월 400명의 의승 수군이 조직되었으며, 순천의 삼혜三惠, 본영의 의능義能이 승장 및 군사軍師를 맡아 해전에서 큰 공을 세웠다.[58] 또 벽암 각성은 임진왜란이 발발하였을 때 장검杖劍을 들고 해전에 참여하여 왜적을 무찔렀으며,[59] 병자호란 때에는 의승병을 조직하

---

57 김문경, 「조선후기 백양사의 승역에 관한 고찰」, 『선문화연구』 2, 한국불교선리연구원, 2007, p.84

58 김용태, 「임진왜란 의승군 활동과 그 불교사적 의미」, 『보조사상』 37, 보조사상연구원, 2012, pp.242~243

59 『智異山碧巖大師浮屠碑銘』, 『白軒先生集』 권45

여 활약하였다. 이처럼 각처에서 봉기한 승군은 관군 또는 의병義兵과 협조하며 육지와 바다에서 왜적 격퇴에 앞장섰다.

의승군은 자의自意로 봉기하여 의승군이란 특수집단을 형성하였지만 신분이 승려인 관계로 의병과는 구분되었다. 의승군은 조직 면에서 뚜렷한 명령 체계가 서 있었는데, 도총섭은 전국의 의승군을 관장했고 각 도에는 두 사람의 총섭승摠攝僧이 있어 지역 내의 의승군을 통솔하였다. 도총섭이나 총섭승은 승군 자체의 선출이 아니고 조정으로부터 임명되어 직첩을 받았으므로 자율성이 침해되는 측면이 있었다. 조정에서는 전쟁이 끝난 뒤에도 의승군을 준관군화하여 유사시에 이용하려는 의도가 있었다. 병자호란이 일어났을 때 승군이 봉기하여 활약을 하게 된 것은 이를 입증하는 것이다. 국난을 당하여 봉기해서 싸운 의승군의 승장僧將들은 조정 신하들로부터 이단으로 지목되며 비난을 받았으나 어떠한 불평도 하지 않았다고 한다.[60]

임진왜란을 계기로 의승군의 자발적인 전쟁 참여와 이후 승려들의 국역國役 담당은 불교에 대한 부정적 인식을 변화시키기에 충분하였다.[61] 하지만 불교계로서는 막대한 인적·경제적 손실과 수행기풍의 퇴조 등 큰 피해를 입었다. 숭유척불의 시대에, 유생과 위정자들에 의해 위축되어 산중불교로 명맥을 유지하던 승려들은 임진왜란을 당하여 국난을 타개하는 데 앞장섰고, 전쟁이 끝난 뒤에는 산성 축조 등의 노역을 담당하였다. 이러한 의승군들의 활약에 의해 배불사상은 주춤하였으나 그 후 국가에 의한 배불정책은 다시 계속되었다.

---

60 이장희, 앞의 논문, 1969, pp.356~359
61 김문경, 앞의 논문, 2007, p.85

조선 후기 승군과 승역

임진왜란 당시 국난을 극복하기 위하여 분연히 일어나 국가와 백성을 위해 활약했던 승군은 전쟁이 끝난 후 산성의 축성과 그 수비에 동원되었다. 특히 남북한산성과 동래성의 축성공사가 대부분 승려들의 노역에 의하여 이루어졌다. 1624년(인조 2) 7월에 인조는 남한산성의 축조를 명하였고, 도총섭을 맡은 벽암 각성覺性은 남한산성 외에 무주의 적상赤裳산성도 수축하였다. 당시의 유교질서 체제 속에서 승려가 항상 성 안에 머무르면서 산성을 수호하고 방비하는 임무를 띠었다는 것은 그 역할이 중대하였음을 의미하며, 그 위상 또한 인정받았음을 알 수 있다. 북한산성은 1711년(숙종 37)에 축성되었는데, 이때에도 많은 승려들이 동원되었으며 의승장 성능聖能이 승려들을 통솔하였다. 동래성은 1731년(영조 7)에 축성되었는데, 이때에도 많은 승군이 동원되었다. 조정에서는 제경비를 스스로 부담하는 승려의 동원이 국가재정에 도움이 되었고 또 공역工役에 있어서도 일반 민정民丁보다 훨씬 능률적이었기 때문에 승직 수여, 도첩의 발급 등을 제시하며 승려들을 모집, 동원하였던 것이다. 이는 배불정책을 표방하던 조선왕조로서는 모순된 일이었으나, 도첩제 폐지에 따라 국가로부터 신분 보장을 받지 못한 승려들은 신분 공인과 사찰 유지를 위해 갖은 희생을 겪으면서 역사役事에 열과 성을 다하였다.[62]

이처럼 조선 후기에는 많은 승려들이 산성의 축성에 동원되어 노역하였음에도 불구하고 다시 조정에서는 축성이 끝난 뒤 승려들에게 성의

---

62 박용숙,「조선조 후기의 승역에 관한 고찰」,『부산대학교 논문집』 31, 부산대학교, 1981, pp.141~142.

수비를 위한 역을 부과하였다.[63] 그리하여 남·북한산성에 350명씩의 승군을 상주케 하고 성을 수비하게 하였으며, 동래의 금정산성과 기타 여러 지방에 있는 산성을 승군들이 수비하였다. 산성 축조와 산성 수비의 임무로 말미암아 사찰의 건립이 관官에 의해 뒷받침되었고, 각 산성마다 병영의 성격을 띤 사찰들이 건립되어 군사적 기능을 담당하였다. 그 당시 남한산성 안에는 총 9개의 사찰이 있었고 그중 7개는 새로 건립된 것이었다. 이러한 사찰들이 건립됨에 따라 많은 승려들이 모여들었으며, 사찰 및 승군을 총괄하기 위하여 성 안의 각 절에는 승장僧將과 수승首僧이 임명되기도 하였다.

남·북한산성 등이 축성된 이후 산성을 근거로 하여 승군이 편성되어 상비군으로 등장하였고, 남·북한산성의 의승義僧 차출 문제는 여러 가지 폐단을 초래하였다. 승려들에게 부과된 수성역은 승려나 사찰에 큰 부담이 되었는데, 각 지방의 승려를 산성 수비에 입번入番시킴으로써 그 비용 마련에 사찰은 경제적으로 곤궁해졌다. 국가의 보조 없이 교단 자체 내에서 과중한 부담으로 양兩 산성을 수비한 결과, 사찰은 폐허가 되고 승려들의 생활은 궁핍에 빠져 승려들의 신분이 사회적으로 더욱 낮아지게 되었다.[64]

부역승군은 17세기 이후 정부가 주관하는 궁궐의 영조와 수리공사에도 징발되었다. 특히 17세기 후반의 산릉역은 승군의 부역노동과 모군의 고용노동에 의해 진행되었는데, 이 시기 부역에 동원된 승군들은 필요한 식량이나 물품을 각자 마련해야 했다. 산릉역에서 석물을 운송하

---

63 종범, 「조선시대불교법난사」, 『승가』 12, 중앙승가대학교, 1995, p.111
64 禹貞相, 「南北漢山城 義僧防番錢에 대하여」, 『불교학보』 1, 동국대 불교문화연구원, 1963, p.200

는 일은 매우 힘들고 위험하였는데, 이 일을 거의 승군이 맡았다. 그래서 도중에 도망치는 일이 많았는데, 조정에서는 산릉역에 이탈하는 것을 막기 위해 부역에 징발된 승군은 지토승地土僧에 한정하는 것을 원칙으로 하였다. 지토승이란 신원이 확실하고 부모와 친속이 본향에 남아 있기 때문에 연대책임을 물을 수 있는 승려를 지칭한 것으로서, 관내 사찰의 승군이 승역을 이행하지 못하면 친족 등에게 대신 거두는 족징族徵이 부과되었다.[65]

조선 후기에는 축성역築城役과 수성역守城役 외에도 지역紙役 등 각종 잡역이 승려들에게 부과되었다. 승려들은 시신을 매장하는 일에 동원되기도 하였는데, 전란 중인 선조대와 이후의 현종대에 집중적으로 나타났다.[66] 특히 지역은 당시에 사찰에 부과된 잡역 가운데 가장 심한 것이었다. 각 사찰에서는 지방의 군현을 비롯하여 군영軍營, 궁가宮家, 공인貢人, 사호士豪에게 지물을 제조하여 헐값으로 바치거나 혹은 강제로 부역에 나아가야 했으며, 사찰은 자연히 곤경에 빠지게 되었다.[67] 이에 더하여, 양반과 그들을 수행하는 아전 등이 때로 사찰에 당도하면 승려들은 동분서주하며 그들을 대접하느라 막대한 피해를 당하였다. 양반들의 행차가 사찰을 향해 들어갈 때 절 안의 모든 승려들이 나가 맞이하였으며, 심지어는 승려가 직접 가마를 메는 경우도 있었다. 이러한 사정은 사찰에 있어서 여타의 잡역과 함께 양민들이 부담하던 병역보다도 더욱 심한 것이었다.[68] 그리하여 승려들은 흩어졌고 사찰은 텅 비게 되어 불교는 점점 쇠락해져 갔다.

---

65 尹用出, 「朝鮮 後期의 赴役僧軍」, 『인문논총』 26, 부산대 인문대학, 1984, p.469
66 김문경, 앞의 논문, 2007, pp.82~102 참조.
67 이광린, 「이조후반기의 사찰제지업」, 『역사학보』 17·18, 역사학회, 1962, p.215
68 정광호, 「조선후기 사원잡역고」, 『사학논지』 2, 한양대, 1974, pp.30~33

승려의 사원 수호와 국가 외호

붓다 당시 불교교단의 비구들은 국가의 법률이 아닌 교단 자체의 계율을 따랐다. 그들은 생산활동이 금지되었을 뿐 아니라 땅을 파거나 나무를 베는 행위 등도 제약을 받았다. 그래서 계율에 의거할 때 비구들이 행해서는 안 되는 일들을 대신 해주는 부류가 있게 되었는데, 이들이 아라미까였다. 불교는 인도 사회의 사성계급의 차별을 지양하고 일어난 종교였기에 그 내부에 신분에 의한 차별이 있었다고 보기는 어렵다. 하지만 승가 공동체가 형성되고 그들이 유행생활에서 정주생활로 옮겨 가면서 승원이 만들어졌고 부득이하게 승원에서의 일을 담당할 재가자가 필요하게 되었는데, 그들이 아라미까였다.

출가 비구들은 분소의와 걸식, 시주자의 공양으로 의식주를 해결함으로써 육체적인 노동의 필요성을 최소화하고 수행을 통한 열반의 증득을 최고의 노동으로 간주하였다. 중국에 불교가 전해진 이후에도 승려는 부역과 조세를 면제받았지만 동진 시대에 이미 승려들은 논과 밭을 개간하여 농사를 짓거나, 상인들처럼 물건을 사고팔며 이익을 추구하는 등 생산활동에 종사하였다.[69]

북조 시대와 당대唐代의 폐불은 그 원인으로 흔히 유·불·도 삼교의 각축이 지목되지만 그에 못지않게 국가 재정상의 문제와 관련되어 있었다. 특히 불교교단의 세속화가 그 주된 원인이었다고 말해진다. 사원에서 사전寺田을 소유하고 장원莊園이 설치되었으며 원림園林을 개방하여

---

69 월암, 앞의 논문, 2007, p.101

점포나 차방車坊 등 영리사업이 경영되기도 하고 승려들이 많은 재산을 소유하였던 것이다. 이러한 사정은 비단 중국에 국한되는 것만은 아니었다. 신라 말에 해인사는 방대한 토지와 재산을 보호하기 위해 승군을 두었으며, 고려시대 역시 국초부터 사원에 소속된 수원승도가 있어 사원의 잡일을 담당하거나 사전을 경작하기도 하였다. 넓은 의미에서 볼 때, 인도에서 아라미까 등이 필요해진 것도 계율 문제 외에 국왕이나 장자들이 기증한 원림이나 막대한 토지로 인한 사원의 방대화와 그 유지 관리에 따른 측면도 있었다.

　이처럼 인도의 아라미까, 고려시대의 수원승도 등은 사원의 비대화와 관련이 있다. 아라미까는 승가의 비구들이 할 수 없는 일을 담당하였으나 군대에 징발되지는 않았으며, 수원승도의 경우 사원의 사병적 성격을 띠면서도 한편으로는 윤관이 별무반을 조직할 때 항마군으로 편성되었다. 아라미까는 승가의 일을 돌보면서 그들의 생계를 유지하였으며, 승가의 비구들도 아라미까 마을에서 걸식하고 옷 등을 제공 받았다. 이와 달리 수원승도는 사원의 잡역이나 군역을 담당하였으나 그들이 집단으로 거주하는 곳에 당시 수도하는 상층의 승려들이 걸식하러 왕래하지는 않았던 것으로 보인다. 그리고 수원승도와 달리 아라미까는 남성뿐만 아니라 여성이나 연소자, 사미·사미니도 포함되어 있었다.

　일본에서는 흥복사, 연력사 등의 대찰에 승병이 있었으며, 이들 승병들은 사전을 수호하고 전조田租를 징발하는 일 외에 사찰 간의 분쟁에도 개입하였다. 승병은 승려 본래의 문제에서 볼 때 있을 수 없는 것이지만, 당시 혼란스러운 정치상황에서 사원에서는 승병을 두고서 사찰과 승려들을 보호하는 자구책을 강구하였다. 이는 신라 말의 혼란기에 해인사에 승군을 두고 사찰을 수호한 것과 고려시대에 사원에 예속된 수원승도가 사찰 수호의 일을 담당한 것과 유사하다. 그런데 일본의 승병과 달리 고려시대의 수원승도나 조선시대의 의승군은 외적의 침입에 맞서 적극적으로 방어한 국가적 승군으로서의 역할도 하였다.

조선시대에는 일시적인 흥불의 시기가 있기는 하였지만 숭유억불 정책이 지속되었고 도승법도 강화되었다. 조정에서는 국초부터 무도첩 승려들을 국가의 각종 토목공사에 동원하고 이들에게 도첩을 발급해 주었다. 성종대에는 무도첩 승려들을 환속시켜 군대에 충당하는 한편, 창경궁 역사에 무도첩 승려들을 부역시키고 도첩을 발급해 주기도 하였다. 임진왜란이라는 국난을 당하여 국가와 백성을 위해 활약했던 승군은, 승려의 노동력이 갖는 효용성에 주목한 조정에 의해 전쟁이 끝난 뒤에는 다시 산성 축조와 그 수비에 동원되었다. 방번의승防番義僧들은 어려운 여건하에서도 사심없이 애국심을 발휘하여 산성 수비에 최선을 다하였으나, 축성역築城役과 수성역守城役 외에도 지역紙役 등 각종 잡역雜役과 잡공雜貢이 승려들에게 과중하게 부담됨으로 인해 사찰은 더욱 피폐해져 갔다. 이는 조정에서 정책적으로 숭유억불로 일관하면서 실리 면에서 지나치게 불교교단을 이용한 것이라 할 수 있다.[70]

의승군은 국가적 위기를 극복하기 위해 크게 활약하였으나, 한편으로는 승려로서 자신의 수행과 중생교화의 삶을 추구하는 본래의 목적에서 벗어나 있었다. 조선시대에 불교가 유교 이념을 근간으로 하는 국가 체제에 예속되어 승려들이 장기간 국가로부터 과중한 역役을 부담한 것은 동아시아 불교사에서 조선시대 승역이 갖는 역사적 특징이었다고 하겠다. 승역 승군

---

[70] 우정상, 앞의 논문, 1963, pp.219~220

| 참고문헌 |

관구진대 저, 이영자 역, 『선종사상사』, 서울: 문학생활사, 1987.

김영태, 『한국불교사』, 서울: 경서원, 1997.

김용태, 「임진왜란 의승군 활동과 그 불교사적 의미」, 『보조사상』 37, 보조사상연구원, 2012.

김창현, 「고려시대 승병의 성격과 역할」, 『한국 호국불교의 재조명 4-고려시대의 국가와 불교』, 서울: 대한불교조계종 불교사회연구소, 2015.

나라 야스아키 지음, 정호영 옮김, 『인도불교』, 서울: 민족사, 1994.

尹用出, 「朝鮮 後期의 赴役僧軍」, 『인문논총』 26, 부산대 인문대학, 1984.

이봉춘, 『조선시대불교사연구』, 서울: 민족사, 2015.

이상선, 「고려시대의 隨院僧徒에 대한 고찰」, 『숭실사학』 2, 숭실사학회, 1984.

李章熙, 「壬辰倭亂 僧軍考」, 『李弘稙박사 회갑기념 한국사학논총』, 서울: 신구문화사, 1969.

이홍직, 「나말의 전란과 치군」, 『사총』 12, 고려대 역사연구소, 1968.

정광호, 「조선후기 사원잡역고」, 『사학논지』 2, 한양대, 1974.

汁善之助, 『日本佛敎史之硏究』, 東京: 金港堂書籍株式會社, 昭和6년(1931).

권력과 종교

정토淨土

· 김호귀

I. 정토불교의 세계

　　정토란 무엇인가/ 정토경전의 출현/ 극락과 도솔천

II. 정토신앙과 사상의 성립과 전개

　　용수와 세친의 정토관념/ 칭명염불稱名念佛과 선정융합禪淨融합/ 호넨의 전수염불專修念佛과 신란의 정토진종

III. 신라 정토신앙의 확산과 왕생관념

　　원효와 나무아미타불/ 정토교학의 전개/『삼국유사』 속의 정토관념

IV. 고려 · 조선의 정토신앙의 확장

　　염불결사의 전개/ 염불의 노래 〈서왕가〉와 〈승원가〉/ 정토왕생과『염불보권문』

- 정토의 길 : 현세와 내세의 통로

I. 정토불교의 세계

정토란 무엇인가

정토는 청정불국토를 가리키는 개념이다. 곧 정토는 청정한 국토 내지 완성된 국토, 그리고 국토를 청정하게 한다 내지 국토를 완성한다는 뜻이다. 이와 같은 특정의 정토로서 불국정토가 성립되기 위해서는 부처의 개념과 국토의 개념이 더불어 형성되면서 가능하였다. 그러나 수많은 부처의 개념은 곧 석가모니불을 그 원형으로 한다. 그러면서도 깨달음을 열었던 각자覺者로서의 석가모니에 대한 그 영속성을 이전의 과거칠불에서 추구하듯이 대승불교에서는 다양한 정토와 부처의 존재를 추구함에 있어서도 역시 석가모니에 대한 추모와 갈앙渴仰으로부터 특수한 부처의 형태로 재현되었다. 곧 부처가 과거불의 개념에 그치지 않고 미래불의 모습, 나아가서 영원한 부처 내지 절대적인 부처의 모습으로 출현하였다.

따라서 대승경전은 그와 같은 이념에 대하여 석가모니의 깨달음을 완전한 모습으로 그려내기 위하여 거의 모든 대승경전에서 석가모니불을 주체로 설정하였다. 이로부터 석가모니불과 기타의 제불諸佛은 동시적인 개념으로까지 이해되었다.『유마경』에 보이는 부처의 불가사의한 모습은 바로 그것으로서 향적불香積佛·아미타불阿彌陀佛·아촉불阿閦佛 등이 이에 해당한다. 곧 석가모니불이 어떤 모습으로 구체화되느냐에 따라서 대승경전의 제불도 다양하게 출현되었다.

그리고 부처가 상주하는 국토로서 청정불국토의 개념이 출현하면서 제불의 정토는 분류의 기준에 따라서 다양한 종류로 설정되어 있다.

지역적인 공간을 기준으로 하는 ① 타방정토설他方淨土說로는 아촉불의 동방묘희세계東方妙喜世界, 약사불의 동방정유리세계東方淨瑠璃世界, 석가불의 서방무승정토西方無勝淨土, 아미타불의 서방극락정토, 미륵보살의 도솔정토兜率淨土 등이 있다.

신앙의 대상을 기준으로 하는 ② 영장정토설靈場淨土說로는 보타락정토補陀落淨土, 영산정토靈山淨土 등이 있다.

자신의 마음에 믿음을 기준으로 하는 ③ 유심정토설唯心淨土說로는 『유마경維摩經』, 『유식론唯識論』, 선종의 『단경壇經』과 『만선동귀집萬善同歸集』의 유심정토, 천태종의 천태정토 등이 있다.

세계 전체를 정토로 간주하는 보토報土로서 ④ 범신론적인 정토설인 연화장세계蓮華藏世界로는 『화엄경』, 『범망경』에서 말하는 정토가 있다.

기타 경전의 가르침에 따른 ⑤ 『관보현보살행법경觀普賢菩薩行法經』의 상적광토常寂光土로서 비로자나여래毘盧遮那如來로 간주되는 석가여래가 머무는 정토, 『대승밀엄경大乘密嚴經』의 밀엄정토密嚴淨土로서 대일여래大日如來가 거주하는 정토, 진언밀교에서 말하는 예토穢土가 그대로 정토淨土라는 설 등이 있다.

정토경전의 출현

정토 계통의 경전은 아미타불이 중심을 형성하고 있다. 그 밖의 계통에서도 아미타불을 찬탄하는 경전[1]이 다수 출현하였다. 특히 아미타불

---

1 『법화경』 「약왕보살본사품」을 비롯하여 『화엄경』 및 『능엄경』 등은 그 일례이다.

을 경전의 주제로 취급한 경우는『반주삼매경』으로부터 비롯되었다. 이후 한역된『반주삼매경』의 한역 4종본은 ① 후한 지루가참 역,『불설반주삼매경佛說般舟三昧經』1권 8품. ② 상동,『반주삼매경般舟三昧經』3권 16품. ③ 역자 미상,『발피보살경拔陂菩薩經』1권. ④ 수 사나굴다 역,『대방등대집경현호분大方等大集經賢護分』5권 17품²인데, 성립 순서는『발피보살경』→『반주삼매경』3권 →『반주삼매경』1권 →『대방등대집경현호분』5권이다. 이 가운데 혜원慧遠과 지의智顗의 정토사상에 큰 역할을 한 것은『반주삼매경』3권본이다.³

이후에 정토삼부경으로 일컬어진『무량수경』과『아미타경』과『관무량수경』등이 출현하였다. 그 성립은『반주삼매경』과 원시 형태의『무량수경』이 기원을 전후하여 기원 후 1세기 무렵까지는 성립되었고, 정토삼부경 가운데서는『무량수경』과『아미타경』이 먼저 성립되었고, 이후에『관무량수경』이 성립되었다. 이들 정토 계통의 경전을 바탕으로 하여 인도에서는 용수의『십주비바사론十住毘婆沙論』「이행품易行品」및『정토론淨土論』또는『왕생론往生論』으로 불리는 세친世親의『무량수경우바제사원생게無量壽經優波提舍願生偈』가 출현함으로써 이들을 통하여 정토사상이 본격적으로 전개되는 계기가 마련되었다.

『무량수경』은 범본·티베트본·5종의 한역본 및 기타 언어로 된 단편斷片 등이 남아 있다. 그 가운데 한역의 경우 12종으로서 5존存·7결缺·12역譯이라 불린다.⁴ 이러한『무량수경』은 기원 전후에 서북인도에서 아미타불교도에 의해 편찬되었는데 아미타불의 48원, 정토의 장엄,

---

2 望月信亨,『支那淨土敎理史』, 京都 : 法藏館, 1942, p.12
3 坪井俊暎, 韓普光 譯,『淨土敎槪論』, 서울 : 弘法院, 1984, p.509
4 坪井俊暎, 李太元 譯,『淨土三部經槪說』, 서울 : 운주사, 1992, p.33

왕생하는 사람의 모습을 중요한 내용으로 한다. 특히 안락정토인安樂淨土人을 상·중·하의 3종으로 분류하여 정토왕생을 권하고, 오악五惡·오통五痛·오소五燒를 떠나 오선五善을 지키라고 권하고 있다. 이후 3세기부터 4세기에 걸쳐 북인도와 중앙아시아에 전파되어 정토사상이 형성되었다. 내용은 아미타불의 전신인 법장비구法藏比丘가 중생구제의 서원을 세우고 아미타불이 되는 과정, 그리고 그 결과로 획득한 서방정토의 장엄과 중생이 왕생할 수 있는 수행법 등에 대하여 설하고 있다. 곧 법장보살의 발원과 수행, 아미타불과 정토의 장엄, 정토왕생의 인연, 정토왕생의 증득, 삼독 및 오악에 대한 훈계와 믿음에 대한 내용으로 구성되어 있다.

『아미타경』은 범본·티베트역·위글어역·서하어역·한역 및 기타가 있다. 그 가운데 한역은 3종이 있었지만 현재 2종이 전한다.[5] 곧 구마라집 번역의『불설아미타경』과 현장 번역의『칭찬정토불섭수경』은 현존하고, 기타 구나발타라 번역본은 소실되었다.『아미타경』은 비교적 짤막한 경전으로서 극락세계의 찬란한 공덕장엄과 극락정토에 왕생하는 염불왕생의 방법에 대하여 설하고 있다.

『관무량수경』은 범본 및 티베트본이 없다. 2회의 한역[6]과 위글어역의 단편이 있을 뿐이고, 또한 정토삼부경 가운데 가장 나중에 출현하였기 때문에 의위경疑僞經의 논란이 있다. 내용은 경전의 첫 글자에 붙어 있는 관觀의 글자처럼 관찰觀察·관상觀想·관상觀相이 주요한 주제로서 정

---

5 坪井俊暎, 李太元 譯, 앞의 책, 1992. p.489. ① 姚秦 鳩摩羅什 譯,『佛說阿彌陀經』 1卷. ② 劉宋 求那跋陀羅 譯,『佛說小無量壽經』1卷. 산실됨. ③ 唐 玄奘 譯『稱讚淨土佛攝受經』1卷.

6 坪井俊暎, 李太元 譯, 앞의 책, 1992. p.331. ① 宋 畺良耶舍 譯,『觀無量壽經』1卷. ② 宋 曇摩密多 譯,『觀無量壽佛經』1卷. 이 가운데 ①은 현존하고 ②는 산실되었다.

토淨土와 불신佛身에 대한 16가지 관찰 방법이 중심을 이루고 있다. 이 경전은 관불觀佛을 설한 경전인데, 아미타불 및 그의 화불化佛로서의 관음觀音과 세지勢至라는 두 보살, 그리고 극락정토의 장엄을 구체적으로 마음의 대상으로써 관찰하는 방법을 설하여 모두 16관觀으로 정리하고 있다. 이 경전은 내용 면에서 보면 정토삼부경 가운데 가장 발전된 형태를 보여주고 있다. 정영사淨影寺 혜원慧遠·길장吉藏 등은 이것에 대해 주석서를 저술하였고, 천태종의 사명 지례四明知禮는 지의智顗의 『관무량수경소觀無量壽經疏』에 대해 『관무량수경소묘종초觀無量壽經疏妙宗鈔』를 저술하였다. 정토교 계통의 도작道綽(562~645)은 이 경전에 대한 강요서로서 『안락집安樂集』을 저술하였고, 그의 제자인 선도善導는 『사첩소四帖疏』를 저술하여 범부중생의 칭명염불이 바로 이 경전의 취지라고 강조하였다.[7]

이들 정토삼부경은 공통적으로 아미타불의 명호를 체體로 삼고, 아미타불의 명호를 부르는 것을 종宗으로 삼으며, 아미타불의 보토報土에 왕생하는 것을 용用으로 삼는다. 따라서 공통적으로는 정토종의 경전이지만 교리에서는 각각 다른 점을 설하고 있다. 『무량수경』에서는 왕생의 원리, 곧 아미타불의 48원에 대하여 인지因地에서의 발원과 과지果地에서의 공덕 및 범부가 아미타불의 가피력으로 반드시 왕생한다는 이치를 설하였다. 『관무량수경』에서는 왕생하는 근기의 부류, 곧 정선定善과 산선散善의 근기와 선과 악의 구품九品에 모두 왕생의 몫이 있음을 설하여 범부로 하여금 정토를 흠모하게 하였다. 『아미타경』에서는 왕생의 방법과 더불어 뛰어난 이익, 곧 범부가 일심으로 아미타불을 칭명하여 극락의 보토에 왕생하고 그 지위가 일생보처와 동일하다는 것을 설명하였

---

7 鄭承碩 編, 『佛典解說事典』, 서울 : 民族社, 1989, pp.34~35

다. 이처럼 교학의 입장으로 보면 각각 교리의 이치와 왕생의 수행과 행자의 득익으로서 『무량수경』·『관무량수경』·『아미타경』의 순서이지만, 경전이 성립된 순서로 보면 『무량수경』과 『아미타경』이 먼저 성립되고 『관무량수경』이 나중에 성립되었다. 이들 정토삼부경에 대하여 그 진실한 뜻을 논증하고 해명한 세친의 『왕생론』은 정토교학의 소의논서所依論書로 간주되어 있다.

극락과 도솔천

위에서 언급하였듯이 정토에서 왕생의 대상이 되는 세계는 다양하게 설정되어 있다. 그 가운데서도 『무량수경』에서는 극락세계를 설정하고 거기에 왕생하는 것을 목표로 수행을 하고, 『미륵상생경』에서는 도솔세계를 설정하고 거기에 상생하는 것을 목표로 하는 것이 가장 보편적인 정토로 전승되어 왔다. 이 가운데 극락정토의 경우는 다음과 같다.

기사굴산에서 석가모니 부처님은 『무량수경』에 등장하는 법장비구가 바로 아미타불의 전신임을 설법한다. 곧 옛적에 정광여래가 출현한 이래로 54번째에 해당하는 세자재왕불의 시절에 법장비구가 부처님의 공덕을 찬탄하고 아울러 48가지 서원을 세웠는데, 그것이 바로 아미타불의 극락세계라는 것이다.[8] 이 극락세계는 아미타불의 불국토로서 정토세계의 가장 보편적인 개념으로 정착되었다. 구체적으로는 법장비구의 48원으로 묘사되어 있다. 이에 극락세계의 공덕상은 부처님의 가피를 바라는 모든 중생들이 희구하는 세계로서 가장 찬란하고 장엄한 모습으로 출현하였다.

---

8 『佛說大阿彌陀經』卷上(『大正藏』12, 327~328)

극락세계의 공덕상은 다음과 같다. 극락세계에 왕생한 사람은 누구든지 청정한 신체와 정신, 아름다운 음성과 초인적인 힘을 갖추며, 거처하는 궁전을 비롯하여 몸에 걸치는 옷과 입에 먹는 음식 그리고 갖가지 꽃과 향과 장식품 등이 마치 욕계欲界의 제6천인 타화자재천他化自在天과 같다. 따라서 음식을 먹고 싶을 때는 금·은·유리·자거·마노·산호·호박의 칠보나 명월주 내지 진주로 된 그릇이 생각대로 나타나 온갖 음식들이 저절로 차려진다. 그러나 이와 같은 음식이 차려지더라도 실제로 그것을 마시거나 먹는 사람이 없다. 단지 그 빛깔을 보고 향기를 맡음으로써 먹고, 또 먹고 싶은 생각이 다스려지며, 몸과 마음이 모두 부드러워져 맛에 대한 집착이 없기 때문이다. 그리고 식사가 끝나면 그릇과 음식이 저절로 치워지고, 식사 때가 되면 다시 나타난다. 극락국토는 말 그대로 이처럼 청정하고 안온하며 말할 수 없이 즐거운 세계이다.

또한 극락세계의 환경은 항상 하늘의 음악이 연주되고, 대지는 황금색으로 빛나며, 밤낮으로 하늘에서 꽃비가 내리고, 그곳의 중생들은 이른 아침마다 바구니에 갖가지 아름다운 꽃을 가득 담아서 다른 세계로 다니면서 십만억 부처님에게 공양을 올리고, 조반 전에 돌아와서 식사를 마치고 산책을 한다. 또한 참으로 아름답고 미묘한 갖가지 빛깔을 지닌 백학·공작·앵무·사리·가릉빈가·공명새 등이 밤낮을 가리지 않고 항상 화평하고 맑은 소리로 노래를 하는데, 그 노랫소리가 오근五根과 오력五力과 칠각지七覺支와 팔정도八正道를 연설하는 소리로 들린다. 이에 극락세계의 중생들이 그 소리를 들으면 부처님을 생각하고 법문을 생각하며 선지식을 생각하게 된다.

극락세계는 미풍이 불어오면 보석으로 장식된 가로수와 보배그물에서 아름다운 소리가 나는데 마치 백천 가지 악기가 연주하는 것과 같다.

그 소리를 듣는 사람은 모두 부처님을 생각하고 법문을 생각하며 선지식을 생각하는 마음이 저절로 우러난다. 이와 같은 공덕장엄으로 이루어져 있어서 중생의 고통은 털끝만큼도 없기 때문에 극락세계라 말한다.[9]

그러나 이와 같은 극락세계는 무량광불無量光佛이라 불리는 아미타불이 상주하는 곳으로서 전생의 법장비구의 서원이 성취된 세계에 해당한다. 이에 극락極樂이라는 말은 경문에 안락安樂이라는 말로도 표현되어 있듯이 단순한 감각만의 쾌락세계가 아니라 깨달음으로 나아가는 청정한 도량이다. 곧 극락세계가 그대로 깨달음의 세계라기보다 깨달음의 세계로 나아가는 중간의 세계이다. 때문에 업장이 두터운 중생이 아미타불을 송념誦念함으로써 그 공덕으로 극락세계에 왕생하면 거기에서 다시 수행을 통하여 공덕을 쌓아서 반드시 궁극적으로는 깨달음을 성취한다는 개념이다. 그러므로 일단 극락세계에 왕생하면 깨달음의 성취는 보증을 받게 되는 셈이다.

그러나 극락세계에 왕생하는 방법도 일괄적이지는 않다. 『무량수경』에서는 염불하는 방법이 가장 빠르고 효과적이며 확실하고, 『관무량수경』에서는 아미타부처님이 계시는 서방정토를 관찰함으로써 왕생하는 13가지 관찰 방법과 일상에서 세 가지 복덕을 실천하여 왕생하는 세 가지 복업 등 16관상을 통하여 가능하다고 말한다. 이 가운데 세 가지 복업은 각각 상배上輩와 중배中輩와 하배下輩의 수행법으로서 이에 따라 극락세계를 아홉 단계로 설정하기도 한다. 그리고 13종의 관찰 방법은 『반주삼매경』의 정중불견定中佛見의 경우가 무엇보다도 발전된 형태로

---

[9] 『佛說大阿彌陀經』 卷上 「地平氣和分第十五」~ 卷下 「蓮花現佛分第二十九」(『大正藏』 12, 331~334)

전승되었다.

　이와 같은 극락세계의 개념은 정토 계통의 경전이 다수 출현하면서 보다 널리 도솔천兜率天을 설정하고 그곳을 정토의 개념으로 간주하여 도솔정토兜率淨土를 내세웠고, 나아가서 약사유리정토[10]의 관념도 등장하였다. 그러나 극락정토와 유리정토가 공간 개념이 강하여 서방과 동방에 위치한다는 관념임에 비하여, 도솔정토는 시간 개념이 강하여 상방세계에 위치하다는 관념으로 설정되었다. 도솔정토는 미륵불 내지 미륵보살이 거처하는 세계로서 부처님에 대한 신앙과 서원뿐만 아니라 개인적인 수행의 성취도에 좌우되는 성격이 강하다.[11]

　그 까닭은 도솔천이 불교의 우주관에서 삼계三界의 개념에 속하기 때문이다. 삼계는 욕계의 육천과 색계의 십팔천과 무색계의 사천 등 이십팔천으로 구성되어 있다. 여기에서 욕계의 사왕천·도리천·야마천·도솔천·자화자재천·타화자재천 등 여섯 세상 가운데 네 번째에 해당하는 세계로서 수행의 공덕으로 태어나는 세상 가운데 하나이다. 때문에 시대가 내려오면서 개인의 수행과 그 공덕에 따른 결과로 왕생한다는 사고방식이 유심정토唯心淨土의 사상과 자성미타自性彌陀의 사상으로까지 전개되어 갔다.[12] 이로써 정토의 다양한 관념은 정토신앙에만 국한되지 않고 불교 일반으로까지 확장되어 중생들의 보편적인 불교신앙으로 승화되어 갔다.

---

10 『藥師琉璃光七佛本願功德經』 2권(『大正藏』 14, 409~418)
11 이러한 도솔정토는 동진의 道安이 주목한 것으로부터 살펴볼 수가 있다.
12 『阿彌陀經要解』 「後序」(『大正藏』 37, 374) ; 『六祖大師法寶壇經』(『大正藏』 48, 352)

II. 정토신앙과 사상의 성립과 전개

용수와 세친의 정토관념

인도불교의 정토사상에서 가장 먼저 그 사상을 발흥시킨 사람으로는 용수가 주목된다. 그의 수많은 저술 가운데서 『대지도론』과 『십주비바사론』에는 정토사상의 맹아가 엿보인다. 『대지도론』에는 임종 시에 아미타불이 마중을 나오는 모습과 법장비구가 불국토를 장엄하는 모습이 보인다.

『십주비바사론』에 보이는 정토사상은 『화엄경』의 「십지품」을 주석한 것인데 완전한 형태가 남아 있는 것은 아니다. 현재는 초지 환희지와 제2지 이구지에 대한 주석 부분으로 17권만 전한다. 그 가운데 제5권 「이행품易行品」에는 보살행을 닦아 가는 사람이 제불 및 제보살의 명호를 부름으로써 불퇴전의 경지를 터득하고 끝내 아뇩다라삼먁삼보리에 들어간다는 모습을 논의한 내용이 들어 있다.[13]

여기에는 난행도難行道와 이행도易行道가 설명되어 있는데, 난행도의 경우는 사람이 육로를 걸어가는 것과 같아서 오랜 세월에 걸쳐서 무수한 고난을 겪어 가면서 뼈를 깎아 가는 수행을 거친다고 말하고, 이행도는 배를 타고 바닷길을 가는 경우와 같아서 즐겁고 편안하게 소기의 목적지에 도달한다는 것을 비유하고 있다. 이행도의 경우에 손쉽고 편안하게 목적지에 도달할 수 있는 까닭은 불법에 대한 진지한 믿음과 그에 상응하는 확신을 갖추고 있는 신방편信方便을 통하기 때문이다.[14] 신방

---

13 『十住毘婆沙論』 卷5(『大正藏』 26, 40~45)
14 『十住毘婆沙論』 卷5(『大正藏』 26, 41)

편을 갖추어 제불의 명호를 송념함으로써 그 공덕으로 인하여 현생에서 결코 물러남이 없는 불퇴전의 경지에 이른다는 것이다.

그런데 여기에서 용수가 말하는 제불의 명호는 아미타불의 명호만이 아니라 삼세제불과 보살의 명호를 송념한다는 것이 특이하다. 그 가운데서도 특별히 아미타불에 관하여 그 공덕을 찬탄하고 상세한 설명을 가함으로써 후대 정토사상의 근간을 보여주고 있다. 여기에서 용수가 말하는 아미타불의 본원은 곧 "만약 '나무아미타불'을 염하고 명호를 부르며 스스로 귀의한다면 반드시 선정에 들어가서 아뇩다라삼먁삼보리를 얻을 것이다. 그러므로 아미타불을 억념해야 한다."는 것으로, 아미타불의 명호를 열심히 부를 것을 권장하고 있다. 이처럼 아미타불의 명호에 대한 칭명염불은 이행도의 수행법으로써 그 최초의 모습이 용수에 의해 제시되어 있다.[15] 그러나 용수가 아미타불의 명호를 칭명할 것을 권장한 것은 어디까지나 수행을 통하여 불퇴전지에 이르도록 하기 위한 이행도로써 설한 것이지 왕생정토를 위한 칭명은 아니었다.

이후에 세친은 『무량수경』에 주석을 가하여 본격적인 정토사상의 이론과 실천을 제시하였는데 그것이 바로 『정토론(왕생론이라고도 한다)』이다. 현재는 보리류지가 번역한 한역만 남아 있는데, 인도불교에서 정토사상을 조직적으로 해명한 논서로는 유일하다. 구성은 24행 96구절의 게송과 그 게송에 대한 주석의 성격으로서 3천여 글자의 산문으로 이루어져 있다.

---

15 無著은 瑜伽唯識의 입장에서 대승불교의 개론서에 해당하는 『섭대승론』을 저술하였다. 무착은 여기에서 극락의 왕생에 대하여 독특하게 別時意의 개념에 대하여 설하여 정토왕생을 방편의 입장으로 설명하고 있는 교리도 등장하였다. 『攝大乘論』卷2(『大正藏』31, 121)

게송의 부분에서는 우선 불국토장엄과 불장엄과 보살장엄 등 3종 장엄을 말하고, 산문의 부분에서는 29종의 장엄에 대하여 설명한다. 곧 17종의 불국토장엄과 8종의 불장엄과 4종의 보살장엄이다. 이 가운데 불국토장엄의 공덕은 중생이 극락정토에 태어나고자 하는 원생심願生心에 응하여 정토의 모습을 설명하고, 불장엄의 공덕은 부처님의 원심願心에 의하여 정토왕생이 가능하다고 말하며, 보살장엄은 정토에 왕생한 보살의 원심願心으로 부처님이 없는 곳에 태어나 중생을 구제할 것을 원한다고 설하는 것이다.

그리고 산문의 부분에서는 정토에 왕생하기 위한 실천 방법으로서 예배문·찬탄문·작원문·관찰문·회향문의 오념문을 설하고 있는데, 세친 정토사상의 가장 핵심을 이루고 있는 내용에 해당한다.

예배는 아미타불에 대한 예배이다. 신업으로써 아미타여래·응공·정변지에 예배하면서 그 나라에 태어나려는 마음을 지니는 것이다.

찬탄은 구업으로 여래의 명호를 찬탄하는 것이다. 구업으로써 여래의 명호를 부르는데 여래의 광명지상光明智相과 같이 하여 여래의 명의名義처럼 여실하게 상응하는 수행을 바라는 것이다.

작원은 마음속에 원력을 세우고 일심으로 안락국토에 왕생하기를 염하여 사마타의 수행을 원하는 것이다. 이것은 의업에 해당한다.

관찰은 사마타에 의하여 청정해진 마음에 정토를 떠올리는 것이다. 지혜로써 관찰하고 정념正念으로 관찰하여 여실하게 위빠사나의 수행을 원하는 것이다. 이에 불국토의 장엄공덕을 관찰하고, 아미타불의 장엄공덕을 관찰하며, 제보살의 공덕장엄을 관찰하는 것이다.

회향은 고뇌하는 중생을 저버리지 않도록 마음에 원력을 세우는 것이다. 앞의 예배와 찬탄과 작원과 수행으로 얻은 정토왕생의 공덕은 자리의 행위에 해당하지만, 회향은 이타의 행위로서 일체대중을 위하여 선행을 베풀면서 살아가라는 것이다.

세친은 이와 같은 회향을 성취하기 위하여 세 가지의 보리문상위법菩提門相違法을 여의고 그 대신 세 가지의 수순보리문법隨順菩提門法의 획득을 말한다. 곧 첫째는 자신을 위해 즐거움을 추구하지 않는 무염청정심無染淸淨心이고, 둘째는 일체중생의 고통을 제거해 주는 안청정심安淸淨心이며, 셋째는 일체중생으로 하여금 대보리를 얻게 하고 중생을 섭수하여 극락정토에 왕생토록 하는 낙청정심樂淸淨心이다.

세친이 제시한 오념문의 중심은 바로 셋째의 작원문과 넷째의 관찰문으로서 사마타와 위빠사나를 닦아서 그것을 왕생의 업으로 활용한다는 점에 있다. 이처럼 『정토론』에 보이는 세친의 왕생 방법은 후대의 염불왕생법과는 차이가 있지만, 그 업을 보리심으로 승화시킨 점은 『무량수경』을 해석하는 방식에 하나의 해법을 제시해 주고 있다.

나아가서 왕생의 수행에 상응하여 왕생의 과보로서 근문近門·대회중문大會衆門·택문宅門·옥문屋門·원림유희지문園林遊戱之門의 오과문五果門을 설하고, 보살은 그 오과문에 도달하기 위하여 오념문을 닦아서 자리이타를 통하여 신속하게 아뇩다라삼먁삼보리를 성취한다고 말한다.

칭명염불稱名念佛과 선정융합禪淨融合

중국불교에서 정토교학의 전개는 몇 가지 계통으로 나뉜다.

첫째는 『반주삼매경』에 바탕하여 견불見佛을 목적으로 염불삼매를 수행하여 백련결사白蓮結社의 출현을 보였던 여산 혜원(334~417)의 계통이다.

둘째는 정토교학의 삼부경을 바탕으로 한 담란(467~542)의 『왕생론주』·『찬아미타불게』를 비롯하여 도작의『안락집』-선도의『관무량수불경소』·『관념법문觀念法門』·『법사찬法事讚』·『왕생예찬往生禮讚』·『반주찬般舟讚』-회감의『석정토군의론釋淨土群疑論』-소강의『서응산전瑞應刪傳』으로 계승되는 칭명염불의 계통이다.

셋째는 선·정토·계율의 융합으로 특징되는 것으로『왕생정토집』·『반주삼매찬』을 저술한 자민삼장慈愍三藏 혜일慧日(680~748)의 계통이다.

넷째는 정영사 혜원-천태 지의의 천태정토의 계통이다. 이들 가운데 앞의 두 계통은 순수한 정토교학의 성격을 지니고, 뒤의 두 계통은 제교가 융합된 정토교학의 성격을 지닌다.

이들 정토교학을 갈래지으면 첫째와 둘째는 칭명염불로 대변되는 순수정토학의 성격을 지니고 있고, 셋째와 넷째는 제종의 융합적인 성격을 지니고 있다.

순수정토학의 입장에 속하는 경우로서 정토에 관련된 경전의 한역 시기는 주로 2세기 중반부터 시작되어 4세기 무렵에 걸쳐 있다. 이후 불도징佛圖澄 및 도안道安에게는 정토와 관련하여 단편적인 기록이 보인다. 그러나 중국불교에서 정토교학에 관심을 보인 것은 4~5세기에 동림사東林寺에 머물렀던 여산 혜원에서 찾을 수 있다.[16] 순수한 정토교학의 성격을 지닌 혜원 계통은 관상觀想과 관상觀像을 함께 실천하였다. 『반주삼매경』에 근거하여[17] 견불을 목적으로 했던 염불삼매는 백련결사로 출현하여 출가인 및 재가인 123명이 아미타불상을 조성하여 안치하고 평생에 걸쳐서 염불하는 결사였다.[18] 이것은 이후 수많은 염불결사

---

16 木村淸孝, 章輝玉 옮김,『中國佛敎思想史』, 서울 : 民族社, 1991, p.129
17 安藤俊雄,『天台思想史』, 京都 : 法藏館, 1959, pp.349~351
18 鎌田茂雄, 鄭舜日 譯,『中國佛敎史』, 서울 : 經書院, 1989, p.81

의 시초로서 남북조 시대에 염불신앙에 많은 영향을 끼쳤다. 남조南朝에 끼친 영향으로 인하여 송宋의 담홍曇弘(?~455)은 『무량수경』을 독송하였고, 제齊의 법림法琳(?~495)은 『관무량수경』을 독송하였다. 한편 북조北朝에 끼친 영향으로 북위의 혜통慧通(415~477)·혜광慧光(468~537)·도빙道憑(488~559) 등은 모두 극락왕생을 추구하는 신앙에 힘썼다.

한편 담란·도작·선도의 칭명염불 계통은 정토교학의 중심을 형성하고 있다. 북위北魏의 대표적인 번역승이었던 보리류지는 『왕생론』의 번역을 시작으로 하여 세친이 저술한 많은 논서를 중국에 전했을 뿐 아니라, 담란에게 『관무량수경』을 주어 정토교로 인도한 사람이다.[19] 도작의 『안락집』에서는 정토교의 사승師承으로 보리류지菩提流支·혜총慧寵·도장道長·담란曇鸞·대해大海·법상法上의 여섯 명을 들고, 보리류지를 정토의 비조라고 하였다.

담란은 『무량수경』을 중시하면서, 세친의 『왕생론』에 해석을 가하면서 용수의 이행문二行門을 계승하여 자신의 견해를 피력한 『왕생론주』를 지어서 용수의 난행도와 이행도에 대한 새로운 해석을 내놓았다. 용수는 난행도와 이행도는 현생에서 불퇴전의 경지를 터득하는 것이 가능하다고 말하였다. 그러나 담란은 범부의 경우에 현생에서 불퇴전의 경지를 터득하는 것은 거의 불가능하다고 간주하여 그것을 난행도라 하였고, 오직 아미타불의 가피력에 의해서만 불퇴전의 경지를 터득하는 것이 가능하다고 주장하여 그것을 이행도라고 주장하였다.

또한 용수의 공관 및 세친의 유식불교를 종합하고 절충하여 무상無相을 매개로 유상有相의 불교를 표현하여 용수의 난이이도설難易二道說 및

---

19 井俊暎, 韓普光 譯, 앞의 책, 1984, p.351 ; 木村淸孝, 章輝玉 옮김, 앞의 책, 1991, pp.130~131

세친의 설과는 다른 의견을 제시하였다. 담란은 오직 아미타불에만 의존해야 한다는 타력본원설을 주장하였다. 그리고 『무량수경』의 48원 가운데 제18원을 중시하였다. 곧 염불왕생원은 시방의 모든 중생이 왕생한다고 간주하고, 그 왕생의 요인은 바로 아미타불의 가피력을 스스로 노력하여 추구한다는 예배문禮拜門·찬탄문讚嘆門·작원문作願門·관찰문觀察門·회향문迴向門의 오념문에 주목하였다.

특히 회향문에 대하여 두 가지를 제시하였다. 왕상회향往相迴向은 자신이 행한 공덕을 일체대중에게 회향하여 아미타불의 극락정토에 왕생하기를 원하는 것으로 보았다. 환상회향環相迴向은 서방정토에 왕생한 이후에 사마타와 위빠사나를 터득하여 중생구제의 방편력이 성취되면 인간세계로 돌아와 일체대중을 교화하여 더불어 정토로 향하도록 제시하였다. 이 밖에도 십념설十念說을 곧 일심염불一心念佛로 간주하여 임종에 이르러서 아미타불의 명호를 10회 반복하여 부르는 공덕에 대하여 말하였다.

담란의 가르침을 계승한 도작은 12대문으로 구성된 『안락집』 2권을 저술하여 『관무량수경』의 내용을 종합적으로 서술하고, 널리 여러 경론과 주석서를 모아서 안락세계에 왕생하는 가르침을 권장하였다. 정토문의 건설에 대하여 자력수행의 성도문聖道門과 타력수행의 정토문淨土門의 교판을 주장하였다. 이에 말법 시대에는 성도문으로는 불가능하고 오직 정토문으로만 가능하기 때문에 아미타불의 본원칭명에 집중해야 한다고 주장하였다.

도작의 가르침을 계승한 사람으로 『정토론』을 저술한 가재迦才와 더불어 선도가 큰 역할을 하였다. 선도는 정토교학에 대하여 5부 9권의 책을 저술하여 도작보다 더욱더 치밀하고 광범위한 교설을 펼쳤다.[20] 특히 중국 정토종의 개종입교開宗立敎의 근본적인 교전으로 평가되는 『관무량수경소』는 총칭으로서 그 내용은 「현의분玄義分」·「서분의序分義」·「정선의定善義」·「산선의散善義」 등 4권으로 구성되어 있다. 여기에서 선도는 『무량수경』에 근거하면서도 『관무량수경』을 표방하였는데, 정영사 혜원과 천태의 지의와 가상대사 길장의 해석에서 그 오류를 시정하였고, 『관무량수경』의 16관을 정선定善과 산선散善으로 분류하였으며, 정토왕생사상을 정토교로서 독립시켰다. 그리고 정토에 왕생하는 방법으로 안심安心과 기행起行과 작업作業을 시설하여 그 실천 방법을 체계화하였다.

또한 기존 담란의 오념문을 새롭게 해석하였다. 담란이 작원에 대하여 삼종불신三種不信 및 삼종신심三種信心을 말하고, 회향에 대하여 왕상회향 및 환상회향을 말한 것에 비하여, 선도는 그것을 안심으로 간주하였다. 또 예배와 찬탄과 관찰에다 독송과 칭명까지도 기행으로 간주하였다.

그리하여 안심과 기행을 실천하는 방법을 공경수恭敬修·무여수無餘修·무간수無間修·장시수長時修 등 네 가지(四修)로 설정하였다. 선도는 『관무량수경』이야말로 범부의 왕생법을 설한 것이라 하고, 그 왕생법으로는 정행正行[21]과 잡행雜行으로 분류하였는데, 정업과 조업 이외는 모두 잡행이라고 하였다. 이로써 선도는 정토종의 근기根機·교리敎理·행법行法·이익利益 등에 대하여 종지를 해명하여 본원칭명本願稱名으로써 범부가 아미타불의 보토報土에 돌아간다는 정토종의 근본적인 뜻을 확립하였다.

---

20 木村淸孝, 章輝玉 옮김, 앞의 책, 1991, p.135
21 독송·관찰·예배·칭명·찬탄·공양의 다섯 가지인데, 이 가운데 칭명이 正業이고 나머지는 助業이다.

정토의 제종융합적인 성격을 지니고 있는 경우로서 자민삼장 혜일의 계통에 속하는 정토교학은 주로 『왕생정토집』과 『반주삼매찬』에 의거하고 있다. 혜일은 청년 시절에 의정義淨을 만나 인도여행의 뜻을 세워 바닷길로 인도에 가서 정토법문을 배우고 많은 경전을 가지고 돌아왔다. 혜일은 칭명염불을 고취하여 염불하는 사람은 반드시 정토에 태어나는데, 특히 반주삼매행을 중시하여 견불見佛을 기대해야 할 것을 권장하였다. 또 선정쌍수禪淨雙修를 주창하여 후세의 선정일치론禪淨一致論 내지 염불선念佛禪의 원류가 되었고, 선·교·율을 융합하는 수행법도 창도하였다. 그리고 비석飛錫(741~778)은 『염불삼매보왕론』을 저술하여 삼세제불을 염하는 것이야말로 무상심묘無上深妙의 선문禪門이라고 주장하였다.

혜일의 제자 법조法照(766~822)는 『정토오회염불략법사의찬淨土五會念佛略法事儀讚』을 저술하여 염불의 조음調音을 다섯 종류로 분류한 오회염불五會念佛을 창설하였고, 심구상응心口相應의 염불을 통하여 견불할 것을 지향하였다.[22] 더욱이 선종 가운데 오대 법안종의 영명 연수永明延壽(904~975)는 『만선동귀집』을 저술하여 선정쌍수를 역설하였고, 특히 송대와 원대와 명대와 청대에는 선종과 정토와 밀종의 융합적인 특색이 두드러졌다.[23]

또한 정영사 혜원 및 천태종 계통의 정토교학도 지론종 및 천태종 등과 융합적인 성격을 보여주고 있다. 정영사 혜원은 어리석은 범부가 거주하는 사정토事淨土, 삼승이 거주하는 상정토相淨土, 초지 이상의 보살이나 제불이 거주하는 진정토眞淨土 등 삼종의 정토를 말하였다.[24] 이를

---

22 望月信亨, 앞의 책, 1942, p.261
23 법상, 『정토수행관 연구』, 서울 : 운주사, 2013, pp.395~415
24 『大乘義章』卷19(『大正藏』44, 834 835) ; 望月信亨, 앞의 책, 1942, pp.98~99

계승한 것으로 선종의 영명 연수는 『만선동귀집』에서 선정합행설禪淨合行說을 주장하였고, 천태종의 사명 지례四明知禮(960~1028)는 『관무량수경소묘종초觀無量壽經疏妙宗鈔』에서 약심관불約心觀佛을 주장하였다.

천태정토는 상적광토常寂光土(법신)·실보무장애토實報無障碍土(보신)·방편유여토方便有餘土(응신)·범성동거토凡聖同居土(응신)의 사종국토 및 삼신불의 사상으로 전개되었다. 천태정토의 경우 여산 혜원 계통의 『반주삼매경』을 계승하여 상행삼매로서 사바즉정토娑婆卽淨土였고, 사종국토가 곧 일종국토였으며, 서방은 방편으로서 유심정토임을 주장하였다. 그리고 원융삼제가 목표이고 칭명염불은 보조였으며, 자력정토로서 법화사상과 미타사상을 결합하였다. 이후에 천태종의 정토교를 정비하고 조직한 사명 지례는 지의의 상행삼매에 입각하여 『관무량수경』의 관을 약심관불로 해석한 『관무량수경소묘종초』를 저술하였다.[25]

호넨의 전수염불專修念佛과 신란의 정토진종

일본에 아미타신앙의 최초 전래는 640년에 에온(惠隱)이 궁중에서 『무량수경』을 강의했다는 기록이 있다. 이후 나라 시대에 삼론종의 지코우(智光, ?~776?)는 『무료우쥬쿄우론샤쿠(無量壽經論釋)』 5권을 저술하였다. 헤이안 시대에 엔닌(圓仁, 794~864)은 입당하여 염불삼매법을 도입하여 히에이산(比叡山)에 상행삼매당常行三昧堂을 건립하여 상행삼매를 닦았다. 이후 료겐(良源, 912~985)은 『고쿠라쿠큐힌오쇼기(極樂九品往生義)』를 저술하였고, 그의 제자 엔신(源信, 942~1017)은 융통염불종의 개조가 되었다.

---

25 望月信亨, 앞의 책, 1942, p.353

그러나 일본불교의 본격적인 정토사상은 정토종의 개조인 호넨(法然, 1133~1212)에 의해서였다. 어린 나이에 출가하였고, 구로타니(黑谷)에 들어가 은거하면서 대장경을 열람하였다. 43세 때 선도의 『관무량수경소』를 열람하고 전수염불專修念佛을 열었다. 호넨은 히가시야마요시미즈東山吉水에 암자를 짓고 오로지 미타본원의 염불만 닦을 것을 설하였다. 이후 전수염불의 교리를 현창하기 위하여 『센타쿠혼간넴부츠슈(選擇本願念佛集)』를 저술하였다. 그러나 기존 불교의 방해로 말미암아 전수염불의 수행이 탄압을 받고, 호넨 자신도 환속당하였다.

호넨의 정토사상은 구칭염불의 전수염불이 중심이었는데, 정행正行을 강조하였으며, 칭명염불을 보급하였다. 호넨의 정토사상은 정토종으로 개종되었고, 정토삼부경 및 세친의 『왕생론』을 소의경전으로 삼았으며, 보리류지-담란-선도-회감-소강으로 계승되는 정토종의 계보를 내세웠다.

한편 호넨의 제자 신란(親鸞, 1173~1262)은 천태종에 출가하였고, 히에이산에서 20여 년 동안 수행하다 호넨을 만나서 그 제자가 되었다. 염불탄압으로 인하여 유배되자 신란은 비승비속非僧非俗의 생활을 하면서 결혼을 하여 가정을 이루었으며, 이후 간토(關東)로 가서 농민을 중심으로 포교하면서 많은 제자를 얻었다. 만년에 『코우코우신쇼(敎行信證)』를 저술하여 신信을 강조하였다.

신란은 재가생활을 중심으로 본원염불의 가르침에 귀의하는 수행을 중시하였고, 정토진종淨土眞宗를 열었다. 신란은 사후왕생을 중시했던 기존의 정토신앙과는 달리 현생에 미래불이 되는 현생정정취現生正定聚의 가르침을 설하였고, 살아 있는 동안에 구원을 받는 것을 강조하였으며, 보은과 감사를 중시하였다. 이로써 자력수행을 버리고 절대타력에 의지하는 수행과 신信을 내세웠기 때문에 신란은 신信이 바로 정인正因이라는 신앙을 강조하였다.

III. 신라 정토신앙의 확산과 왕생관념

원효와 나무아미타불

혜숙은 안함安含의 친구였다고 전한다. 혜숙이 안강현의 적선촌에 살다가 죽자 마을사람들이 이현耳峴의 동쪽에 장사를 지냈다. 그런데 그날 마을의 한 사람이 이현의 서쪽에서 오다가 혜숙과 마주쳤다. 이에 어디로 가느냐고 묻자 혜숙은 "이곳에 오래 있었으므로 다른 곳으로 가고자 한다."고 말했다. 서로 헤어졌다가 반리半里쯤에서 돌아보니 혜숙은 구름을 타고 서쪽으로 가 버렸다. 그 사람이 이현의 동쪽에 이르렀을 때 장사를 지낸 사람들과 만나게 되어 결국 혜숙의 무덤을 파보니 시체가 없고 신발 한 짝만 있었다고 한다. 혜숙이 서쪽으로 갔다는 것은 서방왕생으로 보려는 견해가 만들어낸 것이다.

그러나 정토왕생에 대한 구체적인 수행과 신앙이 전혀 보이지 않고 있는 까닭에 미타신앙으로 확정하기에는 미진하다. 그러면서도 『삼국유사』에서 기록하고 있는 혜숙의 설화를 정토왕생과 결부시켜서 이해하려는 의도는 정토신앙에 대한 후대인들의 염원의 발로로서 그 초기적인 모습에 속한다.

한편 원효는 파계하여 설총을 낳은 후에 속복으로 갈아입고 스스로 소성거사小性居士라 불렀다. 그리고 『화엄경』의 "일체의 무애인은 일도를 통해서 생사를 초월한다."는 구절에서 무애無碍를 따서 〈무애가無碍歌〉를 만들어 세간에 퍼뜨렸다. 그 〈무애가〉를 부르며 전국의 마을을 돌아다니면서 노래하고 춤을 추며 민중을 교화하였다. 이에 모든 사람들이 그로 말미암아 아미타불의 이름을 알고 '나무南無'를 부를 줄 알게 되었다고 한다. 그 때문에 신라의 불교는 널리 대중화를 성취할 수 있었다.

원효는 『아미타경소』 1권, 『무량수경종요』 1권, 『유심안락도』 1권, 『아미타경통찬소』 2권, 『무량수경사기』 1권, 『무량수경과간』 1권 등의 저술을 남겼는데 그 가운데 현재 전하는 것은 앞의 3종뿐이다.

신라의 정토교학에서는 특히 『무량수경』에 보이는 48원 가운데 혜원과 길장 등의 경우에는 보이지 않고 도작과 선도에 와서 중요시된 제18원에 속하는 십념왕생十念往生을 중시하였다. 십념에 대하여 일찍이 중국의 담란은 아미타불의 총상總相과 별상別相을 억념하는 것을 일념이라 말하고, 그 일념을 끊임없이 계속하면서 명호를 부르는 것이라 말하였다. 그리고 선도는 염념을 성聲으로 해석하여 십성十聲으로 해석하였다.

그러나 원효는 십념에 대하여 은밀隱密의 십념과 현료顯了의 십념으로 분류하였다. 전자에 대해서는 『미륵소문경』에서 말하는 십념으로 보았고, 후자에 대해서는 하하품의 십념처럼 소리를 내어 아미타불을 부르는 것이라고 보았다. 이에 원효는 『관무량수경』의 십념은 구칭염불의 현료십념을 의미하고, 『무량수경』의 십념은 『미륵소문경』 및 『관무량수경』에서 말하는 은밀십념과 현료십념의 두 가지 뜻을 구족한 것이라 말하였다. 이처럼 원효는 은밀과 현료의 두 가지 십념의 뜻을 회통함으로써 오역죄와 십악죄를 범하는 범부중생에 이르기까지 모두가 미타정토에 왕생할 수 있다고 간주하였다.

정토교학의 전개

우리나라에 정토사상 내지 신앙이 수입된 시기는 명확하지 않다.[26] 다만 진평왕(597~631 재위) 시대에 혜숙惠宿이 미타사를 창건하였고, 643년에 귀국한 자장이 『아미타경소』 및 『아미타경의기』 등을 찬술하였다고 전한다.[27] 이후 정토 관련의 주석서로서 원효元曉의 『무량수경종요』·『아미타경소』·『유심안락도』, 법위法位의 『무량수경의소』, 현일玄一의 『무량수경기』, 경흥憬興의 『무량수경연의술문찬』, 의적義寂의 『무량수술의기』 등이 출현하여 현존 내지 복원되어 있다.[28]

이들 신라시대 정토사상의 계통에는 자장·원효·의상·의적·법위·현일 등을 중심으로 한 수隋의 정영사 혜원의 지론종 계통이 있고, 원측·경흥·태현·도륜 등을 중심으로 한 현장과 자은의 유식 계통이 있

---

26 홍윤식은 『정토사상』(서울 : 경서원, 1983, pp.40~41)에서 신라에 정토교를 처음 도입한 사람은 원광법사가 아닐까 하는 추정을 보이기도 한다. 그러나 충분한 자료는 보이지 않지만 이전에 고구려의 불교 상황 및 「善光寺緣起」 등에 정토신앙의 수용이 충분했을 것임을 짐작케 하는 정황들이 있었다. 김영태, 「삼국시대 미타신앙의 수용과 그 전개」, 『韓國淨土思想』, 서울 : 동국대 불교문화연구원, 1997, pp.19~35

27 김영태, 앞의 논문, 1997, p.35

28 현재로서는 현존하는 자료가 주로 『무량수경』에 근거한 것들이기 때문에 신라의 정토사상에 대한 연구도 『무량수경』과 관련된 사상이 주류를 형성하고 있다. 한편 현재는 전하지 않지만 여러 종류의 경전 목록에는 『아미타경』과 관련된 주석서로서 자장의 『아미타경소』·『아미타경의기』, 원측의 『아미타경소』, 의상의 『아미타경의기』, 경흥의 『아미타경략기』, 태현의 『아미타경고적기』, 현일의 『아미타경소』, 도륜의 『아미타경소』 등의 명칭이 보이고 있어서 『아미타경』에 대한 연구가 활발했음을 짐작할 수 있다.

다.²⁹ 그러나 정토신앙의 본격적인 전개는 경덕왕(742~765 재위) 시대 이후부터였다. 이로써 신라시대에 각계와 각층에 이르기까지 널리 성행된 불교신앙은 바로 정토신앙이었으며, 그러한 미타신앙이 성행하는 데는 당대의 석학들이 미타정토의 경전에 대하여 자유롭게 연구하여 그 신앙과 사상을 선양하고 고취하는 훌륭한 찬술이 많이 있었기 때문에 가능하였다.³⁰

이러한 정토신앙에 대한 자료로는 백월산의 미타성불설화 등 미타정토와 관련된 10개의 설화가 수록된 『삼국유사』가 대표적이다. 그 가운데 유명한 염불결사의 정토신앙은 경덕왕 17년(758)에 동량발징棟梁發徵 화상이 승려 31명 및 향도 1천여 명 등과 함께 금강산 원각사에서 결성한 미타만일염불회彌陀萬日念佛會에서 엿볼 수 있다. 또한 애장왕 9년(808)에 강주剛州 순안현順安縣 미타사彌陀寺에서 수십 명이 만일萬日을 기약하고 염불했던 것과 욱면비郁面婢가 헌덕왕 7년(815)의 등공서왕騰空西往의 설화로 전승되었던 내용 등도 전해지고 있어서³¹ 정토왕생의 염불신앙이 활발했음을 알 수가 있다.

이들 정토신앙은 사상으로부터 신앙으로 대중화되어 가면서 몇 가지 특성을 지니고 있다. 주로 『삼국유사』를 통하여 살펴볼 수가 있는데, 미타신앙은 현실적인 인간이 신앙의 주체이면서 서방정토의 왕생신앙이므로 내세적인 의미가 중심을 이루고 있다. 그럼에도 불구하고 현세적인 성격이 강한 것은 광덕 및 엄장, 노힐부득과 달달박박 등의 경우처럼 가족을 거느리고 생업을 경영하는 현실생활 속에서 정토업을 닦았

---

29 신라의 정토사상은 道綽 및 善導의 계통은 義寂 외에는 그다지 전개되지 못하였다.
30 안계현, 『한국불교사상사연구』, 서울 : 동국대출판부, 1983, p.31
31 고익진, 「圓妙國師 了世의 白蓮結社」, 『한국천태사상연구』, 서울 : 동국대 불교문화연구원, 1983, pp.201~202

고, 포천산의 다섯 비구 및 욱면비의 경우처럼 육신 그대로 서방성중의 내영을 받아 허공으로 떠나가다 중간에 머물러 대중들에게 설법을 하고 몸을 남겨 대중이 지켜보는 가운데 진신眞身이 연화대에 앉아서 천악과 광명에 휩싸여 천천히 극락세계로 나아갔다는 내용에서 잘 드러나 있다. 특히 한 스님의 염불소리가 온 성내의 집집마다 똑같이 낭랑하게 들렸다는 것은 현세정토를 찬양하는 현실이익의 표현이기도 하다.[32]

또한 선인선과善因善果의 성격이 두드러져 있다. 빈부·귀천·남녀·상하의 차별이 없이 누구나 자신이 닦고 수행한 만큼 그 과보를 받는다는 내용이 불교의 인과법이기 때문에 여인이나 천민의 왕생이 당연하게 수용되었다. 나아가서 희원적인 성격을 강하게 보여주고 있다. 미타불을 권념하는 염불수행자의 목적은 서방정토의 왕생이었다.

그러나 달달박박은 미타불을 예념하여 왕생한 것이 아니라 신라의 미타불로 환생하였다는 점에서 독특하다. 왜냐하면 미타불은 이미 십겁 이전에 성불하여 현재 서방정토의 주불이 되어 있는 현재불인데, 신라의 미타수행자가 왕생이 아닌 성불을 했기 때문이다. 때문에 새로 성불한 그 미타불은 서방정토에 나아가지 않고 신라의 땅에 법신불로서 상주한다는 의미가 된다. 그것을 기념하고 상징하는 소상塑像을 조성하여 모시고는 현신성불한 신라의 미타불이 상주하는 법당이라는 뜻에서 '현신성도무량수전現身成道無量壽殿'이라 불렀다는 것은 신라가 곧 미타불이 상주하는 나라라는 뜻이었다. 미타불이 상주하는 나라이기 때문에 신라가 그대로 정토가 되는 것이었다. 이와 같은 미타불의 현신성도설화를 통해서 신라를 정불국토로 믿으려고 했던 창의적인 신앙의 자취를 볼 수가 있다. 신라의 이와 같은 현신성불사상은 미타불에 대한 광대무

---

[32] 김영태, 앞의 논문, 1997, pp.48~50

변한 원력을 수용하고 전개시켰던 신앙으로서 굳어진 사례에 속한다.

『삼국유사』 속의 정토관념

『삼국유사』에는 미타정토와 관련된 설화說話와 조상造像과 사실事實 등이 풍부하게 들어 있다.[33] 광덕 및 엄장의 서왕설화는 특히 유명하다.[34] 친구 사이인 두 사람은 먼저 왕생하는 경우가 되면 반드시 알려주기로 약속을 하였다. 광덕이 먼저 왕생하면서 엄장에게 알리고 갔는데 그간의 이야기는 우정을 통하여 서방왕생에 대한 신앙심의 발로를 보여주고 있다. 여기에는 재가의 생활을 하면서도 극락왕생을 성취하였다는 모습이 담겨 있는데, 그것은 출가사문뿐만 아니라 일반의 백성들에게까지 미타신앙이 보편화되었음을 보여주고 있다.

여기에서 광덕의 경우는 재가인이면서 단신정좌端身正坐하여 아미타불을 염하고, 십육관행十六觀行을 닦아서 일심으로 왕생을 희구한 결과 성중聖衆의 내영을 받으면서 천악의 소리와 광명에 휩싸여 왕생하였고, 엄장의 경우는 출가인으로서 왕생을 성취하지 못하자 원효법사를 찾아가 쟁관법錚觀法을 닦은 연후에 서방정토에 왕생할 수 있었다. 이것은 진실한 신앙의 행위는 출가와 재가에 관계가 없으며, 근기가 미약한 사람도 스승의 가르침을 통하여 누구나 왕생을 성취할 수 있다는 가능성과 희망을 보여주고 있다.

그리고 백월산의 미타현신성불의 설화가 있다.[35] 이것은 백월산 남사

---

33 김영태, 「신라의 미타사상」, 『불교학보』 12, 동국대 불교문화연구원, 1975, p.61
34 『三國遺事』 卷5, 「感通」 7, 廣德嚴莊
35 『삼국유사』 권3, 「塔像」 4, 南白月二聖 努肹夫得怛怛朴朴

의 창건연기설화로서 흔히 노힐부득과 달달박박의 이야기로 알려져 전한다. 이 설화에서 특이한 점은 신라 사람으로서 미타수행자가 그대로 아미타불이 되었다는 내용이다. 이것은 미타신앙이면서도 서방정토의 왕생이 아니고 신라의 땅에서 현신성불했다는 것에서 주목된다.

한편 문무왕의 첫째 아우인 김인문金仁問이 당 황제의 부름을 받고 당나라에 가서 감옥에 갇혔을 때 신라에서는 그의 무사귀환을 기원하면서 인용사仁容寺를 건립하고 관음도량을 개설하였는데, 김인문이 귀국하는 도중에 바다에서 죽자 그 도량을 미타도량으로 고쳤다는 이야기가 있다.[36]

또한 성덕왕 18년(719)에 중아찬重阿湌 김지전金志全이 국왕과 부모와 형제 등을 위하여 가람을 건립하고 돌아가신 아버지를 위하여 돌로 미타상을 조성하였다는 내용이 있다.[37]

그리고 포천산布川山의 다섯 비구가 서왕西往했다는 설화[38]는 경덕왕 시대에 양산梁山의 포천산 석굴에서 이름이 알려져 있지 않은 다섯 명의 비구가 아미타불을 염하여 서방왕생을 원구願求하기 10여 년 만에 서방성중西方聖衆의 내영을 받아 다섯 명이 동시에 왕생하였다는 이야기이다. 여기에서는 다섯 명의 비구가 연대에 앉아서 허공을 통해 서쪽으로 가다가 잠시 머물러서 설법을 한 뒤에 유해를 벗어 버리고 대광명을 내면서 서방세계로 갔다는 것이다.

또한 무장사鍪藏寺의 미타상에 대한 설화도 있다.[39] 소성왕昭成王

---

36 『삼국유사』권2, 「紀異」2, 文虎王 法敏
37 『삼국유사』권3, 「塔像」4, 南月山(甘山寺)條
38 『삼국유사』권5, 「避隱」8, 布川山 五比丘條
39 『삼국유사』권3, 「塔像」4, 鍪藏寺 彌陀殿條

(799~800 재위)이 죽은 후에 그 비妃인 계화왕후桂花王后가 매우 슬퍼하다가 "서방에 아미타대성이 있으므로 지성으로 귀의하면 잘 내영해 준다."는 말을 듣고 부군의 명복을 위하여 명장名匠으로 하여금 미타상을 조성토록 하였다는 내용이다.

한편 염불사念佛師의 이야기도 기록되어 전한다. 경주 남산의 동쪽 기슭에 있는 피리촌避里村의 피리사避里寺에서 이름을 알 수 없는 기이한 스님이 항상 『아미타경』을 염송하였는데 그 염불소리가 성 안의 360개 마을과 17만 호에 한결같이 낭랑하게 들렸다는 것이다.[40] 이것이야말로 일반의 백성들이 너도나도 더불어 나무아미타불의 염불소리로 생활했다는 것을 보여주는 것이기도 하다.

기타 욱면비염불서승郁面婢念佛西昇의 일화를 통해서는 구체적인 염불신앙의 모습을 짐작해 볼 수 있다. 신라 경덕왕 758년부터 원성왕 787년까지에 해당하는 염불신앙이다. 758년에 고성현 원각사(건봉사)의 주지 발징화상은 큰 서원을 세우고, 두타승려 31명을 청하여 미타만일회를 시설하여 향도香徒 1820명과 결사를 하였다. 이에 발징화상은 서방정토로 왕생하였다.[41] 기타 미타신앙이 일반의 백성들에게 널리 퍼져 있었다는 것은 『삼국유사』 이외에도 수많은 미타 관계 저술이 있었음을 통하여 엿볼 수가 있다.

---

40 『삼국유사』 권5, 「避隱」 8, 念佛師條
41 『삼국유사』 권5, 「感通」 7, 郁面婢 念佛西昇條

IV. 고려·조선의 정토신앙의 확장

염불결사의 전개

신라시대에 발징 동량화상을 중심으로 형성되어 전개되었던 미타만일회를 통하여 이미 염불결사가 존재했음을 알 수 있다. 그와 같은 미타신앙은 고려시대에 와서도 계속적으로 이어졌다.

고려시대의 성범成範은 성종 원년(982)에 포산包山에서 만일미타도량을 개설하여 50여 년 동안 미타염불을 중심으로 정근하였고,[42] 선종 9년(1092) 인예태후의 만일염불결사도 있었다.[43] 또한 고려 초기에 오대산 수정사水精社의 아미타신앙결사[44]를 비롯하여, 혜덕왕사慧德王師 소현韶顯(1083~1097)의 제자인 진억津億이 지리산 오대사에서 『점찰경』에 근거하여 염불과 참회와 송경으로써 서방극락세계에 왕생할 것을 목표로 하여 결성한 지리산 수정사水晶社,[45] 정종 8년(1042)에 묘향산 보현사에서 굉곽宏廓이 주최하여 300여 명이 함께 염불과 독경을 했던 염불번경念佛繙經의 행사 등이 있었다.[46]

조선 초기에 함허 득통涵虛得通의 『함허록涵虛錄』에는 염불향사念佛香社가 있었다는 언급이 나오는데, 이를 통해 염불도량이 존재하였음을 알 수가 있다.[47] 조선시대에는 또한 미타계彌陀契 및 염불회念佛會 등

---

42 『三國遺事』 卷5, 「避隱」 8, 包山二聖
43 김영미, 「대각국사 의천의 아미타신앙과 정토관」, 『역사학보』 156, 역사학회, 1997 ; 「고려전기의 아미타신앙과 결사」, 『정토학연구』 3, 한국정토학회, 2000, pp.145~173
44 『三國遺事』 卷3, 「塔像」 4, 臺山五萬眞身
45 權適, 「智異山水精社記」, 『東文選』 卷64
46 「寧邊妙香山普賢寺記」, 『韓國金石全文』 中世 上, pp.626~627
47 정목, 『한국의 염불수행』, 서울 : 경서원, 2001, p.159

이 조직되었다. 특히 범어사 내원암의 미타계(1875)와 극락암의 만일회(1905), 고양군 흥국사의 만일회(1904), 화계사의 만일염불회(1910), 봉원사의 만일회(1912), 개운사 만일회(1912), 통도사 극락암의 양로염불만일회(1915), 해인사 만일염불회(1924), 건봉사 만일염불회가 유명하였다.[48] 이처럼 조선시대의 미타신앙은 만일염불회와 회향의례가 그 중심을 형성하였다.

그리고 정토에 구생求生하려는 염불 방법의 경우에도 원효로부터 전개되었던 나무아미타불의 십념을 비롯하여 장엄염불·후송염불 등 다양하게 성행하였다. 이처럼 다양한 염불의례와 더불어 전개된 정토의 신앙과 사상은 진언에 대해서도 결정왕생정토진언·무량수여래주·무량수여래근본주 등이 혼입되어 갔다. 따라서 의식집의 경우에도 정토신앙에 바탕하여 『범음집梵音集』·『작법귀감作法龜鑑』·『중례문中禮文』 등이 출현되었는데, 『석문의범』도 예외는 아니다.

이와 같이 염불결사는 염불에 대한 이해를 바탕으로 형성되었다. 그 가운데 일찍이 고려 중기에 보조 지눌은 『염불요문念佛要門』을 저술하여 다섯 가지 번뇌를 그치도록 한 오정심五停心을 비롯하여 열 가지 참된 염불 방법 등을 보여주었다. 기타 원묘 요세圓妙了世의 백련결사白蓮結社에서 보여준 염불수행, 진각국사眞覺國師의 염불신앙, 무기無奇의 정토염불의 신앙도 널리 알려져 있다.[49]

---

48 건봉사 만일염불회는 신라 경덕왕 17년(758)에 우리나라 최초의 만일염불회의 전통을 계승하여 제2차는 조선 후기 순조 2년(1802)에 결성되었고, 제3차는 철종 2년(1851)에 결성되었으며, 제4차는 1881년 만화 관준스님을 회주로 결성하여 1908년에 회향하였고, 제5차는 1908년 금암 의훈스님을 회주로 결성하였으며, 제6차는 1998년 8월 6일 결성하여 이후 2025년 12월 21일 회향을 목표로 하고 있다.
49 정목, 앞의 책, 2001, pp.136~145

나아가서 함허는 염불왕생에 대하여 『아미타경』 및 아미타불과 정토에 대한 찬탄의 노래로서 「미타찬彌陀讚」·「안양찬安養讚」·「미타경찬彌陀經讚」 등의 경기체가를 통하여 일반대중에게 정토왕생에 대한 신앙심을 고취하였다.

염불의 노래 〈서왕가〉와 〈승원가〉

고려시대 충렬왕 24년(1298)에 영주 공산 거조사居祖社의 원참元旵이 집록한 『현행서방경現行西方經』은 고려 말기부터 조선 초기에 이르기까지 여러 사암에서 간행되었다. 원참은 불설아미타불본심미묘진언을 닦았는데, 회향하던 날(1298년 정월 8일) 밤에 요서樂西라는 신승神僧을 만나 후세에 수생受生할 선악지처善惡之處를 판별하는 미타정토의 왕생의궤로서 척생참법擲栍懺法을 전수받았다. 척생참법은 41개의 간자점법簡子占法으로서 참회와 염불을 통하여 아미타정토에 왕생하는 수행법이다. 또한 고려 후기에 나옹 혜근懶翁慧勤(1320~1376)은 〈서왕가西往歌〉를 지어서 극락세계에 왕생할 것을 현창하였고, 〈승원가僧元歌〉를 지어서 정토와 아미타불을 찬탄하여 염불하기를 권장하였으며, 「염불게念佛偈」 8수를 지어서 미타염불의 신앙을 권장하였다.

이 가운데 고려시대 말기의 나옹 혜근이 지은 〈서왕가〉 및 〈승원가〉는 널리 보급되었다. 나옹은 선사이면서도 모든 사람들이 극락세계에 왕생하기를 권장하기 위하여 〈서왕가〉를 지어서 염불을 권장하였고, 아울러 염불하는 방법을 일러 주었다. 〈서왕가〉의 내용은 다음과 같다.

곧 나옹 자신을 비롯하여 세상의 사람들이 인생의 무상함을 느끼고 속절없는 생활을 하다가 부모님 곁을 떠나서 한 벌의 누더기를 걸치고 하나의 표주박을 들고서 세간을 유행하면서 명산을 찾아다닌다. 이에 선지식을 친견하면서 경론을 열람하며 번뇌를 떨치려고 반야검을 들고 열심히 정진한다. 그러나 번뇌는 첩첩하고 아상과 인상과 중생상과 수자상이 짙게 드리워져 있다. 이에 지혜의 배를 타고 욕계와 색계와 무색계를 건너서 피안에 도달하려는 것이야말로 가장 가치가 있는 일임을 알아차린다. 이에 그 방법은 바로 염불하여 왕생하는 것임을 알고서 중생들에게 염불할 것을 권장한다. 염불하는 방법에 있어서는 마음을 청정하게 하여 불성을 구현하고 불공덕을 쌓으면 극락은 가까워지고 지옥은 멀어짐을 가르쳐 준다. 때문에 중생은 금생의 욕심을 버리고 선근을 심어서 내생에 보배가 되는 염불을 하면 그 공덕은 하늘과 땅보다도 넓고, 해와 달보다도 밝기 때문에 불보살이 다 알아차리고 구제해 준다. 이로써 직접 극락세계에 들어가서 극락의 경계를 누리고 구품연화대에 올라서 거기에서도 염불소리가 또렷하게 이어지는 것을 느끼게 된다. 그러므로 인간으로 태어나서 한 가지 반드시 실천해야 하는 것은 바로 염불임을 강조한다.

  이와 같은 〈서왕가〉의 내용은 쉬운 노랫말로 이루어져 있는 까닭에 읽기 쉽고 암송하기 쉬워서 많은 사람들이 항상 입에 염불을 하고 살아갈 수 있도록 해 주는 데 크게 기여하였다. 나아가서 나옹은 8수의 염불게를 지었는데 그 가운데 제6수는 오늘날 장엄염불을 하는 경우에 반드시 빠지지 않는 게송이기도 하다. 곧 "아미타불이 어디 계시는가. 간절하게 염두에 두고서 결코 잊지 말라. 이리하여 염념이 무념에 도달하면 육근에서 항상 광명이 나온다."는 내용이다.

  그리고 또한 나옹이 지은 〈승원가〉는 정토의 법문에 해당하는 내용으로 이루어져 있다. 여기에서는 유심정토唯心淨土를 비롯하여 타방정토

他方淨土의 관념, 그리고 칭명염불稱名念佛에 이르기까지 구체적인 설명이 들어 있다. 곧 염불을 권장하고 정토와 아미타불을 찬탄하는 내용이다. 특히 『관무량수경』의 16가지 관법 가운데서도 "십육관경의 말씀 가운데서도 일몰관日沒觀이 제일이다. 서산에 지는 해를 눈을 뜨거나 감거나 항상 눈앞에 걸어두고 아미타불 대성호를 밤낮없이 외우라."는 말처럼 일상관日想觀이 제일임을 강조하고 있다.

또한 〈승원가〉에서는 칭명염불로서 '나무아미타불'의 육자명호六字名號이든 '아미타불'의 사자명호四字名號이든 구애받지 말고 일을 할 때도 놀 때도 언제나 염불할 것을 다음과 같이 권장하였다. "아미타불 대성호를 밤낮없이 많이 불러라. 농부라면 농사지으며 노는 입에 아미타불을 부르고, 직녀라면 길쌈하며 노는 입에 아미타불을 불러라. 많으면 육자염불이고 적으면 사자염불이니, 행주좌와行住坐臥 및 어묵동정語默動靜에 고성高聲이나 은념隱念이나 육자염불 내지 사자염불을 하라."

이처럼 나옹은 〈서왕가〉 및 〈승원가〉를 통해 남녀노소를 막론하고 언제 어디서 무엇을 하든지 속담처럼 노는 입에 염불하도록 널리 정토염불을 보급시켰다. 이와 같은 염불신앙은 한편으로는 칭명염불의 결사로 이어졌고, 다른 한편으로는 왕생전의 일화로 널리 보급되어 갔다.

정토왕생과 『염불보권문』

조선 후기에는 정토신앙이 널리 성행하면서 이와 관련된 전적도 다수가 출현하여, 이미 신앙뿐만 아니라 사상적으로도 그 정토신앙의 대중적인 확산에 기여하였다. 청허 휴정은 『선가귀감』을 통하여 타력수행으로 나무아미타불의 육자법문으로서 염불수행을 널리 권장하였고, 허응당 보우대사는 『권념요록勸念要錄』을 통해 염불의 공덕담功德談에 대한 내용이 담긴 것으로 11편을 지어서 정토왕생법을 널리 보급하였고, 극락왕생발원문을 지어서 불자들의 마음을 위로하였다.

이와 더불어 정토왕생을 희구하는 간절한 신앙심이 〈보시염불〉·〈회심곡〉·〈염불타령〉 등으로 표출되었는데,[50] 근세에 용성 진종선사는 새로운 불교운동과 더불어 〈왕생가〉를 지어 정토왕생의 신앙을 보급하였다. 정토 관련 찬술 문헌으로는 17세기 전반의 『권념요록』, 17세기 중반 백암 성총의 『정토보서淨土寶書』와 『백암정토찬栢庵淨土讚』, 18세기의 『보권염불문普勸念佛文』·『신편보권문新編普勸文』·『염불환향곡念佛還鄉曲』, 19세기의 『권왕가勸往歌』·『자책가自責歌』, 20세기의 『정토찬백영淨土讚百詠』 등이 출현하였다.

기타 당시에 널리 읽혔던 정토 관련 책으로는 중국으로부터 전래된 『연종보감蓮宗寶鑑』과 같은 경우도 있었지만, 특히 우리말의 가요로 이루어진 책으로서 명연冥衍의 『염불보권문』의 경우는 정토의 신앙 및 사상을 널리 보급하는 데 크게 기여하였다. 『염불보권문』의 본래 이름은 『대미타참약초요람보권염불문大彌陁懺畧抄要覽普勸念佛文』으로 널리 염불행자들에게 아미타불을 송념할 것을 권장하고 있는 내용이다.

이 책은 조선 숙종 30년(1704)에 경북 예천 용문사龍門寺에서 명연冥衍이 많은 불교경전에서 발췌하여 염불문念佛文의 내용을 만들고, 그것을 우리말로 언해하여 선남선녀가 정토의 사상과 왕생의 방법에 대하여 쉽게 통달하고 실천하여 생사의 고해를 벗어나서 서방극락세계에 왕생하고 모두가 불도를 성취하기를 기원하는 마음으로 간행한 것이다.

때문에 많은 사람들이 호응하여 여러 사찰에서 속간되었다. 1741년

50　홍윤식, 『정토사상』, 서울 : 경서원, 1983, pp.40~41

에는 팔공산 수도사에서, 1764년에는 팔공산 동화사에서, 1765년에는 황해도 구월산 흥률사와 평안도 묘향산 용문사에서 간행되었으며, 이후 1776년에는 합천 해인사에서 앞서 간행한『염불보권문』을 참고하되, 이본 간에 서로 내용이 중복되지 않도록 여러 글을 선정하고 새로운 글들을 추가해 판각하기도 하였다. 해인사본『염불보권문』은 18세기에 민중들이 실제 생활에서 보고 들은 각종 불교적 신앙체험과 당시에 유포되어 있던 여러 글 중에서 실천 가능하면서도, 정토신앙淨土信仰과 관련된 각종 글들을 최대한으로 수렴하여 집대성한 것으로서, 18세기 당대의 불교 종합 포교선집이라 평가할 수 있다.

해인사판의 구성을 보면, 제1부는 서문 및 저자 명연이『대집경』을 비롯한 아홉 가지 경전 등에서 발췌한 글로서 세간의 사람들에게 널리 염불을 권장하는 내용이다. 제2부는 「대미타참문」에 해당하는 것으로 서방정토에 왕생했던 사람들의 6종의 영험담으로 되어 있다. 제3부는 염불하는 작법의 차제에 대하여 기록해 두고 있다. 제4부는 당나라 선도화상의 「임종정념결臨終正念訣」을 인용하여 편안한 마음으로 임종을 맞이하는 자세 및 방법 등을 일러주고 있다. 또한 진언과 발원문 및『아미타경』을 비롯한 몇 가지의 경전을 수록하고 있다.[51]

이처럼『염불보권문』은 조선 후기에 보편화된 정토왕생의 신앙에 부응하려는 책으로 출현되었기 때문에, 출가자와 재가자를 막론하고 실제로 염불하는 사람의 입장에서 그 염불작법에 대해서뿐만 아니라 정토신앙과 관련된 경론의 내용을 보다 심도있게 이해하려는 요구에서 여러 차례에 걸쳐 간행될 수가 있었다. 때문에 조선 후기에 전개되었던 정토신앙의 단면을 엿볼 수 있는 중요한 자료이기도 하다.

---

51 정우영·김종진 역,『염불보권문』, 서울 : 동국대출판부, 2012, pp.20~22

정토의 길 : 현세와 내세의 통로

2,500여 년 전에 불교가 출현한 이래로 오랜 역사에 걸쳐서 다양한 교리와 신앙과 종파가 출현하였다. 이러한 불법의 전개는 불자들에게 살아 생전에는 고단한 중생의 삶에 청량제와 같이 마음을 위로하고 올바른 길로 안내하였으며, 죽은 이후에는 남아 있는 사람들에게 조상의 천도와 왕생극락이라는 믿음을 심어 줌으로써 내세까지 이르는 영원한 안락을 보장하는 기능으로서 존속해 왔다. 바로 그 가운데에 정토라는 관념이 존재하고 있다. 정토는 실물국토뿐만 아니라 유심정토로서 가장 보편적인 불법으로 전개되어 왔다. 때문에 지역과 시대와 신분을 초월하여 동아시아의 불교에서 현생을 비롯하여 내생에까지 모든 중생에게 가장 강력하게 구원을 담보해 주는 가르침이었다.

이러한 정토의 관념은 처음에 부처님에 대한 그리움과 존경으로부터 비롯되었다. 삼보에 대한 신앙으로서 염불과 염법과 염승이 바로 그것이었다. 삼보에 대한 존경과 신앙은 불교가 발생하면서부터 지역과 시대를 초월하여 모든 불자들에게 공통의 관념이었다. 때문에 처음에는 중생의 입장에서 불보살에 대한 믿음의 작용으로 출발하였지만, 대승불교가 흥기하면서부터는 오히려 불보살이 중생에 대한 자비의 구원으로도 크게 작용하였다. 그것을 불보살과 중생의 관계에서 보면 불심이 중생의 마음속에 들어가고 중생이 이를 느껴 서로 통하는 감응도교感應道交의 상호작용으로 승화된 것이었다. 이로써 불보살과 중생이 함께 어우러져 살아가는 세상과 국토가 불국정토라는 관념으로 출현하게 된 만큼 정토는 부처만의 세계도 아니고 중생만의 세계도 아닌 생불불이生佛

不二의 국토로서 어떤 관념보다도 강력하게 부각되었다.

이런 점에서 정토의 세계는 동방 묘희정토의 아촉불과 유리정토의 약사불을 비롯하여 서방 극락정토의 아미타불, 상방 도솔정토의 미륵보살처럼 지역과 장소를 초월하여 모든 곳에 설정될 수가 있었다. 극락세계와 도솔세계는 그와 같은 관념이 시대와 지역을 초월하여 보편적으로 전개된 개념으로서 모든 사람에게 친숙해졌다. 나아가서 내세가 아닌 현세정토로서 보타락정토와 영산정토를 비롯하여 자성미타 유심정토라는 개념의 출현으로 시대를 초월하여 모든 근기의 중생에게 현성될 수가 있었다. 이것이 바로 정토가 횡적으로는 인도와 중국과 한국이라는 한정된 틀을 벗어나서 지극히 보편적으로 널리 발전되고 전승될 수 있었고, 종적으로는 초기불교의 시대부터 오늘에 이르기까지 보편성을 획득할 수 있는 까닭이었다. 정토의 이러한 성격으로 인하여 널리 보급되면서 선종과 천태종과 밀종과 율종 등과 더불어 융합되어 발전하게 되었고, 또한 불보살의 중생구제라는 대승불교의 비원에 가장 폭넓게 응용될 수가 있었다.

그와 같은 정토에 왕생하는 가장 쉽고 가장 빠른 방법으로 타력의 칭명염불이 제시되어 불보살로부터 일천제 및 전타라에 이르기까지 일체중생의 수행법이 일찍부터 정착될 수 있었다.

특히 정법이 타락한 오탁악세의 중생일지라도 간절한 신심으로 나무아미타불의 육자명호의 염불을 통하여 일념에 피안에 도달한다는 타력신앙의 가르침으로서도 정토의 신앙은 단연 으뜸이었다. 때문에 자력으로 깨달음의 성취를 강조하는 선종에서도 선정쌍수禪淨雙修를 비롯하여 선정일치禪淨一致 내지 염불선念佛禪이 주창되기에 이르렀다. 나아가서 제대로 깨친 사람이어야 비로소 왕생할 수 있다는 주장이 보편성을 지니게 되었다.

 이와 같은 정토신앙은 한국불교에서 신라시대부터 널리 보급되었다. 원효의 경우에 민중들에게 널리 나무아미타불의 관념을 심어 주었던 것은 정토왕생에 대한 염불의 대중화로서 개인적인 염불신앙은 물론이고, 나아가서 집단적으로 만일염불회의 신앙으로 승화되어 정토를 희구하는 사람이라면 누구나 나무아미타불을 부르고 이해하여 직접 염불왕생을 실천할 수 있는 길을 마련해 주었다.

 특히 『삼국유사』에 널리 보이는 정토왕생의 다양한 설화는 미타정토와 관련된 10개의 설화에 잘 드러나 있다. 왕생신앙의 형태로 전개되었던 설화로는 동량 발징화상이 주도한 미타만일염불회를 비롯한 기타의 만일회 등을 비롯하여 욱면비의 등공서왕의 설화를 비롯한 광덕과 엄장, 노힐부득과 달달박박, 포천산의 다섯 비구 등 출가자로부터 재가자에 이르기까지 각계 각층의 사람들에게 보급되었다.

 이러한 모습은 신라뿐만이 아니라 고려와 조선시대를 통하여 오늘날까지 전승되고 있는 만일염불의 결사신앙으로 드러났다. 고려의 성범은 포산에서 만일미타도량을 개설하였고, 인예태후의 만일염불결사, 오대산 수정사의 아미타신앙결사, 지리산 수정사를 비롯하여 염불과 독경을 했던 염불번경의 행사 등이 전개되었다. 조선시대에는 함허 득통의 염불향사를 비롯하여 미타계 및 염불회 등이 조직되어 최근세에 이르기까지 전개되었다.

 한국불교에서 염불신앙은 결사의 모습뿐만 아니라 정토왕생에 대한 염불의 방법도 다양하게 전개되었다. 원효가 나무아미타불의 십념을 강조함으로부터 그 발전은 장엄염불 및 후송염불 등으로 이어졌고, 염불의례에 대해서도 진언의 수행으로 나타나서 결정왕생정토진언·무량수여래주·무량수여래근본주 등이 중요시되었다. 그 결과 『범음집』·『작법귀감』·『중례문』 등 염불에 대한 의식집도 출현되었다.

한편 염불신앙에 대한 대중적인 확산으로 말미암아 대중들이 손쉽게 염불에 접근하고 그것을 이해할 수 있게 되었다. 가령 『염불요문』이 출현되었고, 백련결사가 조직되었으며, 수많은 염불왕생에 대한 법어를 비롯하여 아미타불과 정토에 대한 찬탄의 노래가 등장하였다.

조선시대에 허응당 보우대사는 『권념요록』을 통하여 염불의 공덕담을 널리 보급하였고, 극락왕생발원문을 지어서 불자들의 마음을 위로하였다. 17세기 이후부터는 정토 관련 저술이 다종으로 출간되었는데, 특히 명연의 『염불보권문』은 정토에 대한 신앙과 사상을 널리 보급하는 데 크게 기여하였다.

이처럼 정토신앙은 일찍이 인도에서부터 형성되었다. 또한 중국불교에서는 정토에 대한 관념은 물론 정토학에 대한 폭넓은 이해와 전개 그리고 정토신앙의 결사를 비롯한 정토종의 출현으로 인하여 정토의 신앙뿐만 아니라 수행의 보편성까지 확보되었다. 그것은 순수한 불법의 실천뿐만 아니라 시대가 혼탁했을 때는 정치적인 세력으로 등장하기도 하였다. 그것은 불법에 대한 염원과 구제의 관념이 정토에 대한 불국토의 찬탄과 왕생과 실현이라는 강력한 신앙으로 발로된 결과였다.

이와 마찬가지로 한국불교에서도 정토는 불법의 신앙으로서 가장 보편적이고 다양하게 전개되었다. 불교가 수입된 시기부터 신라를 비롯한 고려 및 조선시대 그리고 오늘에 이르기까지 모든 시대와 지역을 통하여 정토신앙은 광범위하였다. 그 모습은 개인과 집단의 염불신앙이 결사를 비롯하여 염불의 방법과 염불의 노래 그리고 염불작법에 이르기까지 다양하였다. 또한 정토신앙은 출가자만의 전유물이 아닌 일반대중 모든 계층에 공통적으로 보급되었을 뿐만 아니라 왕생의 영험에 대한 경우도 마찬가지였다. 때문에 이와 같은 정토의 신앙은 내세에 왕생하는 정토만이 아니라 현재 이 땅에 이미 성취되어 있는 정토의 구현이라는 관념의 노정이기도 하였다. 이에 내세와 현세에 통하는 정토의 성취에 대한 신앙은 불보살뿐만이 아니라 중생이 더불어 이미 누리고 있는 불국토이면서 염불행자가 이후에 왕생해야 하는 불국토로서 불자들에게 가장 흡입력이 강한 불법이었다.

| 참고문헌 |

법상, 『정토수행관 연구』, 서울 : 운주사, 2013.
불교사학회, 『신라미타정토사상연구』, 서울 : 민족사, 1988.
이광준, 『정토불교의 참회사상』, 서울 : 우리출판사, 2014.
이태원, 『염불의 원류와 전개사』, 서울 : 운주사, 1998.
정목, 『한국의 염불수행』, 서울 : 경서원, 2001.
정정법사 著, 정전스님 번역, 『정토종개론』, 서울 : 비움과 소통, 2015.
한보광, 『新羅淨土思想の硏究』, 京都 : 東方出版, 1991.
홍윤식, 『정토사상』, 서울 : 경서원, 1983.
石田瑞麿, 『淨土敎の展開』, 東京 : 春秋社, 1981.
藤吉慈海, 『淨土敎思想の硏究』, 京都 : 平樂寺書店, 1988.

문화와 의례

불교설화 佛敎說話

김기종

Ⅰ. 불교설화의 개념과 유형

　　신화·전설·민담/ 불전佛典설화와 불교설화/ 한국 불교설화의 유형 분류

Ⅱ. 불전설화와 중국·일본의 불교설화

　　인도 불전설화의 동아시아적 전개/ 중국의 불교설화/ 일본의 불교설화

Ⅲ. 신라·고려시대의 불교설화

　　고려시대 문헌의 불교설화/ 승려의 신이한 행적/ 불·보살상과 경전의 영험/ 불연국토佛緣國土와 불·보살의 상주常住/ 정토왕생과 현신성불

Ⅳ. 조선시대의 불교설화

　　『석가여래십지수행기』·『월인석보』의 본생담/ 사지寺志와 사찰연기설화/『진묵조사유적고』의 진묵설화

■ '불국佛國'과 '성불成佛'의 염원

I. 불교설화의 개념과 유형

신화·전설·민담

설화는 일정한 구조를 가진 꾸며낸 이야기를 말한다. 설화는 어디까지나 사실이 아닌 사실적인 이야기이고, 사실 여부보다도 흥미와 교훈 때문에 존재하는 것이다. 설화는 무엇보다 구전口傳된다는 특징이 있는데, 구절구절을 완전히 기억하는 것이 아니라, 핵심이 되는 구조를 기억하고 이에 화자話者 나름대로의 수식을 덧보태서 이루어진다. 설화를 신화(myth)·전설(legend)·민담(folktale)으로 구분하는 것은 세계적인 통례로 되어 있다.[1]

신화의 주인공은 신神으로, 그의 행위는 신이 지닌 능력의 발휘다. 여기서의 '신'은 보통사람보다 탁월한 능력을 가진 신성한 인물이라는 뜻이지, 인간과 전적으로 구별되는 존재라는 것은 아니다. 신화는 아득한 옛날을 시간적인 배경으로, 특별한 신성장소를 무대로 삼는 것이 예사이고, 신화의 전승자는 신화를 진실되고 신성하다고 인식한다.

전설은 전승자가 신성하다고까지는 생각하지 않으나, 진실되다고 믿고 실제로 있었다고 주장하는 이야기다. 전설의 주인공은 한정될 수 없는 여러 종류의 인간이되 그의 행위는 인간과 인간, 또는 인간과 사물 사이에서 일어나는 예기치 않던 관계가 대부분이다. 그리고 제한된 시간과 장소를 배경으로, 이야기가 사실임을 입증하는 증거물이 제시되어

---

1 장덕순 외, 『구비문학개설』, 서울: 일조각, 1984, p.17

있다.

 민담에는 구체적인 장소와 시간이 없는 것이 보통이고, 민담의 전승자는 민담이 신성하다고 생각하지 않으며, 진실되다고 생각하지도 않는다. 곧 신화처럼 신성한 무엇을 나타내기 위해서도 아니고, 전설처럼 사실의 전달을 위해서도 아니며, 오직 흥미를 주기 위해서 말해지는 것이 민담인 것이다. 그러므로 이야기가 그 자체로 완결되며 증거물을 제시할 필요가 없다. 또한 민담의 주인공은 일상적인 인간이고, 전승의 범위는 지역이나 민족으로 한정되지 않는다.[2]

 설화는 전승 형태에 따라 구전설화와 문헌설화로 나뉜다. 전자가 전승 과정의 변모로 인해 그 원형의 연대와 모습을 파악하기 어렵다면, 후자는 수록 문헌의 성립 이전으로 그 시기와 형태를 추정할 수 있다. 곧 문헌설화는 오랜 옛날에 형성된 설화가 세월을 거쳐 오는 동안 변형되고, 또 새롭게 개작된 흔적이 남아 있다는 점이 특색인 것이다.[3] 구전설화의 경우, 다행히 몇 가지 형태가 동시에 채록되었더라도 그 선후관계를 추정할 수 없다는 약점을 지니지만, 문헌설화는 그 문헌의 선후에 따라 설화의 변화된 양상이 드러나게 된다. 이 글은 한국 불교설화의 시대적 양상과 그 의미를 살펴보는 것이 목적이므로, 문헌설화로 그 대상을 한정하기로 한다.

불전佛典설화와 불교설화

 불전설화는 문자 그대로 경經·율律·논論 삼장三藏에 들어 있는 설

---

2 장덕순 외, 앞의 책, 1984, pp.18~20
3 김현룡,「총론」,『한국문헌설화』5, 서울: 건국대학교출판부, 2000, p.9

화를 말한다. 구체적으로는, 불설佛說의 양식과 성격을 열두 가지로 분류한 12분교分敎 중, 자타카(Jātaka, 本生)·니다나(Nidāna, 인연)·아바다나(Apadāna, 비유)의 세 가지를 가리킨다. 이들 불전설화는 인도설화의 발전 형태라 할 수 있다. 인도 고대의 설화가 바라문교의 베다(Veda) 경전 및 푸라나(Purana) 문학 등을 거치면서 내려오다가 불교의 성립과 더불어 그 경전에 흡수된 것이 불전설화의 시초이다.[4]

불교설화는 신화·전설·민담 가운데 대부분이 전설에 속한다. 장소가 널리 알려져 있고, 증거물과 인물이 있으며, 그것이 사실로 믿어지기 때문이다.[5] 그런데 불교설화의 개념 규정에 대해서는 이견이 존재하고 있다. 대표적인 예로, 황패강과 조동일의 견해를 들 수 있다. "불교설화는 민중교화의 방편으로 흥미 있는 이야기를 통해 부처의 참모습을 마음속에 형성시켜 마침내 귀의심을 일으키게 하는 목적으로 생겨난 설화"[6]와, "불교설화는 삶의 시련과 결단을 불교와 관련시켜서 다루는 설화"[7]라는 견해가 그것이다. 전자가 '민중의 교화'라는 불교설화의 '목적'에 강조점을 두었다면, 후자는 불교설화의 '내용'을 강조한 것이라 할 수 있다. 그렇지만 두 견해 모두 불교설화가 불교의 교리 내지 사상을 드러내야 한다는 점에서는 일치하고 있다.

그렇다면, '불전설화'와 '불교설화'는 그 개념이 구분되는 용어임을 알 수 있다. 불전설화가 곧 불교설화는 아니라는 것이다. 물론 불전의 많

---

4 인권환, 「불전설화의 한국적 전개와 변용」, 『한국불교문학연구』, 서울: 고려대학교출판부, 1999, p.194
5 김용덕·윤석산, 「한국 불교설화의 형성과 전승원리」, 『한국언어문화』 4, 한국언어문화학회, 1986, p.7
6 황패강, 『신라불교설화연구』, 서울: 일지사, 1975, p.308
7 조동일, 『삼국시대 설화의 뜻풀이』, 서울: 집문당, 1989, p.262

은 설화들은 불교의 핵심교리인 6바라밀波羅蜜의 실천을 강조하고 있다. 그렇지만 불교의 교리 내지 사상과 관련이 없는 설화들 역시 적지 않게 보이고 있다. 그 예의 하나로, 이른바 '구토지설龜兎之說'로 널리 알려진, 『삼국사기』 김유신 열전[8]에 소개된 설화를 들 수 있다. 조선 후기의 「수궁가」·「토끼전」의 근원이 되었던 이 설화는 『육도집경六度集經』·『불본행집경佛本行集經』 등의 경전에서 나온 것이지만, 그 내용은 불교와 관련이 없는 지략담智略譚에 해당하는 것이다.

한편, 황패강·조동일을 제외한 기존의 논의에서는 불교설화를 '불교에 대한' 또는 '불교와 관련된' 설화로 규정하고 있는 듯하다. 그리하여 몇몇 연구자의 경우는 불교 또는 승려에 대한 비방적·부정적인 내용의 설화까지 불교설화로 다루고 있다.[9] 그러나 이 글에서는 '불교설화'를 불교의 교리 내지 사상을 형상화하고 있는, 일정한 구조를 가진 꾸며낸 이야기로 한정하고자 한다. 이에 따라, 불교 및 승려를 부정적으로 형상화하고 있는 설화뿐만 아니라, 사찰이 이야기의 단순한 배경으로 등장하거나 승려가 소재 차원에 그치고 있는 설화들은 이 글의 논의 대상에서 제외될 것이다.

한국 불교설화의 유형 분류

설화 각 편의 내용적 특징과 공시적·통시적인 변모 양상을 파악하기

---

8 『삼국사기』 권46, 「列傳」 1, 金庾信 上
9 김현룡, 앞의 책, 2000; 최래옥, 「한국 불교설화의 양상」, 『한국의 민속과 문화』 3, 경희대 민속문화연구소, 2000; 박상란, 「조선시대 문헌 소재 불교설화의 양상과 의미」, 『불교학보』 43, 동국대 불교문화연구원, 2005

위해서는 무엇보다 설화 유형의 설정 및 분류가 선행되어야 한다. 한국 불교설화의 연구에 있어서도 그동안 여러 연구자들에 의해 유형 분류가 시도되어 왔다.

먼저, 장덕순은『삼국유사』의 설화들을 신화·전설·민간설화·불교연기설화의 네 가지로 크게 나눈 뒤, 불교연기설화를 사원연기전설, 고승·이승異僧·성도聖徒전설, 비공飛空, 치병治病, 축사逐邪, 기양획복祈禳獲福, 환생還生, 신인神人·진신眞身·성모현형聖母現形 등의 유형으로 세분하였다.[10] 황패강은 신라시대의 불교설화를 다음과 같은 일곱 가지 유형으로 분류하고 있다. (1) 업보윤회業報輪廻, (2) 보살행화菩薩行化, (3) 영이靈異, (4) 구법求法, (5) 공덕功德, (6) 명칭연기名稱緣起, (7) 왕생往生 등이 그것이다.[11]

김현룡의 경우는『삼국유사』소재 불교설화를, (1) 이승異僧, (2) 감응感應, (3) 영이靈異, (4) 신불信佛, (5) 호국, (6) 연기緣起 등의 여섯 항목으로 나누고 있다.[12] 그는 이 논의 이후에도 불교설화의 유형 분류를 시도하고 있는데, 그 대상을 고려·조선시대의 금석문 및 문헌설화집으로 확장하였다. 그리하여 삼국시대부터 조선시대까지의 불교 문헌설화를 (1) 법승法僧, (2) 이승異僧, (3) 영이靈異의 세 가지 유형으로 분류하고 있다.[13]

이들 논의 외에도, 김용덕과 김승호는 구전설화와 문헌설화를 포함한 한국 불교설화를 각각 (1) 명칭연기名稱緣起, (2) 구법전교求法傳敎,

---

10 장덕순,「삼국유사 소재의 설화 분류」,『인문과학』2, 연세대 인문과학연구소, 1958, pp.138~148
11 황패강, 앞의 책, 1975, pp.56~171
12 김현룡,『한국 고설화론』, 서울: 새문사, 1984, pp.78~152
13 김현룡, 앞의 책, 2000, p.26

(3) 정토왕생淨土往生, (4) 기도발원祈禱發願, (5) 영험이적靈驗異蹟, (6) 인과응보因果應報, (7) 보시공덕布施功德, (8) 효선권화孝善勸化, (9) 지계인욕持戒忍辱, (10) 호국용신護國龍神[14]과, (1) 영험, (2) 고승, (3) 각성覺醒, (4) 회향回向[15] 등의 항목으로 분류하고 있다. 최래옥과 박상란의 경우는, 각각 구진설화와 조선시대의 문헌설화만을 분류 대상으로 삼고 있다. 전자는 (1) 조형물과 자연물에 관한 설화, (2) 승려에 관한 설화, (3) 교리 면에 관한 설화 등으로 나누고 있으며,[16] 후자는 (1) 승려, (2) 사찰, (3) 영험, (4) 신앙 등의 항목을 설정하고 있다.[17]

이상, 한국 불교설화의 유형 분류에 관한 선행연구들을 살펴보았는데, 이를 통해 몇 가지 문제점을 지적할 수 있다. 먼저, 황패강을 제외한 모든 논의들은 불교설화에 대한 개념 규정 없이 유형 분류를 시도하고 있다. 그리고 분류의 기준이 명확하지 않으며, 한 편의 설화가 여러 유형으로 중복 분류되고 있는 문제점을 보인다. 또한 몇몇 연구자의 경우는 분류의 항목만을 설정하고 있을 뿐, 이에 해당하는 설화 작품을 제시하고 있지 않다.

이 글은 이러한 문제점들을 염두에 두면서, 한국 불교 문헌설화를 제재 및 중심 내용에 따라 (1) 승려의 신이한 행적, (2) 불·보살상과 경전의 영험, (3) 불연국토와 불·보살의 상주, (4) 정토왕생과 현신성불의 네 가지 항목으로 분류하고자 한다. 이들 유형의 설화 작품에 대한 구체적인 분석은 Ⅲ장에서 이루어질 것이다.

---

14 김용덕·윤석산, 앞의 논문, 1986, p.17
15 김승호,『한국 사찰연기설화의 연구』, 서울: 동국대학교출판부, 2005, p.13
16 최래옥, 앞의 논문, 2000, pp.336~373
17 박상란, 앞의 논문, 2005, pp.68~81

II. 불전설화와 중국·일본의 불교설화

인도 불전설화의 동아시아적 전개

불전설화에는 자타카와 니다나와 아바다나가 있다. 자타카는 본생本生, 곧 석가의 전생 이야기로, 석가가 과거에 쌓은 갖가지 공덕과 수많은 보살행에 관한 내용으로 되어 있다. 자타카는 예외 없이 다음과 같은 세 부분으로 구성된다. 곧 현재의 이야기, 과거의 이야기, 연결의 이야기가 그것이다. 현재의 이야기는 어떤 기회에 어떤 일로 해서 석가가 이야기를 하게 되는 계기를 말하는 부분이고, 과거의 이야기는 자타카의 핵심이 되는 부분으로, 석가가 전생에 여러 가지 수행을 하던 이야기이다. 연결의 이야기는 현재 이야기의 인물과 과거 이야기의 주인공을 연결시키면서 이야기의 인과관계를 설명하는 부분이다. 대체로 이 부분에서 석가는 보시·지계·인욕 등의 실천을 권하고 있다.

'인연' 또는 '연기'로 번역되는 니다나는 계율이 제정된 연유나 교법이 설해진 이유에 관한 이야기이다. 설화가 아닌 실제 사건도 포함되어 있으며, 전생에 관한 이야기의 비중이 큰 편이다.[18] 아바다나는 비유를 통해 불교의 교리를 알기 쉽게 설명한 이야기를 가리킨다. 일반대중에게도 널리 알려진 것으로, 『빈두로설법경賓頭盧說法經』의 '흑백이서黑白二鼠'의 비유, 『잡아함경』의 '일인사부一人四婦'의 비유, 『법화경』의 '화택火宅'·'장자궁아長者窮兒'의 비유 등이 있다.[19] 이들 불전설화는 불교의 전파에 의해 동아시아적인 확대를 보게 되었고, 신앙의 힘에 의하여 민간에 깊

---

18 김운학, 『불교문학의 이론』, 서울: 일지사, 1990, pp.54~55
19 김운학, 앞의 책, 1990, pp.60~68

숙이 침투되었으며, 그 종교성이 탈락되면서 각국의 민간설화 속에 파고들어 민속문학의 원천이 되기도 하였다.

중국에 있어서『경률이상經律異相』,『법원주림法苑珠林』,『제경집요諸經要集』 등의 편찬은 불전설화의 정리 작업으로 볼 수 있다. 특히 불전에 나오는 불교설화만을 수록한『경률이상』(516)은 인도불교를 보다 쉽게 소개하기 위한 텍스트였고,『법원주림』(668)은 불교의 중국화 과정을 대표적으로 보여주는 텍스트라고 할 수 있다.『법원주림』의 불교설화는『경률이상』의 불전설화와는 다른 특징을 보이고 있다. 곧『법원주림』의 육도편六道篇에 수록된 '지옥고사地獄故事'는, 인도불교의 다양한 지옥 형상이 중국의 '명부冥府관념'과 결합하면서 점차 지상의 관청과 옥사를 사후세계에 옮겨다 놓은 듯한 모습으로 변하고 있음을 보여준다. 그리고 현세에서 지은 죄복罪福을 현세에 바로 돌려받는 현보現報에 관한 설화가 주종을 이루고 있다. 이들 설화는 인과응보의 틀을 갖추고 있지만, 사실은 불교와는 무관한 복수 이야기나 보상 이야기의 구조를 가지고 있는 것이다.[20]

일본에 있어서도 불전설화의 전래는 불교설화집의 편찬에 많은 영향을 주었다. 특히『삼보회三寶繪』(984)에는 13편의 자타카가 수록되어 있고, 전全 31권의『금석물어집今昔物語集』(1120~40)은 권2의 제3~5화話와 권5의 제7~12화가 자타카에 해당한다. 그리고 가마쿠라 시대 초기의 설화집인『우치습유물어宇治拾遺物語』에는 7편의 자타카가 실려 있다. 그런데, 이들 불전설화 중『대당서역기』 권11 등에 수록된 「승가다가 나찰국에 간 이야기」는『금석물어집』에서는 본생의 요소가 탈락된 관세음보

---

[20] 안정훈,「불교설화의 중국화에 관한 고찰」,『중국어문학논집』 58, 중국어문학연구회, 2009, p.562

살의 영험담으로 제시되어 있다. 또한 『우치슈유물어』의 「오색사슴 이야기」는, 출전인 『육도집경』과는 다르게 윤리를 강조하는 세속적인 동물담의 성격을 띠고 있다.[21] 이 설화는 자타카의 '현재 이야기'와 '연결 이야기'가 삭제되고, 보은을 강조하는 동물설화로 윤색되어 있는 것이다.

한국의 경우는, 『석가여래십지수행기釋迦如來十地修行記』(1448)에 9편의 자타카가 수록되어 있다. 이들 중, 제7지 「금독태자金犢太子」는 저본을 찾을 수 없고, 나머지 설화들의 경우는 저본이 되는 불전설화와 적지 않은 차이를 보이고 있다. 곧 제9지 「보시태자」에는 그 저본인 『태자수대나경』에 전혀 없는 8편의 게송이 삽입되어 있고, 제6지 「선우태자善友太子」에서 선우는 태자비를 '오월 단오절'에 만나고 있다. 또한 제7지 「금독태자」에서는 금독태자가 잠시 머물던 나라의 이름으로 '고려국'이 등장하고 있는 것이다.

중국의 불교설화

동아시아의 불교 전래 이후 가장 먼저 이루어진 것은 불교경전의 한역漢譯이었다. 불교 역경사譯經史의 효시인 안세고安世高가 처음 불경을 한역한 시점은 2세기 후반이었다. 이후 위·진 시대와 수·당 시대까지 불경의 한역은 계속된다. 그 다음으로 동진 시대에 들어와 일군의 영험기靈驗記가 등장하는데, 부량傅亮(374~426)의 『광세음응험기光世音應驗記』를 시작으로 장연張演(5세기 전반)의 『속광세음응험기續光世音應驗記』와 육고陸杲(425~532)의 『계관세음응험기繫觀世音應驗記』 등이 그것이

---

21 김태광, 「인도설화를 통해서 본 『우지슈이 모노가타리』의 특성」, 『일본어문학』 67, 일본어문학회, 2014, pp.351~352

다. 그리고 남북조 시대에 이르러서는 고승들의 사적을 선양한 혜교慧皎(497~554)의 『고승전』(519)이 등장한다.[22]

이러한 한역경전, 영험기, 고승전은 중국뿐만 아니라 동아시아 불교설화의 큰 범주에 해당한다고 할 수 있다. 곧 동아시아의 불교설화는 크게 불전설화·영험설화·고승설화의 세 가지 유형으로 구분할 수 있는 것이다. 13세기의 고려에서 편찬·간행된 진정국사眞靜國師 천책天頙(1206~?)의 『해동법화전홍록海東法華傳弘錄』과, 각훈覺訓의 『해동고승전海東高僧傳』(1215)은 각각 영험기와 고승전에 해당하고, 1280년대의 『삼국유사』는 이 두 유형의 설화를 공유하면서 동시에 사서史書로서의 성격을 지향하고 있다. 일본의 경우도, 최초의 불교설화집인 『일본영이기日本靈異記』(882)는 영험기에, 『원형석서元亨釋書』(1322)는 고승전에 해당한다.

중국불교의 초창기 영험기인 『광세음응험기』·『속광세음응험기』·『계관세음응험기』는 주로 전란이나 여타의 재난으로 위기에 봉착한 인물들이 관세음보살상에 기도하거나, 『법화경』「관세음보살보문품」을 독송讀誦·서사書寫하여 구원을 받는 내용으로 되어 있다. 이 3종의 영험기와 혜교의 『고승전』은 기본적으로 고승이 영험을 구현했다는 점에서 동일하다. 그러나 영험기에서의 고승은 영험의 재현과 체현이 뒤섞여 있는 데 반해, 이것이 고승전으로 편입되면 보다 확실한 영험의 실천자로 바뀌는 경향이 있다. 곧 『고승전』으로 편입된 고승들의 영험담은 그들이 불·보살의 영험을 등에 업거나, 그 자신이 영험한 신력神力을 드러냄으로써 성립되고 있다.[23]

---

22 정환국, 「불교 영험서사의 전통과 『법화영험전』」, 『고전문학연구』 40, 한국고전문학회, 2011, p.126

23 정환국, 「불교 영험서사와 志怪」, 『민족문학사연구』 53, 민족문학사학회, 2013,

한편, 당대唐代에 이르러 『금강경』 관련 영험담을 집성한 소우蕭瑀의 『금강반야경영험기金剛般若經靈驗記』, 맹헌충孟獻忠의 『금강반야경집험기金剛般若經集驗記』(718), 『금강경구이金剛經鳩異』 등이 새롭게 등장한다. 이들 영험기는 영험 수혜자의 계층과 신분이 다양하고, 주요 사건이 천상·저승·용궁·지옥 등의 다양한 이계異界에서 이루어지고 있다. 여기에 집성된 설화들은 기존의 『법화경』 관련 영험기에 비해 텍스트로서의 체계는 미흡하지만, 대중들의 보다 다양한 신앙적 체험을 반영하고 있다. 또한 『법화경』 관련 영험담이 현세에서의 위난과 내세의 가능성에 초점을 두고 있다면, 『금강경』 관련 영험담은 현세에서의 위난뿐만 아니라 구체적인 이익을 추구하는 경향을 보이고 있다.[24]

일본의 불교설화

『일본영이기』는 약사사藥師寺의 승려 교카이(景戒)가 중국의 불교설화집인 『명보기冥報記』·『금강반야경집험기』 등의 영향을 받아 편찬한 불교설화집이다. 상·중·하 3권으로 된 이 책은 서명에서 알 수 있듯이, 불·법·승의 영험하고 기이한 이야기가 중심을 이루고 있다. 『불교영이기』 소재 설화의 대부분은 이러한 영험담을 바탕으로 '선인선과善因善果 악인악과惡因惡果'라는 인과응보의 측면이 부각되어 있다. 그리하여 '선인선과' 못지않게 '악인악과'에 관한 설화 역시 큰 비중을 차지하고 있다. 이들 설화는 대체로 주인공이 부처를 비방하거나 걸승을 학대하고, 그 결과 악보惡報를 받거나 비참하게 죽게 된다는 내용으로 되어 있다. 그

---

pp.157~158
24 정환국, 앞의 논문, 2011, pp.132~135

리고 이 책에는 불상이 자연적·인위적 훼손 등의 위기에 처해 수난을 겪다가 구제되는, 이른바 '불상수난구제담' 또한 그 비중이 적지 않다. 수난을 당하고 있는 상황에서 불상이 마치 사람처럼 신음소리 혹은 울음소리를 낸다는 이와 같은 설화는, 한국과 중국에서는 그 예를 찾아보기 힘든 것이다.[25]

헤이안 시대 중기 이후 일본에서는 한국·중국과 달리, 왕생전往生傳의 편찬·간행이 활발하게 이루어졌다. 최초의 왕생전은 요시시게 야스타네(慶滋保胤)가 10세기 말엽에 편찬한 『일본왕생극락기日本往生極樂記』(986)로, 이후 헤이안 시대 후기까지 7종의 왕생전이 집중적으로 간행되었다.[26] 왕생전은 일반적으로 인물의 출생 및 성품, 행업行業, 임종, 기서奇瑞 등으로 구성되는데, 왕생을 위한 조건으로 행업과 성품이 강조된다. 왕생의 '기서'로는 대체로 향기·음악·광명·자운紫雲 등을 제시하고 있으며, 아미타불과 대세지·관음보살 등의 성중聖衆이 내려와 왕생인을 맞이하는 것으로 되어 있다.

III. 신라·고려시대의 불교설화

고려시대 문헌의 불교설화

주지하다시피 불교설화를 수록하고 있는 삼국 및 통일신라시대의 문

---

[25] 김정미, 「『일본영이기』의 불상영험담 고찰」, 『일본학연구』 24, 일본학연구회, 2008, pp.238~240

[26] 이시준, 「일본 헤이안시대의 여인왕생설화에 관한 연구」, 『외국문학연구』 36, 한국외대 외국문학연구소, 2009, pp.220~222

헌은 현재 전하지 않는다. 불교설화가 실려 있는 고려시대의 문헌으로는 각훈의 『해동고승전』, 최자崔滋(1188~1260)의 『보한집補閑集』(1254), 일연一然(1206~1289)의 『삼국유사』, 요원了圓의 『법화영험전法華靈驗傳』(14세기 후반) 등이 있다. 이들 문헌 외에, 민지閔漬(1248~1326)가 지은 기문인 「금강산유점사사적기金剛山楡岾寺事蹟記」(1297)와 「보개산석대기寶蓋山石臺記」(1307) 등을 포함시킬 수 있다.

이상의 문헌에 수록된 불교설화는 대부분 삼국 및 신라시대의 인물이 등장하고 있으며, 특히 『삼국유사』의 설화들은 거의 모두가 신라시대를 배경으로 하고 있다. 이런 이유 때문인지 기존의 논의에서는 『삼국유사』 소재 설화들을 '삼국시대 설화' 또는 '신라불교설화'로 다루고 있는 실정이다.[27] 그러나 『삼국유사』의 설화들을 그 시대적인 배경과 인물만을 기준으로, 삼국시대 및 신라의 설화 형태로 단정하기에는 무리가 있다. 하나의 예로, 편찬연대가 확실한 조선시대 설화집에 실린 동일인물 관련 설화는, 200년이나 300년의 선후관계에 있어서도 상당히 변질되어 있는 모습을 보이기 때문이다.[28] 그러므로 고려시대의 문헌에 전하는 이들 설화는 삼국 및 신라시대의 '원형' 그대로로 이해하기보다는 고려인의 인식이 일정 정도 반영된 산물로 보는 것이 좋을 듯하다.[29] 이 장에서 신라와 고려의 불교설화를 함께 살펴보는 이유가 바로 여기에 있다.

---

27 대표적인 것으로 조동일, 앞의 책, 1989와 황패강, 앞의 책, 1975를 들 수 있다.
28 김현룡, 앞의 책, 2000, pp.11~12
29 남동신, 「『삼국유사』의 史書로서의 특성」, 『불교학연구』 16, 불교학연구회, 2007, p.67에서는, "고려시대에 작성된 자료는 더 이상 '고대 문화의 원형'일 수 없으며, 그것은 오히려 고대 문화에 대한 고려시대인들의 인식의 반영으로서 해석되어야 한다. 특히 금석문이나 고문서와 같은 1차 사료가 아니라, 구비전승을 채록한 경우에는 더욱 그러하다."라고 하였다.

고려시대 문헌의 불교설화 작품들을, 앞의 Ⅰ장에서 제시한 '유형 분류'에 대응시켜 제시하면 아래와 같다.[30]

(1) 승려의 신이한 행적(33편) : 「曇始」「圓光」「安含」(이상 『해동고승전』)「默行者」「虎僧」(이상 『보한집』)「景德王 忠談師 表訓大德」「寶藏奉老 普德移庵」「前後所將舍利」「圓光西學」「寶壤梨木」「良志使錫」「惠宿」「惠空」「慈藏定律」「元曉不羈」「義湘傳敎」「眞表傳簡」「關東楓岳鉢淵藪石記」「心地繼祖」「賢瑜珈 海華嚴」「密本摧邪」「惠通降龍」「明朗神印」「月明師兜率歌」「融天師彗星歌」「正秀師救氷女」「朗智乘雲 普賢樹」「永才遇賊」「迎如師」「念佛師」「眞定師孝善雙美」(이상 『삼국유사』)「海龍請聞」「龍天請講」(이상 『법화영험전』)

(2) 불·보살상과 경전의 영험(19편) : 「三所觀音衆生寺」「栢栗寺」「敏藏寺」「彌勒仙花 未尸郎 眞慈師」「芬皇寺千手大悲 盲兒得眼」「調信」(이상 『삼국유사』)「黑風吹其船舫」(『법화영험전』)「學士權適」(『보한집』)「善律還生」「惠現求靜」(이상 『삼국유사』)「通交二世之爺孃」「天帝邀經而入藏」「帝親試通」「深敬辯山人之精書」「堪歌崔牧伯之慶會」「光明出於口角」「菌蓎生於舌根」「珍禽顯瑞」「亡妹告徵」(이상 『법화영험전』)

(3) 불연국토와 불·보살의 상주(23편) : 「阿道」(『해동고승전』)「阿道基羅」「迦葉佛宴坐石」「遼東城育王塔」「金官城婆娑石塔」「高麗靈塔寺」「皇龍寺丈六」「魚山佛影」「蛇福不言」(이상 『삼국유사』)「金剛山榆岾寺

---

30 참고로, 이 네 가지 유형에 포함되지 않는 9편의 불교설화는 다음과 같다. 「文虎王法敏」·「原宗興法 厭髑滅身」·「興輪寺壁畵 普賢」·「靈鷲寺」·「皇龍寺九層塔」·「五臺山文殊寺石塔記」·「仙桃聖母隨喜佛事」·「金現感虎」·「大城孝二世父母」(이상 『삼국유사』)

事蹟記」・「武王」・「四佛山 掘佛山 萬佛山」・「生義寺石彌勒」・「洛山二大聖 觀音 正趣」・「臺山五萬眞身」・「溟州五臺山寶叱徒太子傳記」・「臺山月精寺五類聖衆」・「▨藏寺 彌陀殿」・「憬興遇聖」・「眞身受供」・「緣會逃命文殊岾」(이상 『삼국유사』)・「寶蓋山石臺記」・「顯比丘尼身」(이상 『법화영험전』)

(4) 정토왕생과 현신성불(7편) : 「南白月二聖 努肹夫得 怛怛朴朴」・「郁面婢念佛西昇」・「廣德 嚴莊」・「包山二聖」・「布川山 五比丘」(이상 『삼국유사』)・「寶岩徒之或講或疑」・「蓮華院之若讀若說」(이상 『법화영험전』)

승려의 신이한 행적

고려시대 문헌에 전하는 총 91편의 불교설화 중, '승려의 신이한 행적' 유형에 속하는 설화는 33편으로 가장 큰 비중을 차지하고 있다. 이 유형의 설화들은 대체로 승전僧傳의 형식을 띠고 있으며, '치병治病'・'용궁강설龍宮講說'・'신이한 죽음' 등의 모티브를 포함하고 있다.

먼저, 승려의 '신이한 행적'으로 '치병'을 제시하고 있는 설화에는 「원광」・「원광서학」・「혜공」・「밀본최사」・「혜통항룡」 등이 있다. 원광은 설법과 수계授戒로 왕의 병을 치료하였고, 혜공은 천진공天眞公의 침상 밑에 앉아 있는 것만으로도 그의 종기를 낫게 하였다. 「밀본최사」의 경우는 작품 전체가 치병에 관한 일화로 되어 있으며, 「혜통항룡」은 치병이 핵심 모티브로 기능하고 있다. 이 두 설화는 늙은 여우・귀중鬼衆・독룡毒龍 등 질병의 원인까지 제시하고 있는데, 혜통은 주문을 외워 만든 신병神兵들로 당나라 공주의 몸에 붙은 독룡을 물리치고 있는 것이다. 또한 밀본은 『약사경』의 독송과 신장神將들의 도움으로 선덕여왕과 승상丞相

김양도의 몸에 붙어 있던 늙은 여우 및 귀중을 쫓아내고 있다. 이렇듯 '치병' 관련 불교설화는 작품에 따라 치병의 방법 및 과정에 차이가 있지만, 치병의 대상이 국왕·공주·귀족 등 지배계층에 한정되어 있는 공통점을 보인다.

　(1) 불도 수행을 마친 연광스님은 고국으로 돌아오려고 수십 명과 함께 큰 배를 타고 떠났다. 바다 가운데 이르렀을 때 배가 갑자기 꼼짝을 않더니, 어떤 사람이 말을 타고 물결을 헤치며 뱃머리로 다가와서, "해신海神께서 스님을 청하십니다. 잠시 수궁水宮에 가셔서 경전을 강설해 주십시오." 하였다. 스님이 말했다. "빈도貧道의 이 몸은 희생되어도 좋지만 이 배와 배에 타고 있는 이 사람들은 어떻게 할 것입니까?" "이 사람들은 같이 가고 배도 염려하지 마십시오." 그래서 모두 배에서 내려 한참을 가니, 큰 거리가 나오고, 길가에는 향기가 좋은 꽃이 만발했다. 해신이 수천 시종을 거느리고 나와서 스님을 맞아 대궐 안으로 들어갔다. 구슬 벽이 휘황찬란하게 빛나 정신이 황홀했다. 스님이 청하는 대로 자리에 올라『법화경』을 설하고 나니, 해신은 진귀한 보배를 수없이 보시하고, 도로 배까지 데려다 주어 배에 올랐다.

　(2) 본국으로 돌아온 연광스님은 날마다 어릴 때부터 해 온 『법화경』 독송을 목숨이 다할 때까지 어기지 않았다. 나이 80세에 입적하였는데, 다비를 하였더니 두골과 혀만은 타지 않아, 온 나라 사람들이 와서 보고 듣고 모두 희유한 일이라 감탄하였다. 연광스님에게는 누이동생이 둘이 있어 일찍부터 불교를 독실하게 믿었다. 스님의 두골과 혀를 가져다 모셔놓고 공양하였는데, 가끔 두골과 혀에서『법화경』외우는 소리가 들렸고, 누이동생이 모르는 글자가 있어서 물으면 번번이 자세히 가르쳐 주

었다.³¹

『법화영험전』의「해룡청문」은 연광의 가계 소개 및 중국 유학과, 수궁에서의『법화경』강설, 그리고 사후에 있었던 신이한 일의 세 부분으로 되어 있다. 인용문의 (1)은 '용궁강설', (2)는 사후의 일을 포함한 '신이한 죽음'에 해당한다. 위의 (1)은 연광이 중국에서의 유학을 마치고 신라로 돌아오는 길에, 해신의 청으로 수궁에서 경전을 강설했다는 내용이다. 연광뿐만 아니라 연광이 탔던 배 안의 사람들까지 용궁에 간 것으로 되어 있고, 인용문의 밑줄 친 부분에서 보듯, 용궁의 모습에 대해서도 묘사하고 있다. 곧 큰 거리의 길가에는 향기가 좋은 꽃이 활짝 피어 있고, 구슬로 되어 있는 대궐의 벽은 보는 것만으로도 황홀할 만큼 찬란하게 빛나고 있다는 것이다.

용궁에 대한 묘사는 같은 책에 수록된「용천청강」에서도 보인다. 곧 "청의靑衣 입은 사람이 나타나 길을 인도하였다. 용궁에 들어가니 인간 세계와는 같지 않은데, 시위하고 있는 군사가 모두 어류魚類와 귀신들이었다."³²의 구절이 그것이다. 이 설화에서 현광은 천제天帝의 명령으로 용왕에게『법화경』을 강설하고 있는데, 용궁에 있는 동안 현광이 탔던 배가 멈춰 있던 것으로 되어 있다.

이들 설화 외에,「보양이목」과「명랑신인」또한 '용궁강설'의 모티브를 포함하고 있다. 보양과 명랑은 각각 '서해용왕'과 '해룡海龍'의 청으로 용궁에서 불법을 전하고 있는 것이다. 용궁의 모습에 대한 묘사가 없는 대신, 보양이 서해용왕의 아들인 '이목璃目'과 함께 신라로 돌아오고, 명랑

---

31 『法華靈驗傳』권상,「海龍請聞」(『韓佛全』6, 554a~b)
32 『法華靈驗傳』권상,「龍天請講」(『韓佛全』6, 555a)

이 해룡에게 받은 많은 황금을 가지고 자기 집의 우물 밑에서 솟아나왔다는 일화가 첨가되어 있다.

그런데, 용궁에서의 설법은 각 설화의 주인공들이 모두 중국유학을 마치고 고국으로 돌아오는 길에서 이루어지고 있다. 이러한 사실은 '용궁강설'의 모티브가 이계異界에서의 불법 전파라는 의미와 함께, 중국유학으로 인해 이제 보다 높은 경지에 오른 '고승'으로서의 면모를 형상화한 것임을 짐작하게 한다.

한편, 인용문 (2)는 연광의 시신을 화장한 뒤에도 두골과 혀가 남아있어 가끔 『법화경』을 독송하고, 심지어 두 여동생의 질문에 대답까지 했다는 내용이다. 이와 같은 '신이한 죽음'의 모티브는 '승려의 신이한 행적' 유형에 속하는 적지 않은 설화에 나타나 있는데, 「원광서학」・「혜숙」・「안함」・「혜공」・「관동풍악발연수석기」 등이 이에 해당한다.

원광은 입적할 때 공중에서 음악소리가 들리고 이향異香이 가득하였다. 그 후 어떤 사람이 복을 받기 위해 원광의 무덤 옆에 사태死胎를 묻었더니, 벼락이 치고 사태가 무덤 밖으로 내던져졌다고 한다. 혜숙의 경우는 마을사람들이 이현耳峴 동쪽에 장사지냈는데, 이현 서쪽에서 오던 마을사람이 산길에서 혜숙을 만났다. 그 사람이 마을로 돌아와 사람들에게 알려 무덤을 파보니 짚신 한 짝이 있었다는 것이다. 그리고 신라의 사신은 귀국하는 배 위에서 푸른 물결 위에 자리를 펴고 앉아 서쪽으로 가는 안함을 보았으며, 산길에서 혜공의 시신을 발견하였던 구참공瞿旵公은 성으로 들어와 술에 취해 노래하고 춤추고 있는 혜공을 목격한다. 또한 진표는 큰 바위 위에서 입적하였고 그 바위에는 푸른 소나무가 솟아났다.

이상과 같은 '신이한 죽음'은 '치병'・'용궁강설'과 함께 해당 승려들이

'고승'임을 드러내는 징표로, 이들이 아상我相과 분별심에서 벗어나 생사에 자재하고 있음을 보여주는 것이라 할 수 있다.

불·보살상과 경전의 영험

'경전의 영험'은 불교경전의 독송과 서사書寫로 인해 일어난 신이한 사건들을 다루고 있다. 12편의 설화 중 「선율환생」을 제외한 모든 설화가 『법화경』의 영험담에 해당하는데, 서사의 영험담보다는 독송과 관련된 설화의 비중이 크다. 그리고 대부분의 설화가 고려시대를 배경으로 하고 있다.

먼저, 이들 설화에서 『법화경』 독송의 '영험'으로 제시하고 있는 사건들은 다음과 같다. 곧 백제의 승려 혜현은 죽은 뒤에도 그의 혀만은 썩지 않고 붉었으며(「혜현구정」), 고려시대 상주尙州의 한 음양승陰陽僧은 입에서 밝은 빛이 나왔다.(「광명출어구각」) 또한 『법화경』을 독송하는 모임을 만들었던 호장戶長 김의균의 무덤에는 연꽃이 피었다.(「함담생어설근」) 『법화경』 '서사'의 영험담으로는, 「심경변산인지정서」와 「천제요경이입장」을 들 수 있다. 전자는 승려 홍변이 서사하여 일본 승려에게 준 『법화경』에서 찬란한 빛이 났다는 내용이고, 후자는 정화택주靜和宅主의 시주로 조성된 『법화경』 사경寫經 한 질을 신인神人이 도리천에 모셔 놓았다는 것이다.

『삼국유사』에 수록된 「선율환생」의 경우는, 『법화경』이 아닌 『대품반야경』과 관련된 영험담이다. 『대품반야경』의 사경을 조성하는 중, 수명이 다해 명부冥府로 끌려간 선율이 사경을 완성하고 오라는 명사冥司의 명령에 따라 죽은 지 10일 만에 다시 살아났다는 이야기다. 이야기의 끝에는, "그 책은 지금 동도東都의 승사서고僧司書庫 안에 있다. 매년 봄과

가을에는 그것을 전독轉讀하여 재앙을 물리쳤다."라는 일연의 언급이 있다. 그런데, 이 설화는 신라·고려시대의 불교설화 가운데 저승의 명부를 배경으로 하고 있는 유일한 예에 해당한다. 이른바 '명부설화'는 중국과 일본의 불교설화에서는 흔히 볼 수 있는 유형으로, 「선율환생」 외에 명부설화가 없다는 점은 고려시대 문헌 소재 불교설화의 특징적인 국면의 하나로 지적할 수 있을 듯하다.

지금까지 살펴본 경전 관련 영험담에서, 경전을 독송·서사한 결과로서의 '영험'은 해당 인물들의 목적 내지 의도와 관련이 없다. 혜현이 『법화경』 독송을 업으로 삼은 것은 자신의 혀가 썩지 않게 하기 위해서가 아니었고, 정화택주는 자신의 시주로 만들어진 사경을 신인이 도리천으로 가지고 갈 줄은 몰랐으며, 선율은 자신의 환생을 위해 『반야경』 사경을 조성한 것이 아니었다. 이에 반해, '불·보살상의 영험'에 속하는 7편의 설화들은 대체로 관세음보살이 영험의 '주체'로 설정되어 있고, 문제 상황이 제시되어 있으며, 그 문제가 관음상 앞에서의 기도로 인해 해결된다는 특징을 보인다.

우금리에 사는 가난한 여인 보개寶開에게 장춘長春이란 아들이 있었다. 바다의 장사꾼을 따라다녔는데, 오랫동안 소식이 없었다. 그의 어머니가 민장사 관음보살상 앞으로 가서 7일 동안 기도를 드렸더니 장춘이 갑자기 돌아왔다. 그 내력을 물으니 장춘이 대답했다. "바다 가운데에서 회오리바람을 만나 배가 부서져 동료들은 모두 죽음을 면하지 못했습니다만 저는 널빤지를 타고 오나라 해변에 닿았습니다. 오나라 사람들은 저를 데려다가 들에서 농사를 짓게 했습니다. 그러다가 어느 날 한 이승異僧이 고향에서 온 것처럼 저를 은근히 위로하고는 저를 데리고 동행하는데, 앞에 깊은 개천이 나오자 스님은 저를 옆에 끼고 개천을 건너뛰었습니다. 정신이 희미한 가운데 우리말 소리와 우는 소리가 들리므로 그곳을 살펴보니 벌써 여기에 와 있는 것입니다." 신시申時에 오나라를 떠났다는데 이곳에 이른 것은 겨우 술시戌時 초였다. 그때는 곧 천보天寶 4년 을유(745) 4월 8일이었다. 경덕왕은 이 소식을 듣고 민장사에 밭을 시주하고 또 재물도 바쳤다.[33]

인용문은 『삼국유사』에 수록된 「민장사」를 옮긴 것이다. 이 설화는 『법화영험전』에는 「흑풍취기선방」이란 제목으로 수록되어 있다. 두 설화 모두, 장사 떠났다가 오랫동안 소식이 없는 아들 장춘長春의 무사귀환을 위해 어머니 보개寶開가 민장사의 관음상 앞에서 7일 동안 기도하였고, 그 결과 장춘이 집으로 돌아왔다는 내용으로 되어 있다. 다만 「흑풍취기선방」은 수록문헌의 성격상 『법화경』과 관련된 내용이 추가되어 있다.

인용문을 보면, 오나라에 표류한 장춘이 집으로 돌아오게 된 것은 그를 찾아온 '이승異僧'의 도움 때문이었음을 알 수 있다. 설화의 문면에는 직접적으로 나타나 있지 않지만, 이 '이승'은 바로 민장사의 관세음보살이 화현化現한 것이다. 「백률사」와 「삼소관음중생사」에서도 관세음보살의 현신이 문제 상황을 해결하고 있다. 전자는 말갈족에게 붙잡혀 간 국선 부례랑夫禮郎을 위해 그의 부모가 백률사의 관음상에게 기도하니, 용모가 단정한 승려가 나타나 부례랑과 그의 동료인 안상安常을 무사히 고국으로 데리고 왔다는 내용이다. 후자에서는, 중생사의 주지인 성태性泰가 더 이상 시주가 없어 절을 떠나려 하자, 중생사의 관세음보살은 승려의 모습으로 나타나 두 사람의 시주를 데리고 온다. 이렇듯 이들 설화는

---

[33] 『삼국유사』 권3, 「塔像」 4, 敏藏寺

관세음보살이 승려의 모습으로 화현하여 주인공들의 어려움을 해결해 주고 있다는 공통점을 갖는다.

불연국토佛緣國土와 불·보살의 상주常住

'불연국토'는 신라를 포함한 '해동海東'이 부처 및 불교와 인연이 있음을 형상화한 것으로, 10편의 설화가 이 유형에 속한다. 먼저, 「아도」·「아도기라」는 아도의 어머니인 고도녕高道寧의 발화를 통해, 신라 땅에 석가불 이전의 절터가 남아 있음을 주장하고 있으며, 「가섭불연좌석」은 월성의 남쪽 용궁 동쪽에 가섭불이 좌선하던 바위가 있음을 밝히고 있다. 이 두 설화는 석가불 이전의 부처인 가섭불 때부터 신라가 이미 불교국가였음을 암시하고 있는 것이다.

민지의 「금강산유점사사적기」는 신라와 불교의 '인연'을 보다 구체적으로 형상화하고 있다. 인도의 문수보살은 사위성에서 만든 53불을 인연이 있는 국토에 가서 머무르라고 범종에 실어 바다에 띄워 보낸다. 그 결과 53불을 실은 범종이 금강산 동쪽의 안창현安昌縣 포구에 도착했다는 것이다. 설화에는 이때가 신라 남해왕 원년(AD.4)으로 되어 있다. 중국에 불교가 전래된 시기가 후한 명제明帝 영평永平 10년(67)이므로, 이 사적기에 따르면 중국보다 앞서, 중국을 거치지 않고 인도에서 직접 불상이 전해진 것이 된다.

그리고 「황룡사장륙」에서는 이 사적기에서 더 나아가, 신라가 중국뿐만 아니라 석가불이 태어난 인도보다도 '불연'이 깊음을 보여준다. 곧 인도의 아육왕이 조성하려다가 실패한 장륙존상丈六尊像이, 남염부제南閻浮提의 16대국과 5백의 중국 및 1만의 소국을 거쳐서도 그 완성을 이루지 못하다가, 진흥왕대의 신라에 이르러서야 완성되어 황룡사에 모셔졌다는 것이다. 이렇듯 고려시대 문헌의 불교설화는 신라와 불교의 인연을 강조하고 있는데, 몇몇 설화에는 고구려와 가락국 또한 신라 못지않게 '불연'이 있음을 암시하고 있다.

「요동성육왕탑」에서 고구려의 성왕聖王은 요동성을 순행하다가 지팡이를 짚고 서 있는 승려와 세 겹으로 된 토탑土塔을 발견한다. 가까이 가서 보면 승려와 탑이 없어, 땅을 파보니 탑의 흔적이 있었고, 그 탑은 아육왕이 남염부제의 곳곳에 세웠던 탑 가운데 하나였다는 것이다. 또한 「어산불영」과 「금관성파사석탑」은 각각 수로왕의 요청으로 석가불이 가야국에서 설법을 하였고, 수로왕의 왕비인 허황옥許黃玉이 후한 건무建武 24년(48)에 아유타국阿踰陀國에서 탑을 배에 싣고 왔다는 내용으로 되어 있다.

고구려 요동성의 땅 밑에 인도의 아육왕이 세운 탑의 흔적이 있고, 가락국의 수로왕대에 부처의 설법과 불탑이 있었다는 사실은, 「금강산유점사사적기」와 마찬가지로, 중국에 불교가 전래되기 이전에 이미 불교가 있었음을 보여주는 것이다. 물론 지금까지 살펴본 내용들은 역사적 사실에서 벗어나는 것이다. 그렇지만 이들 설화를 통해『삼국유사』·「금강산유점사사적기」가 찬술된 13세기 후반 이전의 신라·고려인들은, 신라를 포함한 '해동'이 불교가 전래되기 이전에 이미 불교와 인연이 깊은 곳이었고, 또한 그 점에 있어서는 중국보다 우월하다는 인식 내지 자부심을 갖고 있었음을 알 수 있다.

이러한 인식 내지 자부심은 과거의 사실에만 한정되는 것이 아니라, 불·보살이 지금도 신라 땅에 항상 머무르고 있다는 관념으로 발전한다. 13편의 설화에 해당하는 '불·보살의 상주' 유형은 바로 이와 같은 관념이 형상화된 것으로, 「대산오만진신」을 대표적인 작품으로 들 수 있다. 이 설화는 정신淨神대왕의 태자 보천寶川의 수행담이라 할 수 있는데, 「명주오대산태자보질도전기」는 '보천'의 이름이 '보질도'로 되어 있을 뿐, 「대산오만진신」의 축약본에 해당한다.

이 두 설화에는 보천(보질도)이 동생인 효명孝明과 함께 오대산에 들어가 암자를 짓고 부지런히 선업을 닦던 어느 날, 그들 앞에 펼쳐진 다음과 같은 광경이 묘사되어 있다. 곧 "하루는 (형제가) 함께 다섯 봉우리에 올라가 우러러 배례하려고 하니, 동대東臺인 만월산滿月山에 1만 관음보살의 진신眞身이 나타나 있고, 남대南臺인 기린산에 8대보살을 수위로 한 1만 지장보살, 서대西臺인 장령산에 무량수여래無量壽如來를 수위로 한 1만 대세지보살, 북대北臺인 상왕산에는 석가여래를 수위로 한 5백 대아라한, 중대中臺인 풍로산에는 비로자나불을 수위로 한 1만 문수보살이 나타나 있었다. 이와 같은 5만 진신에게 일일이 예배하였다."[34]가 그것이다. 이러한 묘사는 강원도의 오대산이 바로 불·보살의 상주처임을 표현하고 있는 것이다. 불·보살의 상주처에 대한 관념은 이 유형에 속하는 다른 설화들에서도 보인다. 곧 「낙산이대성 관음 정취」는 낙산을 관음과 정취보살의 상주처로 형상화하고 있으며, 「영회도명 문수점」·「보개산석대기」에는 각각 울주의 영취산과 철원의 보개산이 문수보살과 지장보살이 항상 머무르고 있는 곳으로 되어 있다.

그런데 이 3편의 설화를 포함한 '불·보살의 상주' 관련 설화들에는 모두 '불·보살의 현신' 모티브가 들어 있다. 무왕과 선화공주 앞에 모습을 보이고 있는 「무왕」의 미륵삼존과, 위의 「대산오만진신」·「명주오대산태자보질도전기」를 제외하면, 이 유형의 설화들에서 불·보살은 진신 그대

---

34 『삼국유사』 권3, 「塔像」 4, 臺山五萬眞身

로의 모습으로 나타나지 않는다. 「낙산이대성 관음 정취」에서 관음보살과 정취보살은 각각 벼를 베고 있는 여인·월수백月水帛을 빨고 있는 여인과 왼쪽 귀가 없는 승려로, 「연회도명」·「보개산석대기」의 문수보살과 지장보살은 밭을 가는 노인과 금돼지로 화현하고 있는 것이다. 또한 「대산월정사오류성중」에서 신효거사는 늙은 부인의 모습으로 나타난 관음보살을, 「진신수공」에서 효소왕은 허름한 차림의 비구로 화현한 석가불을 만나고 있다.

'불·보살상의 영험' 유형에서 관음보살이 이승이나 용모가 단정한 승려로 현신한 것과 달리, 이들 설화에서는 대체로 승려 이외의 모습으로 화현하고 있는 것이다. 승려일 경우도 그 차림이 허름하거나 한쪽 귀가 없는 비구로 나타나 있다. 이러한 점은 조동일의 견해처럼 비속함 속의 숭고함 또는 비속한 것이 바로 숭고한 것이라는 불교적 가르침을 드러낸 것[35]이라 할 수 있다. 그렇지만 이 유형에서 제시하고 있는 불·보살의 현신들은, '평범함' 내지 '흔히 볼 수 있는 군상'에 더 가깝다는 점에서, 불·보살이 평범한 군중의 모습으로 우리와 같은 곳에서 함께 숨 쉬고 있음을 상징하고 있는 것으로도 볼 수 있다. 또한 굳이 불교적 가르침으로 해석한다면 누구나 불성을 갖고 있다는 '일체중생一切衆生 실유불성悉有佛性'의 설화적·문학적 형상화라 할 수 있을 것이다.

정토왕생과 현신성불現身成佛

정토왕생에 관한 설화로는 우선 『법화영험전』 소재의 「보암도지혹강혹의」와 「연화원지약독약설」을 들 수 있다. 이들 설화는 고려시대 개성

---

[35] 조동일, 앞의 책, 1989, pp.259~261

의 보암사寶岩寺와 연화원蓮華院의 신도들이 법화사法華社를 조직하여 서로 돌아가며 『법화경』을 강설하고 염불수행에 정진한 결과 정토에 왕생했다는 내용이다. 왕생을 위한 수행에 대해서는 비교적 자세하게 서술하고 있지만, 왕생 자체에 대해서는 각각 "죽을 때에 이르러 뜻과 같이 자재하게 되는 사람이 끊이지 않았다.(故至臨終之際, 如意自在者不絶焉)"와 "정토에 회향하는 사람이 많았다.(廻向淨土者多)"라는 언급에 그치고 있다.

이에 반해, 「포천산오비구」에서는 왕생의 구체적인 모습이 나타나 있다. 이 설화는 이름을 알 수 없는 다섯 비구가 포천산에서 염불수행을 하며 서방정토를 구한 지 몇 십년 뒤에, 각기 연화대에 앉아 서방정토로 왕생했다는 내용이다. 그런데 이 다섯 비구는 천악天樂이 울리는 가운데 고공무상苦空無常의 이치를 설법하고 나서 유해를 벗어 버리는 것으로 되어 있다. 이렇듯 왕생인이 대중들에게 설법을 하고 유해를 벗어 버린다는 설정은 후대의 불교설화뿐만 아니라 중국과 일본의 왕생설화에서도 전혀 볼 수 없는 예에 해당한다.

현재의 살아 있는 몸 그대로 부처가 된다는 '현신성불' 역시 여타의 동아시아 불교설화에서는 찾아보기 힘든 유형에 속한다. 「욱면비염불서승」은 아간阿干 귀진貴珍의 여종인 욱면이 주인의 방해에도 불구하고 염불하기를 밤낮으로 게을리 하지 않은 결과 부처가 되었다는 이야기다. 욱면이 부처가 되는 모습은 설화의 문면에 다음과 같이 나타나 있다. "천악이 서쪽에서 들려오니, 욱면은 몸을 솟구쳐 절의 대들보를 뚫고 올라가 서쪽으로 교외에 가서 유해를 벗어 버리고 진신眞身으로 변하였다. 그리고 연화대에 앉아서 큰 광명을 내며 천천히 갔다."

이러한 묘사는 '향전鄕傳'을 따른 것이고, '승전僧傳'이 출전인 부분에서는 욱면이 다만 몸을 버렸다고만 되어 있을 뿐, 진신으로 변하여 연화대에 앉아 있었다는 언급은 없다. 그렇지만 '승전'에는 욱면이 서쪽으로 가다가 신발 한 짝을 떨어뜨린 곳에 '보리사菩提寺'를, 육신을 버린 곳에는 '제2 보리사'를 지었고, 아간 귀진은 '법왕사法王寺'를 세웠다는 사실이 소개되어 있다. 욱면을 위해 지은 절 이름이 '보리'·'법왕'이라는 점에서, '승전'이 출전인 설화 또한 욱면이 부처가 되었음을 보여준다고 하겠다.

노힐이 마지못해 그 말대로 쫓았더니, 홀연히 정신이 상쾌해지는 것을 깨닫고 살갗이 금빛으로 변하였다. 그 옆을 보니 문득 하나의 연화대가 생겼다. 낭자는 그에게 앉기를 권하면서 말하기를, "나는 관음보살인데 (이곳에) 와서 대사大師가 대보리大菩提를 성취하도록 도운 것입니다."라고 하고 말을 마치자 보이지 않았다. 박박은 노힐이 오늘밤에 틀림없이 계를 더럽혔을 것이니, 그를 비웃어 주어야겠다고 생각하였다. 이르러 보니 노힐은 연화대에 앉아 미륵존상이 되어 광명을 발하고 몸은 금빛으로 빛나고 있었다. …(중략)… 노힐이 말하기를 "통 속에 금액金液이 남았으니 목욕함이 좋겠습니다." 박박이 목욕을 하여 노힐과 같이 무량수불을 이루니 두 부처가 서로 엄연히 대해 있었다.[36]

「남백월이성 노힐부득 달달박박」은 성덕왕대의 승려인 노힐부득과 달달박박이 관음보살의 현신인 임신한 여인의 도움으로 각각 미륵불과 아미타불로 성불했다는 내용이다. 한때 처자가 있었던 노힐부득과 달달박박의 성불은 성덕왕 8년(709)에 있었던 일로, 757년(경덕왕 16)에 경덕왕은 이들의 성불을 기리기 위해 백월산 남사를 짓게 하고, 이들을 모신

---

36 『삼국유사』 권3, 「塔像」 4, 南白月二聖 努肹夫得 怛怛朴朴

법당을 각각 '현신성도미륵지전現身成道彌勒之殿'과 '현신성도무량수전現身成道無量壽殿'으로 명명하였다고 한다. 위의 인용문은 노힐부득과 달달박박이 부처가 되는 상황을 묘사하고 있다. 함께 목욕하자는 여인의 권유로 노힐부득이 물속에 들어가자, 그 몸이 금빛으로 변하고 옆에는 갑자기 연화대가 나타났으며, 달달바박 또한 노힐부득의 권유로 목욕하여 부처가 되었다는 것이다.

미륵은 석가불 당시부터 56억만 년이 지난 미래에 이 세상에 내려와 중생을 제도할 부처로, 현재는 도솔천에 머무르고 있다. 아미타불은 이미 10겁 이전에 성불하여 현재 서방정토의 주불이 되어 있는 현재불이다. 그러므로 새로 성불한 신라의 미륵불과 아미타불이 있을 곳은 도솔천과 서방정토가 될 수 없다. 본래 부처는 성불한 그 땅에 머무는 것이 당연하므로 이들은 법신불法身佛이 되어 신라의 국토에 상주하고 있는 것이 된다.[37]

결국, 앞에서 살펴본 '불연국토와 불·보살의 상주' 유형이 신라의 국토를 부처와 인연이 깊고 불·보살이 상주하는 공간으로 형상화하고 있는 것에 이어, 이 유형에는 이러한 형상화의 귀결로서 '신라의 부처'가 등장하고 있는 것이다. 여기에, '승려의 신이한 행적'과 '불보살상의 영험' 유형에도 보살이 그 모습을 드러내고 있음을 고려한다면, 신라·고려시대의 불교설화는 '불국佛國의 형상화'를 지향하고 있는 내용적 경향성을 띤다고 할 수 있다.

---

[37] 김영태, 「신라불교의 현신성불관」, 『신라문화』 1, 동국대 신라문화연구소, 1984, p.109

Ⅳ. 조선시대의 불교설화

『석가여래십지수행기』・『월인석보』의 본생담

『석가여래십지수행기』(이하 『수행기』)는 그 서문 및 발문에 따르면, 1448년(세종 30)에 이부伊府에서 판각되었던 것을, 1660년(현종 1) 충주 덕주사에서 다시 간행한 것이다. 원간본인 이부본은 현재 전하지 않는다.[38] 이 책은 「선색녹왕善色鹿王」(제1지)・「인욕태자忍辱太子」(제2지)・「보시국왕布施國王」(제3지)・「사신태자捨身太子」(제4지)・「인욕선인忍辱仙人」(제5지)・「선우태자善友太子」(제6지)・「금독태자金犢太子」(제7지)・「선혜동자善惠童子」(제8지)・「보시태자布施太子」(제9지)・「실달태자悉達太子」(제10지) 등 10편의 설화를 수록하고 있다. 「실달태자」는 석가의 전기이고, 나머지 9편은 석가의 전생이야기, 곧 본생담에 해당한다. 이들 본생담은 저본을 찾을 수 없는 「금독태자」를 제외하면 모두 불전에 근거하고 있지만, 불전의 본생담과 적지 않은 차이를 보인다.

불전의 본생담은 예외 없이 현재의 이야기, 과거의 이야기, 연결의 이야기로 구성되어 있다. '현재의 이야기'는 석가가 전생이야기를 말하게 된 계기 내지 이유에 해당하고, '연결의 이야기'는 현재 이야기와 과거 이야기 속의 인물을 연결시키면서 이야기의 인과관계를 설명하는 부분이다. 그런데 『수행기』의 본생담은 모두 '현재의 이야기' 없이 과거의 이야기로만 되어 있고, '연결의 이야기' 또한 대부분의 설화에서 생략되어 있다. '연결의 이야기'가 있는 「선색녹왕」・「인욕선인」・「선우태자」・「금독

---

38 박병동, 『석가여래십지수행기』의 이본 검토, 『고소설연구』 1, 한국고소설학회, 1995, p.151

태자」에 있어서도 등장인물에 대한 소개에 그치고 있을 뿐, 이야기의 인과관계를 설명하고 있지는 않다.

『수행기』의 본생담은 그 내용에 있어, 「선색녹왕」을 제외한 모든 설화가 주인공의 '좌화이거坐化而去'로 끝나고 있다는 특징을 보인다. 몇몇 설화의 경우는 주인공뿐만 아니라 등장인물도 함께 앉은 채로 입적하고 있다. 인욕선인과 국왕, 선우태자와 부인은 함께 산중에 들어가 수행 정진하다가 앉아서 열반에 들고 있으며, 금독태자는 어머니와 함께 태평성대를 누리다가 용상 위에 앉아서 생을 마치고 있는 것이다.

또 다른 특징으로는, 대부분의 본생담이 '보시'의 실천과 그 공덕을 강조하고 있다는 점을 들 수 있다. 「인욕선인」과 「금독태자」가 각각 인욕과 효도에 관한 내용일 뿐, 나머지 작품들은 모두 전생의 석가가 실천한 보시행을 다루고 있는 것이다. 곧 인욕태자와 사신태자는 각각 굶주린 매와 호랑이에게 자신의 몸을 먹이로 주었고, 선우태자는 많은 중생들에게 보시하기 위해 보주寶珠를 찾으러 길을 떠났으며, 보시태자는 바라문과 노인의 요구대로 두 아이와 태자비를 그들에게 주고 있다. 보시국왕 역시 왕비와 태자, 그리고 자신의 몸까지 아낌없이 야차에게 보시하고 있는 것이다.

이상과 같이, 『수행기』에서 제시하고 있는 여러 가지 보시행은, 대승불교에서 보시의 이상으로 추구하고 있는 무주상보시無住相布施의 구체적인 실례로 볼 수 있다. 특히 자신의 처자식까지 보시하고 있는 보시태자와 보시국왕의 행동은 『금강경』의 "보살은 사물에 머물러서 보시를 행해서는 안 되며, 그 어디에도 머물러서 보시를 행해서는 안 된다."[39]는 무주상보시에 다름 아닌 것이다.

---

39 鳩摩羅什 譯, 『금강경』(『大正藏』 8, 749a)

한편, 1459년(세조 5)에 간행된 석가의 일대기인『월인석보』에도 본생담이 수록되어 있다. 이 책은 세종대에 간행된『석보상절』과『월인천강지곡』을 합편·증수한 것으로, 전 25권 중 현재 20권이 전하고 있다. 현재 전하는『월인석보』에는 15편의 본생담이 수록되어 있는데, 수록된 권차 및 저본과 함께 도표로 정리하여 제시하면 아래와 같다.

〈표〉『월인석보』소재 본생담

	제목	卷次	張次	저본
1	小瞿曇 이야기	권1	4ㄴ7~8ㄴ1	釋迦譜 第2
2	善慧의 성불 예언		8ㄴ1~21ㄱ2	過去現在因果經 卷1
3	廣熾陶師의 보시행	권2	9ㄱ2~10ㄱ4	阿毘達磨大毘婆沙論 卷177
4	앵무새의 孝養行		12ㄴ5~13ㄱ5	雜寶藏經 卷1
5	善鹿王의 보시행	권4	62ㄴ6~65ㄱ6	大智度論 卷16
6	忍辱仙人의 인욕행		65ㄱ6~66ㄴ	賢愚經 卷2
7	虔闍尼婆梨王의 보시행	권7	54-1ㄴ6~54-3ㄴ1	經律異相 卷25
8	鴛鴦夫人의 극락왕생	권8	89ㄴ6~103ㄴ2	安樂國太子經
9	尸毗王의 보시행	권11	3ㄱ6~5ㄴ5	經律異相 卷25
10	薩埵太子의 보시행		5ㄴ5~9ㄴ7	經律異相 卷31
11	月明王의 보시행		9ㄴ7~10ㄴ3	經律異相 卷10
12	須大拏太子의 보시행	권20	61ㄱ7~91ㄱ7	太子須大拏經
13	須闍提太子의 효양행		101ㄱ4~117ㄴ7	大方便佛報恩經 卷1 孝養品 第2
14	忍辱太子의 효양행	권21	213ㄱ4~222ㄴ1	大方便佛報恩經 卷3 論議品 第5
15	善友太子의 보시행	권22	20ㄴ~69ㄴ5	大方便佛報恩經 卷4 惡友品 第6

도표의 2·5·6·12·15번은 차례대로『수행기』의「선혜동자」·「선색녹왕」·「인욕선인」·「보시태자」·「선우태자」와 그 저본이 대응된다.『월인석보』는 석가의 일생과 관련된 불전들을 번역한 것이므로, 이들 본생담 또한 저본이 되는 불전의 내용 그대로를 충실하게 반영하고 있다. 위의 도표를 통해,『월인석보』는 보시·효도·인욕·왕생 등과 관련된 본생담들

을 수록하고 있음을 알 수 있는데, 『수행기』와 마찬가지로 '무주상보시'를 강조하고 있는 본생담이 가장 큰 비중을 차지하고 있다.

이처럼 조선 초기에 간행된 『수행기』·『월인석보』가 불전의 본생담 중에서도 보시·인욕·효도와 관련된 본생담들을 수록하고 있는 것은, 이들 문헌이 설정한 주요 독자(청자)들이 재가자를 포함한 일반 백성들이었다는 점에 기인한 것이라 할 수 있다. 보시·효도·인욕 등은 불교신자로서 복덕과 공덕을 짓기 위한 방법이면서, 동시에 사회 구성원으로서 지켜야 할 생활규범의 성격을 갖기 때문이다.[40]

그렇지만 이 책들이 간행된 시기가 '숭유억불'의 시대라는 점과, 보시가 '사욕捨欲' 또는 '무욕無欲'을 위한 방법이라는 점을 고려하면, '무주상보시'의 강조는 재가자보다는 당시의 승려들을 염두에 둔 것으로 보인다. 조선 초기의 배불 유학자들은 불교 교리의 근본이 청정淸淨과 과욕寡欲에 있음을 강조하면서, 승려들이 이 근본 교리를 돌아보지 않는 불교 교단의 타락과 허위성을 배불의 전제로 제시하고 있다.[41] 곧 '무주상보시'를 강조하고 있는 본생담들의 수록은 당시 승려들에 대한 교화 내지 교육의 차원에서 이루어진 것으로 볼 수 있는 것이다. 이러한 추정은 『수행기』와 『월인석보』가 각각 이부와 세조의 주관 아래 간행된 것이라는 점에서도 뒷받침된다고 하겠다.

---

40 『수행기』가 보시행과 인욕행을 강조하고 있는 이유에 대해 전진아, 『석가여래십지수행기』의 구성방식」, 『한국고전연구』 3, 고전연구학회, 1997, p.224에서는 다음과 같이 주장하고 있다. "『수행기』의 저자가 설정한 독서대중의 성격에 기인한 것이다. 즉 사문이나 출가 비구보다는 일반 사회인으로서의 재가불자에 중심을 두어 생활에서 수행할 수 있는 덕목을 중점적으로 설파하고 있는 것이다. 개인적 수행을 중요시하면서도 타인에 대한 봉사나 관용, 인내의 정신과 같은 대사회성을 강조하고 있는 것이다."
41 『세종실록』 권6, 세종 1년 戊辰 11월 28일.

사지寺誌와 사찰연기설화

사지는 사찰의 연기緣起, 연혁 등에 관련된 고문서나 이적異蹟·유물목록·재산문서 등 사찰 관계의 다양한 역사적 사실을 일정한 체계 속에 정리한 문헌이다. '사지' 외에, 사적事蹟·사승寺乘·고적古蹟·사중기寺中記·산기山記 등의 용어로도 쓰였다.[42] 신라·고려시대의 사지는 현재 전하지 않지만, 『삼국유사』에서 그 흔적을 찾을 수 있다. 곧 일연은 몇몇 사찰 및 인물의 서술에 있어『감은사중기感恩寺中記』·『동천사기東泉寺記』·『금광사본기金光寺本記』·『영취사기靈鷲寺記』·『불국사사중기佛國寺寺中記』 등의 사지를 활용하고 있다.

현재 우리가 볼 수 있는 사지는 17세기 이후에 편찬·간행된 것으로, 17·18세기는 사지의 간행이 가장 활발했던 시기에 해당한다. 임진왜란과 병자호란을 겪으면서 적지 않은 사찰들과 사찰 관련 기록들이 훼손 내지 파괴되자, 이에 대한 위기감으로 전국 각처의 사찰에서 훼손된 사지를 복원하거나 새로 찬술했기 때문이다.[43]

임진왜란 때 의승군義僧軍으로 활동했던 중관 해안中觀海眼(1567~?)은 사지 편찬의 선구적인 인물로, 그가 편찬한『금산사사적』(1635)·『대둔사사적』(1636)·『화엄사사적』(1636)은 현재 전하는 가장 오래된 사지라 할 수 있다.[44] 이들 사지에서 소개하고 있는 사찰의 창건 및 연혁에 관한 내용은 모두『삼국유사』의 관련 부분을 옮긴 것이다. 그 후 간행된『운문사사적』(1718)·『불국사고금창기佛國寺古今創記』(1740)·『직지사사적』(1776) 등의

---

42 허흥식,「사지의 간행과 전망」,『고려불교사연구』, 서울: 일조각, 1986, p.789
43 김승호,『한국 사찰연기설화의 연구』, 서울: 동국대학교출판부, 2005, pp.124~125
44 허흥식, 앞의 논문, 1986, p.795

사지 또한 『삼국유사』의 내용을 전재하거나 차용하여 각 사찰의 연혁을 정리하고 있다.[45]

『범어사창건사적』(1700)의 경우는 『삼국유사』에 없는 창사創寺 관련 사적을 수록하고 있다. 곧 신라 흥덕왕이 의상의 도움으로 10만 병선을 이끌고 침략한 왜구를 물리쳤고, 이를 기념하기 위해 범어사를 창건했다는 것이다. 사지에 따르면 이때가 흥덕왕 10년(835)으로 되어 있는데, 의상의 생몰연대가 625~702년이라는 점에서 사지 편찬 당시까지 전래하던 문헌이나 구전을 어떤 고증도 없이 그대로 옮겨 적은 것이라 할 수 있다.

그런데 이 설화의 다음과 같은 내용은 주목을 요한다. "태백산에 의상이라는 스님이 계시는데 금산보개여래金山寶蓋如來의 제7 후신後身입니다. 항상 성중聖衆 1천, 범중凡衆 1천, 귀중鬼衆 1천 등 3천 명의 대중을 거느리고 화엄의지법문華嚴義持法門을 연설합니다. 이에 화엄신중華嚴神衆과 40법체法體, 제신諸神 및 천왕이 항상 떠나지 않고 따라다닙니다."[46]가 그것이다. 이 언급은 왜구의 침략 소식에 걱정하던 흥덕왕의 꿈에 신인神人이 나타나 말한 것이다.

여기에서 의상은 성중과 귀중을 거느리고, 화엄신중·제신·천왕 등이 항상 따라다니는 인물로 묘사되어 있다. 그리고 이러한 신중들은 의상의 기도에 감응하여 왜구의 침략을 물리치고 있다. 곧 설화에는 "땅이 크게 진동하면서 홀연히 제불諸佛, 천왕, 신중 그리고 문수동자 등이 각각 현신하여 모두 병기를 가지고 동해에 가서 적을 토벌하였다."라고 되어 있는 것이다.

---

45 오경후, 「조선시대 사찰사적에 관한 검토」, 『경주사학』 24·25합집, 경주사학회, 2006, pp.357~360
46 東溪, 『梵魚寺創建事蹟』, 『범어사지』, 서울: 아세아문화사, 1989, p.6

이상의 내용을 통해 범어사 창건 설화는 '승려의 신이한 행적'과 관련된 설화이자, 동시에 '불·보살의 상주' 유형에 속하고 있음을 알 수 있다. 성중들이 의상의 곁을 떠나지 않고, 제불이 현신하여 왜구를 물리치고 있는 것은, 당시 의상이 있던 금정산金井山이 불·보살의 상주처라는 사실을 보여주기 때문이다. 신라·고려시대 불교설화의 '불국의 형상화'가 조선 후기까지 이어지고 있음을 이 설화에서 확인할 수 있다.

불국의 형상화는 『심청전』의 근원설화로 알려진 『옥과현성덕산관음사사적玉果縣聖德山觀音寺事蹟』(1729)에서도 엿볼 수 있다. 이 사적기는 편찬자가 젊은 시절에 관음사의 장로들에게 들은 이야기로, 홍장이 효를 행하고 황후로 등극하는 부분과, 홍장의 불사 및 성덕의 관음사 창건에 관한 부분으로 구성되어 있다. 후자에서 중국 서진西晉의 황후가 된 홍장은 53불佛·500성중聖衆·16나한을 만들어 고국으로 보낸다. 또한 장님인 아버지를 위해 불상과 탑을 대흥현의 홍법사에 모시게 하고, 자신을 위해서는 금으로 관음보살상을 만들어 돌배에 실어 보낸다.

이 배는 여러 곳을 떠돌다가 보살상을 만든 지 1년여 만에 옥과현의 한 바닷가에 이르고, 마침 그곳에 있던 성덕이라는 처녀가 그 배를 발견하게 된다. 성덕은 배에 있던 관음상을 등에 업고 길을 떠났는데, 어느 고개에 이르러 가벼웠던 관음상이 태산처럼 무거워져 한 발짝도 뗄 수가 없자, 그곳에 관음상을 안치하고 관음사를 창건했다는 것이다.

그리고 이상의 사적에 대해 사적기의 찬자는 "대개 홍장과 성덕은 모두 관음의 인연을 따라 감응한 화신化身이 아니겠는가. 어쩌면 석가모니가 속세에 백억의 분신을 나투신 것은 아니겠는가"라는 논평을 덧붙이고 있다. 이 설화의 주인공인 홍장과 성덕이 관음보살의 화신이자, 석가불의 분신이라는 것은 바로 옥과현의 성덕산이 불연이 깃든 곳이라는 표현에 다름 아니다. 더 나아가 관음보살이자 석가불의 현신이 만들고 모셔온, 관음상이 안치된 관음사는 관음신앙의 본산이자 성지가 되는 것이다. 이렇듯 관음사 연기설화는 설화 형성 당시의 옥과현 사람들이 가졌던 '불연국토' 내지 관음성지라는 인식과 자부심이 형상화된 것으로,『심청전』의 주제의식과 큰 차이가 있는 것이다.

    속전俗傳에 보덕普德은 민가民家의 여자라고 한다. 어렸을 때 아버지와 더불어 금강산에 들어가 구걸을 하였다. …(중략)… 이때 한 승려가 갑자기 사악한 마음이 일어나 은밀히 그녀를 쫓았는데 그녀가 소리를 질렀다. 그리고 탁상 위의 탱화를 가리키면서 "불화佛畵도 오히려 공경해야 할 것이거늘 생불生佛에 있어서겠는가."라고 한 뒤, 마침내 진상眞像을 드러내니, 그 금빛에 눈을 뜰 수가 없었다. 승려는 애걸하며 "죽여주십시오." 했다. 그녀는 그 아비에게 말하기를 "주머니에 물을 채우셨습니까." 아비가 말하기를, "주머니가 성근데 물이 어찌 채워지겠는가."라고 했다. 그녀가 말하기를, "하나에 마음을 쓰면 공空이 모아지고 공이 모아지면 즉 도道가 응축되는 것인데, 지금 아버지께서 마음속으로 포대가 필히 채워지지 않는다고 생각하고 억지로 물을 붓고 있는데 공이 어찌 능히 한 곳으로 모이며 도가 어찌 능히 뭉쳐지겠습니까?" 이때에 아비는 크게 깨쳤다. …(중략)… 보덕이 바구니를 승려에게 주며 말하기를, "물이 주머니에 차고 바구니는 창고에 넘치니 공이 이루어져 가득하길 바랍니다. 부처님을 보는 게 무슨 의심이 있겠습니까." 했다. 승려 역시 크게 깨달았다. 후인들은 마침내 세 사람의 상像을 새겼는데, 지금까지 굴 안에 있다. 왕왕 그곳에 서기瑞氣가 서린다고 한다.[47]

---

47 『梵宇攷』,「普德窟」

인용문은 조선 후기의 사찰사전인 『범우고梵宇攷』[48] 소재의 보덕굴 연기설화를 옮긴 것이다. 이 설화는 민가의 여인인 보덕이 아버지와, 자신을 겁탈하려 한 승려를 도와 불도를 깨닫게 했다는 내용이다. 후인들이 이 세 사람의 상을 보덕이 살던 굴 안에 새겼고, 지금도 그곳에 서기가 서린다는 후일담이 첨가되어 있다. 인용문을 통해, 오도悟道의 방법 내지 이유로 아상我相과 이로 인한 분별심의 극복이 제시되어 있음을 알 수 있다.

그리고 인용문의 밑줄 친 부분에서는 보덕의 정체가 밝혀져 있어 주목된다. 곧 자신을 겁탈하려 한 승려에게 보덕은 자신이 '생불'임을 밝힌 뒤 황금빛의 진신眞身을 드러내고 있다. 아버지와 함께 금강산의 동굴 안에 살면서 걸식하던 보덕이 사실은 부처의 현신이라는 것이다. 『삼국유사』의 「욱면비염불서승」을 연상하게 하는 이 설화는, 성불의 과정은 생략한 채 보덕이 살아 있는 부처라는 사실만을 강조하고 있어, 신라·고려시대 불교설화의 '현신성불' 유형과 차이를 보인다. 그렇지만 보덕굴 연기설화 역시 「오대산만신」·「금강산유점사사적기」와 마찬가지로, 금강산이 부처가 상주하고 있는 성스러운 공간임을 보여준다고 하겠다.

『진묵조사유적고』의 진묵설화

『진묵조사유적고震默祖師遺蹟攷』(1857)는 진묵 일옥震默一玉(1562~1633)의 사후死後 처음으로 편찬·간행된 진묵 관련 문헌으로, 목판본의 상·하 두 권으로 되어 있다. 이 책은 전주 지역의 유자儒者인 김기종金箕鍾

---

48 현재 전하는 『범우고』는 간행된 적이 없는 필사본이다. 『弘齋全書』 권182의 「群書標記」에 정조가 1799년(정조 23)에 쓴 서문이 실려 있다.

(1783~1850)의 요청으로 초의 의순草衣意恂(1786~1866)이 그 편찬을 맡았고, 간행은 김기종의 두 아들인 김영곤·김영학의 시주만으로 이루어진 것이다. 『진묵조사유적고』(이하 『유적고』)에 수록된 진묵의 '유적' 또한 김기종이 같은 마을의 노인 및 승려들에게 어렸을 때부터 들어왔던 이야기들을 초의에게 구술한 것으로 되어 있다. 이렇듯 『유적고』는 그 이전과 동시대의 승려 문집 및 고승 전기와는 다른, 호남지역의 유자가 주도적으로 참여한 문헌설화집의 성격을 띠고 있다.

> 대사는 나이 7세에 출가하여 전주 봉서사鳳棲寺에서 내전內典을 읽었는데, 어려서부터 머리가 영특하고 총명하여 스승이 가르쳐 주지 않아도 깊은 속뜻을 환하게 알았다. 출가하여 머리 깎고 먹물 옷을 입고 사미가 되었을 때에 마침 절에 불사가 있었다. 그 일을 관장하는 사람은 대사가 비록 나이는 어리지만 깨끗한 행이 있다고 하여, 대사에게 불단佛壇을 호위하고 향을 받드는 소임을 맡겼다. 그러나 대사에게 그 일을 맡긴 지 오래지 않아 밀적신장密跡神將이 그 일을 관장하는 사람의 꿈에 나타나 말하였다. "우리 여러 천신들은 다 부처님을 호위하는 신지神祇들인데, 도리어 어찌 감히 부처님께 예배 받을 수 있겠는가. 어서 빨리 저 향 받드는 사람을 바꾸어 우리들로 하여금 아침저녁으로 편안하게 하라."[49]

인용문은 『유적고』에 수록된 17편의 설화 중, 첫 번째 일화를 옮긴 것이다. 이 일화는 출가한 지 얼마 되지 않은 진묵이 봉서사에서 향을 받드는 소임을 맡았을 때의 이야기로, 신중단神衆壇의 밀적신장이 주지의 꿈에 나타나 향 받드는 사미를 바꾸게 해 달라는 내용이다. 그 이유로,

---

[49] 草衣意恂, 『震默祖師遺蹟攷』 권상(『韓佛全』 10, 878a).

부처를 호위하는 신중들이 도리어 부처의 예배를 받을 수 없다는 밀적신장의 발화가 제시되어 있다. 이러한 발화는 진묵이 부처의 화신이라는 사실을 보여준다고 할 수 있다.

제3·4·6·7의 일화는 각각 산령山靈·금강역사金剛力士·나한羅漢이 등장하여 진묵의 부림을 받거나 진묵의 일을 도와주고 있다. 곧 제3화에서 산신령은 진묵의 명령으로 어머니를 괴롭히는 모기떼를 마을에서 쫓아버리고, 제4화에서는 진묵에게 술을 주지 않은 승려를 금강역사가 철퇴로 내려치고 있다. 그리고 제6화와 제7화는 각각 진묵을 가까이 모시고 싶어 하는 16나한의 모습과, 진묵의 명령으로 전주부의 아전을 도와주는 나한의 모습을 묘사하고 있다. 이들 설화 역시 제1화와 마찬가지로, 진묵이 석가의 화신임을 나타내는 일화로 읽힐 여지가 있다. 산신령·금강역사·나한의 공경을 받거나 그들을 부릴 수 있는 존재는 오직 부처만이 해당하기 때문이다.

『유적고』의 제9~17화는 전반부의 일화들처럼 신적인 존재들이 보이지 않는 대신, 유학자·계집종·마을 소년들·사냥꾼·식욕 많은 승려들과 같은 비교적 다양한 계층의 인물들이 등장하고 있다. 이들 일화에서 진묵은 유학자가 빌려 준 책을 읽는 대로 버리거나(제9화), 유학자의 계집종에게 "아들을 낳고 싶지 않느냐"라는 흰소리를 하고(제10화), 생선국을 먹을 수 있냐는 마을 소년들의 희롱에 끓는 솥째 마시기도 하며(제11화), 식욕 많은 대원사의 젊은 승려들에게 "이 절은 장차 7대 동안 재앙을 만나게 될 것이다."라는 저주를 퍼붓는다(제15화). 또한 진묵은 아래의 인용문처럼 소금이 필요한 사냥꾼들에게 시자를 시켜 소금을 갖다 주기도 한다.

어느 날 대사가 시자를 불러 말하였다. "이 소금을 봉서사 남쪽 부곡婦谷으로 가져가거라." "가져가서는 누구에게 줍니까?" 시자가 묻자, 대사가 말하였다. "그곳에 가면 저절로 알게 될 것인데, 무얼 구태여 묻느냐?" 시자는 소금을 가지고 고개를 넘어 부곡으로 내려갔다. 그곳에는 사냥꾼 몇 사람이 막 노루고기를 잡아 놓고는, 소금이 있었으면 생각하면서 먹지 못하고 앉아 있었다. 시자가 소금을 그들 앞에 놓자, 그들은 모두 기뻐하면서 말하였다. "이것은 틀림없이 저 옥 노장이 우리가 배를 곯고 있는 것을 가련하게 여겨서 보내 주신 것이리라. <u>사람을 살려내는 부처님이 골짜기마다 계신다고 하더니, 바로 이것을 두고 한 말인 것 같구나.</u>"⁵⁰

인용문은 제12화를 옮긴 것으로, 소금이 없어 육회를 먹지 못하고 있는 사냥꾼들의 사정을 알고 진묵이 시자를 시켜 소금을 보내 줬다는 내용이다. 이 일화는 진묵이 천안통天眼通을 갖추고 있었음을 나타내는 이야기로 볼 수 있을 듯하다. 그렇지만 이 일화에서 보다 중요한 것은 밑줄 친 부분을 통해 '부처님'에 대한 당시의 민중 또는 초의의 생각을 엿볼 수 있다는 것이다. 곧 '부처'란 중생의 사소한 불편거리도 같이 걱정해 주고 그것을 해결해 줄 수 있는 존재에 다름 아니라는 것이다.

진묵이 먼 곳에서 해인사의 불을 껐다는 제13화의 경우는, 다른 고승의 설화에도 보이는 유형이지만, 여타의 구비설화에서 물에 적신 솔잎으로 불을 끄는 것과 달리, 여기서는 '쌀뜨물'을 사용하고 있다. 이 일화에서도 진묵은 민중의 실생활에 밀착되어 있는 모습으로 나타나 있다. 비록 전반부의 일화이지만 진묵의 효심에 관한 제3화 역시 서민들의 생

---

50 草衣意恂, 『震默祖師遺蹟攷』 권상(『韓佛全』 10, 879c)

활과 밀착되어 있다. 산신령을 시켜 여름철 모기떼의 극성에서 벗어나게 했다는 사건과, 진묵 어머니의 묘소에 제사를 지내면 한 해의 농사가 잘 되었다는 일화는 소박한 민중의 의식을 반영하는 것이기 때문이다.

결국, 『유적고』의 설화 제1~8화는 진묵의 부림을 받거나 진묵을 도와주는 산신령·금강역사·나한 등의 등장을 통해, 제9~17화는 유학자·계집종·사냥꾼·소년 등의 다양한 인물과 진묵의 관계 맺음을 통해, 진묵을 석가의 화신으로 형상화하고 있다고 하겠다.

'불국佛國'과 '성불成佛'의 염원

　지금까지 살펴본 대로, 신라·고려시대의 불교설화는 제재 및 중심 내용에 따라 '승려의 신이한 행적', '불·보살상과 경전의 영험', '불연국토와 불·보살의 상주', '정토왕생과 현신성불'의 네 가지 유형으로 나뉜다.
　먼저, 승려들의 신이한 행적을 서술하고 있는 설화들은 대체로 승전의 형식을 취하고 있으며, 치병·용궁강설·신이한 죽음의 모티브가 포함되어 있다. 이들 모티브는 이상적인 승려상이라 할 수 있는 '고승'을 드러내는 징표로 기능하고 있다. 특히 '신이한 죽음'은 아상과 분별심에서 벗어난 승려가 바로 '고승'임을 암시하고 있다. 다음으로, 불·보살상과 경전의 영험에 관한 설화는 불·보살에게 기도하거나 경전을 독송·서사한 결과로 인해 일어난 신이한 사건들을 다루고 있다. 수혜자의 의도와 관계없이 영험이 구현되고 있는 후자와 달리, 전자의 설화들은 문제 상황이 제시되어 있고 그 문제가 불·보살상 앞에서의 기도로 해결된다는 공통점을 갖는다. 그리고 영험의 주체로 설정되어 있는 관음보살은 승려의 모습으로 화현하여 문제 상황을 해결하고 있다.
　'불연국토와 불·보살의 상주'의 경우는, 신라의 국토를 부처와 인연이 깊고, 불·보살이 항상 머무르면서 그 모습을 나타내는 공간으로 형상화하고 있다. 신라의 낙산·오대산·보개산·영취산 등에 상주하고 있는 불·보살들은 대체로 진신 그대로가 아닌 모습으로 나타난다. 원효와 연회에게는 벼를 베고 있는 여인과 밭을 가는 노인으로, 신효거사와 효소왕의 앞에는 늙은 부인과 허름한 차림의 비구로 화현하고 있는 것이다. 그리고 '현신성불'의 유형에서는 처자가 있었던 비구와 여자 종이 현재의 살아 있는 몸 그대로 부처가 되고 있다. '부처의 나라'를 형상화하고 있는 불연국토와 불·보살 상주의 유형에 이어, 이러한 형상화의 귀결로서 '신라의 부처'가 탄생하고 있는 것이다.

이와 같은 '부처의 나라'와 '신라의 부처'는 조선시대의 사찰연기설화와 고승설화에서도 단절 없이 나타나고 있다. 곧 범어사·관음사·보덕굴의 연기설화에서 금정산·성덕산·금강산은 불·보살이 머무르고 있는 성지로 형상화되어 있다. 그리고 홍장·성덕과 진묵은 불·보살의 현신으로, 보덕은 살아 있는 부처로 묘사되어 있는 것이다.

그런데 신라·고려시대와 조선시대의 불교설화 모두, 불·보살의 현신과 이 땅의 부처를 주변에서 흔히 볼 수 있는 인물들로 설정하고 있다. 홍장·성덕은 평범한 시골 처녀였고, 보덕은 아버지와 걸식을 하던 민가의 여인이었으며, 진묵은 의승군에 참가하지도 않고 한 권의 저서도 남기지 않은 승려였던 것이다. 이와 같은 설정은 부처와 보살이 평범한 군중의 모습으로 우리가 있는 '이곳'에서 우리와 함께 숨 쉬고 있음을 상징하고 있는 것이라 할 수 있다. 또한 누구나 불성을 갖고 있다는 '일체중생 실유불성'의 설화적·문학적 형상화로도 볼 수 있을 것이다.

결국, 한국의 불교 문헌설화는 '부처의 나라'와 '이곳의 부처'를 형상화하고 있는 내용적 경향성을 보인다고 하겠다. 이러한 특징은 설화의 본질이 꾸며낸 이야기라는 점을 상기할 때, 설화 전승의 주체인 승려와 불교신자, 더 나아가 민중들의 '불국'과 '성불'에 대한 지향 내지 염원이 투영된 것에 다름 아닌 것이다.

한편, 신라·고려시대의 불교설화는 그 내용에 있어, 중국·일본의 불교설화와 몇 가지 차이점을 보인다. 중국과 일본의 왕생설화는 대체로 왕생을 하게 된 이유에 강조점을 두고 있을 뿐, 왕생 또는 '서승西昇'의 과정에 대한 서술은 생략하고 있다. 다만 아미타불 및 성중이 내려와 왕생인을 맞이하는 것으로 되어 있다. 이에 반해, 『삼국유사』의 「포천산오비구」는 다섯 비구가 연화대에 앉아 설법한 뒤, 유해를 벗어 버리고 큰 광명을 내면서 서쪽으로 가는 모습을 자세히 묘사하고 있는 것이다. 그리고 「욱면비염불서승」과 「남백월이성」처럼 주인공의 현신성불을 다루고 있는 설화 역시 중국·일본의 불교설화에서는 그 예를 찾기가 힘들다.

또한 세 나라의 불교설화가 업보윤회와 인과응보의 불교 교리에 근거한 것이면서도, 중국·일본의 불교설화에서 흔히 볼 수 있는 '명부'와 '악인악과'의 모티브가 신라·고려의 불교설화에는 거의 나타나 있지 않다. 이상과 같은 특징 역시 한국 불교설화의 형성·전파·향유 주체들의 관심과 지향이 현실의 '이곳'과 '성불'에 있음을 보여준다고 할 수 있다.

| 참고문헌 |

김승호, 『한국 사찰연기설화의 연구』, 서울: 동국대학교출판부, 2005.

김영태, 『신라불교사상연구』, 서울: 신흥출판사, 1990.

김현룡, 『한국문헌설화』 5, 서울: 건국대학교출판부, 2000,

박상란, 「조선시대 문헌 소재 불교설화의 양상과 의미」, 『불교학보』 43, 동국대 불교문화연구원, 2005.

안정훈, 「불교설화의 중국화에 관한 고찰」, 『중국어문학논집』 58, 중국어문학연구회, 2009.

인권환, 『한국불교문학연구』, 서울: 고려대학교출판부, 1999.

정환국, 「불교 영험서사와 志怪」, 『민족문학사연구』 53, 민족문학사학회, 2013.

조동일, 『삼국시대 설화의 뜻풀이』, 서울: 집문당, 1989.

최래옥, 「한국 불교설화의 양상」, 『한국의 민속과 문화』 3, 경희대 민속문화연구소, 2000.

황패강, 『신라불교설화연구』, 서울: 일지사, 1975.

문화와 의례

불탑 佛塔

이자랑

I. 불탑의 탄생과 신앙의 확산

　　사리팔분 전설과 불탑의 탄생/ 스뚜빠와 짜이뜨야/ 발조탑과 과거불탑/ 아쇼까왕과 불탑 신앙의 확산

II. 확대되어 간 불사리 신앙

　　붓다의 현존과 불탑 순례/ 중국의 불사리 신앙/ 진신사리와 아육왕탑/ 일본의 불사리 신앙

III. 삼국·통일신라시대의 불탑

　　고구려·백제의 불탑/ 사리의 전래/ 불탑과 국가 진호/ 석탑, 영원성의 상징/ 이형탑異形塔과 불국의 세계

IV. 고려·조선시대의 불탑

　　복고적 양식의 등장/ 변신사리와 불아佛牙사리/ 부도와 탑비/ 탑과 팔상도의 결합

- 불탑, 영원한 불국토의 상징

I. 불탑의 탄생과 신앙의 확산

사리팔분 전설과 불탑의 탄생

불탑佛塔이란 일반적으로 고따마 붓다의 유골인 사리舍利[1]를 봉안한 분묘墳墓 내지 그 종교적 건축물을 의미한다. 붓다의 유골을 모신 불사리탑의 기원은 붓다가 열반한 후에 그의 유체를 화장하고 남은 사리 등을 모셔 세운 탑에서 찾아볼 수 있다. 붓다 만년의 마지막 여행을 다룬 빨리 장부長部『대반열반경』에 의하면, 붓다의 입멸 소식을 접한 부족들은 사리를 가져가서 탑을 세우고 싶어 했다. 하지만, 꾸시나라의 말라족은 붓다가 자신들의 마을에서 열반에 드셨다는 것을 이유로 사리 분배를 거부한다. 이에 도나라는 바라문이 중재에 나섰고, 결국 팔분八分되어 공평하게 각 부족들에게 분배되었다. 이것이 곧 '사리팔분' 전설이다. 이들 부족은 자신의 나라로 붓다의 사리를 가져가 탑을 세우고 축제를 열었다. 한편, 도나와 사리 분배가 끝난 후 도착하여 미처 사리를 얻지 못한 모리야족은 각각 사리를 담았던 병과 남은 탄炭을 가져가 탑을 세웠다. 이리하여 붓다의 열반 후 인도 각지에는 모두 10개의 탑이 건립되었다고 한다.[2] 즉, 붓다의 사리를 넣은 8개의 사리탑과 병탑甁塔, 탄탑炭

---

[1] 사리는 산스끄리뜨어 샤리라śarīra의 음역으로 붓다 혹은 성자의 유골을 말한다. 원래 신체의 의미를 지니지만, 복수형으로 사용되면 유골을 의미한다. 中村元,『佛敎語大辭典』, 東京: 東京書籍, 1981, p.602 舍利항.

[2] *Dīgha-nikāya*, vol.1, pp.164~166. 한편, 장아함의『유행경』에서는 髮塔을 넣어 11탑으로 기술하고 있다.『유행경』(『大正藏』22, 30a14)

塔이다. 이것이 불탑의 기원이다.

불탑의 조성 배경에는 당시 인도인들이 가지고 있던 위인偉人, 즉 전륜성왕轉輪聖王과 같은 훌륭한 사람에 대한 인식 내지 이에 근거한 장의葬儀가 밀접하게 연관되어 있는 것으로 보인다. 『대반열반경』에 의하면, 붓다와 함께 꾸시나라를 향해 가던 시자 아난다는 붓다 입멸 후 그 유체를 어떻게 처리하면 좋을까 묻는다. 이에 붓다는 전륜성왕의 유체를 다루듯이 해야 한다고 대답한다. 즉, 다비 후 넓은 사거리에 탑을 세워 전륜성왕의 유체를 모시듯이, 붓다의 유체 역시 다비 후에 사거리에 탑을 세우고 화환이나 향료·안료顏料를 바치고, 예배하고, 마음을 청정히 한다면, 이들에게는 오랫동안 이익과 행복이 있을 것이라고 한다.[3] 붓다의 장례식이나 탑 조성은 이후 이 기술에 따라 그대로 실행되고 있다.

또한 붓다는 사후에 탑을 세울 만한 대상으로 여래·벽지불·여래의 제자·전륜성왕의 4종을 언급하며, 사람들이 이들의 탑을 보면 마음이 청정해지고, 마음이 청정해져서 신체가 소멸하면 사후에 선도善道의 천계에 태어날 수 있다고도 설하고 있다.[4] 붓다를 비롯한 이들의 사리 친견을 통해 이들의 훌륭한 행적을 상기하며 청정한 마음을 일으킨다면, 이로 인해 사후 천계에 태어날 수 있는 길이 열린다는 것이다. 이들 기술로 보아 불교 이전에 이미 인도인들은 온 세계를 법으로 통치하는 이상적 인간상으로서 전륜성왕을 특별하게 숭앙하는 전통을 가지고 있었고, 붓다를 그에 버금가는 정신적 지도자로 추앙하며 불탑의 조영이나 불사리 숭배 등에 그러한 전통을 응용하였을 가능성이 높다.

---

3 *Dīgha-nikāya*, vol.2, p.142
4 *Dīgha-nikāya*, vol.2, pp.142~143. 동일한 기술이 『오분율』에서도 발견된다.(『大正藏』 22, 173a6~7)

스뚜빠와 짜이뜨야

『대반열반경』에서 사용되는 불탑의 원어는 스뚜빠stūpa(pāli. thūpa)이다. 스뚜빠는 불탑을 의미하는 가장 일반적인 용어인데, 이 외 문헌에 따라 짜이뜨야caitya라는 말이 불탑의 의미로 사용될 때가 있다. 스뚜빠의 어원은 명확하지 않다. √styai(퇴적堆積이나 더미로 모아지다), √stu(응고되다, 응집되다), √stūp(쌓아올리다, 건립하다) 등의 다양한 동사 어근이 추정되고 있다. 이들 동사 어근에 근거하여 두발頭髮이나 정상, 퇴적, 흙이나 점토 더미 등을 의미하다가, 이로부터 발전하여 불교의 기념비, 유골의 봉안처, 뼈 상자 등의 특별한 의미를 지니게 된 것으로 보인다.[5] 솔탑파率塔婆라고 음사하거나, 혹은 이를 줄여 탑파塔婆·탑이라고 한다. 스뚜빠는 불교 교단에서만 만들어진 것은 아니며, 자이나교를 비롯한 다른 종교에서도 만들어졌기 때문에 불탑=스뚜빠라기보다는 스뚜빠의 한 유형으로 불탑을 이해하는 것이 보다 정확할 것이다.[6]

스뚜빠는 일반적으로 발우를 뒤집어 엎어놓은 듯한, 이른바 복발형覆鉢形이라 불리는 형태를 갖고 있는데, 이는 흙을 쌓아올린 분묘형墳墓形에서 유래하는 것으로 추정된다. 외형은 간단하여 원형의 기단 위에 발우를 엎어놓은 듯한 복발형의 탑체塔體를 쌓아 올리고, 그 위에 상자 모양의 평두平頭를 얹는다. 그리고 다시 그 위에 귀천의 차별이나 성스러운 장소임을 표시하는 우산 모양의 산개傘蓋를 올려놓는다. 사리는 탑 본체의 중앙 근방에 용기 속에 넣어 묻었으며, 탑 전체를 흙과 돌로 채웠다. 후대에는 탑 주위에 난순欄楯이라고 하여 사람들이 주변을 예배하

---

[5] 杉本卓洲, 『インド佛塔の研究』, 東京: 平樂寺書店, 1984, pp.49~50
[6] 杉本卓洲, 앞의 책, 1984, p.191

면서 돌 수 있도록 난간을 만들기도 했으며, 사방에 또라나torana라 불리는 네 개의 문을 세우기도 했다. 난순이나 또라나에는 고따마 붓다가 과거생에 행했던 갖가지 선행 이야기 혹은 현생에서의 붓다의 전기傳記와 관련 있는 갖가지 설화들이 조각되었다.

한편, 짜이뜨야caitya는 √ci(쌓아올리다)라는 동사어근에서 파생된 말로 돌이나 기와 등을 쌓아올린 장소인 성화단을 원의로 한다는 설을 비롯하여, 성수聖樹, 정령의 은신처나 신사神社, 화장장이나 분묘, 기억 내지 기념할 만한 장소나 건조물 등의 다양한 의미를 지니는 점이 지적되고 있다.[7] 한역 경전에서는 지제支提 혹은 제다制多로 음사되거나, 묘廟 혹은 탑묘塔廟로 한역된다.

『마하승기율』에서는 "사리를 모신 것이 탑(스뚜빠)이며, 사리가 없는 것은 지제枝提(짜이뜨야)이다."라고 설명하기도 하지만,[8] 위에서 언급한 짜이뜨야의 다양한 의미로 볼 때 광의의 짜이뜨야는 스뚜빠를 포함한 예배 공양의 대상물을 모두 가리키는 것으로 보인다.[9] 이를 뒷받침하듯이, 불교 문헌에서는 붓다의 유체를 화장했던 화장장도 짜이뜨야라 칭하며, 붓다가 태어나고 깨닫고 초전법륜을 설하고 열반한, 이른바 사대 성지도 짜이뜨야라 부른다. 또한 위에서도 언급한 바와 같이, 붓다의 사리를 모신 불탑도 짜이뜨야라 칭한다. 따라서 짜이뜨야는 스뚜빠를 포함하여 무언가 기념비적인 의미를 지니는 불교 건축물 내지 장소 등을 폭넓게 가리키는 말로 보아야 할 것이다.

---

7 짜이뜨야에 관한 제 설에 대해서는 杉本卓洲, 앞의 책, 1984, pp.84~108을 참조.
8 『마하승기율』 권33(『大正藏』 22, 498b20~21)
9 逸見梅榮, 『印度佛敎美術考(建築篇)』, 東京: 甲子社書房, 1928, pp.89~105; 高田 修, 『印度南海の佛敎美術』, 東京: 創藝社, 1943, pp.21~22 등.

발조탑과 과거불탑

붓다의 사리를 모신 불사리탑과 더불어 붓다의 신체 일부나 과거불의 사리, 훌륭한 불제자의 사리 등도 불탑으로 조성되어 신앙의 대상이 되었다. 먼저 붓다의 머리카락 내지 손톱·발톱을 모신 경우를 보자. 머리카락은 발탑髮塔, 손톱이나 발톱은 조탑爪塔으로 조성되었다. 이 둘을 합하여 발조탑髮爪塔 내지 조발탑爪髮塔이라 부른다. 『십송률』에 의하면, 유행생활을 하며 한 곳에 머물지 않는 붓다를 늘 뵙고 싶었던 급고독給孤獨장자는 붓다에게 대신 공양할 약간의 물건을 남겨 주기를 청하였다. 그러자 붓다는 즉시 머리카락과 손톱을 내어 주었다. 이에 장자가 머리카락과 손톱을 모시는 탑을 세울 수 있게 해달라고 청하자 붓다는 이를 허락하였다.[10] 『십송률』에서는 이를 불탑의 기원으로 본다.

이 전승에서 나타나듯이, 머리카락과 손톱은 붓다와 공간적으로 떨어져 있을 수밖에 없는 자에게 붓다라는 존재를 대신해 주는 성스러운 물건으로 인식되고 있다. 평생 유행 생활을 관철했던 붓다였기에 곳곳의 신심 깊은 재가불자들은 자신의 지역에 머물다 떠나가는 붓다를 아쉬워했고, 출가자들 역시 유행생활로 인해 곁에서 스승을 항상 뵐 수 없다는 아쉬운 마음이 이러한 의식을 불러일으켰을 것으로 추정된다. 이는 원시부족들이 숭배 대상으로 죽은 자의 유물 속에 유골 외에 머리카락이나 손톱을 함께 넣거나, 생존 시라도 머리카락이나 손톱은 그대로 버리지 않고 신묘神廟나 묘지, 나무 밑에 매장하는 등 특별한 의미 부여

---

[10] 『십송률』 권48(『大正藏』 23, 351c11~15). 한편, 『사분율』 권52(『大正藏』 22, 957a20~b17)에서는 구바리장군이 발탑을 세운 경위를 소개한 후 "이것이 붓다가 세상에 살아 계실 때의 탑"이라고 설명한다.

가 이루어지고 있었다는 점과 관련시켜 생각해 볼 필요가 있을 것이다. 또한 붓다와 떨어진 공간에 머물 때에도 붓다의 신체 일부를 지님으로써 붓다와 함께하고 있다는, 다시 말해 붓다의 현존現存이 실현된다는 의식을 하고 있었음을 알 수 있다. 이는 이미 지적되고 있는 바와 같이, 감염주술感染呪術(Contagious Magic)이라는 술어로 설명되는 의식과 밀접한 관련이 있는 것으로 보인다.[11] 붓다와 공간적으로 떨어져 있지만, 붓다의 몸에서 떨어져 나온 신체 일부를 지니고 있으면 붓다와 함께 있는 것과 다를 바 없다고 생각하는 것이다.

한편, 과거불탑 역시 신앙의 대상이 되었다. 과거불탑의 대표적인 예로 가섭불탑이 있다. 가섭불탑이란 석가모니불 이전에 존재했던 과거6불 가운데 마지막 제6불에 해당하는 가섭불의 사리를 모신 탑이다. 『마하승기율』에 의하면, 꼬살라국에서 한 바라문이 토지를 경작하다가 제자들과 더불어 유행하는 붓다를 보자 갖고 있던 지팡이를 땅에 꽂은 후 예를 갖추었다. 그러자 붓다는 미소를 지으며 "저 바라문은 지금 2불佛을 예배한 것이다. 한 명은 나이며, 또 한 명은 가섭불이다. 그가 지팡이를 꽂은 그 땅 밑에는 가섭불의 불탑이 있다."라고 하였다. 이어 붓다는 가섭불의 칠보탑을 현시現示하고, 나아가 직접 가섭불의 불탑을 그곳에 만들며 제자들에게도 조탑 행위를 허락하였다고 한다.[12] 『오분율』에서는 이 탑은 붓다 재세 당시에 이미 조성된 것으로, 염부제에 처음 나타난 탑이라고 설명한다.[13] 즉, 불탑의 기원으로 보고 있는 것이다.

---

11 下田正弘, 『涅槃經の硏究-大乘經典の硏究方法試論-』, 東京: 春秋社, 1997, p.102
12 『마하승기율』 권33(『大正藏』 22, 497b18~c10)
13 『오분율』에서는 가섭불탑을 염부제에 처음 나타난 탑이라고 설명한다. 『오분율』 권26(『大正藏』 22, 173a5)

붓다의 10대 제자 가운데서도 쌍벽을 이루었던 사리불과 목련의 사리 역시 신앙의 대상이 되었다. 두 사람이 붓다보다 먼저 입멸하자, 한 단월은 이들을 위한 사리탑을 만들기를 원하였다. 그러자 붓다는 이를 허락하며 조탑법을 상세히 규정하고 있다.[14] 한편, 『근본설일체유부비나야잡사』에서는 사리불과 관련해서만 언급하는데, 급고독장자가 사리불의 신골身骨을 가져가 사리탑을 세웠다고 한다.[15]

불교 문헌에서는 이들 탑이 불사리탑 조성 이전에, 즉 붓다 생존 당시에 이미 조성되었다고 기록하지만, 그 진위 여부는 확인할 길이 없다. 일반적으로는 불사리탑의 제작과 신앙의 발전 후에 이를 모방하여 이들 탑이 조성되었을 것으로 생각되고 있지만, 불교 발생 이전에 이미 인도에서 스뚜빠라는 말이 다양한 용도로 사용되었다는 사실[16]을 고려할 때, 일찍감치 이 말이 불교에 도입되어 불교적으로 다양하게 응용되었을 가능성도 부정할 수 없을 것이다.

아쇼까왕과 불탑 신앙의 확산

불탑 신앙은 불멸 후 붓다의 빈자리를 채우며 출·재가를 불문한 사중四衆 사이에서 널리 성행하였다. 불탑 신앙의 확산에 크게 기여한 것은 인도 최초의 통일 대제국인 마우리야 왕조의 제3대 아쇼까Aśoka(B.C 268~232 재위)왕이다. 즉위 8년째에 치른 깔링가 전쟁의 비참한 결과를 마주한 왕은 그때까지의 난폭한 정치를 멈추고 법에 의한 통치를 선언하였

---

14 『사분율』 권52(『大正藏』 22, 956c1~23)
15 『근본설일체유부비나야잡사』 권18(『大正藏』 24, 291a17~c16)
16 이 점에 대해서는 杉本卓洲, 앞의 책, 1984, pp.51~84를 참조.

다. 불교에 깊은 호의를 가지고 있던 만큼 왕이 남긴 석주 내지 그를 묘사한 경전의 기록 등을 통해 많은 불사가 확인되는데, 특히 불탑과 관련하여 주목할 만한 것은 팔만사천탑의 건립과 과거불탑의 증축이다.

『아육왕전』 등에 의하면, 인도의 전 국토에 불탑[17]을 세우려 마음먹은 아쇼까왕은 불사리를 얻기 위해 병사를 이끌고 왕사성으로 갔다. 그곳에는 마가다국의 아자따삿뚜루왕이 세운 불사리탑이 있었다. 붓다의 열반 후 팔분하여 세운 탑 가운데 하나이다. 그 탑을 열고 불사리를 꺼낸 왕은 그중 사리 일부를 다시 담아 그곳에 탑을 재건하였다. 이렇게 해서 차례로 나머지 일곱 개의 탑을 열어 대부분의 불사리를 얻었으나, 용왕(나가)의 청을 받아들여 라마그라마의 탑만은 그대로 두었다. 성으로 돌아온 왕은 팔만사천의 보함寶函에 불사리를 분납한 후, 야차신의 힘을 빌려 전 국토에 널리 불탑을 세우고자 생각하였다. 계사鷄寺에 있는 야샤스 장로를 찾아간 왕은 한날한시에 팔만사천 개의 탑을 만들고 싶다고 말하였다. 아쇼까의 소원을 이루어 주기 위해 장로가 태양을 손으로 덮자 이를 신호로 전 국토에 팔만사천의 탑이 건립되었다. 팔만사천의 탑을 건립하고 깊이 불법을 보호하는 왕을 사람들은 다르마 아쇼까 dharma Aśoka라 불렀다고 한다.[18]

또한 아쇼까왕 석주의 기록에 따르면, 왕은 즉위 14년째에 과거불 중

---

17 불사리를 담아 왕이 세운 탑들은 '다르마라지까(dharmarājika)'라 불렸으며, 이는 탑·불탑·王塔·寶塔·사리탑 등의 다양한 용어로 한역되고 있다. 불탑을 왜 다르마라지까라고 부르는지 명확한 이유는 알 수 없는데, 이에 대해서는 법왕(Dharmarāja)인 아쇼까가 세운 탑이기 때문이라는 설과, 참된 법왕인 붓다의 유골을 모신 탑이기 때문이라는 두 가지 설이 있다. 山崎元一, 『アショーカ王伝説の研究』, 東京: 春秋社, 1979, p.74를 참조.
18 『아육왕전』 권1(『大正藏』 50, 102a~b); 『아육왕경』 권1(『大正藏』 50, 135a~b).

제5불인 구나함모니불拘那舍牟尼佛의 불탑을 두 배로 증축하였다고 한다. 이는 7세기에 인도를 방문한 현장이 구나함모니불의 사리탑이 과거불 중 제4불인 구류손불拘留孫佛의 사리탑과 함께 까뻴라바스뚜 근처에 존재하고 있었으며, 곁에는 아쇼까왕의 석주가 있었다고 전하고 있는 점으로 보아 역사적 사실을 반영하고 있을 가능성이 높다.

팔만사천이라는 숫자를 그대로 믿을 수는 없지만, 적어도 이 숫자를 통해 당시 불탑 신앙이 성행하고 있었을 것이라는 점과 더불어, 이 사건을 계기로 이후 불탑신앙이 인도 전역으로 크게 확산되었을 것이라는 점은 충분히 추정 가능하다. 실제로 마우리야 왕조 및 그 이후 시대가 되면 인도 각지에는 대규모의 불탑이 건립된다. 대표적인 것으로 중인도의 바르후트와 산치 대탑, 서북인도의 다르마라지까 대탑과 까니시까 대탑, 귀자모신탑鬼子母神塔, 남인도의 아마라바띠 대탑 등이 있다. 이들 탑에는 불사리 외, 불제자나 고승들의 사리도 모셔졌다.

II. 확대되어 간 불사리 신앙

붓다의 현존과 불탑 순례

붓다의 사리 내지 그 신체의 일부를 모신 불탑은 이미 열반에 든 붓다가 현존하는 장소 내지 그 자체로 인식되면서, 단지 신성한 '건축물'에 그치는 것이 아닌, 존경받을 만한 가치가 있는 특별한 인격, 즉 붓다가 존재하는 장소로 여겨졌다. 따라서 불탑에 대한 예경이나 공양은 마치 살아 있는 붓다를 대하듯이 매우 정성스럽고도 섬세하게 이루어졌다.

예를 들어, 탑에 공양된 것을 훔치면 붓다에 대해 도계盜戒를 저지르는 것이라고 보았으며, 불탑을 파괴하는 것은 붓다의 신체에 상처내고 피를 흘리게 하는 것이라 하여 5무간죄無間罪 중 하나로 헤아리기도 한다.

이러한 의식은 인도를 넘어 스리랑카로 불교가 전래되었을 때도 그대로 이어졌다. 5세기경에 성립한 스리랑카의 역사서『대사大史(Mahāvaṃsa)』에 의하면, 아쇼까왕 당시 스리랑카에 처음 불교를 전한 마힌다 장로는 스리랑카의 왕 데와남삐야띳싸에게 "국왕이시여, 저희들은 정등각, 스승을 만난 지 오래되었습니다. 저희들은 스승 없이 살고 있습니다. 이곳에는 저희들이 존경하며 예배 드릴 대상이 없습니다."라고 하였다. 이에 대해 왕이 "하지만 등정각은 열반에 드셨다고 말씀하지 않았습니까?"라고 하자, 마힌다는 "사리가 존재하는 곳에는 승자勝者(붓다)가 존재합니다."라고 답한다. 이 말을 듣고 왕은 스뚜빠의 건립을 약속하였다.[19] 이것이 곧 스리랑카에서의 불탑 기원의 설화이다. 즉, 여기서도 사리 있는 곳에 붓다가 있다는, 이른바 불탑=살아 있는 붓다가 전제되고 있다.

이와 관련하여 스리랑카에서는 탑과 관련하여 흥미로운 전승이 발견된다. 그것은 이 시대를 파괴해 버릴 정도의 큰 홍수가 일어나면, 여러 장소에 존재하는 '붓다의 유골'이 신통력으로 모여 붓다 스스로 그 뼈로부터 재출현하여 최후의 설법을 한다는 것이다.[20] 이 전승으로부터 불탑은 언제라도 부처의 육신을 재현시킬 수 있는 잠재력을 지닌 존재로 인식되고 있음을 알 수 있다.

한편,『대반열반경』에 의하면, 붓다는 아난다에게 붓다의 4대 성지,

---

19 *Mahāvaṃsa*, 17장 2~3게.
20 下田正弘, 앞의 책, 1997, pp.125~126에서 재인용.

즉 붓다가 태어난 곳·무상정등각을 깨달은 곳·초전법륜을 한 곳·입멸한 곳을 순례할 것을 권유한다.[21] 붓다와 관련된 이 네 성지를 보면서 사중四衆은 여래를 생각하고, 세상을 싫어하는 종교심을 일으킬 것이며, 또한 마음이 청정하고 신심 깊으며, 성지를 순례하며 걷는 자들은 모두 죽어서 육체가 멸한 후, 선취善趣·천계에 태어날 것이라고 한다. 그리고 이어 "순례하는 동안 여기서 나의 현존을 믿고 죽은 자들은 업은 존재해도 천계에 갈 것이다."라고 말한다. 즉, 붓다가 열반한 후에도 일찍이 붓다가 존재하고 있던 장소에 지금도 붓다가 존재한다고 믿고 있으며, 그 장소에서 신자가 죽었을 경우에는 천계에 태어난다고 생각하고 있다.

붓다와 관련된 성지에 대해 갖고 있던 불교도의 생각은 불탑에도 그대로 적용되었으며, 불탑은 붓다의 현존을 보증하는 건축물로서 더욱 더 큰 의미를 지니게 된다. 인도의 유적에서 붓다가 생존한 장소에 세워진 스뚜빠에는 공통된 특징이 확인되는데, 그중 대표적인 예는 보드가야의 탑이다. 이 탑의 중심 스뚜빠 주변에는 상당히 많은 수의 여러 형태의 소탑이 배치되어 있는 특징을 보인다. 이러한 특징은 다른 탑에서도 확인되는 것으로, 이 탑들에는 '유골'이나 '재'가 담겨 있다. 기존의 연구에 의하면 이 소탑들은 멀리 떨어진 다수의 지역에서 가지고 온 것으로 추정되고 있다. 즉, 중심 탑에 부착된 형태로 놓여 있는 이 소탑들은 중심 스뚜빠 밑에서 장례를 치르기 위해 각지에서 가져온 것으로 보인다.[22] 이러한 행위는 세계 각지에서 발견되는 '성자숭배'에 얽힌 사적과 무관하지 않다. 이미 지적되고 있는 바와 같이, 일본의 대사大師 신앙을

---

21 *Dīgha-nikāya*, vol.2, pp.140~141
22 소탑의 기능을 둘러싼 기존의 논의에 관해서는 下田正弘, 앞의 책, 1997, pp.139~142를 참조.

가진 그룹에서는 홍법대사가 '입정入定'한 고야산高野山에서 신자가 최후를 맞이하는 것을 이상으로 여기고, 혹은 그것이 이루어지지 못하면 '유골'을 입정의 땅인 고야산까지 옮기는 것이 신자의 소원이다. 이는 입멸한 성자와 같은 땅에서 최후를 맞이하는 것에 내세에 대한 특별한 의미를 인정하는 신앙의 한 형태이다. 위에서 언급한 스뚜빠를 둘러싼 일련의 사정 역시 이와 같은 의도의 행위로 보아도 좋을 것이다.[23]

즉, 붓다와 관련된 4대 성지가 일찍이 붓다가 존재한 장소로서 특별한 의미를 지녔듯이, 붓다의 유골이나 유발 등 붓다의 신체에 얽힌 유품이 존재하는 장소 역시 동일한 의미를 지니는 것으로 불교도들은 붓다의 현존을 믿고 순례의 길을 떠난 것이다. 즉, 이 모든 것에는 생명을 지닌 현존하는 붓다라는 의미가 부여되고 있다.

중국의 불사리 신앙

중국에 불탑이 처음 건축된 시기나 장소, 모습 등은 명확하지 않다. 문헌 기록을 고려할 때 중국 불탑의 초기 개념과 형상은 1~2세기에 시작되었으며, 대체로 2세기 말에는 탑을 중심으로 한 불교 사원이 조성되었을 것으로 추정되고 있다.[24] 중국에 사리가 처음 전래되었을 때 중국인들에게 사리는 단지 고골枯骨, 즉 마른 뼈다귀에 불과했다. 특히 비불교도들은 사리를 비하할 때에 고골이라는 용어를 많이 사용하였다.[25] 이러한 인식을 바꾸며 불교가 정착하는 데 중요한 역할을 한 것이 바로 불

---

23 下田正弘, 앞의 책, 1997, p.142
24 강병희, 「중국 고대 불탑의 기원과 발전」, 『동양미술사학』 1, 동양미술사학회, 2012, p.3
25 주경미, 『중국 고대 불사리장엄 연구』, 서울: 일지사, 2003, p.67의 주 84)를 참조.

사리의 신이神異 현상이었다.

불사리의 신이 현상이 묘사된 가장 오래된 사리 관련 설화는 『집신주삼보감통록集神州三寶感通錄』에 전해진다. 이에 따르면, 후한 명제明帝(58~75 재위) 때에 도사와 승려 등이 모여 재주를 겨룰 때 서역에서 가지고 온 사리가 오색으로 광명을 발하며, 공중으로 높게 올라가서 덮개와 같은 형상으로 빙빙 돌며 햇빛을 가렸고, 이에 마등나한摩騰羅漢이라는 승려가 공중으로 날아올라 신통력을 보이니 사람들이 신심을 느꼈다고 한다.[26] 이러한 사리의 신이와 승려의 신통력은 불교가 도교보다 우월한 종교임을 상징적으로 표현한 것으로 보인다.[27]

기원후 3세기경에 중국에 불사리가 본격적으로 알려지기 시작하면서 남조의 경우에는 사리의 신이 능력이 한층 강조될 뿐만 아니라, 전래 과정까지 신비화되는 경향을 보인다.[28] 서역승 강승회康僧會는 삼국시대 오吳나라 손권孫權을 교화하기 위해 사리 감득感得을 기원하며 기도를 하였다. 이에 21일 만에 빈 병에 사리가 나타났고, 사리가 나타난 병에서는 오색의 찬란한 광채가 퍼져 나왔다. 또한, 손권이 손으로 구리 쟁반 위에 병을 기울이자 사리가 부딪쳐 쟁반이 깨어지고, 사리를 쇠로 된 다듬잇돌 위에 놓고 내려쳐도 다듬잇돌만이 패일 뿐 사리에는 전혀 흠집이 생기지 않았다. 이에 손권은 크게 탄복하며 즉시 탑사를 세우게 하였다고 한다.[29] 이처럼 사리는 기도를 통해 홀연히 빈 병에 나타나 각종의 신이한 현상을 보이는 영험한 대상으로 묘사되고 있다. 고골이라는 표현에서 알 수 있듯이, 중국인들에게 있어 사리 신앙은 수용하기 어려

---

26 『集神州三寶感通錄』 권상(『大正藏』 52, 410b)
27 주경미, 앞의 책, 2003, p.61
28 주경미, 앞의 책, 2003, pp.61~62
29 『고승전』 권1(『大正藏』 50, 325a~326b)

운 면이 있었지만, 사리의 신이 능력은 이를 극복하고 사리 신앙을 중국에 정착시키는 데 큰 역할을 하였다.

이러한 사리의 신이 능력은 사리의 안치 형태에도 영향을 준 것으로 보인다. 즉, 사리를 탑의 아랫부분이나 탑신 안에 모셨던 인도나 중앙아시아 지역과 달리, 초기의 중국불교에서는 모든 사람이 볼 수 있도록 전각이나 장막 안에 사리를 안치하고 있다. 이는 사리의 신이 능력을 드러내고, 사람들이 이를 친견하면서 공양하도록 하려는, 이른바 사리의 신이 능력을 고려한 장치였던 것으로 추정된다.[30]

진신사리와 아육왕탑

인도의 왕들 중, 특히 마우리야 왕조의 제3대 아쇼까왕은 '다르마 dharma(法)에 의한 통치'를 강조하며 선정을 베푼 왕이었다. 그의 통치이념 및 치적治績은 전륜성왕이라는, 이른바 고대 인도인들이 갈망하던 이상적 군주상과 합쳐졌고,[31] 아쇼까는 전륜성왕의 대표적 인물로 추앙되었다. 그는 대부분의 종교를 보호했지만, 특히 불교에 깊은 호의를 가지고 적극적으로 불교교단을 비호하였다.『아육왕전』이나『아육왕경』등을 통해 아쇼까의 훌륭한 업적이 중국의 불교도에게 널리 알려지면서, 전륜성왕 내지 아육왕阿育王 사상은 중국 남북조 시대부터 당대에 이르기까지 많은 황제들의 숭불崇佛 및 호불護佛 행위의 사상적 기반이 되었다.[32]

---

30 주경미, 앞의 책, 2003, p.67
31 藤田宏達,「轉輪聖王について-原始仏教聖典を中心として-」,『宮本敎授還曆記念論文集』, 東京: 三省堂, 1954, pp.145~156
32 주경미,「中國의 阿育王塔 전승 연구」,『동양고전연구』28, 동양고전학회, 2007,

중국에는 인도의 아쇼까왕이 팔만사천 개의 탑을 세울 때 중국에 건립했다는 전설을 갖는 '아육왕탑阿育王塔'이 많이 존재한다. 아육왕탑에 대한 기록은 5세기 중엽경부터 본격적으로 발견되며, 서역과의 관계가 활발해지는 6세기 중엽부터 인식이 높아지고, 당대唐代가 되면 크게 늘어난다. 특히 수당대에 사리의 신이에 의해 사리가 발굴되고 여러 가지 영험한 징조들을 보이면서 대규모의 중창이 이루어졌는데, 남북조 시대에 6개소에 불과했던 아육왕탑이 7세기 중반에는 20여 개소 이상으로 증가하고 있다고 한다.[33] 대부분의 중국 아육왕탑들은 당대에 들어와 아육왕탑으로 인정받았다. 이들은 유서깊은 고탑古塔이자 진신사리를 봉안한 성지로 인식되었고, 나아가 진신사리의 호지護持야말로 국왕으로서의 성덕을 갖춘 전륜성왕으로 인정받는 증거가 된다고 생각한 여러 숭불 황제들은 아육왕탑의 재건에 적극적인 후원을 하였다.[34]

가장 주목할 만한 인물로 양무제(502~549 재위)를 들 수 있다. 자신의 이상적 군주상을 전륜성왕에게서 찾은 양무제는 다양한 형태로 아육왕 전승을 구현하였는데, 그중 대표적인 것이 바로 진신사리 공양이다. 양무제는 진신사리를 봉안한 아육왕탑 공양에 매우 적극적이었다. 승려 혜달慧達이 땅속에서 종소리를 듣고 아육왕탑과 불사리 등을 발굴하자, 왕은 아육왕사를 창건하고 524년에 새로 건립한 목탑 안에 이들을 재봉안하였다. 이것이 바로 회계會稽 무현鄭縣의 아육왕탑 공양이다. 또한 무현의 아육왕탑 중건 후 537년에 남경南京의 장간사長干寺에서 옛 탑을 중수하다 다시 아육왕탑과 불사리 등을 발굴하자 왕은 이듬해에 탑을

---

p.375
33 주경미, 앞의 논문, 2007, pp.377, 378~398
34 주경미, 앞의 논문, 2007, p.400

중수하고 공양하였다.

북조 시대의 긴 혼란을 평정한 수나라의 문제文帝는 인수仁壽(601~604) 연간에 아쇼까왕의 분사리 및 팔만사천탑 건립 전설을 모방하여 무려 3회에 걸쳐 전국 111개 주에 같은 시간에 같은 방법으로 5층탑을 세워 사리를 안치하였다. 이는 인수사리탑이라 불린다. 아쇼까왕이 야샤스 장로의 도움으로 한날한시에 탑을 세웠다는 전승을 모방한 것이었다. 이후 당대에는 자신이 아육왕과 같은 전륜성왕임을 인증 받고자 하는 정치적 목적하에 황실에 의한 아육왕탑 혹은 진신사리탑의 건립이 지속적으로 이루어졌다.

일본의 불사리 신앙

『일본서기』에 의하면, 일본에 불사리가 처음 전해져 탑이 건립된 것은 6세기 후반경인 비다츠敏達 천왕 때이다. 비다츠 13년(584) 9월에 백제로부터 미륵상 1구와 불상 1구가 전해지자, 당시 대신이었던 소가노 우마코(蘇我馬子)는 이 불상 2구를 모셨는데, 이때 사마 타츠도(司馬達等)의 딸을 비롯한 3명의 여인이 출가하여 비구니가 되었다. 이 비구니들을 초대하여 재齋를 열었을 때 재식齋食 위에서 사마 타츠도가 불사리를 감득感得하여 소가노 우마코에게 헌상했다. 소가노는 이 불사리를 진신사리로 여기고 불법을 깊이 믿었으며, 이듬해인 비다츠(敏達) 14년(585) 2월에 오노노오카(大野丘) 북쪽에 탑을 세우고, 그 주두柱頭에 사리를 모셨다고 한다.[35] 이 사리 신이 기록은 중국 남북조 시대의 사리 신이 고사故事 내지 577년 부여 왕흥사지에 매납된 백제의 사리장엄구 중 동합銅盒의 명

---

35 『日本書紀』 권20, 敏達天皇 13년조, pp.364~365

문에 보이는 사리의 신이 고사와도 유사한 점이 많은 것이 지적되고 있다.[36] 이후 소가씨는 587년(用明 2)에 쇼토쿠(聖德, 594~622) 태자와 함께 모노노베씨(物部氏)를 토벌하고 정치적 입지를 확고히 하자, 비조사飛鳥寺와 사천왕사四天王寺를 건립하였다. 스슌(崇峻) 원년(588)에는 백제로부터 사리가 헌납되어 스이코(推古) 원년(593)에 비조사飛鳥寺의 탑에 모셨으며,[37] 스이코 31년(624)에는 임나任那의 사신이 내조來朝할 때 가져온 사리를 사천왕사四天王寺의 탑에 모셨다고 한다. 이들 기록으로 보아 6세기 후반경부터 일본에서도 불사리 신앙이 꾸준하게 발전하고 있었음을 알 수 있다. 첫 불사리 전래와 관련한 『일본서기』의 신이 기록이 중국의 남조와 백제의 경우와 유사한 점으로 보아, 사리 신앙 역시 이들의 영향을 받았을 것으로 추정된다. 특히 불사리 신앙이 시작된 6세기 후반은 소가노 우마코와 쇼토쿠 태자의 정치적 활동이 활발해지는 시기이므로 진신사리 내지 이를 모신 불탑이 중국이나 한국에서처럼 정치적 의미에서 활용되었을 가능성은 크다.

일본은 풍부한 산림 자원으로 인해 대체로 목탑을 조성하였다. 사리가 본격적으로 전래된 것은 8세기경으로 이때를 기점으로 사리 안치 방법에 차이가 나타난다. 불교가 전래된 6세기 후반부터 헤이조(平城, 나라奈良)로 천도한 710년(와도和銅 3) 사이에는 백제나 신라에서 가져온 적은 양의 불사리를 호지하기 위해 탑의 심초석 등에 비장秘藏하는 것이 일반적이었지만, 8세기경 당으로부터 다량의 사리가 전래되면서 이후 사리는 불전 안에 안치되는 경향을 보인다.[38] 위에서 언급한 비조사와 사

---

36 주경미, 「韓日 古代 佛舍利莊嚴의 비교 연구」, 『불교미술사학』 12, 불교미술사학회, 2011, p.14
37 『日本書紀』 권22, 推古天皇 원년조, p.378
38 河田貞, 「日本의 佛舍利莊嚴」, 『불교미술사학』 창간호, 불교미술사학회, 2003,

천왕사를 비롯하여 나라의 법륜사法輪寺 목탑과 산전사山田寺탑, 본약사사本藥師寺탑 등 7세기에 건립된 탑들은 모두 심초석에 사리를 봉안하는 형태를 보인다. 한편, 747년(덴표天平 19)에 감록勘錄된『법륭사가람연기병류기자재장法隆寺伽藍緣起幷流記資財帳』에는 719년(요로養老 3) 당으로부터 가져온 불사리 5과를 호류지 금당 안에 청좌請坐했다는 기록이 보인다. 또한 8세기 이후에는 통일신라와 마찬가지로『무구정광대다라니경』을 소의경전으로 하는 독특한 법사리 신앙도 발전하였다. 호류지에 전하는 수만 개의 목조 3층소탑은 축부軸部에 무구정광경다라니無垢淨光經陀羅尼 판본이 들어 있어 법사리탑의 성격을 보여준다. 나아가 헤이안(783~1185) 시대에는 공예적인 소형 사리탑이 성행하였는데, 이 소탑은 불전 안치 사리용기와 관련이 있을 가능성이 높다.[39]

III. 삼국·통일신라시대의 불탑

고구려·백제의 불탑

고구려에 불교가 전래된 4세기경 중국에서는 불탑을 중심으로 가람이 형성되고 있었으므로 고구려 최초의 사원으로 375년(소수림왕 5)에 건립된 초문사와 이불란사에도 불탑이 갖추어졌을 것으로 추정되지만, 지금은 사원의 위치조차 확정할 수 없는 상황이므로 상세한 것은 알 수 없다. 전승상 확인되는 고구려의 탑으로는 요동성의 아육왕탑과 평양 대

---

pp.120~121
39 河田貞, 앞의 논문, 2003, p.121

보산 밑의 석조탑이 있다.

『삼국유사』에 의하면, 고구려 성왕聖王[40]이 국경을 순행하다가 3층으로 된 흙탑을 발견하였다고 한다. 위는 가마솥을 덮은 것처럼 보이지만 무엇인지 알 수 없어, 한 길쯤 파보니 지팡이와 신발이 나오고, 또 파보니 범서梵書로 적힌 명銘이 나왔다. 시신侍臣이 그 글을 알아보고 불탑이라 하자, 성왕이 이로 인하여 신앙심이 생겨 7층목탑을 세웠다고 한다.[41] 이른바 요동성遼東城 아육왕탑이다. 한편, 이와 관련하여 평안남도 순천리 용봉리에 있는 요동성총城塚 전실前室 남벽에 '요동성'이라 적힌 성곽도의 내성 중심부에 그려져 있는 3층의 누각식 건물이 주목된다. 이 건물은 기단 위에 3층의 목탑으로 구성되어 있다. 이 탑과 『삼국유사』에 전해지는 요동성탑과의 직접적인 관련성은 확인할 수 없지만, 두 탑 모두 '요동성'이라는, 이른바 고구려 국력의 상징이었던 장소에 조성되고 있다는 점에서, 고구려 불탑의 한 단면을 엿볼 수 있다.

또한 평양성에 살고 있던 보덕普德이라는 승려가 성 서쪽 대보산大寶山 바위굴 밑에서 참선을 하다가, "이 땅속에 8면 7층의 석탑이 있을 것이다."라는 신인神人의 말을 듣고 땅을 파 석탑을 발견하였다는 전승이 존재한다. 보덕은 영탑사靈塔寺라는 절을 세우고 그곳에 살았다고 한다.[42] 이 외, 탑지塔址가 확인된 고구려의 불탑으로는 금강사(청암리사지) 8각목탑, 정릉사지, 상오리사지, 토성리사지 등이 있다. 상오리사지만 8각 기단에 4각형의 형태를 취하고 있으며, 나머지는 모두 8각형의 다층

---

40 여기서 등장하는 고구려 성왕이 구체적으로 누구를 가리키는지는 알 수 없으며, 東明聖帝 즉 주몽이라는 말이 있기는 하나 그렇지는 않은 것 같다고 일연은 설명하고 있다. 『삼국유사』 권3, 「탑상」 4, 遼東城育王塔
41 『삼국유사』 권3, 「탑상」 4, 遼東城育王塔
42 『삼국유사』 권3, 「탑상」 4, 高麗靈塔寺

목탑이다. 이들은 모두 평양 천도 이후에 만들어진 것으로, 특히 금강사 터 8각 탑지는 5세기경의 고구려의 정치적 영광을 반영하듯이 높이 약 61m에 달하는 엄청난 높이였던 것으로 추정된다.[43]

한편 백제의 경우, 『북사北史』「백제전」에 '승니가 있고 사탑이 많다(有 僧尼多寺塔)'라고 되어 있는 점으로 보아 백제에는 탑을 갖춘 사찰이 많 았으며, 또한 신라가 황룡사 9층탑을 건립할 때 백제 장인들의 도움을 받았다는 점 등을 고려할 때 당시 백제의 조탑 기술이 매우 뛰어났음을 알 수 있다. 비다츠(敏達) 천황 6년(백제 위덕왕대)에는 일본에 조불공과 조 사공을 보내고 있다. 유적이 확인된 것으로는 부여 능산리사지 목탑지, 익산 미륵사지 다층석탑, 부여 정림사지 5층석탑, 부여 금강사지, 군수 리사지, 제석사지 등이 있다. 이들 탑지는 고구려의 8각과는 달리 모두 4각이라는 특징을 보인다.

이 중 부여 능산리사지는 능사陵寺, 이른바 죽은 왕의 명복을 빌 목적 과 더불어 왕릉의 관리와 도굴 등으로부터 왕릉을 지키는 감시 기능을 하는 절이었다.[44] 1탑1금당식의 배치를 취하고 있는데, 목탑의 심초석心 礎石에 놓여 있던 사리감舍利龕 좌우에는 백제 성왕의 아들로 554년 왕 위에 오른 창왕昌王(위덕왕)에 의해 567년에 사리감이 만들어졌으며, 성 왕의 따님이자 창왕의 여자 형제인 공주가 사리를 공양하였다는 내용이 적혀 있다. 이로 보아 백제 왕실에서도 6세기경에 불사리 신앙을 적극적 으로 받아들이고 있었음을 알 수 있다.

한편, 익산 미륵사지 석탑은 백제 최초의 석탑으로 목탑의 구조를 유 지하면서 재료는 석재를 사용하고 있다. 미륵사지 석탑은 미륵삼존을

---

43 강우방·신용철, 『탑』, 서울: 솔출판사, 2003, pp.86~88
44 강우방·신용철, 앞의 책, 2003, p.90

모신 미륵사에 세워졌다. 『삼국유사』에 의하면, 무왕이 부인과 함께 사자사에 가는 중에 용화산龍華山 밑 연못가에 이르렀을 때 미륵삼존이 연못 한가운데 나타났다. 이를 계기로 이곳에 큰 절을 세우고 미륵삼존을 모시는 한편, 불전과 탑, 회랑을 각각 세 곳에 세웠다고 한다. 백제시대의 가람배치가 1탑1금당의 배치 형식이 일반적이었던 데 비해, 이곳은 동·서원에는 석탑을 두고 중원에는 목탑을 두는, 즉 동일 사찰 내에 1탑1금당식의 가람 세 개를 합한 특이한 구조를 지니고 있다. 정림사지 석탑은 제1탑신塔身 4면에 당나라의 장군 소정방蘇定方이 백제를 평정한 후에 새긴 기공문紀功文이 있어 속칭 '평제탑'이라 불리기도 한다.

사리의 전래

탑을 세우는 데 있어 필수불가결한 요소인 불사리가 한반도에 처음 전해진 것은 6세기경이다. 고구려나 백제의 경우에도 사리가 전래되고 또 신앙되었을 것으로 추정되지만, 문헌상으로는 신라 최초의 중국 유학승 각덕覺德에 관한 기록에서 처음 확인된다. 흥륜사를 지은 5년 후인 549년(진흥왕 10) 봄, 각덕이 중국 남조의 양나라 사신과 함께 부처의 사리를 가져오자 진흥왕은 백관百官에게 흥륜사興輪寺 앞길에서 받들어 맞이하게 하였다고 한다.[45] 또한 『삼국유사』에는 다음과 같은 기술이 있다. "『국사國史』에 이런 기사가 있다. 진흥왕 때인 549년에 양나라에서 심호沈湖를 시켜 사리 몇 알을 보내 왔다." 이 외에도, 576년(진흥왕 37)에는 안홍安弘법사가 수나라에 가서 불법을 배운 후 호승胡僧 비마라毗摩羅 등의 두 승려와 함께 귀국하면서 『능가경』, 『승만경』과 더불어 불사리를 가지

---

[45] 『삼국사기』 권4, 「신라본기」 4, 진흥왕 10년조

고 왔다고 한다.⁴⁶ 진흥왕 대의 진신사리 신앙의 확산은 그가 왕권 강화를 위해 활용하고 있던 전륜성왕 사상과도 밀접한 관련이 있을 것이다. 한편, 안홍이 사리를 가지고 돌아와서 밀교 경전에 의거하여 사리탑 건립의 공덕을 말하고 『동도성립기東都成立記』를 지은 것이 황룡사 9층목탑 건립의 배경이 되었을 가능성도 지적되고 있다.⁴⁷

신라의 진신사리 신앙이 본격적으로 발전하게 되는 것은 선덕여왕 대이다. 643년(선덕여왕 12)에 자장법사는 당나라에서 부처의 머리뼈와 부처의 어금니, 부처의 사리 100알과 부처가 입던 붉은 깁에 금점金點이 있는 가사 한 벌을 가지고 왔으며, 이때 전래된 사리는 셋으로 나누어 각각 황룡사탑과 태화사탑, 그리고 가사와 함께 통도사 계단戒壇에 두었다고 한다.⁴⁸ 황룡사탑은 자장의 건의로 건립된 9층목탑이다. 자장의 불사리 전래 및 분사리分舍利 봉안 기록은 이후 여러 사찰의 조탑 인연을 이룬다.

자장이 가지고 왔다는 내용물을 보면, 불사리 외에 붓다의 머리뼈나 어금니 등의 골아형骨牙形 사리가 포함되어 있는데, 이는 여러 종류의 사리 중에서도 특히 골아형 사리를 진신사리로 높이 숭앙하였던 당대의 영향으로 추정된다.⁴⁹ 당나라에 간 의상법사가 도선道宣율사에게 "제석궁에는 부처님의 마흔 개 치아 가운데 어금니 한 개가 있다고 들었습니다. 천제天帝의 존경을 받고 계신 율사께서 천제에게 청하여 그것을 인

---

46 『삼국사기』 권4, 「신라본기」 4, 진흥왕 37년조.
47 국사편찬위원회 편, 『신앙과 사상으로 본 불교 전통의 흐름』, 서울: 두산동아, 2007, p.57
48 『삼국유사』 권3, 「탑상」 4, 前後所藏舍利
49 주경미, 「고대 국왕의 진신사리 공양과 정치적 함의」, 『인문사회과학연구』 10-2, 부경대학교 인문사회과학연구소, 2009, p.41

간세계에 내려 보내도록 해 주십시오."라고 간청하였고, 이에 도선율사의 청을 받아들인 천제가 이레를 기한으로 의상에게 보내 준 것을 맞이하여 대궐에 모셨다[50]고 하는 전승 역시 7세기 중반경부터 신라에서 발전하였던 골아형 사리 신앙을 추정케 한다.

중국에서는 일찍이 3세기경에 이미 불아가 들어왔다는 기록도 있지만, 본격적으로 신앙된 것은 5세기 후반경부터인 것으로 보인다. 475년에 승려 법헌法獻은 서역의 호탄까지 갔다가 중국으로 돌아오며 사리와 불아를 가져왔다고 한다. 법헌이 가져온 사리는 제齊의 문선왕文宣王에 의해 공양되어 정림사 불아각佛牙閣에 안치되었다. 이후 6세기경부터 본격적인 사리공양이 이루어졌는데, 6세기 후반의 진무제陳武帝는 건국 직후인 557년에 불아공양회를 실시하고 있다.[51] 자장이나 의상에 의한 불아 도래는 이러한 중국의 영향으로 보이며, 이후 851년(문성왕 13)에는 견당사 원홍元弘이 당나라로부터 불아를 가져왔다는 기록도 보인다.[52]

불탑과 국가 진호

붓다의 진신사리를 봉안한 탑이 단지 붓다라는 위대한 성자의 유골을 모신 건축물이라는 종교적 의미에 그치지 않고, 전륜성왕으로서의 국왕의 위상을 높여 주고 정치적 안정을 초래하는 특별하고 신묘한 존재로 활용 혹은 인식된 것은 한국의 경우에도 마찬가지였다. 636년(선덕여왕 5)에 당나라로 유학을 간 자장법사는 태화못 옆을 지나다가 한 신

---

50 『삼국유사』 권3, 「탑상」 4, 前後所藏舍利
51 중국의 이들 불아사리에 관한 기록은 주경미, 앞의 책, 2003, pp.72~80을 참조.
52 『삼국유사』 권3, 「탑상」 4, 前後所藏舍利

인神人으로부터 본국에 돌아갔을 때 절 안에 9층탑을 세우면 이웃 나라는 항복해 오고 구한九韓은 조공을 바치니 국조國祚가 길이 태평할 것이라는 조언을 듣게 된다. 이에 자장은 귀국 후 선덕여왕에게 조탑을 건의한다. 백제로부터 공장工匠을 청해야 한다는 신하들의 의견에 따라 왕은 보물과 비단을 예물로 주고 정중하게 아비지阿非知라는 공장을 청하였다. 아비지가 신라에 와서 목재와 석재로 건축하니, 이간伊干 용춘龍春이 200여 명의 소장小匠을 거느리고 이 일을 주관하였다. 이렇게 해서 완성된 것이 황룡사 9층목탑이다. 자장은 완성된 탑에 당의 오대산에서 받은 사리 100알 가운데 일부를 탑의 기둥 속에 모셨다고 한다. 신인의 발언으로부터도 알 수 있듯이 9층탑은 국난 방지를 위해 세워지고 있음을 알 수 있다. 이 9층탑에 대해 안홍의 『동도성립기東都成立記』에는 "신라 제27대에 여왕이 왕이 되었는데, 덕은 있어도 위엄이 없어 구한九韓이 침략하였다. 만약 용궁 대궐 남쪽 황룡사에 9층탑을 세우면 이웃 나라의 침해를 진압할 수 있을 것이라 하여 탑을 세웠다. 제1층은 일본, 제2층은 중화, 제3층은 오월, 제4층은 탁라, 제5층은 응유, 제6층은 말갈, 제7층은 단국, 제8층은 여적, 제9층은 예맥을 진압시킨다."라고 기록되어 있다고 한다.[53] 부처의 위력을 빌려 주변 국가의 침략을 막고자 했음을 알 수 있다.

통일신라시대에도 국가진호를 위해 불탑이 건립되었다. 신라는 고구려와 백제의 협공을 이겨내고 삼국통일은 실현했지만, 이어 영토적 야욕을 드러낸 당나라와의 전쟁을 피할 수 없었다. 다행히 당나라 군사의 위협까지 이겨냈지만, 동해안으로 침입하는 왜구의 침략은 늘 하나의 근심거리였다. 이에 문무왕은 평상시 지의智義법사에게 "나는 죽은 뒤에

---

[53] 『삼국유사』 권3, 「탑상」 4, 皇龍寺九層塔

나라를 지키는 큰 용이 되어 불법을 받들어 나라를 수호하려 하오."라고 말하였다. 그의 뒤를 이은 아들 신문왕은 아버지의 유언을 받들어 동해 안가에 감은사感恩寺를 세웠다. 이 절의 기록에 따르면, 신라가 통일을 이룩한 직후에 문무왕이 왜병을 진압하려고 이 절을 처음으로 지었으나 마무리 짓지 못하고 죽자 바다의 용이 되었고, 682년(신문왕 2)에 신문왕이 완성하였다. 금당金堂의 계하階下에 동쪽을 향해 구멍 하나를 뚫어 두었는데, 이것은 용이 절에 들어와서 돌아다니게 하기 위한 것이라고 한다.[54] 감은사는 동해안의 비탈진 경사면에 인공적으로 마련된 공간에 세워진 대사찰인데, 이 사찰 좌우에 높이 13.4m 규모의 거대한 3층석탑이 세워졌다. 이 탑은 통일신라시대의 석탑으로는 가장 높고 우람하다.

한편, 그 후에 조성된 경주 황복사지 3층석탑은 통일신라시대에 광범위하게 유행한 '무구정탑無垢淨塔'의 시원을 이룬다는 점에서 중요하다. 이 탑의 사리함 명문에 따르면 692년(신문왕 12)에 신문왕의 왕후인 신목태후와 효소왕이 죽은 신문왕을 위하여 3층석탑을 건립하였고, 신목태후와 효소왕이 승하하자 706년(성덕왕 5)에 성덕왕이 불사리 4과와 순금 미타상 1구, 『무구정광대다라니경』 1권을 안치하였다고 한다.[55] 이 경전에서는 조탑을 지옥에 갈 것도 면하게 해 주는 엄청난 공덕을 지니는 행위라고 설한다. 탑을 만들거나 수리할 때 다라니를 외우며 99번 혹은 77번 필사하여 각각 진흙으로 된 소탑에 넣어 봉안하면 77억 혹은 99억 개의 탑을 다른 곳에 세우는 것과 같다고 한다. 이 경에 의하면, 다라니의 서사 공양의 공덕은 각종 흉사를 없애 주며, 하늘의 선신善神들이 나라를 수호하게 해 준다고 한다. 이 경전의 전래 이후 신라인들 사이에서는

---

54 『삼국유사』 권2, 「紀異」 2, 萬波息笛
55 강우방·신용철, 앞의 책, 2003, pp.155~156

다수의 공양소탑과 『무구정광대다라니경』의 봉안이 곧 사리장엄의 방식이 되면서 무구정탑의 조성 및 탑 안에 법사리를 안치하는 법사리신앙이 크게 발전하게 된다.[56]

석탑, 영원성의 상징

중국의 영향으로 삼국시대에는 목탑이나 전탑이 주로 만들어졌다. 다만 백제의 경우, 익산 미륵사지 석탑에서 확인되는 바와 같이 탑의 재료로 돌을 사용하고 있다. 다만 이 경우 단지 재료가 석재일 뿐 구조상으로는 목탑의 형식을 그대로 따르고 있다. 신라의 경우 초기에는 '전탑塼塔을 모방한 석탑', 즉 모전模塼석탑이 만들어졌다. 이는 백제의 석탑처럼 커다란 석재를 서로 결구하는 방식으로 만드는 것이 아닌, 돌을 벽돌 모양으로 다듬어 만드는 구조이다. 선덕여왕 대에 조성된 분황사 모전석탑의 경우, 안산암安山巖을 깎아 탑을 세웠다. 이 시기에 신라에는 중국의 전탑 형식이 전래되기는 하였지만, 벽돌을 구울 만한 기술이 없었기 때문에 결이 일정한 안산암을 이용하여 벽돌 모양으로 다듬고 탑을 쌓았던 것으로 추정되고 있다.[57] 7세기 말에 조성된 의성탑리 5층석탑 역시 모전석탑이지만, 이는 변천 과정을 거쳐 단단한 화강암으로 조성되었다. 특이하게도 넓은 기단은 석탑 양식, 탑신塔身의 기둥은 목탑 양식, 옥개석의 구조는 전탑 양식을 보인다.

전형적인 석탑 양식은 신라가 통일한 직후인 7세기 말에 창안되었다.

---

56 『무구정광대다라니경』에 의거한 신라 하대의 조탑 사례에 관해서는 김영미, 『新羅佛敎思想史硏究』, 서울: 민족사, 1994, pp.173~186을 참조.
57 강우방·신용철, 앞의 책, 2003, p.122

통일신라 초기의 감은사지 3층석탑, 고선사지 3층석탑 등이 이에 해당한다. 이들은 이전의 목탑과 모전석탑의 양식·재료 등을 하나로 통일시켜 완성한 석탑들이다. 감은사지 석탑은 신라 최대의 3층석탑으로 복잡한 목조 구조를 단순화시키고 있는데, 기존 석탑과 비교하여 가장 두드러진 특징은 기단을 2중으로 하고 있다는 점이다. 이로 인해 탑신이 지상에서 높아지고 안정감 있는 모습을 보여준다. 고선사지 석탑 역시 2층 기단 위에 웅장하게 서 있다. 이들 탑에서 발견되는 양식의 석탑은 그 이전 시대나 다른 나라에서는 발견되지 않는다. 이후 몇몇 특이한 양식의 석탑이 등장하기는 하지만, 이들 3층석탑은 '전형典型 양식'의 석탑으로 이후에 조성되는 탑들의 기본 구조가 된다.

 기존의 목탑이나 전탑과는 달리 석탑으로부터는 간결하고 소박한 구조에서 오는 통일된 힘과, 바위라는 재료에서 오는 강인한 정신력과 영원한 존재감이 느껴진다. 전형 양식의 석탑은 한국 불탑의 대표적인 양식으로 이후 전국 곳곳에서 조성되었다. 한편, 중국은 전탑, 일본은 목탑이 많이 제작되었다. 이는 기본적으로 지형적 특징이 반영된 결과일 가능성이 높겠지만, 삼국 통일 직후 전형 양식의 석탑이 만들어지며 이중 기단 위에 심플하면서도 튼튼하고 웅장한 모습의 석탑이 조성된 것은 당시의 시대상과 무관하지 않을 것이다. 영국의 스톤헨지나 칠레의 모아이 석상, 우리나라의 고인돌 문화 등 세계 곳곳에서는 거석巨石문화가 확인된다. 물론 이들은 각각 세워진 배경이 다르며, 다듬지 않은 상태로 놓인 거석과 정갈하게 다듬어진 석탑의 돌을 같은 차원에서 생각할 수도 없다. 하지만, 항상 똑같은 모습으로 언제까지나 바로 그 자리에 존재하는 영속성과 견고함, 그리고 웅장함이라고 하는, 석재로부터 받게 되는 느낌은 동일할 것이다. 오랜 전쟁 끝에 삼국을 통일하고 하나가 된 시점에서 이러한 전형 양식의 석탑이 만들어졌다는 것은 초기의 국력을 과시하며 이후로도 하나가 되어 영원히 존재하고 싶은 당시의 시대상이 반영된 결과는 아닐까 생각된다.

이형탑異形塔과 불국의 세계

8세기 중엽부터 신라의 석탑은 탑 자체에 장식적인 요소가 가미되어, 이른바 이형탑이라 불리는 다양한 탑의 출현을 보게 된다. 대표적인 이형탑으로는 불국사 다보탑과 화엄사 4사자 3층석탑 등을 들 수 있다.

먼저 다보탑은 불국사에 세워진 탑으로, 이 절은 신라인들이 이상향으로 삼았던 불국토를 압축적으로 표현해 낸 사찰이다. 석가모니불을 모신 대웅전과 아미타불을 모신 극락전, 그리고 비로자나불을 모신 비로전의 세 전각을 중심으로 구성되어 있는데, 이 중 대웅전 앞쪽으로 각각 석가탑과 다보탑이라 불리는 완전히 다른 모양의 2기의 석탑이 놓여 있다. 석가탑은 기존의 전형 양식의 3층석탑을 따르면서도 완벽하게 정제된 아름다움을 보여주는 한편, 다보탑은 층수 없이 2층으로 된 기단 위에 8각형의 사리탑을 올려놓은 매우 화려하고도 환상적인 모습을 하고 있다. 석가탑의 본래 이름은 '석가여래상주설법탑'으로 현세의 붓다인 석가여래가 상주하며 법을 설하는 탑이다. 1966년에 해체했을 당시, 탑 내부에서 세계최초의 목판인쇄물인 『무구정광대다라니경』 1권을 비롯하여 사리를 봉안한 사리함 등이 발견되었다. 한편, 다보탑의 본래 이름은 '다보여래상주증명탑'으로 석가불이 법을 설할 때 이를 듣고 다보라는 과거의 붓다가 상주하며 증명하는 탑이다.

석가와 다보라는 두 여래의 인연은 『법화경』 「견보탑품」에 상세히 설해진다. 이에 따르면, 과거불인 다보여래가 보살행을 닦으며 서원을 세우기를 '내가 장차 성불하여 입멸하면 온몸 그대로 사리가 되어 어떤 부처님이 법화경을 설하든 그 장소에 반드시 나타나 그의 설법을 증명하리라'라고 하였다. 그 후 다보여래는 실제로 성불한 후 입멸하였는데, 현세불인 석가여래가 나타나 영취산에서 『법화경』을 설할 때 칠보로 된 거대한 탑이 솟아올라 공중에 머물렀다. 이 탑이 바로 다보여래의 탑, 즉 다보탑이다. 엄청난 규모의 다보탑이 출현하자 신중들은 꽃과 향 등으로 탑을 공경하며 찬탄하였다. 이에 탑 안에서 다보여래가 석가여래를 큰소리로 칭송하니, 대중이 감화하여 석가여래와 다보여래에게 꽃을 던지며 칭송하였다. 그러자 다보여래는 다보탑 속의 자리 반을 내어주며 석가여래를 청하였다. 이에 석가모니가 다보탑 안으로 들어가 다보여래와 나란히 결가부좌하니, 다보여래의 백호에서 서기가 발하여 온 세상을 수정처럼 깨끗하게 교화하니 드디어 사바세계에 불국토가 실현되었다고 한다. 석가탑과 다보탑은 『법화경』에 실린 다보·석가 두 붓다의 인연 및 이들이 이룬 불국토를 현실에 재현해 놓은 것으로, 특히 석가여래의 설법을 증명하기 위해 갑자기 허공에 출현한 다보탑은 경전에 묘사된 환상적이고 신비로운 느낌을 살려내기 위해 그 어디서도 볼 수 없는 매우 독특한 형태로 조성되었다.

한편, 8세기 말 승려 연기煙氣에 의해 세워졌다고 하는 화엄사 4사자獅子 3층석탑은 다보탑과는 또 다른 특이한 모양을 하고 있다. 기단의 면석에는 천의天衣를 흩날리는 천인상天人像이 세 구씩 새겨져 있고, 상층 기단의 각 모서리에는 연화대 위에 앉은 네 마리의 사자가 세워져 있다. 즉, 네 마리의 사자가 탑신부를 받치고 있는 형상이다. 이는 7세기 말 이후 통일신라에서 유행하였던 화엄사상을 반영한 형태이다. 『화엄경』에 따르면, 붓다는 깨달음을 얻은 후 2주일 동안 해인삼매에 든 채 "일즉일체一即一切 일체즉일一切即一"이라는 진리를 설하였는데, 설법하기 전에 항상 선정에 든다. 이때 반드시 사자좌를 앉았다고 한다. 사자좌는 곧 부처가 상주하는 장소를 의미하며, 선정에 드는 붓다의 힘찬 기운을 사자의 용맹함에 비유한 것이다. 즉, 화엄사 4사자석탑은 붓다가 설법에 들기 전에 사자좌를 하고 삼매에 드는『화엄경』의 장면을 탑으로 표현해 놓은 것이다. 상층기단의 네 모퉁이에 4사자를 배치하는 석탑 형식은 이후 통일신라 말과 고려시대에 들어서도 전국적으로 널리 퍼졌다. 제천 사자빈신사지 4사자석탑, 홍천 괘석리 4사자 3층석탑, 금강산 금장암지 4사자 3층석탑 등이 이에 해당한다.

IV. 고려·조선시대의 불탑

복고적 양식의 등장

삼국통일 후, 신문왕 대에 수도를 충주로 옮겨 통일 왕국의 통치를 하고자 하였으나 실행에 옮기지 못하자 전국에 9주 5소경을 두어 지방을 통치하였다. 9세기 말에는 중앙집권이 약화되면서 경주를 제외한 지역에서 지방 세력이 성장하였다. 각 지역에서 성장한 호족 세력들은 각 지방의 옛 정체성을 중심으로 후고구려, 후백제 등으로 나뉘어 이른바 후삼국시대를 열게 된다. 이들 호족과 왕건이 연합하여 세운 나라가 고려이다. 통일신라시대에는 경주를 중심으로 조탑 사업이 이루어졌으며, 그 이외의 지역에 탑이 조성된 경우는 손에 꼽을 정도이다. 하지만 고려시대가 되면 신라의 전통 양식을 계승하면서 새로운 도읍인 개경을 중심으로 각 지방에서도 널리 불탑 조성이 이루어졌다. 통일신라시대에 지방적 차이를 별로 보이지 않던 것과는 달리, 고려시대에는 불교의 대중화 내지 샤머니즘화로 인해 지방적 특색의 가미가 이루어지면서 전국 곳곳에 탑이 세워지게 되는데, 특히 지방마다 옛 지역의 복고적 양식이 등장하게 된다.

고려시대에 다시 옛 지역의 복고적 양식이 표출되고 계승된 배경이 무엇이었는지 그 이유는 명확하지 않다. 다만 북방 영토를 넓히기 위한 전초기지로 삼은 서경(평양) 일대에 분포되어 있는 영명사지 8각 5층석탑, 광명사光明寺 8각 5층석탑, 율리사지栗里寺址 8각 5층석탑, 원광사지 6각 7층석탑, 평북 영변 묘향산 보현사 8각 13층석탑 등은 6각 혹은 8각이라는 다각多角과 5층에서 최대 13층까지의 다층 구조를 지닌 고구려 탑의 특징을 그대로 재현하고 있다. 고려가 옛 고구려의 영토와 영광을 회복하려는 의지에서 나라 이름을 고려라고 했듯이, 서경 일대에 분포되어 있는 이들 탑들은 고구려의 영광을 재현하려는 의도에서 만들어진 것으로 분석되고 있다.[58]

한편, 백제의 옛 땅인 충청·전라지역에서도 백제의 익산 미륵사지탑이나 부여 정림사지탑의 양식을 계승한 석탑들이 조성된다. 부여 장하리 3층석탑, 서천 비인 5층석탑, 공주 계룡산 갑사 오뉘탑 등이 이에 해당한다. 이들은 기단부가 낮고 좁으며, 석재를 사용하면서도 목탑의 형식에 따라 각 부분의 부재들을 따로 제작하여 서로 결구하는 백제의 옛 조탑 형식을 그대로 재현하고 있다. 이 역시 통일신라시대에는 정치적 변방에 불과했던 백제 지역에 후백제가 성립함으로써 신라에 대응하는

---

58 강우방·신용철, 앞의 책, 2003, p.209

독특한 문화를 확립하고자 하는, 백제 문화에의 의지가 반영된 결과는 아닐까 추정되고 있다.[59]

이 외에도 신라의 옛 땅인 경상지역에서는 신라의 석탑 양식을 계승하면서 세부적으로 변형을 보이는 탑들이 조성되었다. 예천의 개심사지 5층석탑, 정두사 5층석탑, 광주군 춘궁리 양탑 등이 이에 해당한다.[60]

변신사리와 불아佛牙사리

고려시대에 이르러 사리 신앙은 왕실 차원에서도 민중 차원에서도 한층 더 성행하였다. 전대에 경주를 중심으로 이루어지던 조탑 사업은 새로운 도읍인 개경을 중심으로 널리 파급되었다. 왕실의 경우, 왕실의 원당 사찰이나 왕궁 내의 전각, 사찰 등에 진신사리를 봉안하고 신앙하였다. 946년(정종 원)에는 왕이 의장儀仗을 갖추고 불사리를 받들고 10리나 되는 개국사開國寺까지 걸어가서 이를 모셨다고 하며,[61] 1018년(현종 9)에는 개국사의 탑을 수리하여 사리를 모시고 계단戒壇을 설치하여 승려 3,200여 명에게 도첩度牒을 주었다고 한다.[62] 개국사는 935년(태조 18)에 개경에 세워진 왕실의 원당이다. 또한 1021년(현종 12)에는 상주尙州 관할하에 있는 중모현中牟縣에서 사리 500여 알이 출현하여 허공에서 빛을 내자 근신近臣을 보내 맞이하게 하였다. 그리고 왕이 교외에 나가 이를 맞이하여 그중 50여 알은 절에, 나머지는 모두 내전도량에 안치하

---

59 강우방·신용철, 앞의 책, 2003, p.207
60 김희경, 『韓國의 美術2 塔』, 서울: 열화당, 1982, p.50
61 『고려사』 권2, 정종 원년
62 『고려사』 권4, 현종 9년 윤4월

고 직접 공양하였다고 한다.63 나아가 1035년(정종 원)에는 근신近臣을 보내어 십원전十員殿에 사리를 봉안하고 있다.64

진신사리에 대한 신앙의 확산은 진신사리의 분신分身이라는 형태로 표출되었다. 특히 643년에 자장법사가 당나라에서 가져온 사리 100알 가운데 일부를 모신 통도사 계단의 사리 분신이 주목할 만하다. 여기에 봉안된 사리는 1235년 상장군上將軍 김이생金利生과 시랑侍郞 유석庾碩이 고종의 명을 받아 강동江東을 지휘할 때에 부절符節을 가지고 돌함 속에 있는 유리통을 보았을 때에는 통 속에 겨우 사리 네 알이 남아 있었다고 한다.65 그 후 1264년(원종 5) 이래로 원나라에서 온 사신들이 다투어 와서 돌함에 예배하곤 하였는데, 진신사리 네 알 이외에도 변신變身사리가 있어 모래알처럼 부서져 돌함 밖으로 나왔다. 이 변신사리들은 이상한 향기가 강렬하게 풍기며 여러 날 동안 없어지지 않는 일이 종종 있었다고 한다.66 한편, 1298년(충렬왕 24)에 세워진 대구 동화사 홍진국존弘眞國尊 진응탑비문에 의하면, 홍진이 1276년(충렬왕 2)에 양산 통도사로 가서 붓다의 진신사리 몇 과를 기도 끝에 얻어 항상 좌우에 모시고 있었는데, 다시 그 사리가 분신하여 여러 개가 되었으며 수시로 누구나 모시기를 원하는 사람이 있으면 아무리 나누어 주어도 그 본래의 수효는 전혀 줄어들지 않았다고 한다.67

불아사리 신앙은 특히 고려시대에 이르러 성행하였다. 1119년(예종

---

63 「玄化寺碑」, 『한국금석전문』 중세 상, 서울: 아세아문화사, 1984, pp.441~445
64 『고려사절요』 권12, 明宗光孝大王
65 『삼국유사』 권3, 「탑상」 4, 前後所藏舍利
66 『삼국유사』 권3, 「탑상」 4, 前後所藏舍利
67 이지관, 『校勘譯註 歷代高僧碑文』 고려편 4, 서울: 가산불교문화연구원, 1997, pp.285, 290~291

15)에는 입공사入貢使 정극영과 이지미 등이 부처의 어금니를 가져왔으며,[68] 송나라의 휘종徽宗(1100~1125 재위) 때에 송에 가 있던 한 고려의 사신은 조정이 불교를 탄압하며 부처의 어금니를 배에 실어 어딘가 떠나 보내려 한다는 말을 듣고는 배를 호송하는 내사內使에게 뇌물을 주고 부처의 어금니를 받아 고려로 돌아왔다고 한다. 이에 예종은 크게 기뻐하며 불아를 십원전 왼쪽 소전小殿에 모셔놓고, 그 전문殿門은 늘 자물쇠로 걸어두고 밖에는 향과 촛불을 설치해 놓은 채 왕이 친히 행차하는 날에만 문을 열고 예를 드렸다. 그런데 1232년(고종 19)에 강화로 천도하면서 내관이 잊어버리고 미처 부처의 어금니를 챙기지 못하였다. 4년 후쯤 신효사神孝寺의 승려 온광蘊光이 부처의 어금니에 절을 올리기를 청하여 왕에게 아뢰니 왕이 내신을 시켜 궁중을 두루 찾아보았으나 끝내 찾지 못하였다. 우여곡절 끝에 사리를 되찾게 되자 왕은 십원전 중정中庭에 불아전을 지어 불아함을 모시게 한 후 장사들을 시켜 지키게 하였다. 그리고 길일을 잡아 신효사의 상방上房 온광을 청하여 서른 명의 승려를 거느리고 궁 안에 들어와서 재를 올리고 정성을 드리도록 하였다. 그날 입직入直한 승선 최홍 등이 불아전 뜰에서 왕을 모시고 차례로 불아함을 머리에 이고 정성을 드리니 불아함佛牙函 구멍 사이에서 셀 수 없을 정도로 많은 수의 사리가 나타났다고 한다.[69]

또한 1270년(원종 11)에 강화에서 개경으로 환도할 때는 앞서 강화로 천도할 때보다 한층 혼란스러웠지만, 십원전의 감주監主였던 심감선사心鑑禪師가 위험을 무릅쓰고 불아함을 가지고 나와 적난에서 화를 면하

---

68 『삼국유사』 권3, 「탑상」 4, 前後所藏舍利
69 『삼국유사』 권3, 「탑상」 4, 前後所藏舍利

니, 이 사실을 알게 된 왕이 그 공을 크게 포상하였다고 한다.[70] 이러한 기술들은 고려시대에 불아가 왕실 차원에서 크게 신앙되고 있었음을 보여준다.

부도와 탑비

부도浮圖란 입적한 승려의 유골이나 사리를 봉안하기 위해 그와 인연이 깊었던 사찰에 묘탑을 세운 것을 말한다. 즉, 승사리를 모신 종교적 건축물이다. 부도는 부도 주인공의 살아생전의 행적을 기록한 탑인 탑비塔碑와 한 쌍으로 구성된다. 원광과 혜숙惠宿의 부도에 대한 기록[71]을 고려한다면 부도는 삼국시대부터 건립된 것으로 볼 수 있지만, 현존하는 유적이나 유물로 본다면 9세기 통일신라 말기부터 부도는 본격적으로 건립된 것으로 보인다. 중국으로부터 선종이 유입되고 구산선문九山禪門이 형성되자 사자상승師資相承의 풍토와 더불어 중심 사찰에 대한 위상을 높이려는 의도가 각 산문별로 강해졌다. 이로 인해 개산조나 유력한 고승들을 중심으로 불탑과는 차별화된 팔각당형八角堂型의 전형 양식의 부도가 건립되었다.[72] 불탑이 사찰의 중심 지역인 법당 앞에 건립되는 데 비해, 부도는 경내의 변두리에 세워진다. 현존하는 최고最古의 부도는 진전사지陳田寺址 석조부도와 844년(문성왕 6)에 건립된 전흥법사傳興法寺 염거화상탑廉居和尙塔으로 알려져 있다.

부도와 탑비의 건립은 이후 고려와 조선시대에도 이어졌다. 신라와

---

70 『삼국유사』 권3, 「탑상」 4, 前後所藏舍利
71 『삼국유사』 권4, 「의해」 5, 二惠同塵
72 엄기표, 「新羅時代 浮屠와 塔碑가 건립된 僧侶들의 지위와 활동」, 『선사와 고대』 31, 한국고대학회, 2009, pp.231~232

고려시대에는 살아생전 왕사나 국사를 역임하거나 그러한 지위에 상응하는 예우를 받았던 유력한 고승들에 한하여 한 사찰에 하나의 부도와 탑비를 건립해 주는, 즉 1승僧-1사寺-1탑塔-1비碑가 관행적이었다. 그런데 고려 말기가 되면 특정 유력 고승의 경우 다비식 후 그 유골이나 사리를 분사리하여 고승이 살아생전에 주석하였거나 하산한 사찰, 입적한 사찰, 중수한 사찰, 법인法印을 이은 제자들이 주석하고 있는 사찰 등에 여러 기의 부도를 건립하는 경향이 나타난다. 즉, 승려를 중심으로 1僧-다사多寺-다탑多塔-다비多碑의 전통이 새롭게 나타난다.[73] 이러한 경향은 조선시대로 계승되며, 조선 후기에 들어오면 분사리에 의한 부도의 건립이 크게 성행하여 여러 기의 부도가 여러 사찰에 건립된다. 입적한 사찰에는 일반적으로 전각형이나 원구형圓球形의 부도에 영골이 봉안되었으며, 나머지 사찰에는 진신사리가 분사리되어 석종형石鐘形 부도가 많이 건립되었다.[74]

분사리 부도는 고려 후기의 유력한 고승이었던 지공指空선사, 선각先覺왕사 혜근惠勤, 원증圓證국사 보우普愚부터 나타나 조선 전기 함허당涵虛堂 득통得通, 학조學祖 등곡燈谷화상에서 간헐적으로 보이다가 조선 후기에 접어들어 서산대사의 부도를 건립할 때부터 서서히 시발되어 부휴대사, 소요대사 등을 거치면서 본격화되어 유력한 승려들의 일반적인 장례문화로 정착, 이후 19세기 전반기까지 일반적인 경향으로 지속되다가 19세기 중반경을 지나면서 서서히 사라지는 양상으로 전개되었다.[75]

---

73 엄기표, 「高麗-朝鮮時代 分舍利 浮屠의 建立 紀錄과 樣相 그리고 造成 背景」, 『불교미술사학』 20, 불교미술사학회, 2015, pp.117~119
74 엄기표, 앞의 논문, 2015, p.154
75 엄기표, 앞의 논문, 2015, p.155

탑과 팔상도의 결합

조선시대에 복원된 법주사 팔상전捌相殿은 현존하는 유일한 목탑이다. 원래 화순 쌍봉사 대웅전과 더불어 우리나라 목조탑의 쌍벽을 이루었지만, 1984년에 쌍봉사 대웅전이 촛불화재로 소실되면서 이제 우리에게 남은 유일한 목탑이 되었다.

팔상전이 있는 법주사는 553년(진흥왕 4)에 인도에서 법을 구하여 흰 노새에 경전을 싣고 돌아온 승려 의신義信에 의해 처음 지어졌다는 전설을 지니고 있다.[76] 정유재란 때 탑을 비롯한 모든 건물이 불타 없어졌고 전란 후 1605년(선조 38)부터 1626년(인조 4)까지 유정惟政 사명대사四溟大師가 원래 양식과 거의 동일하게 중건하였다. 팔상전 역시 이때 세워졌을 가능성이 크지만, 실제로 팔상도가 모셔지고 이 건물이 팔상전으로 불리게 된 것은 1897년경으로 추정되고 있다. 1968년에 이루어진 해체·수리 때 사천주 안에 숨겨진 중심 기둥을 받치는 심초석에서 사리와 사리장엄구가 발견됨으로써 팔상전이 탑이라는 사실이 입증된다.

팔상전이란 탄생부터 열반에 이르기까지의 고따마 붓다의 일생을 여덟 폭의 그림으로 나누어 표현한 팔상도八相圖를 모셔놓은 건물이다. 우리나라 절에서 언제부터 팔상전이라는 전각을 짓게 되었는지는 명확하지 않은데, 팔상전이라 불리는 건물은 법주사 외에도 통도사, 보경사, 선암사, 범어사, 쌍계사 등의 여러 사찰에도 있다. 다만 이들은 팔상도와 더불어 불보살 등의 예배 대상을 모신 예배 공간으로서의 기능만을 지닌다. 이에 비해 법주사 팔상전은 불보살과 오백나한을 모신 법당으

---

[76] 이 전설에 관해서는 고유섭, 『朝鮮塔婆의 硏究 下』 각론편, 고유섭 전집 4, 파주: 열화당, 2010, pp.25~27을 참조.

로서 예배 장소의 기능뿐만 아니라 불사리 봉안처로서의 불탑의 성격도 동시에 지니는, 이른바 '탑전塔殿' 형식의 건축물이다.

법주사 팔상전의 내부를 보면 동면東面에는 도솔래의상兜率來儀相(도솔천에서 코끼리를 타고 마야부인의 태에 드는 장면)·비람강생상毗藍降生相(룸비니 동산에서 탄생하는 장면), 남면에는 사문유관상四門遊觀相(성의 네 문으로 나가 각각 노병사와 출가사문의 모습을 목격하는 장면)·유성출가상踰城出家相(성을 넘어 출가하는 장면), 서면에는 설산수도상雪山修道相(출가 후 설산에서 고행하는 장면)·수하항마상樹下降魔相(마왕을 항복시키는 장면), 북면에는 녹원전법상鹿苑轉法相(녹야원에서 5비구에게 첫 설법을 하는 장면)·쌍림열반상雙林涅槃相(사라쌍수 사이에서 열반에 드는 장면)의 8폭의 그림이 탑 중앙의 사천주를 중심으로 한 면에 두 폭씩 걸려 있다. 다른 사찰의 팔상전의 경우 8폭의 팔상도가 불단을 향해 오른쪽에서 왼쪽으로 나열되어 있어 한 곳에서도 내용 전체를 파악할 수 있는 것과는 사뭇 다른 구조이다. 법주사 팔상전의 경우 팔상도를 보기 위해서는 팔상전 안을 돌아야 하며, 이는 곧 심초석心礎石에 봉안된 불사리를 중심으로 탑돌이를 하는 결과를 낳는다. 법주사 팔상전은 불탑 내부에 팔상도를 안치함으로써 진신사리가 존재하는 곳에서 붓다의 삶을 돌아보며 불상에 예배할 수 있는 공간을 형성하였다는 점에서 매우 독창적인 건축물이라고 할 수 있다.

불탑, 영원한 불국토의 상징

　불탑은 고따마 붓다의 열반 후, 그의 유체를 화장하고 남은 사리를 팔분八分하여 인도 각지에 세웠던 근본팔탑에 기원을 둔다. 붓다의 사리를 모신 불탑은 열반에 든 붓다가 현존하는 장소 내지 붓다 그 자체로 인식되었고, 불탑 신앙은 불멸 후 출·재가를 불문한 사중四衆 사이에서 널리 성행하였다. 불탑 신앙의 대대적인 확산에 크게 기여한 것은 불멸 후 100~200년이 지나 등장한 아쇼까(B.C 268~232 재위)왕이다. 무력이 아닌 '법에 의한 통치'를 강조하여 전륜성왕으로 추앙되었던 아쇼까왕은 불교에 깊은 호의를 갖고 있었다. 그가 한 많은 불사 가운데서도 단연 돋보이는 것은 근본팔탑을 열어 사리를 꺼내어 재분한 후 전 국토에 팔만사천 개의 탑을 세운 것이다.
　아쇼까왕의 이러한 행적은 동아시아의 불교도에게 큰 영향을 미쳤다. 『아육왕전』이나 『아육왕경』 등을 통해 아쇼까의 훌륭한 업적이 중국의 불교도에게 널리 알려지면서, 전륜성왕 내지 아육왕 사상은 중국 남북조 시대부터 당대에 이르기까지 많은 황제들의 숭불 및 호불 행위의 사상적 기반이 되었다. 특히 팔만사천불탑 건설과 이상적 성왕聖王으로서의 그의 명망을 오버랩시킨 불교도들은 진신사리의 호지護持야말로 국왕으로서의 성덕을 갖춘 전륜성왕으로 인정받는 증거가 된다고 생각하였다. 이에 여러 숭불 황제들은 진신사리를 봉안한 아육왕탑의 재건에 적극적인 후원을 하였으며, 아쇼까왕을 본받아 전국 곳곳에 사리탑을 세우기도 하였다. 이러한 신앙은 한국에도 전해졌다.
　신라의 진신사리 신앙이 본격적으로 발전한 것은 선덕여왕 대이다.

643년(선덕여왕 12)에 자장법사는 당나라에서 부처의 머리뼈와 어금니, 사리 100알과 한 벌의 가사를 가져왔다. 이때 전래된 사리의 일부는 국난 방지를 위해 조성하였던 황룡사 9층목탑의 기둥 안에 봉안되었다. 진신사리를 봉안한 탑은 전륜성왕으로서의 국왕의 위상을 높여 주고 정치적 안정을 초래하는 특별하고 신묘한 존재로 인식되었던 것이다. 통일 직후에는 왜구의 침략으로부터 나라를 지키고자 했던 문무왕의 유언을 받들어 동해안에 감은사라는 대사찰을 건축하고 사찰 좌우에는 높이 13.4m 규모의 거대한 2기의 3층석탑을 세우기도 하였다. 처음에는 재료나 양식 면에서 중국의 영향을 받아 목탑이나 전탑이 만들어졌지만, 감은사지탑의 조성을 기점으로 전형적인 석탑 양식이 창안되면서 이후에는 이 양식을 이어받은 석탑이 전국 곳곳에 만들어지게 되었다.

통일 직후 완성된 이 전형 양식의 석탑은 이중 기단 위에 심플하면서도 튼튼하고 웅장한 모습으로 조성되었다. 이는 화강암 등의 석재를 구하기 쉬웠던 한반도의 지형적 특징이 우선 반영된 결과일 것이다. 하지만, 오랜 전쟁 끝에 삼국을 통일하고 하나가 된 시점에서 이러한 전형 양식의 석탑이 창안되었다는 것은 초기의 국력을 과시하며 이후로도 하나가 되어 영원히 존재하고 싶은 당시의 시대상을 반영하고 있는 것은 아닐까 생각된다. 기존의 목탑이나 전탑과는 달리 석탑으로부터는 간결하고 소박한 구조에서 오는 통일된 힘과, 돌이라는 재료에서 오는 강인한 정신력과 영원한 존재감이 느껴지기 때문이다.

이후 8세기 중엽이 되면, 경전에 등장하는 불국佛國의 세계가 석탑 자체에 반영되며 매우 화려하고도 신비로운 느낌으로 조성된다. 이른바 이형탑이라 불리는 것들로 석재를 사용하여 한국 불탑의 독창성을 발현시킨 최고의 종교 예술품이다. 예를 들어, 불국사 다보탑은 『법화경』 「견보탑품」에 설해지고 있는 다보여래와 석가여래의 이야기를 모티브로 한다. 석가여래의 설법을 증명하기 위해 갑자기 허공에 출현한 다보탑을 경전에 묘사된 환상적이고 신비로운 느낌을 그대로 살려낸 걸작이다. 또한 화엄사 4사자 3층석탑은 네 마리의 사자가 탑신부를 받치고 있는 형상을 하고 있는데, 이는 7세기 말 이후 통일신라에서 유행하였던 화엄사상을 반영한 것이다. 붓다가 설법 전에 항상 사자좌를 하고 선정에 드는 것을 묘사한 것인데, 나아가 붓다가 상주하는 장소를 상징하기도 한다. 석재를 사용하여 이처럼 정교하게 경전에 그려진 불국의 세계를 묘사해 낸 것은 세계 그 어디서도 볼 수 없는 한국 불탑만의 특징이다.

이후 고려시대가 되면 신라의 전통 양식을 계승하면서 새로운 도읍인 개경을 중심으로 각 지방에서도 널리 불탑이 조성된다. 사리 신앙 역시 왕실 차원에서도 민중 차원에서도 한층 더 성행하였다. 진신사리에 대한 신앙의 확산은 진신사리의 분신分身이라는 형태로 표출되었다. 예를 들어 643년 자장법사가 당나라에서 가져온 사리 100알 가운데 일부를 모신 통도사 계단戒壇의 사리는 1235년 유리통을 보았을 때는 겨우 사리 네 알만이 남아 있었지만, 그 후 네 알 이외에도 변신變身사리가 있어 모래알처럼 부서져 돌함 밖으로 나왔다고 한다. 한편, 고려시대에는 불아佛牙사리 신앙도 성행하여 궁궐 안의 전각에 봉안해 놓고 왕이 직접 예를 드리곤 하였다.

통일신라부터 본격적으로 조성된 부도와 탑비는 고려와 조선시대에도 크게 성행하였다. 신라와 고려시대에는 살아생전 왕사나 국사를 역임하거나 그러한 지위에 상응하는 예우를 받았던 유력한 고승들에 한하여 한 사찰에 하나의 부도와 탑비를 건립해 주는 것이 관행이었지만, 고려 말기가 되면 특정 유력 고승의 경우 다비식 후 그 유골이나 사리를 분사리하여 고승이 살아생전에 주석하였거나 하산한 사찰, 입적한 사찰, 중수한 사찰, 법인法印을 이은 제자들이 주석하고 있는 사찰 등에 여러 기의 부도를 건립하는 경향이 나타난다. 이러한 경향은 조선시대로 계승되며, 조선 후기에 들어오면 분사리에 의한 부도의 건립이 크게 성행하여 여러 기의 부도가 여러 사찰에 건립된다.

조선시대에 복원된 팔상전은 현존하는 유일한 목탑이자, 불보살과 오백나한을 모신 법당으로서 예배 장소의 기능뿐만 아니라 불사리 봉안처로서의 불탑의 성격도 동시에 지니는, 이른바 '탑전塔殿' 형식의 건축물이다. 마치 심초석에 봉안된 불사리를 중심으로 팔상도를 보면서 탑돌이를 하는 형태로 구성된 내부는 진신사리가 존재하는 곳에서 붓다의 삶을 돌아보며 불상에 예배할 수 있는 공간을 형성하고 있다는 점에서 매우 독창적인 건축물이라고 할 수 있다.

이처럼 한국의 불탑 내지 불사리 신앙은 기본적으로 중국의 영향을 받고는 있지만, 풍부한 석재를 활용할 수 있는 천혜의 지형적 특징과 풍부한 상상력을 기반으로 시대적 갈망에 부합하는 변신을 거듭하고 있다.

| 참고문헌 |

강우방·신용철, 『탑』, 서울: 솔출판사, 2003.
고유섭, 『朝鮮塔婆의 研究 上』 총론편, 고유섭 전집 3, 파주: 열화당, 2010.
고유섭, 『朝鮮塔婆의 研究 下』 각론편, 고유섭 전집 4, 파주: 열화당, 2010.
엄기표, 「高麗-朝鮮時代 分舍利 浮屠의 建立 紀錄과 樣相 그리고 造成 背景」, 『불교미술사학』 20, 불교미술사학회, 2015.
주경미, 『중국 고대 불사리장엄 연구』, 서울: 일지사, 2003.

下田正弘, 『涅槃經の研究 -大乘經典の研究方法試論-』, 東京: 春秋社, 1997.
杉本卓洲, 『インド佛塔の研究』, 東京: 平樂寺書店, 1984.
藤田宏達, 「轉輪聖王について-原始仏教聖典を中心として-」, 『宮本教授還曆記念論文集』, 東京: 三省堂, 1954.
山崎元一, 『アショカ王伝説の研究』, 東京: 春秋社, 1979.

찾아보기

ㄱ

가가나자와문고(金澤文庫) 119, 121, 125, 142
가명종假名宗 169
가시와기 히로오(柏木弘雄) 38, 66
가재迦才 100
간경도감刊經都監 145, 219
간다라 116
간본 128, 134, 141
간정刊定 117
간택비인簡擇非因 97
감산 덕청憨山德清 60
감은사感恩寺 346, 361
갑종사본 131
개운사 만일회 263
『개원석교록開元釋敎錄』 122
『건나표하일승수행자비밀의기健拏標訶一乘修行者秘密義記』 53
건봉사 만일염불회 263
견등見等 133
견불見佛 246
결정왕생정토진언 263
결집結集 112, 115
겸익謙益 125, 211

『경률이상』 283
경운일체경景雲一切經 122, 124
경흥憬興 46, 82, 90, 104, 107, 108, 151, 256
『계관세음응험기繋觀世音應驗記』 284, 285
계단원戒壇院 123
고국양왕故國壤王 211
고려대장경 124, 143
골아형骨牙形 사리 343, 344
공空 49, 162, 172, 173
공경수恭敬修 250
『공목장기孔目章記』 62
공유空有 논쟁 161, 165, 172, 175, 180, 182
과거불탑 327, 329
과거칠불過去七佛 77
과문科文 92
『관념법문觀念法門』 247
『관무량수경觀無量壽經』 236
『관무량수경소觀無量壽經疏』 238
『관무량수경소묘종초觀無量壽經疏妙宗鈔』 238
『관무량수불경소』 247
『관미륵보살상생도솔천경觀彌勒菩薩上生兜率天經』 77, 78, 107
『관미륵상생도솔천경찬』 82, 98, 104, 107

찾아보기……365

관불삼매觀佛三昧 89
관음도량 260
관찰문觀察門 245, 249
관행觀行 89
광개토대왕 211
광덕 257, 259
광명자光明子 122
광명光明황후 130
『광백론廣百論』 161, 180, 182
광상종詎相宗 169
『광세음응험기光世音應驗記』 284, 285
교넨(凝然) 102
교우쇼오쿠(杏雨書屋) 42
교판教判 156, 157, 160, 162, 165, 168, 172, 173, 176~178, 180~182
구마라집鳩摩羅什 79, 116, 162
『구식장九識章』 43
구유식舊唯識 50
구칭염불 253
구카이(空海) 62
구품연화대 265
국가주의 65
국사國司 210
『권념요록勸念要錄』 267
『권왕가勸往歌』 267
규기窺基 82, 98, 104, 107, 146, 164, 165, 170, 171, 181
규봉 종밀圭峰宗密 55
균여均如 175, 176, 180, 182
극락암 만일회 263
극락 왕생 96, 97, 100, 108, 240
근본지교根本之教 166
「금강산유점사사적기金剛山楡岾寺事蹟記」 288, 297, 298, 312
『금강선론金剛仙論』 39

금릉각경처金陵刻經處 63
금석문 112, 135
『금석물어집』 283
금은자 사경 143
금자원 143
금정산성 226
급첩절목給牒節目 221
기림사祈林寺 127
『기신론起信論』 36~47, 49~55, 57~59, 61, 63~70, 167, 173, 175, 177, 180, 182, 183
『기신론문답起信論問答』 46
『기신론본소청집기起信論本疏聽集記』 63
『기신론사기起信論私記』 55
『기신론소』 44, 46, 48, 54, 57~59, 63
『기신론소필삭기起信論疏筆削記』 56, 58~60
『기신론연오초起信論演奧鈔』 60
『기신론의기』 44
『기신론의기교리초起信論義記教理抄』 63
『기신론의소起信論義疏』 37, 42, 50, 70
『기신론일심이문대의起信論一心二門大義』 52, 53, 61
『기신론직해起信論直解』 60
『기신사족起信蛇足』 55
기해동서寄海東書 126
기허 영규騎虛靈圭 222
길장吉藏 80, 107, 165, 166, 173, 238
김윤후 217
김인문金仁問 260
김지전金志全 260
김치양金致陽 136

ㄴ

나옹 혜근懶翁慧勤 264
난이이도설難易二道說 248
난행도難行道 89, 243
남경내학원南京內學院 64
남방불교 65
남북한산성 225
남선사南善寺 142
남악 회양南嶽懷讓 207
내불당內佛堂 219
내소사來蘇寺 145
노힐부득 257
논의論義 123
뇌묵 처영雷默處英 222
누카리야 카이텐忽滑谷快天 67
늑나마제勒那摩提 39
『능가경楞伽經』 45, 70, 167, 168
니다나 282

ㄷ

다카사키 지키도高崎直道 39
다카하시 도루高橋亨 67
다케무라 마키오竹村牧男 39
단에이(湛睿) 63
달달박박 257
담광曇曠 56, 59
담란曇鸞 246
담시曇始 125
담연曇延 37, 38, 42, 43, 45, 50, 51, 68, 70

『담연소』 43~45
담예湛睿 125, 134
담천曇遷 37
『담현결택』 142
담홍曇弘 248
담화曇和 126
대공산大空山 53
『대당서역기大唐西域記』 84
「대미타참문」 268
『대미타참약초요람보권염불문大彌陀懺略抄要覽普勸念佛文』 267
『대방등여래장경소大方等如來藏經疏』 47
『대비바사론大毘婆沙論』 77
「대산오만진신」 299
대승 156, 159, 162, 166, 168, 170, 172, 173
대승경전 156, 157, 169, 171, 173
대승공관大乘空觀 84
『대승기신론』 36, 68
『대승기신론과大乘起信論科』 46
『대승기신론광석大乘起信論廣釋』 56, 59
『대승기신론기大乘起信論記』 46
『대승기신론내의약탐기大乘起信論內義略探記』 46, 47
『대승기신론동이약집大乘起信論同異略集』 52, 53, 61
『대승기신론문답大乘起信論問答』 46
『대승기신론별기』 46, 63
『대승기신론사번취묘大乘起信論捨繁取妙』 46
『대승기신론소大乘起信論疏』 42, 46, 55~58
『대승기신론소략大乘起信論疏略』 60
『대승기신론소필삭기회열大乘起信論疏筆削記會閱』 60
『대승기신론소필삭기회편』 56

『대승기신론속소大乘起信論續疏』 60
『대승기신론수소기大乘起信論隨疏記』 57, 59
『대승기신론수소보행기大乘起信論隨疏補行記』 46
『대승기신론약술大乘起信論略述』 56
『대승기신론열망소大乘起信論裂網疏』 60
『대승기신론의기大乘起信論義記』 36, 55~57, 68
『대승기신론의소大乘起信論義疏』 37, 38, 44
『대승기신론종요大乘起信論宗要』 46
『대승기신론주강大乘起信論珠網』 46
『대승기신론찬주大乘起信論纂註』 60
『대승기신론첩요大乘起信論捷要』 60
『대승기신론초大乘起信論鈔』 46
『대승기신론필삭기회편大乘起信論疏筆削記會編』 55
『대승기신론회기大乘起信論會記』 46
『대승백법명문론해大乘百法明門論解』 160
대승불교 65, 66
『대승사론현의기大乘四論玄義記』 85
대승시교大乘始敎 167, 171
대승원교大乘圓敎 57
『대승의장大乘義章』 44, 45, 47
대승종교大乘終敎 57, 167, 171
대연大衍 46, 47
대장경 113, 118, 151
대정신수대장경 124
『대지도론』 243
『대집경』 268
『대품반야경大品般若經』 162, 169
대현大賢 46~48, 60, 61, 63
덕청 60
데츠죠(徹定) 118

도빙道憑 248
도솔정토兜率淨土 235, 242
도솔천兜率天 79, 84, 95, 96, 101, 107, 242
도솔천 왕생 95, 96, 99, 107, 108
도쇼(道昭) 102
도승度僧 196, 218
도신道信 206
도안道安 79, 162, 247
도작道綽 100, 238
도첩 196, 218, 230
도총道寵 39
도총섭 224
돈교頓敎 163, 167, 168, 171
돈황 37, 59, 114
돈황본『기신론소』 43~45, 70
돈황비급敦煌秘笈 120
돈황 사본 119, 120
돈황학 119, 120
동교同敎 168, 176, 182
동교일승同敎一乘 168, 176
동귀교同歸敎 164
동남원東南院 123
동대사東大寺 61, 121, 123, 133, 209
동래성 225
동방묘희세계東方妙喜世界 235
동방정유리세계東方淨瑠璃世界 235
동산법문 206
東域傳燈目錄 82

ㄹ

라스크(Rask) 114

량치차오(梁啓超) 64
료겐(良源) 252
료의了義 158, 164, 172, 173, 181
뤼청(呂澂) 64
리관理觀 177
리움미술관 128, 143, 144

ㅁ

마라난타摩羅難陀 211
마루젠(丸善) 124
마명馬鳴 37, 40
마이뜨레야Maitreya 76~78, 107
마이뜨리maitrī 77
마조 도일馬祖道一 207
마지麻紙 116
막스 뮐러 114
『만선동귀집』 251
만일미타도량 262
만일염불결사 262
말법사상 205
메테야Mettēyya 76
명관明觀 126
「명랑신인」 292
모전模塼석탑 347, 348
모치즈키 신코(望月信亨) 37
목간 116
목판 145
목판인쇄술 135
묘에(明惠) 63
묘청妙淸 215
무간수無間修 250
무구정탑無垢淨塔 346, 347

무기無奇 263
무량광불無量光佛 241
『무량수경』 236
『무량수경과간』 255
『무량수경사기』 255
『무량수경연의술문찬』 97
『무량수경우바제사원생게無量壽經優波提舍願生偈』 236
『무량수경종요』 255
무량수여래근본주 263
무량수여래주 263
무상無相 172
무상無常 167
무상종無相宗 171
무애가無碍歌 255
무여수無餘修 250
무왕武王 212
무장사鍪藏寺 260
무제 203
무종武宗 204
무진장원無盡藏院 206
무착無着(著) 83, 172
무창불학원武昌佛學院 64
무학 자초無學自超 218
문성제文成帝 204
미래불 76, 79
미륵경彌勒經 78
『미륵경소彌勒經疏』 88, 90, 104
『미륵경술찬彌勒經述贊』 82, 90, 91, 107
『미륵경유의彌勒經遊意』 82, 85, 107
『미륵대성불경彌勒大成佛經』 78, 107
『미륵래시경彌勒來時經』 78
미륵보살 77, 79, 84, 95
『미륵보살경술찬』 90, 104, 109
『미륵보살소문경彌勒菩薩所問經』 104

미륵사彌勒寺 212
미륵사상 96, 107
『미륵상생경』 239
『미륵상생경술찬』 91
『미륵상생경의소彌勒上生經義疏』 82, 107
『미륵상생경종요彌勒上生經宗要』 82, 88, 107
『미륵상생하생성불경의소』 82, 107
『미륵소문경』 255
『미륵수기경彌勒授記經』 76
『미륵하생경彌勒下生經』 78, 107
『미륵하생경술찬』 91
『미륵하생성불경彌勒下生成佛經』 78
미수彌授 101, 108
미이데라(三井寺) 105
미타계彌陀契 262
미타만일염불회彌陀萬日念佛會 257, 261
미타성불설화 257
미타신앙 98, 108
미타현신성불 259
민간사경 122
민담 277
민족주의 67

ㅂ

바바리 76
『반수반두법사전婆藪槃豆法師傳』 83
『반야경般若經』 159, 163, 170~174, 181
『반야심경찬般若心經贊』 161
『반주삼매경』 236
『반주찬般舟讚』 247
발원사경 144

발조탑髮爪塔 326
『발피보살경拔陂菩薩經』 236
방번의승防番義僧 230
방비인防非因 96
방산석경房山石經 53
방편유여토方便有餘土 252
방편일승方便一乘 176, 180, 182
백고좌법회百高座法會 212
백련결사白蓮結社 246, 263
백암 성총栢庵性聰 55, 267
『백암정토찬栢庵淨土讚』 267
백양사 223
백장청규 208
백장 회해百丈懷海 195, 207
「백제수百濟手」 131
번역삼장 113
번역승 116
『범망경梵網經』 174, 182
범성동거토凡聖同居土 252
범어사 내원암 미타계 263
『범어사창건사적』 309
『범우고梵宇攷』 312
『범음집梵音集』 263
범학승梵學僧 117
『법경록法經錄』 40
법계도法界圖 54
법계도인法界圖印 54
법계연기法界緣起 58
법과法果 203
법림法琳 248
법사리 339, 347
『법사찬法事讚』 247
법상法常 179
법상法上 211
법상유식法相唯識 58, 69

법상종法相宗 47, 58, 60, 61, 104, 108, 171, 179, 183
법안종 251
법왕法王 211
법운法雲 165
『법원주림』 283
법위法位 256
법장法藏 36, 42, 44, 45, 47~50, 54~59, 61~63, 68~70, 126, 167, 171, 176, 180, 182, 237, 239
법현法顯 79
『법화경法華經』 56, 162, 164~166, 170, 172, 173, 177, 181
『법화영험전法華靈驗傳』 288, 289, 292, 296, 300
『법화유의法華遊意』 166
『법화의기法華義記』 165
『법화현의法華玄義』 177
법흥왕 212
벽암 각성 223
변신變身사리 354, 362
별교別敎 166, 168, 174, 176
별교일승別敎一乘 168, 171, 176, 180, 182, 183
「보개산석대기寶蓋山石臺記」 288, 299
『보권염불문普勸念佛文』 267
보리 달마 207
보리류지菩提流支 39, 40, 248
보법普法 205
보불普佛 205
보살도 174
보살장菩薩藏 88
『보성론寶性論』 39, 167
보정普正 205
보조 지눌 263

보진普眞 205
보청普請 207
보청법 208
보타락정토補陀落淨土 235
『보한집補閑集』 288, 289
복장腹臟 145, 146, 153
본각本覺 41, 42
본생담 304
본원칭명本願稱名 250
봉원사 만일회 263
부견符堅 210
부도浮圖 356, 357, 362, 363
부역승 219
부진종不眞宗 169
북방불교 65, 66
북원당北圓堂 103
북위 202
북제 205
북조 194, 202, 203, 228
분별성分別性 50
분사리分舍利 343, 357, 363
분소의 228
불교문헌 127~129, 132, 134, 136, 141, 152
불교사본 114~116, 118, 121, 128, 151~153, 278, 279, 281
불교설화 288, 319
불국佛國 303, 310, 318
불도징佛圖澄 247
불도호佛圖戶 204
불료의不了義 158
불사리 329, 330, 333, 334, 337~339, 341~343, 346, 353, 359, 363
불사리탑 326, 328, 329
불성佛性 40, 68, 69

찾아보기……371

『불성론佛性論』 43
불아佛牙사리 354, 362
불연국토 297, 303, 311, 317
불전설화 277, 278
뷔르누프(Burnouf) 114
브라이언 허즈슨(Brian Hodgson) 114
비문 112
빔비사라왕 201

ㅅ

사간본寺刊本 142
사경 112, 145, 152
사경사 152
사경소 118, 121
사경승 143
사경원 143
사교四敎 166, 177, 180, 183
사교과四敎科 56
『사교의四敎義』 166
사교판四敎判 174, 180
사기私記 147, 149, 153
사리舍利 322~326, 328, 329, 331, 333~339, 341, 342, 344, 345, 347, 349, 350, 353~356, 358, 360~362
사리감舍利龕 341
사리팔분 322
사명 유정四溟惟政 222
사명 지례四明知禮 59, 238, 252
사바즉정토娑婆卽淨土 252
사법事法 50
사병私兵 215
사본 112, 134, 135, 141, 145, 146, 150, 151
사본군 153
사본대장경 136
사성방四聖坊 123
사시인捨施因 96
48원 238
사이초(最澄) 62
『사익경思益經』 162, 164, 168
사정토事淨土 251
사종四宗 169, 171, 173, 182
사지寺誌 150, 308
사평원沙平院 216
산릉역 226
산중불교 224
살리타(撤禮塔) 217
삼계교 195, 205
삼교三敎 167
『삼국불법전통연기三國佛法傳通緣起』 102
『삼국유사三國遺事』 126, 127, 257, 280, 288, 289, 294, 296, 309
삼론 169
『삼미륵경소三彌勒經疏』 82, 90, 107
『삼미륵경약찬三彌勒經略贊』 104, 109
『삼미륵경찬』 90
『삼미륵경초三彌勒經抄』 104, 109
삼성三性 172, 181
삼승三乘 159, 165~168, 173, 181
삼승방편三乘方便 일승진실一乘眞實 159, 165
삼승별교三乘別敎 163, 174
삼승통교三乘通敎 163, 174
삼시교판 164
삼시법륜三時法輪 159, 172, 179
삼장三藏 86
삼장교三藏敎 166

삼종법륜三種法輪 166
삼종불신三種不信 250
삼종신심三種信心 250
삼품三品 86
삼혜三惠 223
상相 169
상배上輩 241
상적광토常寂光土 252
상정토相淨土 251
상종常宗 169
상종相宗 177
상주교常住教 164
상행삼매 252
생멸 41
생멸문生滅門 41, 42, 49, 50, 54
샹카Saṅkha 77
서명각西明閣 117
서방극락정토 235
서방무승정토西方無勝淨土 235
서역 113
서왕가西往歌 264
『서응산전瑞應刪傳』 247
서자書字 117
서장경 143
『석가여래십지수행기釋迦如來十地修行記』 284, 304
『석마하연론釋摩訶衍論』 53, 54, 63
『석문의범』 263
석벽 전오石壁傳奧 56, 58, 59
『석정토군의론釋淨土群疑論』 247
『선가귀감』 266
선교 양종 218
선도善導 100, 238
선연鮮演 142
선정쌍수禪淨雙修 251

선정일치론禪淨一致論 251
선정합행설禪淨合行說 252
선종 55, 58, 195, 206
설일체유부說一切有部 167
설홍雪弘 223
설화 276
『섭대승론』 175
『섭대승론석攝大乘論釋』 37, 38, 43, 44, 50, 70
섭론사攝論師 179
섭론종 68
성性 169
성능聖能 225
성덕 310, 318
성무聖武천황 130
성문사省門寺 210
성문장聲聞藏 88
성불 302, 318
『성실론』 169
성실사成實師 163
성어장 123, 124, 133
성왕 211
『성유식론成唯識論』 61, 177, 179, 183
『성유식론술기成唯識論述記』 64
성종性宗 177, 220
성천聖天 172
성총 56
세자재왕불 239
세친世親 84, 97, 167, 172, 244
『센타쿠혼간넴부츠슈(選擇本願念佛集)』 253
소강 247
소성거사小性居士 254
소승 156, 157, 159, 162, 168, 172, 173
소승교小乘敎 167
소승불교 66

소요원逍遙院 117
소현韶顯 101, 108
『속광세음응험기續光世音應驗記』 284, 285
속법續法 60
속제俗諦 41, 42
솔도파窣堵波 213
수당 불교 178~180
수성역守城役 196, 227
수승首僧 226
수원승도隨院僧徒 195, 196, 214, 229, 230
순도順道 210
『숫타니빠타』 76, 107, 197
스뚜빠stūpa 324, 325, 328, 331~333
스타인(Stein) 114, 119
승가僧伽 199
승군 194
승려 194
『승만경勝鬘經』 167, 170
승변僧辨 179
승병 194, 208, 229, 230
승사리 356
승역 194, 230
승원 200, 228
승원가僧元歌 264
승장僧將 226
승장勝藏 46, 47
승훈僧訓 213
시각始覺 41, 42
신라명신新羅明神 106, 109
「신라수新羅手」 131
신라촌락문서 133, 151
신란(親鸞) 253
『신론동이약집』 53
신수神秀 207
신열信悅 223

『신편보권문新編普勸文』 267
『신편제종교장총록新編諸宗敎藏總錄』 54, 82, 101, 136, 137, 141, 152
신행信行 195, 205
신화 276
실보무장애토實報無障碍土 252
실상實相 171
실상종實相宗 171
실차난다實叉難陀 37
심상 129, 130
「심상사경록審祥師經錄」 129~131, 151
심생멸心生滅 42, 45
심진여心眞如 42, 45
『심청전』 310, 311
십념왕생十念往生 255
십성十聲 255
십악죄 255
십육관十六觀 238, 259
『십이문론』 175
십종十宗 171
『십주비바사론十住毘婆沙論』 236
『십지경론十地經論』 167
『십칠지경』 84

ㅇ

아뇩다라삼먁삼보리 246
아도阿道 210
아라마키 노리토시(荒牧俊典) 38
아라미까ārāmika 199, 201, 228
『아미타경』 236, 268
『아미타경소』 255
『아미타경통찬소』 255

아미타불阿彌陀佛 234
아미타신앙결사 262
아바다나 282
아쇼까왕 328~330, 335~337, 360
아유타국阿踰陀國 85
아육왕阿育王 335, 337, 360
아육왕탑 335~337, 339, 340, 360
아지따 76, 77
아촉불阿閦佛 234
『아함경阿含經』 163
『안락집安樂集』 238, 247
안세고安世高 116
안함安含 254, 293
알라야식 41, 42
약심관불約心觀佛 252
『약탐기』 47, 48, 63
『양권무량수경종요兩卷無量壽經宗要』 90
양세호兩稅戶 205
양원良源 209
양원후이(楊文會) 64
어우양징우(歐陽竟無) 64
억불정책 218, 220
억양교抑揚教 164
엄장 257, 259
업식業識 54
에온(惠隱) 252
엔닌(圓仁) 106, 252
엔신(源信) 252
엔친(圓珍) 105
여래장如來藏 40~42, 47, 50, 51, 65, 69
여래장사상 51
여래장연기 69
여래장연기종如來藏緣起宗 49, 50, 58, 69
여산 혜원 246
역승급첩役僧給牒 221

역주譯主 117
연기緣起법사 46, 127
연담 유일蓮潭有一 55
『연종보감蓮宗寶鑑』 267
연준延俊 60
열반 199
『열반경涅槃經』 158, 162~164, 166, 167, 169, 170
염부제閻浮提 87, 101
염불 97
「염불게念佛偈」 264
염불결사 247
염불사念佛師 261
염불선念佛禪 251
염불신앙 261
염불왕생원 249
『염불요문念佛要門』 263
염불타령 267
염불향사念佛香社 262
『염불환향곡念佛還鄉曲』 267
염불회念佛會 262
영규 223
『영락경瓔珞經』 174, 182
영명 연수永明延壽 53, 251
영산정토靈山淨土 235
영유靈裕 80, 107
영윤靈潤 56
영장정토설靈場淨土說 235
예배문禮拜門 245, 249
예토穢土 205
오과문五果門 246
오교五教 167, 171, 173, 177, 180, 182, 183
『오교장五教章』 167
『오교장지사』 62

오교판五敎判 48, 54, 57, 174, 180
오념문五念門 97, 108, 246, 249
오대산 수정사水精社 262
오미五味 158, 163
오시교五時敎 163
오시교판 166
오역죄 255
오월일일경 122, 124
오중탑五重塔 103
오타니(大谷) 탐험대 114, 119
오타케 스스무(大竹晉) 38, 39
『옥과현성덕산관음사사적玉果縣聖德山觀音寺事蹟』 310
온죠지(園城寺) 105, 109
왕상회향往相迴向 249
「왕생난이往生難易」 98
『왕생론往生論』 236, 248
『왕생론주』 246
『왕생예찬往生禮讚』 247
왕원록王圓錄 119
요서樂西 264
요시즈 요시히데(吉律宜英) 39, 48, 61
용수 172, 244
「용천청강」 292
우안거 200
우이 하쿠주(宇井伯壽) 38
우익 지욱蕅益智旭 60
『우치습유물어』 284
욱면郁面 257
「욱면비염불서승郁面婢念佛西昇」 261, 301, 312, 319
운력 207
원광 293
원교圓敎 166~168, 177
원교일승圓敎一乘 176, 183

원묘 요세圓妙了世 263
원본 113
원생인遠生因 97
「원성사용화회연기園城寺龍華會緣起」 106
『원종문류』 134, 152
원참元旵 264
원측圓測 47, 151, 159, 161, 164, 165, 172, 173, 178, 179, 181
원판대장경 143
『원형석서元亨釋書』 285
원홍元弘 126, 131, 134, 151
원효元曉 36, 42~59, 61, 63, 66~71, 82, 88, 107, 120, 126, 130, 134, 151, 152, 173, 175, 178, 179, 182, 183, 254, 256
『월인석보』 306, 307
월충月忠 53
『유가사지론瑜伽師地論』 58, 84, 85, 171, 175, 177, 183
유가업瑜伽業 101
유가행파瑜伽行派 83
유규劉虯 163
『유마경』 162, 164, 168, 170, 171
유부 171
유부 아비달마 169
유상종有相宗 171
유식唯識 49~51, 64, 68
유식사상 181
유식 사상가 164
유식학 64
유식학파 167, 170, 171
『유심안락도遊心安樂道』 89, 255
유심정토唯心淨土 242, 265
유심정토설唯心淨土說 235
유인有人 45

『유전본제경流轉本際經』 53
윤문관 117
융통염불종 252
은자 사경 143
은자원 143
응성불應成佛 87
응진應眞 46
『의기』 57~61, 63, 69, 70
의능義能 223
의보依報 95
의상義湘 52~54, 62, 134, 175, 178, 180, 182
의승군義僧軍 196, 222, 230
의엄義嚴 222
의영義榮 133
의적義寂 131, 151, 177, 180, 256
의천義天 54, 101, 134, 136, 141, 152, 177, 178, 183
의타성依他性 50
『이부종륜론異部宗輪論』 160
『이부종륜론술기異部宗輪論述記』 160
이불란사伊弗蘭寺 211
이산인離散因 97
이성불理成佛 87
이시이 코세이(石井公成) 40
이장二藏 교판 173
이케다 마사노리(池田將則) 43
이행도易行道 89, 100, 243
이형탑 349, 361
인도불교사 156, 157, 159, 160, 169
인쇄술 113
인쇄체 145
인수대비 220
인순印順 64
인악 의첨仁嶽義沾 55

인연종因緣宗 169
인준引俊 223
인진印眞 223
『일본고문서』 132
『일본영이기日本靈異記』 285, 286
『일본왕생극락기日本往生極樂記』 287
일승一乘 159, 164, 166, 167, 173, 181
일승만교一乘滿教 174
일승분교一乘分教 174, 182
일승원교一乘圓教 174
일심 51
일심이문一心二門 41, 49
일우 통윤一雨通潤 60
일음설법一音說法 158
일체경 121, 122
입성종立性宗 169
입암笠嚴산성 223

ㅈ

자력自力 97
자민삼장慈愍三藏 혜일慧日 247
자선 59, 60
자성미타自性彌陀 242
자씨慈氏 76, 84, 101
『자은사삼장법사전慈恩寺三藏法師傳』 85
자은종慈恩宗 101
자장 126, 343~345, 361, 362
자존慈尊 76
『자책가自責歌』 267
자타카 282
『작법귀감作法龜鑑』 263
작원문作願門 245, 249

잡공雜貢 197
잡역雜役 197
잡행雜行 250
장수 자선長水子璿 56, 58, 59
장시수長時修 250
장식경 135, 152
장안 124, 178, 180, 182
『장엄대승경론莊嚴大乘經論』 84
장엄염불 263
재가화상在家和尙 215
재조대장경 135, 136, 142
쟁관법錚觀法 259
저거경성沮渠京聲 79
저본 113
적산명신赤山明神 106
적상赤裳산성 225
전륜성왕 323, 335~337, 343, 344, 360, 361
전수염불專修念佛 253
전식轉識 54
절약본 133
점교漸敎 163, 167
정광여래 239
정보正報 95
정영사淨影寺 238
『정영소』 44, 45
정영 혜원淨影慧遠 37, 44, 169, 251
정원淨源 136, 152
정원正遠 60
정인淨人 202
정중불견定中佛見 241
정중인淨重因 97
정창원 121, 129, 132
『정토론淨土論』 97, 244
『정토보서淨土寶書』 267

정토삼부경 253
『정토오회염불략법사의찬淨土五會念佛略法事儀讚』 251
정토종 250
『정토찬백영淨土讚百詠』 267
정행正行 250
제관諦觀 177, 178, 180
제팔미륵第八彌勒 87
제호사醍醐寺 210
젠주(善珠) 82, 104, 107, 109
조동대사사造東大寺司 122
조발탑爪髮塔 326
족징族徵 227
존승원尊勝院 123, 124
『종경록宗鏡錄』 53
종남산 182
종밀 56, 58, 59
『종밀소』 55, 56, 58~60
종파 157, 182
주레(壽靈) 61, 62
죽림竹林정사 201
중관中觀 49, 50, 69
중관사상 181
중관학파 170, 171
『중례문中禮文』 263
『중론』 175
중배中輩 241
『중변분별론中邊分別論』 84, 180
중앙아시아 114
증문證文 117
증의證義 117
『증일아함경增壹阿含經』 76
지개智愷 37, 52
지관행止觀行 97, 108
지론 39, 69

지론사地論師 167, 170
지론종 39, 68
지론학파 38
지루가참支婁迦讖 116
지리산 수정사水晶社 262
지리업地理業 215
지말지교枝末之教 166
지봉智鳳 102
지엄智儼 56, 62, 174, 180, 182
지역紙役 197, 227
지욱 60
지의智顗 80, 107, 165, 166, 177, 183
지코우(智光) 252
지쿄(智憬) 52, 61
지토승地土僧 227
진각국사眞覺國師 263
진계眞界 60
진과 망 41, 42
진묵 313, 315, 316, 318
『진묵조사유적고震默祖師遺蹟攷』 312
진복사眞福寺 123
진속불이眞俗不二 49
진숭珍嵩 62, 132
진신사리 335~337, 343, 344, 353, 354, 357, 359, 360, 362, 363
진언종眞言宗 62
진여 41
진여문眞如門 41, 49, 50, 54
진정토眞淨土 251
진제眞諦 37~39, 41~44, 50, 52, 70, 83, 159, 164, 172, 179, 181
진종眞宗 169
진흥왕眞興王 212
징관澄觀 58, 177, 180, 183
징광사澄光寺 147

짜이뜨야caitya 324, 325

ㅊ

『찬아미타불게』 247
찬탄문讚嘆門 245, 249
참역參譯 117
채륜蔡倫 116
처인성處仁城 217
척생참법擲栍懺法 264
천추태후千秋太后 136
『천태교여기신론융회장天台教與起信論融會章』 59
『천태사교의天台四教儀』 177
천태정토 235
천태종天台宗 62, 177, 180, 183
천태 지의 247
천황궁 122
철문綴文 117
청규淸規 207
청변淸辨 161, 172, 175
청정불국토 234
청허 휴정 266
체원 144
초기불교 65
초조대장경 135, 136, 142
촉판대장경 135
총림 207
총섭승摠攝僧 224
최남선 66, 67
최호崔浩 203
축법호竺法護 79, 107
축성역築城役 196, 227

『출요경出曜經』 77
측천무후자則天武后字 127
치군緇軍 213
치다츠(智達) 102
치츠우(智通) 102
치쿄(智憬) 90
칭명사稱名寺 119, 125
칭명염불稱名念佛 238, 247, 253, 266

ㅋ

『코우코우신쇼(敎行信證)』 253

ㅌ

타방정토설他方淨土說 235
타이쉬(太虛) 64
타화자재천他化自在天 240
탁발 197
탑비塔碑 356, 357, 362
태무제 203
통교通敎 166, 174
통도사 극락암 양로염불만일회 263
통불교通佛敎 67
투르판 59, 119

ㅍ

파상종破相宗 169

파성종破性宗 169
판각 118
판경版經 112, 146
판본 120, 143, 149, 150, 152
『판비량론』 130, 131
팔계재八戒齋 96
팔관회八關會 212
팔도도총섭八道都摠攝 222
팔상도八相圖 358, 359
팔상전捌相殿 358, 359, 363
「팔식의八識義」 44, 45
팔종八宗 170, 171
펠리오Pelliot 114, 119, 120
폐불 194, 202, 204, 228
포천산布川山 260
표원表員 61, 151
필사본 142
필수筆受 117

ㅎ

하동 쌍계사雙溪寺 147
하배下輩 241
하사교下四敎 176
「한수漢(당唐)手」 131
한역경전 151
함허 득통涵虛得通 262
항마군降魔軍 195, 215
『해동고승전海東高僧傳』 126, 285, 288, 289
『해동법화전홍록海東法華傳弘錄』 285
『해동소海東疏』 46, 58
「해룡청문」 292

해서체 120
『해심밀경解深密經』 159, 164, 165, 172~174, 179~181
해인사 146, 153, 195, 213
해인사 만일염불회 263
행진行眞 146, 153
향적불香積佛 234
현륭玄隆 61, 151
현생정정취現生正定聚 253
현식現識 54
현신성도무량수전現身成道無量壽殿 258
현신성불 258
현실종顯實宗 169
『현우경賢愚經』 77
현일玄一 256
현장玄奘 83, 116, 159, 164, 170, 172, 179, 181
『현행서방경現行西方經』 264
혜경慧鏡 46
혜공 293
혜관慧觀 163, 166, 168
혜광慧光 167, 169, 248
혜균慧均 82, 85, 107
혜능慧能 207
혜량惠亮 212
혜명慧明 57
혜숙 254, 293
혜원慧遠 45, 50, 51, 62, 68, 70, 238
혜정慧淨 80
혜초 120
혜통慧通 248
호넨(法然) 253
호림湖林박물관 127
호법護法 161, 172, 175, 182
홍인弘忍 206

홍장 310, 318
화계사 만일염불회 263
화엄 51~55, 58, 59, 62, 63, 68
『화엄경華嚴經』 46, 47, 57, 58, 162, 163, 166~171, 173, 174, 176, 180, 182
『화엄경문답華嚴經問答』 62
화엄사華嚴寺 127, 223
화엄사상 49, 51, 52, 54, 62
화엄석경華嚴石經 223
『화엄오교장華嚴五教章』 61
『화엄오교장지사華嚴五教章指事』 61
『화엄일승법계도華嚴一乘法界圖』 176
화엄일심華嚴一心 51
『화엄입교의사기華嚴立教義私記』 63
화엄종 57, 58, 60, 61, 63, 177, 180, 182, 183
『화엄종소립오교십종대의약초華嚴宗所立五教十宗大意略抄』 63
『화엄종일승개심론華嚴宗一乘開心論』 63
화엄학 60~62
화쟁和諍 175, 178, 180, 182
화쟁일심和諍一心 51
화택火宅의 비유 159
화통방사군火桶放射軍 195
환상회향環相迴向 249
황룡사黃龍寺 127, 212
황후궁 122
회감 247
회심곡 267
회암사檜岩寺 219
회창會昌 204
회향문迴向門 245, 249
후송염불 263
후자쿠(普寂) 59
후지와라 카마타리(藤原鎌足) 103

찾아보기······381

후지와라 후히토(藤原不比等) 103
휴정 222
흥국사 만일회 263
흥륜사興輪寺 212
흥복사興福寺 103, 210

흥왕사 217
흥천사興天寺 219
희묵希默 223
히라카와 아키라(平川彰) 38

저자 소개

김용태

동국대 HK교수, 한국불교사 전공, 서울대 국사학과 박사. 『Glocal History of Korean Buddhism』(Dongguk Univ. Press, 2014), 『조선후기 불교사 연구-임제법통과 교학전통』(신구문화사, 2010), 「역사학에서 본 한국불교사 연구 100년」, 「동아시아의 징관 화엄 계승과 그 역사적 전개」, 「동아시아 근대 불교 연구의 특성과 오리엔탈리즘의 투영」, "CHANGES IN SEVENTEENTH-CENTURY KOREAN BUDDHISM AND THE ESTABLISHMENT OF THE BUDDHIST TRADITION IN THE LATE CHOSŎN DYNASTY」

이수미

동국대 HK연구교수, 동아시아 유식불교 전공, Ph.D. University of California at Los Angeles, 서울대 강사 역임. 『여래장사상과 유식사상의 전통적 이분법에 관한 제문제』, 『공유논쟁(空有論爭)을 통해 본 원효(元曉)의 기신론관(起信論觀) 재고-법장(法藏)과의 비교를 중심으로』, 『『大乘起信論內義略探記』로 본 大賢(ca.8세기)의 唯識사상』, "Redefining the 'Dharma Characteristics School' and East Asian Yogācāra Buddhism", "The Meaning of 'Mind-made Body' (S. manomaya-kāya, C. yisheng shen 意生身) in Buddhist Cosmological and Soteriological systems"

박광연

동국대 HK연구교수, 한국불교사 전공, 이화여대 사학과 박사, 서울대 규장각한국학연구원 박사후과정(post-doc.) 이수. 『신라 법화사상사 연구』(혜안, 2013), 「眞表의 점찰법회와 밀교 수용」, 「신라 義寂의 『법화경』 이해 – 『法華經論述記』 분석을 중심으로」, 「고려전기 불교 교단의 전개 양상 – '業'과 '宗'의 용례를 중심으로」, 「한국 五臺山信仰 자료의 재검토」, 「경흥 『삼미륵경소』의 도솔천 왕생관 – 신라 중대 유식 승려의 미륵신앙 재고찰」, 「한국 불교와 '종파' – 고려초 業이 '종파'인가」

김천학

동국대 HK교수, 화엄학 전공, 한국학중앙연구원 철학전공 박사, 일본 東京大 인도철학·불교학과 박사, 금강대 불교문화연구소 소장 역임. 『平安期華厳思想の研究 – 東アジア華厳思想の視座より –』(東京: 山喜房佛書林, 2016), 「T85, No.2799 『십지론의소(十地論義疏)』의 텍스트 문제에 대한 고찰」, 「설파 상언의 징관 『화엄소초』 이해의 일고찰」, 「『법화경론자주』 사본의 유통과 사상」, 「종밀에 미친 원효의 사상적 영향 – 『대승기신론소』를 중심으로」

장규언

동국대 HK연구교수, 동아시아 유식학 전공, 한국학중앙연구원 철학전공 박사, 중국 中央民族大學 藏學硏究院 고급진수생 및 금강대 HK연구교수 역임. 『원측 『해심밀경소』「무자성상품」 종성론 부분 역주 - 티벳어역에 의한 텍스트 교정을 겸해』(씨아이알, 2013), 「제2시와 제3시 설법의 관계에 대한 원측(圓測) 인식의 특징」, 「서명학파(西明學派)라는 창: 마음의 거울 또는 앎의 장애물」, 「원측(圓測) 『법화경(法華經)』 일승(一乘) 인식의 특징과 그 교판적 의미 - 진제(眞諦) 사유 계승의 한 측면」, 「한국 전통 산사(山寺) 건축에 보이는 공간인식 - 부석사(浮石寺)를 실례로」

박서연

동국대 HK연구교수, 한국불교 및 화엄학 전공, 동국대 불교학과 박사, 동국대 한의학연구소 연구초빙교수 역임. 「신라 現身成佛 설화에 보이는 의상 화엄사상의 영향」, 「의상계 화엄수행론의 심리치유 가능성 고찰」, 「동아시아 불교의 僧役 양상 고찰」, 「滿文『華嚴經續入法界品』에 관한 연구」, 「의상의 五尺身思想 연구」

김호귀

동국대 HK연구교수, 선학 전공, 동국대 선학과 박사, 동국대 불교문화연구원 전임연구원 역임. 『묵조선연구』(민족사, 2001), 『선과 수행』(석란, 2008), 『금강선론』(한국학술정보, 2010), 「청허휴정의 오가법맥인식의 배경에 대한 고찰」, 「불성사상의 수용과 조사선의 형성」

김기종

동국대 HK연구교수, 고전시가 전공, 동국대 국어국문학과 박사, 고려대 BK21 한국어문학교육연구단 연구교수 역임. 『불교와 한글』(동국대출판부, 2015), 『한국 불교시가의 구도와 전개』(보고사, 2014), 『월인천강지곡의 저경과 문학적 성격』(보고사, 2010), 『동아시아 불교의 근대적 변용』(공저, 동국대출판부, 2010), 『불가의 글쓰기와 불교문학의 가능성』(공저, 동국대출판부, 2010)

이자랑

동국대 HK연구교수, 초기불교교단사 및 계율 전공, 일본 東京대 인도철학·불교학과 박사, 일본 東京대 외국인특별연구원 역임. 『나를 일깨우는 계율 이야기』(불교시대사, 2009), 『붓다와 39인의 제자』(한걸음 더, 2015), 「승단 추방에 관하여 – 멸빈(nāsana)을 중심으로」, 「승가화합의 판단기준에 관하여」, 「『멸쟁건도』의 다수결 원칙(yebhuyyasikā)을 통해 본 승가 분쟁 해결의 이념」

인문한국불교총서 4

테마Thema 한국불교 4

2016년 6월 20일 초판 1쇄 인쇄
2016년 6월 30일 초판 1쇄 발행

엮은이 동국대학교 불교문화연구원 HK연구단
펴낸이 한태식
펴낸곳 동국대학교출판부

출판등록 제2-163(1973. 6. 28)
주 소 100-715 서울시 중구 필동로 1길 30
전 화 02) 2260-3483~4
팩 스 02) 2268-7851
Homepage http://www.dgpress.co.kr
E-mail book@dongguk.edu
인쇄처 보명C&I

ISBN 978-89-7801-489-2　94220

값 20,000원

이 책의 무단 전재나 복제 행위는 저작권법 제98조에 따라 처벌받게 됩니다.